Matthias Weik & Marc Friedrich

DER
CRASH
IST DIE LÖSUNG

Warum der finale Kollaps kommt
und wie Sie Ihr Vermögen retten

BASTEI
LÜBBE
TASCHENBUCH

BASTEI LÜBBE TASCHENBUCH
Band 60858

Dieser Titel ist auch als aktuelles E-Book erschienen

Haftungsausschluss: Jede Person ist selbstverständlich für ihre private Vermögens-
verwaltung und Geldanlage selbst verantwortlich. Über spezifische Finanzprodukte
muss sich folglich jeder Anleger in Eigenregie informieren. Die Autoren übernehmen
keinerlei Haftung für Schäden, welche durch falsche Schlussfolgerungen aus den
Hinweisen in diesem Buch entstanden sind. Die Informationen basieren auf tief grei-
fender Recherche – nichtsdestotrotz können Fehler auftreten. Die Autoren schließen
Haftungsansprüche jeglicher Art aus.

Redaktionsschluss: September 2015

Vollständige Taschenbuchausgabe
der beim Eichborn Verlag erschienenen Hardcoverausgabe

Copyright © 2015 by Bastei Lübbe AG, Köln
Lektorat: Gesine von Prittwitz
Titelillustration: © iStockphoto/Mikey Man
Umschlaggestaltung: Christina Hucke, www.christinahucke.de
Satz: Helmut Schaffer, Hofheim a. Ts.
Gesetzt aus der Adobe Caslon Pro
Druck und Verarbeitung: GGP Media GmbH, Pößneck
Printed in Germany
ISBN 978-3-404-60858-4

2 4 5 3 1

Sie finden uns im Internet unter
www.luebbe.de
Bitte beachten Sie auch: www.lesejury.de

Ein verlagsneues Buch kostet in Deutschland und Österreich jeweils überall dasselbe. Damit
die kulturelle Vielfalt erhalten und für die Leser bezahlbar bleibt, gibt es die gesetzliche Buch-
preisbindung. Ob im Internet, in der Großbuchhandlung, beim lokalen Buchhändler, im Dorf
oder in der Großstadt – überall bekommen Sie Ihre verlagsneuen Bücher zum selben Preis.

Geld ist das Barometer der Moral einer Gesellschaft. Wenn Sie sehen, dass Geschäfte nicht mehr freiwillig abgeschlossen werden, sondern unter Zwang, dass man, um produzieren zu können, die Genehmigung von Leuten braucht, die nichts produzieren, dass das Geld denen zufließt, die nicht mit Gütern, sondern mit Vergünstigungen handeln, dass Menschen durch Bestechung und Beziehungen reich werden, nicht durch Arbeit, dass die Gesetze Sie nicht vor diesen Leuten schützen, sondern diese Leute vor Ihnen, dass Korruption belohnt und Ehrlichkeit bestraft wird, dann wissen Sie, dass Ihre Gesellschaft vor dem Untergang steht.

Ayn Rand (1905-1982), russisch-amerikanische Autorin

Inhalt

1. Der programmierte Crash

Wenn wir die Menschen, denen wir täglich begegnen, fragen, ob »die Finanzkrise« vorbei sei, so ist die Antwort im Prinzip immer die gleiche. Niemand glaubt dies! Egal, ob wir über das Thema mit Kunden, mit Geschäftspartnern oder mit Freunden sprechen. Egal, ob die Leute beruflich mit Geldgeschäften zu tun haben oder nicht. Egal, ob sie viel oder wenig von Wirtschaft verstehen. Allen sagt ihr Bauch etwas anderes: **Wir erleben seit 2008 einen epochalen Wandel!** Weltwirtschaft und globales Finanzsystem sind aus den Fugen geraten. Ohne einen grundlegenden Paradigmenwechsel rasen wir nahezu ungebremst auf einen Abgrund zu. Alle ahnen dunkel, dass der Absturz gewaltig sein wird. Aber nur wenige haben eine etwas genauere Vorstellung davon, auf welchem Grund wir am Ende aufschlagen werden. In diesem Buch analysieren wir, wer da eigentlich am Steuer sitzt. Warum diese Leute fahren wie die Irren. Wo die Reise unserer Meinung nach hinführen wird. Und wie wir alle wieder die Kontrolle über das soziale Vehikel Geld zurückgewinnen können.

Seit 2008 sind Krisen unsere ständigen Begleiter: die Immobilienkrisen in den USA, Spanien und Irland, die Lehman-Krise, die Zypern-Krise, Finanz- und Bankenskandale in Serie, ausufernde Staatsschulden, Eurokrise, Italien, Portugal, selbst Frankreich als potentielle Wackelkandidaten. Und immer wieder Griechenland: ein wirtschaftlich und politisch vollständig marodes Land, ein verzweifeltes, von Rezession, zahllosen Rettungspaketen und Reformforderungen ausgezehrtes und demoralisiertes Volk. Während wir diese aktualisierten Zeilen im September 2015 schreiben, wurde Griechenland entgegen aller logischer und ökonomischer Vernunft, ein drittes Mal mit einem Rettungspaket in Höhe von 86 Milliarden gerettet. Obwohl diese Art der Rettung schon zweimal katastrophal versagt hat, wird dieselbe, nutzlose Medizin abermals dem todkranken Patienten Griechenland verabreicht. Hier fällt uns kopfschüttelnd nur ein Zitat von Albert Einstein ein: „Die Definition von Wahnsinn ist, immer wieder das Gleiche zu tun und andere Ergebnisse zu erwarten." Im Einzelnen ist derzeit nicht absehbar, wohin Griechenland treibt, was die Griechen noch alles werden ertragen müssen, was den Kreditgebern bei IWF, EZB, EFSF, ESM & Co. noch so alles einfällt – und was Europas Steuerzahler das alles am Ende kosten wird. Klar ist nur: Die größte Konkursverschleppung der Geschichte geht weiter. Und Hellas wird, unter welchen kuriosen Abkürzungen auch immer, noch für Jahrzehnte am Tropf Europas hängen. Mehr noch: Letztlich wurde keine einzige der Finanzkrisen der letzten sieben Jahre jemals gelöst. Ganz im Gegenteil. Es wird immer deutlicher, dass alle sogenannten Rettungspakete nicht die Lösung, sondern eher das Problem sind. Dass deren Halbwertszeiten immer kürzer, deren Wirkungen immer fragwürdiger werden.

Schon jetzt ist diese in der Geschichte einmalige und scheinbar unendliche Rettungsorgie eine beispiellose Serie von Vertragsbrüchen, Lug und Betrug. Eigentümer und Einleger von Pleitebanken müssen deren waghalsige Risiken tragen? Ach was! Es muss nur einer der Verantwortlichen »systemrelevant« rufen, und schon zahlen wir alle – als Steuerzahler – die Zeche. Kein Schuldentransfer zwischen Euro-Staaten? Längst ist diese Regel das Papier nicht mehr wert, auf dem sie formuliert wurde. Die Europäische Zentralbank als unabhängige Währungshüterin? Inzwischen ist sie zu einer Finanzagentur für Staatsanleihen mutiert. 2009 jagte eine Krisenkonferenz die andere. Nicht anders sieht es 2015 aus und auch in Zukunft wird sich nichts ändern. Nach jeder wurde uns erzählt, dass Banken, Investmenttrusts oder Hedgefonds jetzt aber wirklich an die Kette gelegt würden. Dass Banken deutlich mehr Eigenkapital zur Absicherung ihrer Risiken bilden müssten. Dass Schluss sei mit den Fantasie-Boni für Finanzmanager. Und was ist tatsächlich passiert? So gut wie nichts! Viele Banken verdienen wieder besser als vor der Krise. Die ohnehin laschen Ziele bei der Erhöhung der Eigenkapitalquoten wurden bis ins Jahr 2019 gestreckt. Dafür schütten selbst Institute mit bescheidenen Gewinnen schon jetzt wieder fette Prämien an ihre Topleute aus.

Seit Ausbruch der Finanzkrise 2008 und besonders seit Sommer 2012 hat die Politik, Hand in Hand mit der Finanzbranche und den Notenbanken, lediglich die Symptome der Krankheit bekämpft. Die wahren Ursachen der Krise wurden nicht in Angriff genommen. Damit wurde vor allem eines enorm beschleunigt: die **volkswirtschaftliche Schadensmaximierung auf Kosten der Allgemeinheit – und der Demokratie.** Lange Zeit Unvorstellbares wird seither getan, um Zeit zu gewinnen und die ungelöste Dauerkrise weiter in die Zukunft zu verschieben. Unternehmen und Banken werden verstaatlicht, Bürger, Aktionäre und Sparer enteignet. **Obendrein werden am laufenden Band und von oberster Stelle geltende Gesetze gebrochen, um das kaputte System künstlich am Leben zu erhalten. Dabei ist der Patient Finanzsystem eigentlich klinisch tot.**

Der Euro als Wohlstandsvernichter

Bedauerlicherweise ist vieles von dem, was wir in unserem ersten Buch *Der größte Raubzug der Geschichte* Anfang 2012 vorhergesagt haben, bereits mit einer Dynamik eingetroffen, die selbst uns überrascht. Wir erleben gegenwärtig nicht nur in einigen Staaten **die größte Insolvenzverschleppung in der Geschichte der Menschheit,** sondern auch das größte politische Währungs- und Notenbankexperiment. Nie zuvor war mehr Geld im System als heute. Die Bilanzen der Notenbanken haben historische Dimensionen angenommen. Und der Euro ist in Wahrheit längst gescheitert. Denn Geld, das man retten muss, ist kein Geld! Die volkswirtschaftlichen Zahlen untermauern deutlich: **Der Euro zerstört Europa und vernichtet unseren Wohlstand!** Die EU mag aus historischer Perspektive ja ein ganz respektabler Friedensnobelpreisträger sein. Aber vielen Ländern Europas beschert der Euro eine Rekordarbeitslosigkeit. In Ländern wie Spanien und Griechenland findet inzwischen jeder Zweite unter 25 keine Arbeit mehr. Erwachsene Menschen, ja ganze Familien mit Kindern müssen wieder zu ihren Eltern ziehen – oder ihr Land verlassen. **Da wird eine komplette Generation verbrannt, um ein gescheitertes, politisch motiviertes Währungsexperiment am Leben zu erhalten.** So verschieden die ökonomischen Hintergründe im Einzelnen sein mögen – Griechenland, Irland, Portugal, Spanien, die USA und Japan sind de facto bankrott. Wir gehen sogar noch weiter: Wir zählen auch Italien, Frankreich, Spanien, Kroatien und die Niederlande zu den Pleitekandidaten.

Vor den Europawahlen im Mai 2014 haben Politiker von Helsinki bis Rom und von Lissabon bis Warschau gefühlvolle Sonntagsreden gehalten, in denen sie die Segnungen der europäischen Friedensordnung und die unbestreitbaren Vorteile grenzüberschreitender wirtschaftlicher Zusammenarbeit priesen. **Doch zugleich schaffen dieselben Politiker durch krasse Fehlentscheidungen einen brandgefährlichen Nährboden für Populisten, Nationalisten, Separatisten und Extremisten.** Die Europawahlen und die Wahlen in Griechenland, Frankreich und Spanien haben unsere Befürchtungen mehr als bestätigt. Selbst bürgerkriegsähnliche Zustände, wie wir sie 2012 in Athen erleben mussten, könnten früher oder später auch in anderen Krisenstaaten drohen.

Ob nun »Bail out« – Banken werden mittels staatlicher Bürgschaften, also mit Steuergeldern gerettet – oder »Bail in« – Banken werden durch ihre Eigentümer, Gläubiger und Sparer gerettet. Egal, wie es genannt wird, im Endeffekt bedeutet es immer nur eines: **Wir alle, wir Steuerzahler und Bürger, müssen haften und für die Zockereien und Verluste der Banken zahlen.** Das zeigt in aller Deutlichkeit, wie verzweifelt die Situation ist. Auf uns als Ökonomen wirken die bisher durchgeführten Versuche zur Lösung der Finanzkrise und ihrer verheerenden Auswirkungen wie ein endloser Horrorfilm.

Nullzinsen und Spekulationsblasen

Verstärkt wird der Schrecken durch die Tatsache, **dass wir alle seit Jahren durch die Notenbanken schleichend enteignet werden.** In allen wichtigen Wirtschaftsräumen liegen die Leitzinsen nahe null. Die Verzinsung unserer Ersparnisse, ganz gleich, ob wir sie aufs gute alte Sparbuch legen oder ob wir sie in Staatsanleihen oder andere Anlageformen stecken, liegt fast ausnahmslos unterhalb der Inflationsrate. Nur wenn wir mal kurzfristig unser Konto überziehen, verlangt unsere Bank oder Sparkasse Wucherzinsen – obwohl sie das Geld, mit dem sie da »arbeitet«, von der Europäischen Zentralbank (EZB) buchstäblich geschenkt bekommt.

Derweil vagabundieren Unsummen dieses billigen Geldes um die Welt und suchen Anlagemöglichkeiten. So erklimmen Aktienkurse und teilweise auch Immobilienpreise schon wieder Rekordhöhen. Bestehende oder kürzlich geplatzte Spekulationsblasen werden nur durch neue, immer größere Spekulationsblasen abgelöst. Auf die zynische Aussage des ehemaligen Chefs der Citigroup, Chuck Prince, die wir bereits in unserem ersten Buch zitierten, müssen wir daher hier zurückkommen: »Man muss tanzen, solange die Musik spielt«, sagte Prince 2008. Wir müssen Ihnen leider mitteilen, dass die Musik mittlerweile lauter spielt als in 2008. Und dass die Finanzprofis in New York, London und Frankfurt längst wieder ausschweifend tanzen und mehr Boni denn je bezahlt werden. Dass nebenbei die Welt in Schulden versinkt, dass immer mehr Länder vor dem Bankrott stehen, dass sich die Schere zwischen Arm und Reich immer weiter öffnet, dass die Mittelschicht kontinuierlich ausradiert wird und dass die sozialen Spannungen zunehmen – all dies interessiert unsere Traumtänzer auf dem Finanzparkett leider nicht die Bohne.

Die Finanzbranche hat die Welt mit ihrer Gier und ihrem egoistischen, unverantwortlichen Handeln mehrfach an den Rand des Abgrunds gebracht. Trotzdem wurden und werden die großen, vermeintlich »systemrelevanten« Banken immer wieder gerettet. Dieser Automatismus hat sich ins Bewusstsein der Protagonisten eingebrannt. »Too big to fail« zu sein, das ist für die Finanzmanager der Welt kein unkontrollierbares Risiko, sondern perverserweise ein nachgerade vernünftiges Ziel. Denn wenn meine Pleite ganze Volkswirtschaften ruinieren kann, dann werden die verantwortlichen Politiker alles tun, um diese Pleite zu verhindern. Folglich sind die Banken seit 2008 noch größer, noch mächtiger und vor allem noch »systemrelevanter« geworden. Ihre Manager halten die Staaten fest im Schwitzkasten. So perfide es klingt, **die Krisenverursacher sind die Krisengewinner.** Es ist wie im Casino: Die Bank gewinnt immer!

Das Wirtschaftswachstum in den USA und in Europa verharrt trotz der enormen Anstrengungen auf schwachem Niveau. Japan, das am höchsten verschuldete Industrieland der Welt, kommt nach zwanzig Jahren Stagnation nur schleppend wieder auf die Beine. Und auch bislang boomenden Schwellenländern wie Brasilien, Indien oder der Türkei geht die wirtschaftliche Puste aus. Wo es noch zartes Wachstum gibt, wurde es mit einer exorbitanten Geldflut teuer erkauft – und ist letztendlich doch nur auf Treibsand gebaut. **Wir sind Zeugen eines komplett fahrlässigen und unverantwortlichen Spiels auf Zeit, bei dem am Ende jeder nur verlieren kann.**

Die Krisen mehren sich, und mit jeder neuen Krise gewinnen sie an Kraft und Stärke hinzu. Die Welle, die sich dadurch kontinuierlich auftürmt, rollt unaufhaltsam heran. Es gibt keine Möglichkeit, sie zu stoppen. Lediglich die Entscheidung, ob Sie auf der Welle mitsurfen oder ob Sie von ihr weggerissen werden, können Sie bis zu einem gewissen Grad noch selbst treffen.

Einzig die Verursacher all dieser Krisen in der Finanzbranche mussten bislang kaum Federn lassen. Großbanken und andere milliardenschwere Kapitalsammelstellen präsentieren sich ungebrochen als alternativlos für die Weltwirtschaft. Es ist wie beim Kinomonster Godzilla: Size *does* matter. Die Herren der Finanzwelt glauben nach wie vor, sich über die Gesetze stellen zu können. Ungerührt bitten sie den Steuerzahler zur Kasse und treten jegliche Art von Gesetzen, Normen und Werten mit Füßen, ohne dafür zur Verantwortung gezogen zu werden. Denn während die Politik im Schneckentempo an vermeintlich schärferen Regeln der Bankenaufsicht laboriert, tun sich immer neue Skandale um Manipulationen, kriminelle Machenschaften und Betrug auf.

Die gesellschaftliche Akzeptanz der Finanzbranche wird dabei immer weiter demontiert. Dass ihr Ansehen nur noch knapp oberhalb von dem krimineller Drogenkartelle rangiert, ist vielen Finanzmanagern natürlich schmerzlich bewusst. Und den Klügeren unter ihnen ist auch durchaus klar, dass ihr System ungebremster Renditespekulation nicht mehr lange funktionieren kann. Deshalb ist dieses Buch auch ein Appell an die Verantwortungsträger der Geldbranche und Politik: **Nichts ist alternativlos, schon gar nicht unser jetziges Finanzsystem. Es gibt immer Alternativen!** Was wir brauchen, ist eine Reform des Bank- und Finanzwesens an Haupt und Gliedern. Eine Neuausrichtung an einer nachhaltigen, menschenorientierten Unternehmensphilosophie. Wir alle müssen den Banken und Versicherungen die Hand reichen und sie wieder in die Gesellschaft integrieren. Mit spürbarem gesellschaftlichem Druck lassen sie sich auf den Pfad wenn nicht der Tugend, so doch immerhin den der ökonomischen Vernunft zurückführen.

Das sinnlose Spiel auf Zeit

Fakt ist: **Es gibt keine Heilung und keine Lösung innerhalb des bestehenden Systems.** Gäbe es diese Lösung, die Politik hätte sie uns schon längst stolz und lautstark präsentiert. Zudem fehlen bei den Verantwortlichen anscheinend der Wille und der Mut, den Status quo aufzugeben und einen wirklich nachhaltigen Wandel zum Besseren herbeizuführen. Stattdessen wird unverdrossen an den Symptomen herumgedoktert und zu Lasten von uns Bürgern auf Zeit gespielt.

Wir alle wissen, dass es zum Beispiel im Fußball durchaus sinnvoll sein kann, auf Zeit zu spielen. Das sieht zwar selten schön aus, aber man kann so sein Ergebnis halten. Schließlich wird das Spiel nach 90 Minuten abgepfiffen. Doch im globalen Finanzkrisenspiel gibt es für die meisten längst nichts mehr zu gewinnen. Es wird auch nicht abgepfiffen. Irgendwann wird abgerechnet. Und wenn diese unvermeidliche Abrechnung kommt, dann werden alle bisherigen Krisen seit 2008 nur wie ein winziger Vorgeschmack wirken. Im

Vergleich mit dem endgültigen Kollaps des Finanzsystems waren die Lehman-Pleite, die Eurokrise und selbst der Absturz der griechischen Wirtschaft eher ein Kindergeburtstag.

Der Crash wird kommen. Wir sind keine Hellseher, sondern Ökonomen. Daher wissen wir nicht, *wann* er kommt und wie viele Krisen in welchen Teilsystemen des Finanzsystems ihm noch vorausgehen werden. Aber *dass* er kommt, ist keine dunkle Prophetie. Der finale Kollaps ist eine logische Konsequenz unbestreitbarer wirtschaftlicher Grundregeln. Was wir momentan erleben, wird in die Geschichtsbücher eingehen. **Noch nie war mehr ungedecktes Geld im System wie derzeit. Noch nie wurden die Bilanzen der Notenbanken stärker aufgebläht, und noch nie waren die Zinsen so niedrig.** Wir alle wissen, dass man einen Ballon nicht ewig aufblasen kann. Irgendwann muss entweder Luft herausgelassen werden – oder der Ballon platzt. Unsere gut begründete Vermutung ist, dass es zum Luftablassen längst zu spät ist.

Eigentlich hatten wir nicht die Absicht, ein zweites Buch zu schreiben. Aber die unglaublichen Ereignisse und Entwicklungen seit 2012 sowie das Versagen von Politik und Finanzwirtschaft, aus der Krise die notwendigen Schlüsse zu ziehen, zwingen uns regelrecht dazu. Als überzeugte Demokraten und Europäer können wir die zahllosen von den Verantwortlichen verbreiteten Halbwahrheiten und Lügen nicht länger ertragen. Wir müssen weiterhin den Finger in die Wunde legen, auf die nach wie vor bestehenden krassen Missstände hinweisen und die Verantwortlichen, die uns für dumm verkaufen, belügen, betrügen, abzocken und enteignen, beim Namen nennen. Jeder Bürger muss verstehen, was da gerade vor unseren Augen geschieht, welche Auswirkungen es für ihn persönlich und für uns alle haben wird. Und jeder sollte wissen, wie er sich gegen den kommenden Crash wappnen kann. Je mehr Menschen sowohl mental als auch finanziell auf diesen Jahrhundert-Crash vorbereitet sind, desto glimpflicher wird er für uns als Gesellschaft ablaufen.

Schon in *Der größte Raubzug der Geschichte* haben wir beschrieben, dass **alle ungedeckten Papiergeldsysteme, aber auch alle Währungsunionen der Vergangenheit ausnahmslos gescheitert sind.** Geld ohne realwirtschaftlichen Bezug ist immer wertlos, mögen noch so viele zunächst an dessen Wert glauben. Solche Systeme zeichnen sich nämlich durch den Glauben an ein unbegrenztes, exponentielles Wachstum aus. Wir leben aber in einem geschlossenen System mit endlichen Ressourcen. Es gibt kein ewiges Wachstum. Den Glauben daran müssen wir endlich ad acta legen. Wir Menschen können uns vielleicht die Natur bis zu einem gewissen Grade untertan machen. Aber wir können nicht die Mathematik überlisten. Leider wird genau das momentan wieder versucht. Doch auch **unser Finanzsystem hat eine mathematisch begrenzte Lebensdauer – und das Haltbarkeitsdatum ist abgelaufen.** Wie gesagt: Wir können auch nicht in die Zukunft blicken und mit Gewissheit vorhersagen, was passieren wird. Geschweige denn, wann genau. Aber wir haben die Möglichkeit, aus der Vergangenheit zu lernen und uns auf das Kommende einigermaßen vorzubereiten.

Als Ökonomen verstehen wir etwas von den durchaus komplexen Hintergründen der Krise. Doch als Schwaben verzichten wir auf Experten-Kauderwelsch. Wir reden, wie uns der Schnabel gewachsen ist: in einer verständlichen, ehrlichen und deutlichen Sprache. Und garantiert dialektfrei!

In unserem ersten Buch haben wir den größten Vermögenstransfer der Menschheit von unten und der Mitte nach ganz oben beschrieben. Mit diesem Buch wollen wir nicht zuletzt dazu beitragen, dass Sie auf der richtigen Seite stehen. Dass Sie Ihr Erspartes und das Ihrer Familie erhalten können. Sie haben nämlich durchaus eine Chance, Ihr Geld vor Entwertung und Enteignung zu schützen. Noch ist Zeit, sich auf den Crash vorzubereiten. Aber das Zeitfenster wird jeden Tag kleiner.

Der Crash ist die Lösung! Das ist eine heftige Aussage. Aber wir zeigen auf, warum er im Enddefekt sogar gut und notwendig ist. Für die Finanzwelt, deren Macht gebrochen werden muss. Für die Gesellschaft, die wieder gerechter werden muss. Und für jeden Einzelnen, der in einer wahrhaft sozialen Marktwirtschaft vom vernünftigen Eigennutz aller profitieren soll, statt für den irrationalen Reichtum sehr weniger zur Kasse gebeten zu werden.

Nach unserem ersten Buch »Der größte Raubzug der Geschichte« hat sich auch dieses Buch zu einem für uns zunächst unglaublichen Bestseller entwickelt. Dass wir das erfolgreichste Finanzbuch des Jahres 2014 nun auch als komplett aktualisierte Taschenbuchausgabe vorlegen können, verdanken wir nicht zuletzt all unseren Lesern und den vielen Zuhörern unserer Lesungen und Vorträge. Wir wissen von Ihnen, dass wir nur aussprechen, was viele unserer Mitbürger denken. Ihr Zuspruch bestärkt uns weiterzumachen. Von Beginn an war es unser Anliegen, so viele Mitmenschen wie nur möglich zu erreichen und sie in einer klaren, ehrlichen und verständlichen Sprache auf das hinzuweisen, was vor unseren Augen abläuft. Mehr denn je werden wir von der Finanzwelt und der Politik hinters Licht geführt, belogen und bestohlen.

Die Finanzwelt dreht sich weiter, als wäre nichts geschehen. Etliche Blasen sind geplatzt, aber Zentral- und Geschäftsbanken rund um den Globus rühren weiter fleißig die Seifenlauge aus wunderlicher Geldvermehrung und Spekulation an, aus der diese Blasen entstehen. Keines der Probleme unseres maroden Finanzsystems wurde nachhaltig gelöst. Aus den Fehlern der Vergangenheit wurde rein gar nichts gelernt. Die Banken sind größer und »systemrelevanter« als je zuvor, und die Boni auf ihren Top-Etagen haben ihre alten Höchststände nicht nur längst wieder erreicht, sondern oft noch übertroffen. Mit Fassungslosigkeit und Entsetzen beobachten wir die immer zahlreicheren undemokratischen Entscheidungen der Politik und der Finanzindustrie, um ein zweifellos gescheitertes System weiterhin künstlich am Leben zu erhalten. Heute sind selbst Negativzinsen kein Fremdwort mehr. Das einzige, was seit 2009 konsequent vorangetrieben wird, ist die volkswirtschaftliche Schadensmaximierung auf Kosten von uns allen.

Besonders erschreckend für uns ist, dass viele unserer Aussagen und Prognosen in diesem Buch schon jetzt bittere Realität geworden sind. Und das mit einer Dynamik, die selbst uns sprachlos macht. Aus diesem Grunde sagen wir mehr denn je: Der Crash ist die Lösung! Gäbe es wirklich eine Lösung, dann hätten die »Entscheider« in Berlin, Brüssel oder Washington uns diese schon längst präsentiert. Ferner bestätigt sich auch die Kernaussage unseres ersten Buches: Dass die Reichen immer reicher und die Fleißigen immer ärmer werden. Wir hoffen daher von Herzen, dass wir noch mehr Menschen erreichen können. Dass diese ihre Stimme erheben – und dass endlich einmal nicht mehr nur die Banken, »die Märkte« und der Euro, sondern endlich die Menschen gerettet werden. Lassen Sie sich nicht von der Finanzbranche und der Politik hinters Licht führen. Unser demokratisches Gemeinwesen braucht eine neue, demokratischere und gerechtere Wirtschafts- und Finanzordnung.

Stuttgart, im September 2015
Matthias Weik & Marc Friedrich

2. Kranke Welt oder: Warum die Krisenverursacher die Krisengewinner sind

Heute regiert nicht der Mensch, sondern das Geld.
Papst Franziskus im Juni 2013[1]

Das, was wir uns angewöhnt haben »Finanzkrise« oder schlicht »die Krise« zu nennen, wurde im Wesentlichen durch zwei fatale wirtschafts- und finanzpolitische Fehlentwicklungen ausgelöst. Beide zusammen wurden dann durch die unausrottbare menschliche Schwäche der Gier kräftig befeuert.

Die erste Fehlentwicklung: eine weitgehende Deregulierung der nationalen und internationalen Finanzmärkte. Diese nahm ihren Anfang bereits in den Achtzigerjahren des vorigen Jahrhunderts, und zwar unter den Regierungen von Ronald Reagan und Margaret Thatcher, beide erklärte Anhänger der marktradikalen Lehren Friedrich August von Hayeks (1899-1992) sowie der sogenannten Chicagoer Schule und ihres Vordenkers Milton Friedman (1912-2006). In den 16 Regierungsjahren Helmut Kohls folgte der »rheinische Kapitalismus« diesem Irrweg noch zögerlich. Erst im Gefolge des Demokraten Bill Clinton und des britischen Labour-Premierministers Tony Blair öffnete dann auch in Deutschland die rot-grüne Koalition unter Kanzler Gerhard Schröder die Schleusen der Liberalisierung. Das allerdings mit deutscher Gründlichkeit!

Die zweite Fehlentwicklung nahm ihren verhängnisvollen Lauf spätestens ab Mitte der Neunzigerjahre, als die amerikanische Notenbank unter ihrem Präsidenten Alan Greenspan die lahmende Konjunktur mit immer niedrigeren Zinsen anzukurbeln versuchte. Andere Zentralbanken folgten diesem Kurs allzu häufig, sodass die Welt seit zwei Dekaden nahezu ununterbrochen mit billigem Geld überströmt wird. Geld, das außerhalb des Finanzsektors, also in der Welt realer Güterproduktion und Dienstleistung, gar nicht genügend vernünftige Anlagemöglichkeiten findet. Und das deshalb in immer kürzeren Abständen eine Spekulationsblase nach der anderen produziert.

Dass sämtliche Pflanzen der Gattung Gier im feuchtwarmen Klima fehlender Regeln und üppig vorhandenen Geldes prächtig gediehen, das kann man den Dschungelbewohnern der Finanzwelt, den Börsenmaklern, Bankern oder Fondsmanagern, den trickreichen Finanzmathematikern, Spekulanten und Investment-Gurus wohl nicht einmal zum Vorwurf machen. Sehr wohl dagegen, dass sich ihre Gier teils mit spekulativem Übermut, teils gar mit krimineller Energie und offen betrügerischen Absichten paarte. Nicht nur dass Kunden etwa mit hochriskanten Schrottanleihen übers Ohr gehauen wurden. Selbst Währungskurse oder Leitzinsen wurden illegal manipuliert.

Das Platzen der Dotcom-Blase im März 2000, die Abstürze von NASDAQ, Neuem Markt und Co. mochten vielen noch als Betriebsunfall oder als unvermeidliche »Korrektur von Marktübertreibungen« erscheinen. Doch spätestens im Herbst 2008, mit der Pleite der US-Investmentbank Lehman Brothers und dem endgültigen Platzen der Immobilienblase in den Vereinigten Staaten, standen Finanzwelt und Politik vor dem Scherbenhaufen dieses Systems. Allerorten fielen faule Kredite und unkalkulierbare Risiken wie tote Fliegen aus den Bankbilanzen. Selbst untereinander trauten sich die »Masters of the Universe« bald nicht mehr über den Weg. Nicht nur Privatleuten und Unternehmen, auch gegenseitig wollten die Kreditinstitute sich plötzlich kein Geld mehr leihen. Nur knapp konnten Politiker mit großen Gesten einen allgemeinen Bankensturm verhindern. Und mit staatlich garantierten Billionen werden seitdem Institute am Leben gehalten, die sich ohne unsere Steuergelder binnen Tagen in Luft aufgelöst hätten.

Doch was hat sich, sieht man von vollmundigen Bekenntnissen auf zahllosen »Krisengipfeln« ab, seither geändert? Wurden die Märkte tatsächlich wieder stärker reguliert? Wurden die Sturzbäche billigen Geldes durch die Notenbanken gestoppt? Wurde dem Wahnsinn an den Finanzmärkten Einhalt geboten? **Nein**. Nichts von alldem.

Die Hybris der Finanzjongleure ist trotz aller Krisen und Skandale ungebrochen.

Eines möchten wir vorab klarstellen: Wir sind Banken gegenüber nicht generell negativ eingestellt. Und wir möchten erst recht kein primitives »Banker Bashing« betreiben, wie es seit einiger Zeit in Mode ist. Ganz im Gegenteil: Banken sind für eine funktionierende Gesellschaft unverzichtbar. Leider hat sich jedoch ein Großteil der Banken von ihrer eigentlichen Aufgabe, der Versorgung der Wirtschaft mit Geld und Krediten, verabschiedet. Die Finanzwirtschaft dient nicht mehr in erster Linie den Menschen und der Gesellschaft, sondern fast nur noch ihren eigenen Interessen. Statt durch ein funktionierendes und stabiles Kreditsystem Wohlstand für alle zu ermöglichen, jagt sie jede Sekunde des Tages unvorstellbare Mengen unproduktiven Geldes um den Globus. Auf jeden Dollar, der weltweit für Waren oder Dienstleistungen ausgegeben wird, kommen geschätzt 70 Dollar, die in Form reiner Finanzanlagen zirkulieren. Dieses System macht wenige auf dem Papier reich – und stürzt dabei ganze Volkswirtschaften in kaum noch kontrollierbare Krisen. Den Preis zahlen all die Menschen, die über Nacht ihre Ersparnisse, ihren Job oder ihr Häuschen verlieren. Oder denen manchmal ganz buchstäblich die Butter vom Brot genommen wird. Mit einem Wort: **Unser Banken- und Finanzsystem hat sich in eine vollkommen falsche, für die Allgemeinheit schädliche Richtung entwickelt.**

Mit diesem Buch legen wir abermals den Finger in die Wunde und zeigen die gravierenden Fehlentwicklungen in der Finanzbranche seit der Krise von 2008 auf, vor allem innerhalb der letzten Jahre. Dabei vertrauen wir weder den wolkigen Ankündigungen aus der Politik noch den Krokodilstränen und den reuigen Gelöbnissen aus den oberen Etagen der Banken. Wir lassen die Fakten sprechen. Damit wollen wir zu einem Sinneswandel beitragen, sowohl bei den Entscheidungsträgern in der Finanzwirtschaft als auch bei uns, den Bankkunden. Jeder Einzelne ist mitverantwortlich, dass das System wieder vom Kopf auf die Füße gestellt wird. **Dass das Geld wieder den Menschen dient, und nicht die Menschen dem Geld.**

Denn Sie entscheiden, ob Sie Ihr Gehalt und Ihre Ersparnisse überhaupt einer Bank anvertrauen, und wenn ja, welcher. Sie entscheiden, wer Ihr Geld für Sie anlegt und wofür es investiert wird. Klar, jede Bank wird beteuern, dass sie »die Bank an Ihrer Seite« sei. Aber Sie vertrauen Ihren Freunden oder Kollegen ja auch nicht, weil sie T-Shirts mit dem Aufdruck »Vertrau mir!« tragen. Sie vertrauen nur Leuten, die bislang offen und ehrlich mit Ihnen umgegangen sind. Die sie wenigstens nicht über den Löffel balbiert haben. Können Sie das Gleiche guten Gewissens von Ihrem Bankberater sagen?

Flucht in die »Systemrelevanz« – Warum Banken immer größer und größer werden

Seit dem Krisenjahr 2008 haben die Banken ihre Bilanzen immer weiter inflationär aufgebläht. Historisch niedrige Zinsen haben ihnen das ebenso möglich gemacht wie Fusionen und Übernahmen, die im Vergleich zur Vorkrisenzeit oft echte Schnäppchen waren. Durch diese nahezu ungebremste Aufblähung sind die Großbanken rund um den Globus noch »systemrelevanter« geworden. Und mit Hilfe der mächtigsten Lobby der Welt – der Finanzlobby – haben sie sich äußerst erfolgreich gegen alle wirklich tiefgreifenden Reformen gewehrt.

Weitgehend verhindert und zeitlich komfortabel gestreckt hat man etwa die Aufstockung des haftenden Eigenkapitals. Die obersten Bosse der Banken werden nicht müde zu jammern, was für schreckliche Auswirkungen höhere Eigenkapitalquoten auf Banken und die Gesellschaft haben würden. Der Politik und uns Bürgern wird gebetsmühlenartig gedroht, dass deutlich höhere Rücklagen zu einer reduzierten Vergabe von Krediten an die Realwirtschaft führen müssen. Und dass dies natürlich das Wachstum abwürgen, Arbeitsplätze und Wohlstand vernichten, eine erst recht schlimme Krise heraufbeschwören würde. Diese Drohungen haben gewirkt. Nicht zuletzt das viel zitierte Abkommen namens »Basel III« war für die Finanzbranche ein deutlicher Punktsieg. Wie so oft konnten die Lobbyisten zahlreiche Schlupflöcher und Sonderregeln in die Verträge diktieren.

Basel III

Dem Reformpaket des Basler Ausschusses der Bank für Internationalen Zahlungsausgleich (BIZ) zufolge gelten seit dem 1. Januar 2014 strengere Kapital- und Liquiditätsvorschriften für Finanzinstitute. Ziel von »Basel III« war eigentlich, die Finanzwelt stabiler zu machen, damit Banken in Krisensituationen künftig ohne Staatshilfen auskommen. Derzeit sind die meisten großen Institute mit miserablen 1 bis 5 Prozent Eigenkapital ausgestattet. Die Deutsche Bank etwa hatte Ende 2014 eine Eigenkapitalquote von beschämenden 3,9 Prozent. Dies ist weniger, als die pleitegegangene Bank Lehman Brothers vor der Krise hatte! Die Bestimmungen, was als Eigenkapital gelten darf, wurden zwar international weitgehend vereinheitlicht, dabei aber zugleich weichgespült. Die Eigenkapitalquote wurde lediglich auf 7 Prozent erhöht. Und diesen Wert muss eine Bank auch erst 2019 erreichen.[2]

Versuchen Sie mal, Ihr Häuschen oder Ihre Wohnung mit einem Eigenkapitalanteil von 7 Prozent von Ihrer Hausbank finanziert zu bekommen. Das Gelächter Ihres Kundenberaters könnte man bis auf die Straße hören! Privatpersonen benötigen zurecht mindestens 20 Prozent Eigenkapital, um einen Kredit zu erhalten, Unternehmen sogar 25 Prozent. Dabei stehen sowohl mit dem Eigenheim wie mit einer Fabrik Sachwerte, reales Kapital als Sicherheit zur Verfügung. Ohne Zweifel sind die Hochhäuser der Deutschen Bank in Frankfurt Topimmobilien. Aber deren Wert würde nicht mal ein Milliardstel der Risiken des Instituts decken. Doch was »gehört« einer Bank schon? Das Geld ihrer Kunden jedenfalls nicht. Und selbst ihr »echtes« Eigenkapital besteht aus nichts anderem als abstrakten Vermögenstiteln – also aus Geld. Bei der Risikobewertung wird mithin bei Privatleuten und Unternehmen einerseits, Banken andererseits mit zweierlei Maß gemessen. Doch auch Banken sind Unternehmen. Und zwar ziemlich riskante, wie wir inzwischen lernen mussten. Warum sie also anders behandeln als Industrie- oder Dienstleistungsunternehmen? Leider genießt diese Branche noch immer eine Narrenfreiheit, die ihresgleichen sucht.

Das Motto der Finanzinstitute lautet weiterhin: **Gewinne privatisieren und Verluste sozialisieren**. Mit ihrer nach wie vor lächerlichen Eigenkapitalquote verlässt sich die Bankenwelt aufgrund ihrer Monopolstellung auf die Rettung durch Notenbanken, Staaten und Steuerzahler. Man kann sich nicht genug dagegen empören!

Rettung für alles Gold der Welt

5,1 Billionen Euro! Diesen gigantischen Finanzrahmen haben die europäischen Länder seit 2008 gezimmert, um Banken zu retten.[3] Damit könnte man bequem über zehn Jahre lang den deutschen Staatshaushalt finanzieren. Man könnte fünfmal den kompletten Dax, also alle Aktien von Allianz bis Volkswagen, aufkaufen. Oder alles Gold der Welt! Und man hätte dann immer noch ein stattliches Sümmchen übrig.[4]

Bankberatung bringt Verluste – für den Kunden

50 Milliarden Euro. Diese Summe verlieren Anleger in Deutschland jährlich aufgrund schlechter Beratung durch Banken und Finanzexperten. Das zeigt ein Gutachten des Bamberger Finanzwissenschaftlers Andreas Oehler.[5] Mit dieser Summe hätte man den gesamten Schuldendienst des Bundes für 2014 finanzieren können, dazu noch den kompletten Bildungsetat. Und den neuen Berliner Flughafen BER gäbe es gratis dazu!

Kein Wunder, dass laut einer Umfrage des Finanzportals FinanceScout24 aus dem Jahre 2013 knapp 86 Prozent der Deutschen beabsichtigen, ihr Geld möglichst ohne fremde Hilfe anzulegen. Lediglich 14 Prozent wünschen sich eine persönliche Beratung durch eine Bank.[6] Diese Umfrage spiegelt das große Misstrauen der Verbraucher gegenüber Banken wider. Seltsam nur: Obwohl ein Großteil der Ansicht ist, dass die privaten Banken nichts aus den Fehlern, die zur Finanzkrise geführt haben, gelernt hätten, und obwohl 72 Prozent der Befragten sagen, die Großbanken würden genauso weitermachen wie vor der Krise, hat sich deren schändliches Verhalten auf das Anlageverhalten ihrer Kunden bisher kaum ausgewirkt.[7] Die motzen, bleiben ihrem Institut aber meist treu. Vielleicht, weil es ihnen an Alternativen mangelt? Im Kapitel über Vermögenssicherung werden wir einige nennen.

Laut einer Online-Umfrage, die das Marktforschungsinstitut Mafo exklusiv für *Handelsblatt Online* im Juli 2012 durchgeführt hat, hält fast jeder vierte Deutsche Banker sogar für kriminell.[8] Leider müssen wir dem weitgehend zustimmen. Was wurde uns nach dem Crash von 2008 von Politikerseite nicht alles darüber erzählt, wie man Banken und Banker auf den Pfad kaufmännischer Tugenden zurückführen möchte. Ein Wirrwarr aus Gesetzen, Reformen und Maßnahmen mit unglaublich komplizierten Namen wie Basel III, ESM, Solvency II, Bankenaufsicht, EFSM, Stresstest, Bankenunion wurde in den Raum geworfen und in Gremien sowie auf immer neuen Krisengipfeln ausbuchstabiert. Selbst manche Experten blickten am Ende nicht mehr durch, was tatsächlich beschlossen, was nur besprochen wurde – und was reine Luftblasen der Konferenzrhetorik waren.

Die zahnlose Bankenaufsicht

Bei genauerem Hinsehen sind viele der gefassten Beschlüsse so wirkungslos, wie deren Verkündung lautstark war. So wurde die Einhaltung der Eigenkapitalregeln von Basel III nicht nur auf den Sankt Nimmerleinstag verschoben. Man kann nur beten, dass es bis 2018 keine weiteren Krisen gibt! Unverständlicherweise wurde den Banken zudem erlaubt, genau jene Papiere in ihre Liquiditätspuffer einzubauen, die die Krise von 2008 gerade verursacht hatten: Anleihen mit schlechter Bewertung, Aktien bis hinunter zu engen Nebenmarktwerten und – man glaubt seinen Ohren nicht zu trauen – Hypothekenanleihen! Was die Qualität der Risikovorsorge anbetrifft, wurden die Regeln also nicht etwa verschärft, sondern nahezu bis zur Unkenntlichkeit aufgeweicht. Das soll ein Mensch verstehen!

Bankenaufseher kritisieren zu Recht, dass Staatsanleihen von Ländern, die an den Börsen offiziell als »Ramsch« gehandelt werden, hier nun plötzlich als risikolos bewertet werden.[9] Das ist in etwa so, als würden Sie sich ein uraltes, kaputtes Handy auf dem Flohmarkt kaufen, ein kleines Äpfelchen draufkleben und behaupten, das sei das allerneueste iPhone. Und dann verlangen Sie für Ihren Elektromüll 500 Euro! Angesichts der prekären Risiken vieler Banken sind solche Taschenspielertricks schlicht ein Skandal.

Die USA prüfen derweil sogar, ob Basel III überhaupt Verwendung finden soll. Der Chef der US-Bank JPMorgan Chase, James Dimon, stänkert beinahe im Wochenrhythmus gegen das Abkommen – und verteufelt Regulierungen für Banken als »unamerikanisch«.[10]

Als absolut bedeutungslos haben sich auch die sogenannten »Stresstests« für Banken herausgestellt. Die Bilanzen der Banken und deren Krisenfestigkeit sollten auf Herz und Nieren geprüft werden. Und was passierte? Irische Banken wurden 2010 zum Beispiel als absolut gesund bewertet – um nur vier Monate später mit Milliarden an Steuergeldern gerettet werden zu müssen. Zusätzlich hatte man sich bei den Banken, die 2010 durchgefallen waren, auch ein klein wenig verrechnet. Statt einer »Lücke« von 2,5 Milliarden Euro klaffte in den Bilanzen ein Riesenkrater von 300 Milliarden

Euro. Im folgenden Jahr dauerte es nur noch drei Monate, bis krasse Fehler offenkundig wurden: Der belgisch-französische Bankkonzern Dexia wurde im April 2011 noch als Gewinner des Stresstests – und damit als die sicherste Bank Europas gekürt. Im Juli mussten Belgien, Frankreich und Luxemburg mit 90 Milliarden Euro einspringen. Dexia wurde nicht »gerettet«, sondern schlicht verstaatlicht. [11] Dabei wurden sagenhafte 95 Milliarden Euro an riskanten Papieren in eine Bad Bank ausgelagert.[12] Das ist ungefähr so, als würden Sie Ihren Dispokredit komplett an die Wand fahren und dann Ihrem Bankberater milde lächelnd vorschlagen, er solle Ihr Girokonto doch bitte ab sofort unter dem Namen von Tante Erna führen; die werde nämlich eines schönen Tages Ihre Schulden abzahlen. Allein Luxemburg bürgt mit vier Milliarden Euro für Dexia – was 9 Prozent des Bruttoinlandsproduktes entspricht.[13] Auch die Deutsche Bundesbank warnte 2013, dass es fünf Jahre nach der Lehman-Pleite noch immer keine adäquate Lösung für die Abwicklung systemrelevanter Institute gebe.[14]

Wer hat die Größte?

Fünf Jahre nach der Mutter aller Bankenpleiten wächst die Sehnsucht der Finanzindustrie, die Krise endlich hinter sich zu lassen. Auf einer Tagung in Frankfurt im September 2013 schmiedeten die Bankenchefs denn auch schon wieder Pläne, wie sie weiter am großen Rad drehen können. Federico Ghizzoni, Chef der Mailänder Großbank Unicredit, erklärte explizit, die verrufene Regel »too big to fail« dürfe »kein Tabu« sein. Der Mann vertritt unerschütterlich die Meinung, dass Größe im Bankgeschäft wichtiger denn je sei. [15] Damit ignoriert er eine der zentralen Lehren aus der Krise: dass zu große Banken eine immense Gefahr für Wirtschaft und Gesellschaft darstellen. Denn sie können Staaten quasi in Geiselhaft nehmen. Bürgschaften und »Rettungspakete« gelten großen Instituten als Freibriefe für das Management, horrende Risiken einzugehen. Risiken, die die Bank selbst im Leben nicht tragen könnte.

Kleiner Katalog der Finanzkrimis

Durch Betrug erlistet ist noch nicht gewonnen.
Sophokles (496 – 405/6 v. Chr.),
griechischer Tragödiendichter und Staatsmann

Was sich seit 2012 in der Finanzwelt abgespielt hat, ist für den Normalbürger schlicht und einfach unvorstellbar. Das Geschäftsgebaren einiger Finanzkonzerne wird dem krimineller Organisationen immer ähnlicher – egal ob Drogengelder zu waschen sind oder von der UNO verhängte Embargos umgangen werden. Solange die Gewinnraten aus einem Geschäft satt zweistellig sind, werden Gesetze gedehnt, trickreich umgangen oder auch schlicht gebrochen. Moral und Anstand werden ohnehin jeden Morgen an der Garderobe abgegeben. Wir reden hier nicht von dubiosen Zockerbuden auf diversen karibischen Inseln. Wir reden von weltweit führenden Großbanken. Machen Sie sich am besten selbst ein Bild. Es folgt ein kleines »Best-of«, was in den vergangenen Jahren so alles aufgedeckt wurde. Leider ist zu befürchten, dass dies nur die Spitze des Geldberges ist.

- Im Dezember 2012 verurteilte ein italienisches Gericht die **Deutsche Bank** zu einer Strafe in Höhe von einer Million Euro. Mitarbeiter des Instituts erhielten Bewährungsstrafen von bis zu acht Monaten. Sie hatten riskante Zinswetten an die Stadt Mailand verkauft – nach Ansicht der Juristen ein Fall schweren Betrugs. Ähnliche Urteile ergingen gegen die schweizerische **UBS**, die US-Bank **JPMorgan Chase** und die deutsch-irische **Depfa-Bank**. Alle Institute hatten Mailands Stadtkämmerer sogenannte Zins-Swaps aufgeschwatzt. Mit deren Hilfe, so die Banker, könne die hoch verschuldete Stadt die Zinslast für eine 1,7 Milliarden Euro schwere, über dreißig Jahre laufende Anleihe verringern, die sie 2005 aufgelegt hatte. Doch in der Finanzkrise entpuppten sich die Papiere als nahezu wertlos. Mailand verlor Millionen.[16]

- Anfang Januar 2013 bekannte sich die 1741 gegründete Schweizer Bank **Wegelin** vor einem Gericht in Manhattan schuldig, Dut-

zenden amerikanischen Bankkunden dabei geholfen zu haben, insgesamt mehr als 1,2 Milliarden Dollar vor dem US-Fiskus zu verstecken. Im März 2013 verschwand die traditionsreiche Bank von der Bildfläche.[17]

■ Ebenfalls im Januar 2013 legte die **Deutsche Bank** ihren Streit mit der US-Energieaufsicht Federal Energy Regulatory Commission (FERC) bei – mit einer Strafzahlung in Höhe von 1,5 Millionen Dollar. Der Vorwurf: Manipulation des Energiemarktes in Kalifornien. Die Bank wies die Vorwürfe scharf zurück. Es bleibt ihr Geheimnis, warum sie dennoch die Geldstrafe und dazu 73 000 Dollar als Abschlag auf »unrechtmäßige Gewinne« zahlte.[18]

■ Im selben Monat überwies die **Bank of America** mehr als zehn Milliarden Dollar an den staatlich gestützten Hausfinanzierer Fannie Mae. Damit wurden sämtliche Streitigkeiten um fragwürdige Hypotheken-Deals aus der Welt geschafft.[19] Auch **JPMorgan Chase**, **Citigroup** und sieben weitere US-Banken mussten im Januar 2013 mit insgesamt 8,5 Milliarden Dollar für fehlerhafte Immobilienpfändungen geradestehen.[20]

- Der britischen Großbank **Standard Chartered** wurde 2013 Geldwäsche für iranische Kunden vorgeworfen. In den zehn Jahren
  zuvor habe sie Transaktionen mit dem Iran in Höhe von 250 Milliarden Dollar verschleiert und dafür Hunderte Millionen Dollar
  an Gebühren eingestrichen.[21] Laut einem Bericht des Department
  of Financial Services (DFS) sollen insgesamt 60 000 geheime
  Geldgeschäfte gegen US-Sanktionen verstoßen haben, darunter
  Aufträge der iranischen Zentralbank und der Geldhäuser **Saderat**
  und **Melli**. Die schweren Anschuldigungen wurden simpel mit
  dem Scheckbuch aus der Welt geschafft. Das Institut zahlte im
  Rahmen eines Vergleichs mit der New Yorker Finanzaufsicht 340
  Millionen Dollar. DFS-Chef Benjamin Lawsky erklärte: »Die
  Bank hat das US-Finanzsystem für Terroristen, Waffenhändler,
  Drogenbarone und korrupte Regime verwundbar gemacht.«[22]

- Die niederländische **ING** musste 619 Millionen Dollar aufbringen, um Vorwürfe beizulegen, wonach sie für kubanische und
  iranische Kunden Milliarden durch das US-Finanzsystem ge-
  schleust hatte.[23]

- Ebenfalls in diesen Gefilden war die britische **Barclays Bank**
  unterwegs. Sie zahlte nach einer Einigung 298 Millionen Dollar.
  Vorwurf: Durchführung illegaler Transaktionen mit Banken in
  Kuba, dem Iran, Libyen, dem Sudan und Birma im Umfang von
  500 Millionen Dollar.[24]

- Die britische Großbank **HSBC** zahlte wegen eines Geldwäsche-
  Skandals in den USA eine Rekordstrafe von knapp zwei Milliarden Dollar. »Wir übernehmen die Verantwortung für die Fehler
  der Vergangenheit«, so HSBC-Chef Stuart Gulliver kleinlaut.
  Die US-Behörden warfen dem Institut vor, Kunden beim Trans-
  ferieren von fragwürdigen Geldern aus Ländern wie Mexiko,
  dem Iran oder Syrien geholfen zu haben.[25]

- Nachdem die US-Behörden der zweitgrößten Schweizer Bank,

der **Credit Suisse**, vorgeworfen hatten, ihr boomendes Geschäft mit iranischen Banken verheimlicht und damit wirtschaftliche Sanktionen der USA verletzt zu haben, zahlte sie 536 Millionen Dollar. Auch hier wurde jedoch ausdrücklich betont, dass dies kein Schuldeingeständnis sei.[26]

■ Die britische **Lloyds Bank** stimmte der Zahlung von 350 Millionen Dollar zu. Vorwurf: Sie habe Kunden geholfen, Sanktionen der USA gegen den Sudan, Iran und Libyen zu umgehen.[27]

■ Die **Royal Bank of Scotland** zahlte 500 Millionen Dollar. Sie soll über die niederländische Bank **ABN Amro** Geld für Kunden aus dem Iran, Libyen und Syrien gewaschen haben.[28]

■ **JPMorgan Chase**, die größte Bank der Vereinigten Staaten, musste im Herbst 2013 eine Strafe von insgesamt 920 Millionen Dollar an vier verschiedene Aufsichtsbehörden zahlen. Die US-Bankenaufsicht OCC kassierte 300 Millionen Dollar wegen »unsicherer und unsolider Praktiken«, die US-Börsenaufsicht SEC verhängte eine Strafe in Höhe von 200 Millionen Dollar wegen »des Mangels an wirksamer interner Kontrolle bei Finanzberichten«, und die US-Zentralbank Fed erhielt ebenfalls 200 Millionen Dollar. Die britische Finanzaufsicht FCA schickte einen Strafbefehl über 137,6 Millionen Pfund. Auch bei JPMorgan Chase waren ganz klar gesetzliche Bestimmungen gebrochen worden. Die Bank hatte es schlicht unterlassen, die Behörden über riskante Optionsgeschäfte zu informieren.

Zu Beginn des Jahres 2012 hatte der Londoner Händler Bruno Iksil dabei 6,2 Milliarden Dollar in den Sand gesetzt. Aufgrund der enormen Höhe seiner Wetteinsätze bekam der Banker den Spitznamen »Wal von London«. Zunächst wurde das Problem durch den Chef von JPMorgan, James Dimon, heruntergespielt: Im April 2012 sprach er von einem »Sturm im Wasserglas«. Der damalige Finanzchef Doug Braunstein behauptete, die betroffenen Derivate-Positionen seien »voll transparent für die Aufseher, welche regelmäßig Information über die Positionen erhalten«. Dann jedoch fand ein US-Senatsausschuss heraus, dass die Bankenaufsicht OCC nichts von den betroffenen Geschäften der Bank wusste.

Konsequenzen für die Bankmanager: keine. Weder die unmittelbar Verantwortlichen noch Dimon, der offenbar sogar im Senatsausschuss gelogen hatte, müssen mit Sanktionen rechnen. Intern wurden die involvierten Manager trotz der massiven Verluste ebenfalls nicht zur Rechenschaft gezogen. Das drängt den Schluss geradezu auf, dass die durch das riskante Vorgehen der Banker erzielten Profite das illegale Vorgehen in den Augen des Vorstands rechtfertigen. Denn nach der Affäre um den »Wal von London« stieg der verfügbare Etat für derlei Spekulationsgeschäfte bei JPMorgan Chase im Jahr 2013 auf 500 Milliarden Dollar.[29]

■ Im Mai 2013 begann sich abermals Ärger über **JPMorgan** zusammenzubrauen. Ermittler der US-Energieregulierungsbehörde FERC warfen der Bank vor, in den Jahren 2010 und 2011 die Strompreise in Kalifornien und mehreren Staaten des mittleren Westens manipuliert zu haben.[30] Durch unlautere Gebotsstrategien an den Strombörsen habe man die dortigen Stromnetzbetreiber über den Tisch gezogen. Die Vorwürfe richteten sich in Sonderheit gegen Blythe Masters, eine Topmanagerin der Bank. Masters genießt an der Wall Street eine traurige Berühmtheit als Miterfinderin der Credit Default Swaps (CDS). Das sind jene zu riesigen und undurchschaubaren Paketen gebündelten Schuldverschreibungen, die für die Finanzkrise mitverantwortlich gemacht werden. Masters soll laut *Süddeutsche Zeitung* die dubiosen Energiegeschäfte der Bank gekannt und abgesegnet haben. Ferner habe sie fälschlicherweise unter Eid abgestritten, dass ihr die Probleme bekannt gewesen seien, heißt es in einem Papier der Aufsichtsbehörden.

In diesem Fall gab ihr Dienstherr Dimon zur Abwechslung den »Good Cop« und ging auf die Ermittler zu. Er entschuldigte sich, die Behörden getäuscht zu haben, und gelobte, alles zu tun, um die Situation zu verbessern. Branchenkreisen zufolge stand die Bank kurz vor einem Vergleich. Nach Medienberichten ist davon auszugehen, dass die Behörden ihre Ermittlungen gegen eine Zahlung von rund 400 Millionen Dollar fallen ließen.[31] Wohl auch deshalb legte JPMorgan Chase im vierten Quartal 2013 zusätzlich mehr als 1,5 Milliarden US-Dollar für mögliche Schadensersatzansprüche zurück.[32]

- Im Juli 2013 deckte die *New York Times* auf, dass **Goldman Sachs** den am Rohstoffmarkt zentralen Aluminiumpreis manipuliert hatte. Die Bank hatte 2010 den Lagerhausspezialisten Metro International aufgekauft, durch dessen Lagerhäuser ungefähr ein Viertel des amerikanischen Aluminiums geht, welches überwiegend zu Dosen verarbeitet wird. Die Lieferzeit für Kunden betrug vor der Eingliederung in den Konzern sechs Wochen, im Jahr 2013 sollen es bereits bis zu 16 Monate gewesen sein. Die Bank kassierte für jeden Tag Lagergebühren, welche selbstredend an den Endverbraucher weitergegeben wurden. **Die** *New York Times* **sprach von absichtlich verschleppten Lagerfristen – welche die US-Verbraucher ungefähr 5 Milliarden Dollar gekostet haben dürften.**[33]

- Im August 2013 verdonnerte die britische Financial Conduct Authority (FCA) 13 Institute und Kreditkartenaussteller zu Ausgleichszahlungen von insgesamt 1,3 Milliarden Pfund. Sie hatten nach Ansicht der Aufseher unnötige Extra-Versicherungen für Kreditkarten an ihre Kunden verkauft. Zu den bestraften Unternehmen zählen unter anderem Branchengrößen wie die **Royal Bank of Scotland**, **HSBC** und die **Barclays Bank**.[34]

- Im November 2013 geriet erneut **JPMorgan Chase** in die Schlagzeilen. Offenbar strebte Amerikas größte Bank auch bei Strafzahlungen eine Spitzenposition an. Um die Einstellung mehrerer laufender Verfahren wegen strittiger Hypothekengeschäfte zu erreichen, zahlte die Bank die höchste Summe, die jemals von einem US-Unternehmen im Zuge einer außergerichtlichen Einigung aufgebracht werden musste: sage und schreibe 13 **Milliarden Dollar**! Laut Reuters hatte sich JPMorgan mit dem US-Justizministerium auf diese Summe geeinigt. Sie entsprach dem Gewinn der Bank im zweiten Halbjahr 2013.[35] James Dimons Prämien waren dadurch freilich nicht gefährdet. Dimon erhielt trotz besagter Strafzahlung zusätzlich zu seinem Grundgehalt von 1,5 Millionen Dollar einen Bonus von 18,5 Millionen Dollar – in Form von Aktienoptionen.[36]

- Ebenfalls dabei: die **Deutsche Bank**. Im Dezember 2013 bezahlte sie 1,4 Milliarden Euro an die beiden staatlichen US-Immobilienfinanzierer Fannie Mae und Freddie Mac, da diese sich von den Frankfurtern bei Hypothekengeschäften in den Jahren 2005 bis 2007 betrogen sahen. Versteht sich, dass auch dieses kleine Taschengeld keineswegs als Schuldeingeständnis gewertet werden darf.[37]

- Im Februar 2014 musste die **Bank of America** für die faulen Kredite einer Tochterfirma 8,5 Milliarden Euro Schadensersatz zahlen.[38]

- Im selben Monat zahlte die US-Investmentbank **Morgan Stanley** den staatlichen Immobilienfinanzierern Fannie Mae und Freddie Mac insgesamt 1,25 Milliarden Dollar. Das Haus hatte in seinen Verkaufsunterlagen die hauseigenen Hypotheken-Papiere viel zu positiv dargestellt und deren erhebliche Risiken komplett in klein gedrucktes Wischiwaschi verpackt.[39]

- Nicht immer ist der Endkunde der Dumme. Die Helden der Finanzbranche zocken sich gern auch gegenseitig ab. Im Herbst 2013 etwa entschädigte – ja, die schon wieder – **JPMorgan Chase** institutionelle Investoren mit 4,5 Milliarden Dollar für Verluste aus umstrittenen Hypothekengeschäften.[40] Einen Teil des Geldes

sollen die Allianz-Tochter Pimco und die Bayerische Landesbank – genau, die mit der notverstaatlichten Pleitebank Hypo
Alpe Adria [41] in Österreich! – bekommen.

■ Ende September 2014 berichtete das »Wall Street Journal«, dass
die amerikanische Justiz gegen die **Commerzbank** ermittelt, weil
sie gegen die Vorschriften zur Geldwäschebekämpfung verstoßen
habe. Kurz darauf wurde bekannt, dass die Bank 800 Millionen
Euro Strafe zahlen wird.

■ Einem Bericht der »Times« zufolge drohen der größtenteils ver-
staatlichten britischen **Royal Bank of Scotland (RBS)** 2015 hohe
Strafzahlungen für mutmaßliche Vergehen aus der Zeit der Finanzkrise. Die Rechtsstreitigkeiten, die im Zusammenhang mit
dem Verkauf von sogenannten Ramschpapieren in den Vereinigten Staaten stehen, könnten die Bank mehr als fünf Milliarden
Pfund kosten.

■ Mutmaßliche Zinsmanipulationen kommen die **Deutsche Bank**
2015 teuer zu stehen. Mit den Behörden in den Vereinigten Staaten und Großbritannien einigte man sich auf eine Zahlung in
Höhe von 2,5 Milliarden Dollar. Das sind umgerechnet ca. 25 000
Dollar pro Mitarbeiter der Deutschen Bank.

■ Die schmutzigen Geschäfte der Schweizer Privatbank **HSBC**
sorgten 2015 für viel Wirbel. Korrupte Politiker, Waffenhändler
und andere Kriminelle haben über Jahre hinweg deren Konten
genutzt, um Gelder zu waschen, Besitztümer zu verheimlichen
und Steuern zu hinterziehen. Die Bank wusste zwar in vielen
Fällen über die dubiosen Machenschaften Bescheid. Geschäfte
machte sie trotzdem mit ihnen.

Wie Banken den deutschen Staat abzocken

Bankgeschäfte, die darauf abzielen, den Steuerzahler zu schädigen, sind für eine Landesbank und jedes andere seriose Finanzinstitut völlig unvertretbar.

Peter Tschentscher (SPD), Finanzsenator
der Freien und Hansestadt Hamburg

Im November 2013 kam ans Licht, wie deutsche und ausländische Banken den deutschen Fiskus mit dubiosen Steuerdeals um Milliarden betrogen haben. Die Banken nutzten dabei eine bis 2012 bestehende Gesetzeslücke aus. Mit deren Hilfe war es erstaunlicherweise möglich, Kapitalertragsteuern doppelt erstattet zu bekommen. Im Klartext: **Banken haben sich Steuern erstatten lassen, die sie vorher überhaupt nicht bezahlt hatten!** Die zuständigen Behörden gehen von einem Schaden in Höhe von mehr als zehn Milliarden Euro aus.[42]

Vereinfacht gesagt wurde dabei mit Aktien gehandelt, die den Beteiligten am Geschäft nicht gehörten. Das sind die oft zitierten sogenannten Leerverkäufe. Sämtliche Deals wurden kurz vor und nach den fälligen Dividendenausschüttungen abgewickelt. Und die Aktien wurden rund um den Globus mehrfach hin und her verkauft, um weitere Verwirrung zu stiften. Am Ende hatte man die Finanzämter so durcheinandergebracht, dass diese mehrfach Gutschriften auf fällige Dividendensteuern einräumten. Wenn Sie ein paar Aktien in Ihrem Depot halten und sich angesichts der von Ihrer Bank automatisch versandten Steuermitteilung jetzt fragen, was der ganze Aufwand bringen soll: Denken Sie einfach an 10 000 statt an fünf oder zehn Unternehmenswerte sowie an Millionen Stück pro Aktie statt an jeweils 10 oder 100. Dann macht Kleinvieh richtig Mist!

Professor Carl-Christian Freidank, Steuerrechtler an der Universität Hamburg, sieht in der beschriebenen Praxis »eine unzulässige Steuergestaltung, und wenn diese vorsätzlich begangen wurde, dann ist es Steuerhinterziehung«. Die Banken – Unrechtsbewusstsein, nein danke! – verweisen natürlich auf besagte Gesetzeslücke: »Zu den maßgeblichen steuerlichen Rechtsfragen werden (...) unterschiedliche Auffassungen vertreten. Sie sind höchstrichterlich nach wie vor nicht geklärt, sodass die Rechtslage offen ist«, erklärte etwa die HypoVereinsbank. Im Falle gerade dieser Bank ermittelt die Staatsanwaltschaft gleichwohl wegen Verdachts auf schwere Steuerhinterziehung.[43]

Im Dezember 2013 durfte die Öffentlichkeit einen weiteren Bankenskandal zur Kenntnis nehmen. Die staatliche HSH Nordbank hat anscheinend ebenfalls den Staat betrogen. Sie war in dubiose Börsengeschäfte verwickelt, mit deren Hilfe sie dem Fiskus Steuern in Millionenhöhe vorenthielt. Nachdem die Steuertricks bei einer Bilanzprüfung entdeckt wurden, zahlte die Landesbank der Bundesländer Hamburg und Schleswig-Holstein 127 Millionen Euro Steuern nach. 2014 drohten weitere Steuernachzahlungen. Besonders pikant: Ausgerechnet in den Jahren 2008 bis 2011, also in der Zeit, in der die Bank mit einer Kapitalspritze von drei Milliarden Euro und Landesbürgschaften über zehn Milliarden Euro vom Steuerzahler vor dem Bankrott gerettet wurde, haben deren Aktienhändler Steuern hinterzogen. Sage noch mal einer, dass man die Hand nicht beißen kann, die einen füttert.[44]

Doch damit nicht genug: Aufgrund einer Anklage wegen schwerer Untreue in einem dubiosen Überkreuzgeschäft namens Omega 55 musste sich der komplette Ex-Vorstand der Bank vor Gericht verantworten. Die Zweckgesellschaft »Omega Capital Funding 55« hatte die HSH Nordbank 2007 gemeinsam mit der französischen Großbank BNP Paribas in Dublin gegründet. Die HSH brachte in dieses Finanzvehikel Immobilienkredite im Volumen von mehr als zwei Milliarden Euro ein. Diese lagen damit außerhalb der Bilanz. Folglich musste die Landesbank dafür kein Eigenkapital hinterlegen. Nach Ansicht der Verteidiger, aber auch von Finanzexperten ein nicht unübliches Geschäft. Die Staatsanwaltschaft vermutete jedoch dahinter die Absicht, die Eigenkapitalquote der HSH für den für 2008 geplanten Börsengang zu »optimieren«.[45]

Ferner wurde dem ehemaligen Bankchef Dirk Jens Nonnenmacher aka »Dr. No«, dem Herrn mit den schwarzen, gegelten Haaren, der perfekt in das Bild eines Zocker-Bankers passt, und dem damaligen

Kapitalmarkt-Vorstand Jochen Friedrich zudem unrichtige Darstellung der Bilanz vorgeworfen. »Mit dieser Bilanzkosmetik sollen sie angeblich die teuren Folgen des Omega-Geschäfts übertüncht haben«, so die *Süddeutsche Zeitung*.[46]

> *Eine Bank, die für sich behauptet, ihr sei die Tragweite dieser Geschäfte nicht klar gewesen, muss sich fragen lassen, ob sie überhaupt geschäftsfähig ist.*
> Wolfgang Kubicki, Fraktionschef der FDP im schleswig-holsteinischen Landtag[47]

Angesichts solcher »Affären« kann man sich des Eindrucks nicht erwehren, dass eine gewisse kriminelle Energie zum Geschäftskonzept vieler Banken gehört. Milliarden-Strafen für halblegale bis illegale Praktiken scheinen gar als Geschäftskosten von vornherein einberechnet zu werden. Kein Wunder: **Warum sollten Banken sitten- oder gar gesetzwidrige Geschäftspraktiken ändern, solange die Gewinne aus kriminellen Machenschaften die Strafzahlungen übertreffen?** Wenn wir also morgen den Wirtschaftsteil aufschlagen und lesen, dass jetzt auch beim Institut XY illegale Geschäfte in zurückliegenden Jahren aufgeflogen sind, werden wir jedenfalls nicht vor Staunen vom Stuhl fallen.

Der Libor-Skandal

Da wir uns nicht erst seit gestern mit den fragwürdigen Methoden der Finanzbranche beschäftigen, hielten wir uns eigentlich für relativ abgebrüht. Was Mitte 2012 ans Licht der Öffentlichkeit gelangte, hat aber auch uns noch einmal sprachlos gemacht. **Über Jahre haben die Bank of America, Barclays, Mitsubishi-UFJ, die Citibank, Credit Suisse, die Deutsche Bank, HSBC, JPMorgan Chase, Lloyds, die Royal Bank of Scotland und die schweizerische UBS den sogenannten Libor manipuliert, den Zinssatz für Geschäfte zwischen Banken.**[48] Schön, die Betrüger betrügen sich also gegenseitig, mögen Sie jetzt denken. Doch welche Zinsen sich Banken gegenseitig zahlen, daran hängt – weit mehr als an den berühmten »Leitzinsen« der EZB oder der Fed –, wie viel Zinsen der Hersteller Ihrer Lieblingsschokolade zahlen muss – der diese Zinsen natürlich einpreist. Oder die Supermarktkette, bei der Sie Ihre Schokolade kaufen. Oder wie viel Sie für Ihren Haus- oder Autokredit hinblättern dürfen.

Der Libor als Zinsindikator

Die London Interbank Offered Rate (eigentlich LIBOR, meist aber »Libor« geschrieben) gibt an, zu welchen Konditionen sich Banken weltweit gegenseitig Geld leihen. Der Euribor ist die Euro-Variante dieses Zinssatzes. Beide Referenzwerte werden täglich von einer Reihe internationaler Großbanken gemeinsam festgelegt.

Man sollte denken, dass Ehrlichkeit hier im Interesse aller Beteiligten liegt, dass ihnen der Sinn des moralischen Grundsatzes »Was du nicht willst, das man dir tut ...« ganz unmittelbar einleuchtet. Weit gefehlt! LIBOR und Euribor haben nämlich weit reichende Wirkungen auf dem gesamten Finanzmarkt. Sie dienen als Grundlage für Geschäfte in Billionenhöhe. Vom Baukredit bis zum hoch komplexen Derivate-Geschäft richten sich die Preise nahezu aller Finanzmarktprodukte nach ihnen. Vor allem Produkte mit variablem Zinssatz reagieren hochsensibel auf Libor und Euribor. Steigen beide, bekommen Sie mehr Zinsen für Ihren Sparbrief – müssen aber als Häuslebauer mit höheren Belastungen rechnen. Fallen die Sätze, ist es umgekehrt. Und schon kleinste Veränderungen hinterm Komma können immense Schwankungen auslösen.[49] Mit einem Wort: **Der Libor ist der wichtigste Zinssatz der Welt.**[50]

So wurde der Libor manipuliert

Täglich um Punkt elf Uhr Londoner Zeit melden die großen Banken der Welt dem britischen Bankenverband BBA, zu welchem Zins sie sich heute untereinander Geld leihen wollen. Angesichts der immensen Bedeutung dieser Absprache sollte man annehmen, dass hinter ihr ein irgendwie repräsentatives Gremium unabhängiger Fachleute steht, das sich zudem auf eine Flut maschinell ausgewerteter Finanzdaten stützt. Doch wie so viele scheinbar vernünftige Annahmen zum Thema Geldgeschäfte stimmt auch diese leider nicht. Über den Libor entscheidet nämlich eine höchst exklusive Gruppe von 18 Damen und Herren aus 15 global tätigen Bankhäusern.

> *Man betrügt niemals gutwillig; die Schurkerei fügt zur Lüge stets noch die Bosheit hinzu.*
> Jean de La Bruyère (1645 – 1696),
> französischer Moralist und Aphoristiker

Was sie da am Telefon der BBA mitteilen, liegt, etwas vereinfacht gesprochen, ziemlich in ihrem Belieben. Nicht unbedingt ihrem privaten. Aber doch dem eines ebenso exklusiven Kreises von Leuten aus ihrer eigenen Bank, die all den Abteilungen vorstehen, die mit Krediten, Devisen, Aktien, Anleihen, Optionen und anderen Derivaten handeln. Lustigerweise ist es dem Kreis der Libor-Apostel auch nicht untersagt, vor elf Uhr schon mal locker miteinander zu plaudern.

Aus ihren Meldungen wird kurz nach elf ein Durchschnittswert berechnet, wobei nur die mittleren 50 Prozent der gemeldeten Werte berücksichtigt werden (um Ausreißer nach oben oder unten zu vermeiden). Diese Zahl ist der Interbanken-Zins des Tages.[51] Nun ruft natürlich nicht einer der Herren »8 Prozent!« und eine der Damen »2 Prozent!«. Es geht um die dritte, vierte, fünfte Nachkommastelle.

Die Meldungen aller Beteiligten, das ist der Punkt, richten sich beim gegebenen Verfahren nicht danach, was die jeweilige Bank von den lieben Kollegen glaubt verlangen zu müssen, um noch einen kleinen Schnitt zu machen. Sie richten sich danach, welchen Zinssatz sämtliche Handelsabteilungen des Hauses für günstig halten – günstig, wohlgemerkt, für ihre jeweiligen Spekulationsgeschäfte. Gewiss, die Banken leihen sich zum Libor auch untereinander Geld. Aber dieses Geschäft ist im Vergleich mit allen anderen ungefähr so interessant und ertragreich wie dasjenige mit Sparbüchern. Hart gesagt: Nicht die Geldverleiher, die Zocker bilden im Grunde den Libor. Einzig und allein ihretwegen ist es aus dem Blickwinkel der Banken verlockend, illegale Absprachen zu treffen. Denn sowohl ein etwas zu hoher als auch ein etwas zu niedriger Libor können deren Milliardengeschäfte entscheidend begünstigen oder schädigen.

Als Außenstehender fragt man sich natürlich: Wie kann es sein, dass über Jahrzehnte niemand den großen Einfluss von 18 Leuten auf das weltweite Finanzsystem beanstandet hat? Dass alle dem britischen Bankenverband blind vertrauten? Dass niemand dieses Gremium kontrollierte, keine Finanzaufsicht auf die Idee kam, mal hinter dessen Kulissen zu schauen? Bereits seit 1986 wird der Libor Tag für Tag nach dem beschriebenen Verfahren berechnet.[52] Und niemandem soll aufgefallen sein, wie anfällig dieses System der Kabinetts-Zinsdiplomatie für Manipulationen war? Auf Kosten ehrlicher Banker und vor allem von Bankkunden weltweit wurden immense Gewinne eingestrichen. War es am Ende reiner Zufall, dass die Manipulationen aufgedeckt wurden? *Die Welt* schrieb dazu am 8. Juli 2012: »Die neuen Vergleichsgrößen des Bankenirrsinns lauten: Nur 18 zu 360 Billionen, also 18 zu 360 000 Milliarden oder 18 zu 360 000 000 Millionen. Bis zu 18 Damen und Herren in den Handelsabteilungen internationaler Großbanken bestimmen Tag für Tag um kurz nach 11 Uhr Londoner Zeit darüber, wie sich Finanzprodukte mit einem Volumen von 360 Billionen Dollar weltweit entwickeln.«[53]

Die Finanzaufseher in Großbritannien und der Schweiz, die US-Derivatbehörde Commodity Futures Trading Commission (CFTC) sowie das US-Justizministerium haben auf insgesamt 107 Seiten Beispiele für Absprachen der Händler in Chats, Telefonaten und E-Mails veröffentlicht.[54] Die Kollektion ist ein erschreckendes Zeugnis purer Gier und eines grenzenlosen Zynismus:

- »Wenn du den Sechser-Libor heute unverändert lässt, werde ich einen geilen Riesendeal mit dir machen. Tust du das, zahle ich dir, du weißt schon, 50 000 Dollar, 100 000 Dollar«, schrieb ein Banker an einen Kollegen.[55]

- »Kumpel, du wirst verdammt gut in diesem Libor-Spiel. Denk an mich, wenn du auf deiner Yacht in Monaco sitzt,« so ein UBS-Mitarbeiter an einen der Zinsdrücker im Hause.[56]

- »Ich gebe alles ein, was du möchtest«, gestand ein Mitarbeiter der holländischen Rabobank in seltener Freimütigkeit.[57]

- Ein Händler schrieb, sein Kollege schicke »höhere Zahlen raus, als er tatsächlich denkt«. »Hoffentlich werden die Schafe das einfach übernehmen.«[58]

- Ein anderer fand es schlicht »großartig«, wie viel Geld man machen könne, indem man den Libor manipuliere. Daher gebe es »jetzt ein Kartell in London«.[59]

Erst im Gefolge der Mega-Pleite der Investmentbank Lehman Brothers kam schließlich heraus, dass die Angaben der Libor-Verantwortlichen nicht immer der finanzmathematischen Wahrheit entsprachen. Der Zins wurde nach oben oder unten manipuliert, gerade wie es den Banken und ihrem Geschäft passte – ohne Rücksicht auf Verluste.[60] Immerhin in einem Punkt haben die Citigroup, die Barclays Bank, die Deutsche Bank, JPMorgan Chase, die Royal Bank of Scotland und Co. sofort reagiert: Der Austausch verräterischer E-Mails und Chats zwischen allen für die Libor-Meldungen verantwortlichen Mitarbeitern wurden strikt untersagt. Man darf bezweifeln, dass dies Manipulationen verhindert. Aber wenigstens schafft es keine derart handgreiflichen Beweise wie die oben zitierten.[61]

Insgesamt rund 15 internationale Großbanken sollen über Jahre den Libor manipuliert haben. Einziges Ziel: höhere Gewinne und Bereicherung auf Kosten der Kunden. Neben der Schweizer UBS wurden in den vergangenen Monaten bereits die britische Barclays Bank und die Royal Bank of Scotland abgestraft: Sie mussten insgesamt 2,5 Milliarden US-Dollar Bußgeld zahlen. Die bislang höchste Einzelstrafe liegt bei rund 1,5 Milliarden Dollar – so viel zahlte die Schweizer UBS 2012 wegen ihrer Verstrickung in die Libor-Affäre.

Auch die Deutsche Bank und zahlreiche weitere Geldhäuser müssen sich wegen der mutmaßlichen Manipulation von Libor und Euribor verantworten. Im April 2015 brummten ihr die Aufsichtsbehörden in den USA und Großbritannien eine Rekordsumme von 2,5 Milliarden Dollar auf. Das ist die höchste bislang verhängte Buße gegen eine Bank infolge des Libor-Skandals. Von der EU-Kommission war die Bank bereits 2013 zu einer Strafe von 725 Millionen Euro verurteilt worden.[62]

Wie viel Geld den Banken die Zinsmanipulationen eingebracht haben, weiß niemand genau. Experten tippen auf Beträge von mehreren Milliarden Euro. Laut *Wall Street Journal* soll allein die Deutsche Bank mit Wetten auf Veränderungen des Libor und anderer für die Finanzmärkte entscheidende Referenz-Zinssätze 500 Millionen Euro verdient haben.[63]

Udo Reifner vom Hamburger Institut für Finanzdienstleistungen mahnt: »Durch diese Manipulation findet eine Umverteilung von Reichtum statt. (…) Verbraucher mit Hypothekenkredit zum Beispiel können sich nicht wehren. **Fatal ist, dass systematisch durch scheinbar objektive Daten eine Umverteilung von Arm nach Reich stattfindet.**«[64]

Gründe für den Betrug

Der US-Justizminister Eric Holder erklärte: »Sie haben vor allem betrogen, um höhere Profite und Boni für sich selbst einzustreichen.« Doch es ging nicht nur um Geld, sondern auch um den Ruf der Bank. Nichts fürchten Banken in Krisenzeiten mehr als gegenseitiges Misstrauen. Denn dieses könnte den Interbanken-Handel – die Kreditvergabe unter den Banken – abwürgen. Ein UBS-Mann erklärte in einem Chat, dass die Tricks Schlagzeilen verhindern sollten, seine Bank befinde sich in einer Schieflage: »Wir wollen dem Markt keinen falschen Eindruck geben. Wir haben keine Probleme, an Cash zu kommen. Deshalb wollen wir keinen hohen Libor.«[65]

Goldene Handschläge für die Täter

Der frühere Chief Operating Officer von Barclays, Jerry del Missier, eine Schlüsselfigur der Libor-Zinsaffäre, erhält laut einem Bericht des britischen *Telegraph* eine Abfindung von 8,75 Millionen Pfund, obwohl er vor einem Untersuchungsausschuss des britischen Parlaments zugab, dass er Untergebene zu diesen Manipulationen angestiftet hat. Jedoch hat er auch in seiner unendlichen Großzügigkeit im Gegenzug die Ansprüche aus Aktienoptionen im Wert von bis zu 40 Millionen Pfund aufgegeben. Allerdings handelte Missier dabei nach eigenen Angaben auf Anweisung des zurückgetretenen Bankchefs Bob Diamond, mit dem er früher gemeinsam das Investmentgeschäft der Bank verantwortete.

> *Klaue ein Schaf und du wirst gehängt, klaue 1000 Schafe und du wirst gefeiert.*
> Arabisches Sprichwort

Bob Diamond – nein, «Diamant» ist nicht sein Künstlername – war einer der bestbezahlten Bankmanager der Welt. 2011 strich er trotz

schlechter Unternehmenszahlen ein Rekordgehalt von 17,7 Millionen Pfund ein. Auch der »gute« Bob Diamond musste Barclays also nicht mit leeren Händen verlassen. Dagegen war sein Verhandlungsgeschick am Ende anscheinend nicht mehr so gut. Sie denken jetzt bestimmt, dass er hinter schwedische Gardinen musste und sein gesamtes Vermögen verloren hat? Nein, natürlich nicht! Der Skandal-Banker erhielt zum Abschied lediglich eine Abfindung in Höhe von zwei Millionen Pfund – **manches Verbrechen zahlt sich anscheinend doch aus.**[66]

Nachdem Diamond aus dem Unternehmen gegangen worden ist, musste auch ein gewisser Herr Rich Ricci (ja, so heißt der Mann wirklich) die Bank verlassen. Der schillernde Investmentbanker verdiente 2012 bei Barclays beinahe 18 Millionen Pfund, und 2010 trug der Banker gar über 40 Millionen Pfund nach Hause.[67]

Banken kaufen sich abermals frei

Auch im Fall des Libor-Skandals ist es der Finanzbranche wieder möglich gewesen, sich von nachweislichen und wiederholten Vergehen freizukaufen. Keiner der Verantwortlichen landete im Gefängnis oder muss sich auch nur vor einem lebenslangen Berufsverbot fürchten. Keiner der Manipulateure muss persönlich mit Haus und Hof haften. Keiner der beteiligten Banken wurde die Banklizenz entzogen. Kein Institut wurde von den zuständigen Aufsichtsbehörden geschlossen. Geld gegen Straffreiheit, lautet das Prinzip, das wir ansonsten nur von der Selbstanzeige bei Steuerhinterziehung kennen. Hier eine kleine Liste der bis Ende 2013 erfolgten »Abschlagszahlungen« in Sachen Libor-, Euribor- und Tibor-Manipulation (Letzterer ist der japanische Referenzzins):

- Die Schweizer UBS ist, wie erwähnt, mit einer Rekordbuße von 1,16 Milliarden Euro dabei.[68]

- Gegen die Barclays Bank wurde eine Strafe in Höhe von 453 Millionen US-Dollar verhängt.[69]

- Die Rabobank, eine 1898 gegründete niederländische Genossen-schaftsbank (!), kostete der Libor-Skandal 774 Millionen Euro – und ihren Chef, Piet Moerland, den Posten. Immerhin räumte das Institut sein Fehlverhalten ein.

- Die Deutsche Bank 3,225 Milliarden Euro.[70]

- Die Société Générale knapp 446 Millionen Euro.

- Die Royal Bank of Scotland: 391 Millionen Euro.

- JPMorgan Chase kommt in diesem Fall mit geradezu bescheide-nen 70 Millionen Euro davon.

- Citigroup blecht 80 Millionen Euro Strafe.[71]

- Das Schlusslicht RP Martin kommt auf 250 000 Euro.[72]

- Die britische Barclays Bank und die UBS entkommen aufgrund einer Kronzeugenregelung zumindest in der EU einer Strafe. Sie hatten die Kartellwächter über die Manipulation informiert. Sonst wären im Falle der UBS 2,5 Milliarden Euro, im Falle von Barclays waren es 690 Millionen Euro, fällig gewesen.[73]

Wenn Sie denken, dass es nun vorbei ist mit dem globalen Betrug, dann müssen wir Sie leider enttäuschen. Aufseher wittern bereits ebenfalls Tricksereien beim Goldpreis sowie bei dem für Tausch-geschäfte (Swaps) maßgeblichen Derivatezins Isdafix. Ein weiteres Mal richten sich nahezu alle Vorwürfe wegen Preismanipulationen gegen einen Kern von fünf bis zehn internationale Großbanken.[74] Wir lassen uns überraschen, was noch so alles an das Licht der Öf-fentlichkeit gelangt.

Auch der Deutschen Bank blüht noch jede Menge teurer Ärger

Ungefähr zwei Dutzend Abgeordnete aller Bundestagsfraktionen, daneben Vertreter des Bundesfinanzministeriums, trafen im November 2012 im Finanzausschuss des Deutschen Bundestags zusammen, um Vertreter der Deutschen Bank anderthalb Stunden zum Libor-Skandal zu vernehmen.[75] Neue Erkenntnisse wurden freilich nicht zutage gefördert. Der *Spiegel* schrieb damals über die Befragung: »Punktsieg für die Deutsche Bank im Finanzausschuss: An ihrem verschwiegenen Vorstand Stephan Leithner beißen sich die Abgeordneten ihre Zähne aus. Statt Kreuzverhören gab es von dem Deutschbanker ausweichende Antworten und nichts Neues.«[76]

> *Wenn die Krise vorbei ist, werden weltweit fünf bis sechs Banken von globalem Format übrig bleiben. Höchstens eine davon wird aus Kontinentaleuropa kommen – und das wird die Deutsche Bank sein.*
>
> Anshu Jain, damaliger Vorstandsvorsitzender der Deutschen Bank im Mai 2013[77]

Kritische Beobachter fragten sich damals, warum Deutschlands führendes Geldhaus zu einer parlamentarischen Anhörung zum Thema Zinsmanipulationen ausgerechnet seinen Personalvorstand schickt. Eigentlich hatte der Finanzausschuss den Co-Chef des Geldinstituts, Anshu Jain, vorgeladen. Mit gutem Grund, hatte doch Jain zur fraglichen Zeit das Investmentbanking der Bank geleitet, jene Abteilung, die maßgeblich in die Leitzins-Manipulationen verwickelt war. In den USA und Großbritannien hatten die von den Vorwürfen betroffenen Banken selbstredend ihre Chefs in die entsprechenden Untersuchungsausschüsse der Parlamente geschickt – die denn auch geradezu demütigend von den Abgeordneten gegrillt wurden. Ein Vorstandssprecher der Deutschen Bank ist sich dagegen, so muss man annehmen, zu vornehm, gewählten Volksvertretern Rede und Antwort zu stehen. Leithner wiederholte damals bloß gebetsmühlenartig, dass er zu der Thematik nichts sagen könne. Die internen Untersuchungen der Bank seien noch nicht abgeschlossen. Was ihn freilich nicht daran hinderte, dem eigenen Management vorsorglich Persilscheine auszustellen: »Wir haben Einzelpersonen, bei denen wir Fehlverhalten festgestellt haben. Wir haben aber keine Involvierung des Managements«, so Leithner.[78]

Die britische Barclays Bank hatte bereits im Juni 2013 ihre Beteiligung an dem Zinskartell eingeräumt und eine Strafe von umgerechnet rund 200 Millionen Euro akzeptiert. Der Exekutivdirektor der deutschen Finanzaufsicht (BaFin), Raimund Röseler, hatte vor dem Ausschuss zudem ausgesagt, dass es klare Hinweise auf Absprachen zwischen den Händlern der beteiligten Banken gebe und dass die BaFin schon lange den Eindruck gehabt habe, dass der Libor nicht richtig funktioniere.[79]

Doch weder hinderte das die Deutsche Bank zu mauern, noch ermunterte die Evidenz der Vorwürfe die Abgeordneten zu hart näckigem Nachsetzen. Im Gegenteil: Der SPD-Vertreter Lothar Binding musste sich von der Ausschussvorsitzenden Birgit Reinemund (FDP) sogar rüffeln lassen, dass man im Finanzausschuss keine Kreuzverhöre durchführe. »Ja, deswegen sind wir auch so harmlos«, entgegnete Binding zu Recht. Doch auch er resignierte nach einer halben Stunde Befragung, ohne dass er den Deutschbanker Leithner auch nur einen Moment aus der Fassung hätte bringen können. »Von dem öffentlichen Dialog mit der Gesellschaft, den Herr Jain bei seinem Amtsantritt angekündigt hat, haben wir heute nichts gesehen«, so das Fazit des Grünen-Abgeordneten Gerhard Schick nach der Befragung.

Seit Jahrzehnten ist die Deutsche Bank der Platzhirsch unter Deutschlands Geldhäusern. Mittlerweile rächen sich jedoch die langjährigen zwielichtigen Geschäfte für die Bank. Sie muss so viel Geld für Prozesse zurücklegen, dass sie kaum noch Gewinn macht.[80] Ende Dezember 2014 hatte die Bank 3,2 Milliarden Euro an Rückstellungen für Rechtskosten gebildet.[81] Man darf bezweifeln, dass diese Summe ausreicht.

Auch der abgeschlossene Kirch-Prozess liegt der Bank noch schwer im Magen. Die Erben des Medienmoguls Leo Kirch machen die Bank für dessen Pleite 2002 verantwortlich. Der damalige

Deutsche-Bank-Chef Rolf Breuer hatte in einem Fernsehinterview Kirchs Kreditwürdigkeit angezweifelt. Die Deutsche Bank wurde bereits vom Münchner Oberlandesgericht (OLG) zu Schadensersatz verurteilt. Im Dezember 2013 sind interne Dokumente aufgetaucht, die die Bank schwer belasten. Zusätzlich ermittelt die Münchner Staatsanwaltschaft wegen versuchten Prozessbetrugs gegen die Bank und fünf ihrer ehemaligen Manager wie Breuer, dessen Nachfolger Josef Ackermann, zwei weitere Exvorstände und gegen den aktuellen Vorstandsvorsitzenden Jürgen Fitschen.[82] Im Februar 2014 hat sich die Bank mit den Kirch-Erben in einem Vergleich geeinigt – dieser kostet die Bank 925 Millionen Euro.[83] Damit ist der Fall aber noch nicht erledigt. Derzeit läuft ein Strafprozess gegen Jürgen Fitschen sowie die früheren Spitzenmanager Josef Ackermann, Rolf Breuer und Clemens Börsig. Der Vorwurf: Die Banker sollen mit Falschaussagen vor Gericht versucht haben, die Schadenersatzzahlungen zu verhindern. Die Angeklagten weisen die Vorwürfe zurück.

Ein weiterer Vorwurf, der im Raum steht, ist der Verdacht der Wechselkurs-Manipulation. Wie andere Banken soll auch die Deutsche Bank über Jahre die Kurse fremder Währungen beeinflusst haben, um im Devisengeschäft höhere Gewinne einzustreichen.[84] Es geht darum, ob Banker sich hier ebenfalls verbotenerweise untereinander abgesprochen haben. Immer mehr Banken geraten wegen möglicher Währungskursmanipulationen in das Zentrum der Ermittlungen. Die Deutsche Bank, die Barclays Bank, die Royal Bank of Scotland und die UBS werden in dieser Causa mit den Behörden zusammenarbeiten, und auch JPMorgan Chase und die Citigroup sollen von den Behörden kontaktiert worden sein.[85] Inwieweit die Deutsche Bank involviert ist, ist noch nicht geklärt. Jedoch räumte sie bereits ein, von Aufsichtsbehörden um Auskunft gebeten worden zu sein.[86] Jedoch zog sie im Zusammenhang mit den Manipulationsvorwürfen inzwischen erste personelle Konsequenzen.[87]

Und noch eine Baustelle könnte für die Deutsche Bank teuer werden: der Betrugsverdacht beim Handel mit CO_2-Zertifikaten. Mit diesen erwerben Unternehmen das Recht, die Umwelt belastende Treibhausgase auszustoßen.[88] Beim Handel mit CO_2-Zertifikaten sollen Mitarbeiter der Deutschen Bank Umsatzsteuerbetrug begangen haben. Zur Klärung der Vorwürfe führte die Staatsanwaltschaft 2012 eine Großrazzia in der Zentrale in Frankfurt durch, worüber sich der damalige Co-Chef der Deutschen Bank, Jürgen Fitschen, telefonisch beim Ministerpräsidenten Volker Bouffier (CDU) beschwerte: »Ich wollte in der Tat den Ministerpräsidenten darauf aufmerksam machen, dass das, was hier geschehen war, unverhältnismäßig ist.«[89] Während der Razzia in der Zentrale in Frankfurt und einigen Niederlassungen wurden fünf Angestellte festgenommen. Es werden insgesamt 25 Beschäftigte diverser Delikte beschuldigt – darunter Steuerhinterziehung, Geldwäsche und versuchte Strafvereitelung.[90]

Wer durch Betrug Gelingen erlangt, dessen Erfolg ist nicht von Dauer und seine Siege verwandeln sich in Niederlagen.
Lü Bu We (um 300 – 235 v. Chr.),
chinesischer Kaufmann und Reichskanzler

Schließlich muss die Deutsche Bank auch in den USA noch eine weitere Anklage überstehen. Ein US-Pensionsfonds wirft der Deutschen Bank, der UBS, Credit Suisse, der Barclays Bank, der Royal Bank of Scotland, HSBC, BNP Paribas, der Bank of America, der Citigroup, JPMorgan Chase, Goldman Sachs und Morgan Stanley vor, in den USA jahrelang den 27 Billionen Dollar schweren Markt für Kreditausfallversicherungen (CDS) manipuliert und so die Kosten für Investoren in die Höhe getrieben zu haben.[91]

Inzwischen hat die Deutsche Bank den Handel mit Kreditausfallversicherungen für nordamerikanische und europäische Unternehmen beendet.[92]

Kreditausfallversicherungen – Credit Default Swaps (CDS)
Damit sichern sich Investoren eigentlich gegen die Zahlungsunfähigkeit von Unternehmen oder Ländern ab. Doch mit ihnen kann ebenso gut auf die Bonität eines Schuldners gewettet und

dieser damit in Bedrängnis gebracht werden. Vor allem Letzteres hat die CDS in Verruf gebracht. Während der Finanzkrise erlangten sie traurige Berühmtheit, als sie um ein Haar den US-Versicherungsriesen AIG in den Abgrund rissen. Hier ging es um CDS, in denen Banken vor allem schlecht bewertete Privathypotheken, sogenannte Subprime-Kredite, zusammen mit wenigen Papieren guter Bonität, zu Paketen gebündelt hatten.

In einer bei einem Bezirksgericht im Bundesstaat Illinois eingereichten Klage heißt es, dass die Institute jeglichen Wettbewerb verhindert hätten, um sich Erträge zu sichern. »Der CDS-Markt war klar aufgeteilt zwischen denen, die ihn kontrollieren und verzerren, und denjenigen, die sich fügen mussten«, erklärte der Metallarbeiter-Pensionsfonds *Sheet Metal Workers Local 33 Cleveland District Pension Plan*, der eine Sammelklage anstrebt. Die Preise seien künstlich und nicht marktgerecht entstanden.[93] Laut *Handelsblatt* dürften die Aussichten der Sammelklage von parallel laufenden Kartellrechtsuntersuchungen des US-Justizministeriums und der EU-Kommission abhängen. Diese gehen dem Vorwurf nach, die Banken hätten gemeinsame Sache gemacht, um Wettbewerb auf dem CDS-Markt zu verhindern.[94]

Rund 6 000 Verfahren sind derzeit gegen die Deutsche Bank anhängig.[95] Das Institut hat gegenwärtig eine Bilanzsumme in Höhe von 1,7 Billionen Euro. Außerhalb der Bilanz laufen Derivate im Volumen von 55 Billionen Euro. Auch wenn sich Jain und Fitschen inzwischen zum Rücktritt entschlossen haben und der Brite John Cryan das Institut ab Mai 2016 alleine führen wird, sind wir uns sicher, dass es die Bank in ihrer jetzigen Form in zehn Jahren nicht mehr geben wird.

Oft werden wir unter dem Scheine des Rechten getäuscht.
Horaz (65 – 8 v.Chr.), römischer Satiriker und Dichter

Zugegeben: Längst nicht alle Urteile in den genannten Skandalen sind bereits rechtskräftig. Und manchmal funktionieren mit den

Behörden leider auch Tauschgeschäfte: Die Bank zahlt Schadensersatz, wird gerichtlich im Gegenzug nicht belangt – und bestreitet
daher auch jede juristische Schuld. Egal also, in welcher Sache gegen
die Finanzmafia ermittelt wird: Wir bitten Sie, von Vorverurtei-
lungen abzusehen, solange eine Bank nicht rechtskräftig verurteilt
ist! Auch wenn ein Institut sich von einer Verurteilung freigekauft
hat, ist es selbstredend vollkommen unschuldig! Es versteht sich
von selbst, dass einzelne Manager sowieso *niemals* irgendeine persönliche Schuld trifft! Weshalb sie ja auch weder haftbar gemacht
noch bestraft werden. Und falls überhaupt jemand für illegales Geschäftsgebaren verantwortlich sein sollte, dann handelt es sich um
ein »schwarzes Schaf«. Das steht bekanntlich immer irgendwo unten
in der Hierarchie der Herde.

Die Finanzindustrie hat immer noch nichts gelernt

Wenn wir die Entwicklung in der Finanzwelt seit dem Lehman-
crash 2008 betrachten, müssen wir leider zu dem Schluss kommen,
dass keinerlei Lerneffekte bei den Protagonisten der Finanzbranche
stattgefunden haben. Warum auch, wenn sie die Gewinner der Krise sind. Die Finanzbranche hat lediglich die wertvolle Erfahrung
gemacht, dass sie nichts lernen muss, weil sie »systemrelevant« ist.
Und das ist nicht nur ein mächtiges Wort, denn egal, was man auch
anstellt, man ist so wichtig und essentiell, dass man fortan immer mit
Steuergeldern gerettet wird. **Die ungesunde Verflechtung von Staat,
Politik und Banken hat sich ausbezahlt.** Die Finanzindustrie hat die
Staaten im Schwitzkasten und quetscht sie ganz nach Lust und Lau-
ne aus.[96] Denn wie finanziert sich der Staat? Durch Steuereinnahmen
und Anleihenverkäufe. Wer ist Hauptabnehmer der Staatsanleihen?
Banken und Versicherungen, die mit Milliarden an Steuergeldern
gerettet wurden und aus dem Nichts Geld schöpfen können, kaufen
abgesicherte Staatsanleihen, die die Notenbanken mit Steuergeldern
garantieren. Ein geniales, renditestarkes Geschäftskonzept. Das
Perpetuum mobile der Finanzbranche. Den Hebel oder das Erpres-

sungspotenzial, das die Finanzkonglomerate nun auf die Regierungen dadurch haben, kann sich jeder selbst ausmalen.

Vom organisierten Geld regiert zu werden ist genauso schlimm wie vom organisierten Verbrechen regiert zu werden.
Franklin D. Roosevelt, US-Präsident

Je mehr das sehr starke Wort »Systemrelevanz« von den Vorturnern aus der Politik und Finanzwirtschaft benutzt wird, desto mehr hat uns dieses Wort beschäftigt und desto bitterer stößt es uns mittlerweile auf. Wer oder was ist eigentlich systemrelevant? Lassen Sie uns doch einmal das folgende Szenario durchspielen. Eines schönen Tages, es ist ein Montag, hören wir folgende Nachricht im Radio: Sehr geehrte Damen und Herren, leider müssen wir Ihnen mitteilen, dass deutschlandweit alle Angestellten der Abfallentsorgungsunternehmen, alle Krankenschwestern, Krankenpfleger, alle Assistenzärzte und -ärztinnen der Krankenhäuser sowie die Angestellten der Feuerwehren und der Polizei aufgrund ihrer im Vergleich zur Finanzbranche ungerechten Bezahlung und teilweise menschenunwürdigen Arbeitszeiten auf unbestimmte Zeit ihre Arbeit niedergelegt haben. Wir denken, dass wenn Sie sich dieses Szenario auch nur kurz ausmalen, Ihnen sehr schnell bewusst wird, wer in diesem Land wirklich systemrelevant ist. Und hoffentlich wird Ihnen auch die Schäbigkeit der Politiker und Banker bewusst, die uns immer wieder das Gegenteil einbläuen.

Seit 2008 wurde von der Politik alles für die Banken und nichts für die Menschen getan. Es wurde volkswirtschaftliche Schadensmaximierung betrieben, und zwar auf Kosten der Allgemeinheit, um eine fehlgeleitete Branche, die an der eigenen Gier erstickt, zu retten. Dieser ungesunde und fatale Kreislauf muss durchbrochen werden. **Banken sind bzw. waren noch nie systemrelevant. Sie sind schlicht und einfach das System.**

Die Krisenverursacher sind die Krisengewinner

Bizarrerweise sind die Krisenverursacher die Krisengewinner – verkehrte Welt, würden wir sagen. Die Finanzwelt ist wieder in bester Ordnung. Es werden wieder Rekordgewinne verbucht, und die Boni fließen wieder reichlich. Wie in den besten Zeiten. Im Rückblick waren die Jahre 2008 und 2009 nur ein kleiner Ausrutscher. 2011 summierte sich das Gesamtgehalt des durchschnittlichen Wall-Street-Bankers auf 362 900 Dollar. Das ist fünfmal so viel wie das durchschnittliche Einkommen in der Privatwirtschaft in der Stadt New York.[97] 2012 verdienten die Institute, die der staatlichen Einlagensicherung FDIC angeschlossen sind, unterm Strich zusammen umgerechnet 108 Milliarden Euro – ein Zuwachs von 19 Prozent gegenüber 2011 und beinahe so viel wie die 145,2 Milliarden Dollar aus dem Rekordjahr 2006.[98] Laut Bundesrechnungshof sind allein die Sonderzuwendungen in der New Yorker Finanzbranche im Jahr 2012 auf insgesamt 20 Milliarden Dollar angewachsen. Dies war der höchste Stand seit 2010 und im Vergleich zu 2011 ein Plus von acht Prozent. 2012 dürfte ein Wall-Street-Banker laut New Yorks oberstem Finanzbeamten Thomas DiNapoli im Schnitt einen Cash-Bonus von 121 900 Dollar kassiert haben – neun Prozent mehr als im Jahr zuvor.[99] Wohlgemerkt: Nicht als Gehalt, sondern *zusätzlich* zu seinem Gehalt. Ebenfalls nicht meckern konnten die Banker an der Wall Street 2014. Die Bonuszahlungen beliefen sich insgesamt auf eine Summe von rund 28,5 Milliarden Dollar.[100]

Im Vergleich zu 2011 hat der Nettogewinn der US-Geldinstitute 2012 um 160 Prozent zugelegt, während die europäischen Geldhäuser »nur« ein Plus um 54 Prozent auf 24 Milliarden Euro geschafft haben.[101] Die Bank of America, das zweitgrößte Geldhaus der USA, verdreifachte 2012 ihren Jahresgewinn.[102] JPMorgan Chase verdiente 2012 mit 21,3 Milliarden Dollar sogar so viel Geld wie noch nie. Ähnlich gut lief es bei Goldman Sachs. Die weltgrößte Investmentbank steigerte ihren Überschuss um 191 Prozent auf 7,3 Milliarden Dollar.[103] Goldman Sachs hat Ende 2012 ihr gewinnträchtigstes Quartal seit drei Jahren eingefahren. Auch Dank des von der US-Notenbank geschenkten Geldes konnte der Vorstandsvorsitzende von Goldman

Sachs, Lloyd Blankfein, seinen Jahresbonus auf 13,3 Millionen Dollar verdoppeln. Den Großteil seines Gewinns, etwa 70 Prozent, bekommt Blankfein in Wertpapieren. Berechnungen der *Financial Times* zufolge beläuft sich die Gesamtsumme der Bonuszahlungen inklusive der Bargeldzahlung auf sage und schreibe 19 Millionen Dollar[104] – das »normale« Jahresgehalt in Höhe von zwei Millionen ist in dieser Kalkulation selbstredend nicht berücksichtigt.

Auch 2013 war ein goldenes Jahr für die Banker an der Wall Street. Das durchschnittliche Gehalt in den sechs größten US-Banken ist 2013 auf 135 000 Dollar gestiegen. Bei der Bank of America (plus 60 Prozent), Wells Fargo (plus 36 Prozent) und der Citygroup (plus 13 Prozent) sind die Gehälter sogar seit 2007 noch mehr gestiegen.[105] Die durchschnittlichen Zusatzzahlungen sind seit 1985 um rund 1100 Prozent gestiegen.[106]

Lloyd Blankfein erhält für 2013 gut 23 Millionen Dollar, Dimon, Vorstandsvorsitzender von JPMorgan Chase, freut sich über ein um 74 Prozent auf 20 Millionen Dollar gestiegenes Paket – obwohl die Bank 2013 mehr als 20 Milliarden Dollar Geldstrafe zahlen musste.[107] Die Barclays Bank erhöhte 2013 ihre Mittel für Bonuszahlungen um 210 Millionen Pfund und schüttete fast 2,4 Milliarden Pfund an Sonderzahlungen an ihre Angestellten aus.[108]

Die teilverstaatlichte Commerzbank hat für 2013 ein lächerliches Ergebnis von nur 78 Millionen Euro vorgelegt, bei einer gigantischen Bilanzsumme von 550 Milliarden. Folglich erhalten die Aktionäre das sechste Jahr in Folge keine Dividende. Dies hindert das Institut jedoch anscheinend nicht daran, fast das Vierfache des Jahresgewinns, nämlich 300 Millionen Euro an Boni zu verteilen.[109]

Die EU zog inzwischen Konsequenzen: Seit 2014 dürfen die Bonus-Zahlungen nur noch so hoch ausfallen wie das Grundgehalt. Mit Zustimmung der Aktionäre kann die Vergütung auf das Doppelte angehoben werden, womit das Maximum erreicht ist.

Wie Banken für die Banken-Rettung Millionen-Honorare kassierten

Laut einer streng vertraulichen Liste des deutschen Finanzministeriums kassierte die Bankenbranche neben den Rettungspaketen mit Milliarden an Steuergeldern in Deutschland auch noch Millionen-Honorare für die eigene Rettung. Zwischen Oktober 2008 und 2012 wurden demnach rund 100 Instituten Beratungsaufträge von der Bundesanstalt für Finanzmarktstabilisierung (FMSA) erteilt, bei der der Bankenrettungsfonds SoFFin angesiedelt ist. Das *Handelsblatt* berichtete unter Berufung auf das Papier, dass folgende Banken profitiert hätten: Deutsche Bank, der US-Bankenkonzern Goldman Sachs und die Finanzgruppe Rothschild. Ebenfalls auf der Liste stünden Wirtschaftsprüfer und Unternehmensberatungen wie KPMG und Roland Berger sowie eine Reihe von Anwaltskanzleien.

Auf der Liste der Beratungsunternehmen befinden sich Kanzleien wie Freshfields (bei der, nebenbei bemerkt, unser ehemaliger Möchtegern-Kanzler Peer Steinbrück nach Ausscheiden aus seinem Amt als Bundesfinanzminister ein knackiges Honorar für einen Vortrag erhielt[110]), Hengeler Mueller und White & Case, welche selbstredend rein zufällig in den Verdacht des versteckten Lobbyismus geraten sind. Der Vorwurf: Gesetzespläne zur Beschneidung von Kleinaktionärsrechten sowie die Erarbeitung von Gesetzen zur

Finanzmarktstabilität. Zumindest teilweise könnte der Steuerzahler hier für Honorarforderungen in Höhe von 90 Millionen Euro eingestanden haben. Lediglich 8,7 Millionen seien über Kostenpauschalen von den Geldhäusern selbst gedeckt worden.

»Die FMSA betone zwar, dass letztlich sämtliche Kosten von den Hilfsempfängern selbst getragen würden. Jedoch wurde in der Finanzkrise eine ganze Reihe von Banken mit staatlichen Geldern vor dem Zusammenbruch bewahrt. Die FMSA machte in der Finanzkrise bisher milliardenschwere Verluste. Der Zeitung zufolge fragte der Linken-Abgeordnete im Bundestag, Klaus Ernst, vor einigen Wochen bei der Bundesregierung an, welche Beratungsleistungen die FMSA seit ihrer Gründung vergeben hatte. Ernst habe jedoch eine Abfuhr erhalten. Der parlamentarische Staatssekretär im deutschen Finanzministerium, Steffen Kampeter, habe ihm mitgeteilt, dass entsprechende Informationen streng vertraulich seien. Die Anfrage sei an die Geheimschutzstelle des Bundestages weitergeleitet worden.«[111]

Man fragt sich schon, warum die Politik z.B. der Deutschen Bank nicht konsequenter gegenübertritt. Umgekehrt kämpft die nämlich stets mit den härtesten Bandagen. Der ehemalige Vorstandssprecher Josef Ackermann – der sympathische Schweizer mit dem Victory-Zeichen – etwa hatte die Bundesregierung im Rahmen der Rettung der Hypo Real Estate komplett über den Tisch gezogen. Somit den Steuerzahler – uns alle. Finanzminister Steinbrück wollte damals in den Verhandlungen die Lasten gleichmäßig zu 50 Prozent auf die Schultern der Banken und des Staates verteilen. Darauf gab Ackermann zu Protokoll: »Ich habe gesagt: Herr Finanzminister, es tut mir sehr leid. Ich verstehe Sie. Ich kann auch die politischen Schwierigkeiten nachvollziehen, aber 17,5 Milliarden für die deutschen Banken als Risiko zu übernehmen – in einer Situation, wo praktisch alle in größten Schwierigkeiten sind -, das kann ich einfach nicht unterstützen.« Steinbrück habe ihn dann gefragt: Und wie viel glauben Sie, dass möglich wäre? »Ich habe gesagt: Ich weiß es nicht. Ich kann nicht für alle Banken sprechen. Aber ich würde mich dafür stark machen, dass sieben Milliarden eine Lösung sind.«[112] Schlussendlich kam man zu folgendem Ergebnis: Der Staat steuert 20 Milliarden Euro bei, die Banken 15 Milliarden. Gleichzeitig wurde aber ihr Haftungsrisiko auf 8,5 Milliarden Euro begrenzt. Josef Ackermann hatte es also mit unüberbietbarer Chuzpe geschafft, eine hälftige Aufteilung in eine von 25:75 zu Gunsten der Banken zu verwandeln. Aus 15 mach 8,5 Milliarden! Die Kollegen der anderen beteiligten Häuser dankten recht herzlich. Die Zeche hat dafür der Steuerzahler beglichen, während die Deutsche Bank wegen fälliger Gebühren für die Kreditlinien zur HRE-Rettung sogar einen Gewinn verzeichnete.[113]

Im Englischen existiert ein trauriges, aber leider treffendes Sprichwort: **One law for them – another law for us. (Ein Gesetz für sie, ein anderes Gesetz für uns.)** Dieses Sprichwort trifft immer noch den Nagel auf den Kopf. Die Banken weltweit stehen weiter über den Gesetzen. Und es existiert lediglich eine weitere Branche, die absolut nichts davon hält, sich an die Gesetze zu halten: das organisierte Verbrechen. Auch das organisierte Geld fußt derzeit in weiten Teilen auf krimineller Energie und menschenverachtender Profitgier. Selbst die schwere Krise von 2008 hat die Finanzbranche nicht zum Sinneswandel bewegt. Warum auch? Es war einfach zu bequem, in der Krise in den plötzlich prall gefüllten Steuersäckel zu greifen.

Es ist nur eine Frage der Zeit, bis die Banken wieder am Abgrund stehen, wenn sie so weitermachen wie bisher. Und es muss unter allen Umständen verhindert werden, dass sie dann erneut uns alle für ihre selbst verschuldete Malaise zur Kasse bitten. Ein erster Schritt: Die Politik muss größeren Abstand zur Finanzbranche wahren. Eine Bundesregierung, die sich von Bankern beraten lässt, die sich in der Vergangenheit keinen Deut um das Gemeinwohl geschert haben, muss sich fragen lassen, wie sie selbst es mit dem Gemeinwohl hält. Die Regierenden sind den Menschen verpflichtet, die sie wählen – uns! Nicht dem großen Geld, das ihnen Heerscharen von Lobbyisten auf den Hals hetzt, um ausschließlich eigennützige Interessen durchzusetzen.

Sparkassen und Volksbanken:
die besseren Banken?

Die Finanzkrise und die vielen in ihrem Gefolge aufgedeckten Banken- und Börsenskandale haben den Ruf der privaten Geschäftsbanken weitgehend ruiniert. Seit 2008 konnten daher vor allem Sparkassen und Volksbanken steigende Kundenzahlen verzeichnen. Allein die Kundeneinlagen der Sparkassen kletterten zwischen 2008 und 2013 von 742 auf 817 Milliarden Euro.[114] Obwohl die Einlagen bei den Sparkassen jüngst etwas rückläufig waren,[115] gehören die Sparkassen und Volksbanken so gesehen zu den Gewinnern der Krise. Doch sind sie wirklich die besseren Banken? Banken, die ganz im Sinne ihrer Kunden handeln? Arbeiten sie moralisch und ethisch sauberer als die private Konkurrenz? Wir sagen ganz klar: **Nein!**

Sparkassen und Volksbanken tun zwar immer so, als seien sie nicht bloß öffentlich-rechtliche bzw. genossenschaftlich organisierte Institute, sondern quasi gemeinnützige Organisationen. Keine Frage: Auch sie müssen Gewinne machen. Schließlich zahlen Sie ja auch nicht all Ihr frei verfügbares Geld auf ein Spendenkonto ein. **Aber Sparkassen und Volksbanken wollen nicht für Sie, ihre Kunden, Geld verdienen. Sie haben ebenfalls immer nur den eigenen Vorteil im Blick.** Oftmals nutzen sie ihren Standortvorteil sowie ihr vergleichsweise positives Image schamlos zum Nachteil der Kunden aus. Und oft zocken sie bei Kreditzinsen, Gebühren und Provisionen noch schamloser ab als manche Geschäftsbank. **Nicht der Mensch oder der »Genosse« steht bei ihnen im Mittelpunkt, sondern der Profit um jeden Preis.**

Zum Teil erklärt sich diese Gier aus der Not der Kämmerer in jenen Städten, Gemeinden und Kommunalverbänden, die die Träger der Sparkassen sind. Denn deren abgeführte Gewinne sind ein warmer Segen für die meist klammen Gemeindekassen. Da mag man denken: OK, wenn davon Schulen saniert werden. Aber erstens fließt das Geld in den allgemeinen Haushalt, es ist also keineswegs sicher, dass es für dringend nötige öffentliche Investitionen ausgegeben wird. Zweitens: Wenn die Sparkasse mit ihren Kunden satte Profite macht, dann zahlen diese mit überhöhten Zinsen und Gebühren quasi eine Sondersteuer. Und das ist gewiss nicht das, was die Erfinder der »Banken der kleinen Leute« im Sinn hatten.

Im Übrigen hat man es in diesen Unternehmen auch gern selbst ein bisschen nett. Jeder Stadtspaziergang macht das augenfällig. Ist es nicht die Sparkasse, die sich in jeder Stadt und in jedem Dorf die schönsten und besten Immobilien leistet? Brauchen sie wirklich diese gigantischen Paläste, oder würde es nicht auch eine Nummer kleiner gehen? Die Sparkassen benötigen die Tempel der Moderne anscheinend schon. Der ehemalige bayrische Finanzminister und jetzige Lobbyist und Chef des Deutschen Sparkassen- und Giroverbandes (DSGV), Georg Fahrenschon, sagt: »Wir sehen die Zukunft nicht darin, Kunden in eine menschenleere Technikhalle zu schicken.«[116] Die Worte wärmen das Herz. Doch in so manchem Sparkassen-Hochhaus müssen auch jene Etagen, die normale Kunden niemals betreten, den Vergleich mit den Privaten wahrlich nicht scheuen.

Und wie sieht es bei den genossenschaftlichen Volksbanken aus? Sind deren Prunkbauten nicht mit dem Geld der Genossen gebaut? Profitieren Sie als Genosse von protzigen Gebäuden, von denen manche sogar mit einem Wasserfall ausgestattet sind, oder hätten Sie vielleicht doch lieber bessere Konditionen? Wir empfehlen Ihnen: Reden Sie mit Ihrer Bank, denn schließlich wurde der Palast mit Ihrem Geld errichtet.

Sparkassen, Volks- und Raiffeisenbanken: die größten Zinswucherer

Wer sein Girokonto überzieht, musste, je nachdem, bei welcher Bank er Kunde ist, im August 2013 bis zu 14,75 Prozent Dispo-Zinsen zahlen. Die Stiftung Warentest kritisierte, dass dies viel zu viel ist. Die Banken bekommen das Geld immerhin fast kostenlos von der Europäischen Zentralbank. Dieser Zinsvorteil wird aber nicht oder nur unzureichend an die Kunden weitergereicht.

Die Zeitschrift *Finanztest* entdeckte jedoch Erstaunliches: Vor allem Sparkassen, Volks- und Raiffeisenbanken im ländlichen Raum

Abzockerbanken

Dispo-Zinsen

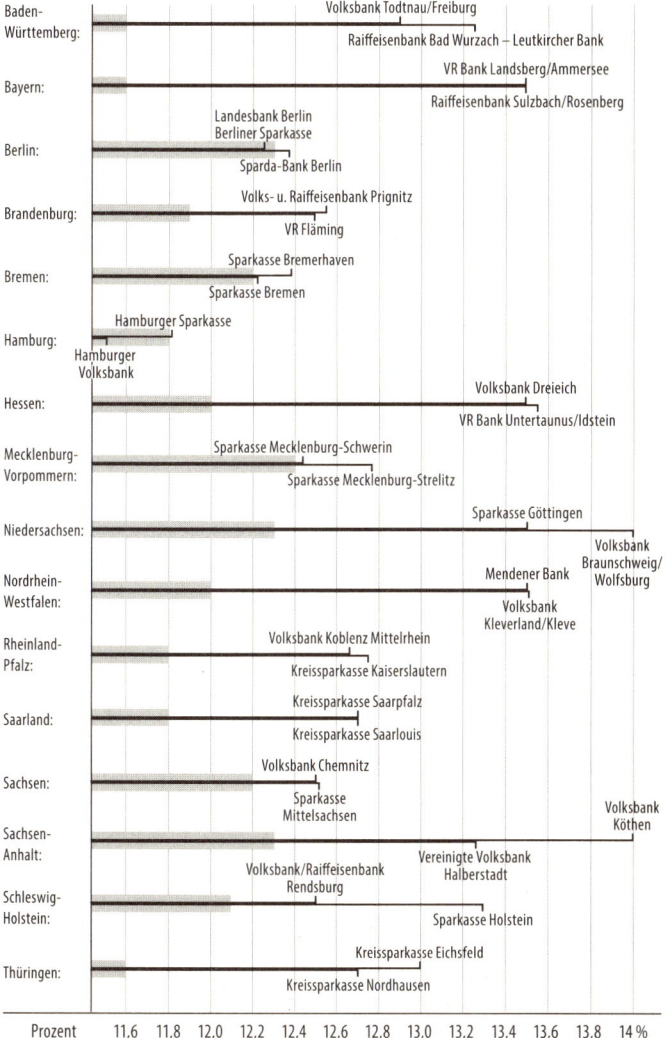

= Mittelwert des Bundeslandes

Baden-Württemberg:
- Volksbank Todtnau/Freiburg
- Raiffeisenbank Bad Wurzach – Leutkircher Bank

Bayern:
- VR Bank Landsberg/Ammersee
- Raiffeisenbank Sulzbach/Rosenberg

Berlin:
- Landesbank Berlin
- Berliner Sparkasse
- Sparda-Bank Berlin

Brandenburg:
- Volks- u. Raiffeisenbank Prignitz
- VR Fläming

Bremen:
- Sparkasse Bremerhaven
- Sparkasse Bremen

Hamburg:
- Hamburger Sparkasse
- Hamburger Volksbank

Hessen:
- Volksbank Dreieich
- VR Bank Untertaunus/Idstein

Mecklenburg-Vorpommern:
- Sparkasse Mecklenburg-Schwerin
- Sparkasse Mecklenburg-Strelitz

Niedersachsen:
- Sparkasse Göttingen
- Volksbank Braunschweig/Wolfsburg

Nordrhein-Westfalen:
- Mendener Bank
- Volksbank Kleverland/Kleve

Rheinland-Pfalz:
- Volksbank Koblenz Mittelrhein
- Kreissparkasse Kaiserslautern

Saarland:
- Kreissparkasse Saarpfalz
- Kreissparkasse Saarlouis

Sachsen:
- Volksbank Chemnitz
- Sparkasse Mittelsachsen

Sachsen-Anhalt:
- Volksbank Köthen
- Vereinigte Volksbank Halberstadt

Schleswig-Holstein:
- Volksbank/Raiffeisenbank Rendsburg
- Sparkasse Holstein

Thüringen:
- Kreissparkasse Eichsfeld
- Kreissparkasse Nordhausen

Prozent   11,6   11,8   12,0   12,2   12,4   12,6   12,8   13,0   13,2   13,4   13,6   13,8   14 %

nutzen ihre Monopolstellung dort gnadenlos aus und fordern überhöhte Dispo-Zinsen von Kunden, die sowieso schon in der Bredouille sind. Inzwischen sind einige dazu übergegangen, den Dispo-Zins wieder abzusenken.

Sparkassen – fair, menschlich und nah am Kunden
Leitlinie der Sparkassen

Es wurden die Konditionen bei 1 538 Banken verglichen. Der günstigste Anbieter verlangte demnach für den einen Dispositionskredit 4,2 Prozent Zinsen. Der Durchschnitt lag bei 11,31 Prozent. Die höchsten Dispo-Zinssätze hatten die Raiffeisenbank Taufkirchen-Oberneukirchen in Bayern und die Volksbank Feldatal in Hessen mit jeweils 14,75 Prozent verlangt. »Die größten Abzocker sind ausgerechnet die Kleinsten«, sagte Hubertus Primus, Vorstand der Stiftung Warentest. Die Banken hätten den Verbraucher als billige Einnahmequelle entdeckt. Während der Leitzins der Europäischen Zentralbank (EZB) seit September 2014 bei 0,05 Prozent liegt, darf der kurzfristig klamme Kunde Wucherzinsen bezahlen. Auch die Banken bekommen inzwischen Zinsen, wenn sie anderen Banken Geld leihen. Erstmals in seiner Geschichte lag der Eonia im August 2014 im negativen Bereich.[117] Hier verharrt er seither.[118]

Die Stiftung Warentest hält Dispo-Zinsen von deutlich unter 10 Prozent für angebracht. Denn es »gibt kaum Verbraucher, die den Dispo nicht zurückzahlen«, so Primus, die Ausfallquote liege bei 0,2 Prozent.[119] Eine Obergrenze für Dispo-Zinsen lehnte der Präsident des Genossenschaftsverbands Bayern (GVB), Stephan Götzl, aber strikt ab. Mehrfach hat der Verbandschef bereits die hohen Zinsen für Dispositionskredite verteidigt. Er vertritt die Meinung, dass kein Kunde sein Konto überziehen müsse, und Banken auch nicht verpflichtet seien, solche Kredite anzubieten. »Günstige Zinsen verführten Kunden sogar eher, ihr Konto zu überziehen. Dispokredite seien ein Service, um Verbrauchern kurzfristig mehr finanziellen Spielraum zu gewähren.«[120]

Was unternahm die damalige Verbraucherschutzministerin Ilse Aigner von der Christlich-Sozialen Union gegen solch unchristliche Wucherzinsen? Das Gleiche wie bei vielen Lebensmittelskandalen: Sie forderte »Transparenz«, warf also die preiswerteste der modernen rhetorischen Nebelkerzen in den Ring. In diesem Fall sollte das ein Internetportal leisten, auf dem sämtliche Gebühren und Zinsen, die für ein Girokonto anfallen, dargestellt werden. So sollten die Konditionen der Banken vergleichbar werden. Dieses Portal existiert – oh Wunder! – bis heute nicht. Eine Deckelung der Dispo-Zinsen lehnte aber auch Aigner ab.[121] Wir stellen uns die Frage: Warum? Ist es nicht Aufgabe einer Verbraucherschutzministerin, die Verbraucher zu schützen, auch vor Wucher und Abzocke?

Sparkassen oder – doch Abzockkassen?

Für Heinrich Haasis, seines Zeichens ehemaliger Sparkassenpräsident, sind Sparkassen die besseren Banken. Er grenzt gern die öffentlich-rechtlichen Institute von börsennotierten Banken ab, die ihre Gewinne maximieren müssen und nicht dem Gemeinwohl verpflichtet sind. »Die Sparkassen sind eine unternehmerische Antwort auf die in der Finanzkrise deutlich gewordenen Mängel einer zügel- und grenzenlosen Finanzwirtschaft«, lautet das Credo des Präsidenten.[122]

Zu diesem Statement passt jedoch nicht so recht, dass Anleger-Anwälte im Zusammenhang mit Sparkassen von Betrug, Nötigung und Untreue sprechen. Laut Rechtsanwalt Andreas Lang von der Kanzlei Nieding & Barth, die eine hohe dreistellige Zahl an Rechtsfällen bearbeitet, in denen sich Kunden und Sparkassen streiten, gibt es kaum grundsätzliche Unterschiede zwischen Sparkassen und anderen Instituten, wenn es um fehlerhafte Anlageberatung gehe. Die Unterschiede lägen im Detail. »Sparkassen haben sich beispielsweise oft mit geschlossenen Immobilienfonds Ärger eingehandelt. Bei den privaten Banken standen eher Medien- und Schiffsfonds im Vordergrund.« Die Kanzlei Tilp zählt mehr als 90 Fälle, in denen sie Anleger gegen Sparkassen vertritt. »Im Vergleich zu den genossenschaftlichen und den privaten Banken gibt es praktisch keine

Unterschiede, was die Häufigkeit der Rechtsstreitigkeiten angeht«, so Andreas Tilp. Wenn es um die Provisionen geht, werden viele Banker erfinderisch.

Viele Institute gliedern Kundenberater in Firmentöchter aus und verweigern die Auskunft über die Höhe dieser Rückvergütungen. Das heißt: Sie verschweigen ihren Kunden, was diese unbedingt wissen sollten. FDP-Finanzexperte Björn Sänger urteilt: Die Sparkassen seien auch keine besseren Geldhäuser. »Eine Bank ist eine Bank, keine kann für sich besondere Privilegien beanspruchen.«[123]

Höheres Gehalt für Sparkassenbosse als für die Kanzlerin

Peer Steinbrück hatte zweifellos recht mit der Aussage, dass »jeder Sparkassendirektor in NRW mehr verdient als die Kanzlerin«.[124] Wie kann das sein, wo doch die Sparkassen keine Privatbanken sind und sich gerne als Hort der Bescheidenheit darstellen? Immerhin verdient Angela Merkel, rechnet man ihre Kanzlerbesoldung und ihre Abgeordnetenbezüge zusammen, rund 300 000 Euro im Jahr. Mit so einem spartanischen Gehalt geben sich die Vorturner der Spaßkassen jedoch nicht ab. Dies beweisen die Zahlen, die über 100 Institute in NRW jüngst offenlegen mussten. Seltsamerweise gibt es nach Informationen des Deutschen Sparkassen- und Giroverbandes in anderen Bundesländern keine Regelung, mit der die Sparkassen gezwungen werden, die exorbitanten Gehälter der Vorstände offenzulegen. Einzig die Gesamtvergütung ihrer Vorstände würden etliche Sparkassen auch außerhalb von NRW veröffentlichen. Zentral erfasst werden diese Daten aber nicht.[125] Falls Sie nicht in NRW leben, sollten Sie also nicht zögern, bei Ihrer Sparkasse doch einmal nach dem Gehalt des Vorstands zu fragen. Wir denken, dass die Androhung der Verlegung Ihrer Gelder zu einer anderen Bank die Beantwortung der Gretchenfrage durch Ihre Sparkasse zweifellos beschleunigen wird.

Wie viel rafften denn nun die Herrschaften 2012 eigentlich so zusammen? Anbei eine kleine Übersicht:

- Uwe Samulewicz, Dortmunder Vorstandschef – 524 000 Euro.
- Peter Vaupel, Vorstandschef der Sparkasse Wuppertal, hat keine Details zur Vorstandsvergütung veröffentlicht. Das *Handelsblatt* schätzt anhand von Bilanzsumme (13,68 Milliarden Euro) und Mitarbeiterzahl (1 396) aber das Salär auf 540 000 Euro.
- Hans-Werner Tomalak, Sparkasse Duisburg – 545 000 Euro.
- Manfred Herpoldsheimer, Leverkusen – 550 000 Euro.
- Hans Martz, Essener Sparkassenchef – 566 600 Euro.
- Hupert Herpers, Sparkasse Aachen – 577 000 Euro.
- Markus Schabel, Sparkasse Münsterland Ost – 613 000 Euro.
- Artur Grzesiek, Sparkasse Köln-Bonn – 657 700 Euro.
- Arndt Hallmann, Stadtsparkasse Düsseldorf – 560 000 Euro Grundgehalt. 2012 kamen 176 437 Euro an Bonuszahlungen hinzu, die ihm bei seinem vorherigen Arbeitgeber zugestanden hätten. Zusammengenommen erwirtschaftete Hallmann also 736 437 Euro.
- Alexander Wüerst, Kreissparkasse Köln – 750 300 Euro.[126]

2012 betrug das durchschnittliche Einkommen der Vorstandschefs der NRW-Sparkassen 318 799 Euro, also mindestens 18 799 Euro mehr als Merkels Gehalt – aber die hat ja wahrscheinlich auch weniger Verantwortung.[127]

Herr Fröhlich kassiert mehr als Herr Ackermann

Um einmal zu verdeutlichen, wie hoch die Gehälter der Sparkassenchefs im Vergleich zu privaten Banken sind, sollten wir uns das Gehalt des ehemaligen Chefs der Stadtsparkasse Düsseldorf im Jahre 2011 anschauen. Dieser Herr mit dem Namen Peter Fröhlich kassierte weiland 664 000 Euro, davon 460 000 Euro als Grundgehalt. Damaliger Hass-Banker der Nation war aber nicht unser Mann aus der fröhlichen rheinischen Karnevalshochburg, sondern Josef Ackermann, seinerzeit Chef der Deutschen Bank. Und der verdiente 2011 mit insgesamt 6,3 Millionen Euro denn auch deutlich besser als Herr Fröhlich. Nun ist aber, bei allem Respekt, die Deutsche Bank auch ein klein wenig größer als die Stadtsparkasse Düsseldorf. Und da Banker ihre Bezüge selbst so gern in Bezug auf die Größe ihrer finanziellen Verantwortung definieren, folgen wir ihnen hier mal. Die Bilanzsumme der Stadtsparkasse lag 2011 bei 12 Milliarden Euro, die der Frankfurter Weltbanker bei stolzen 2,2 Billionen. Somit verdiente Herr Fröhlich in Relation zur Bürde seiner bilanziellen Verantwortung **19,32 mal mehr als Herr Ackermann!**[128] Sind solche Gehälter noch mit Recht und Anstand zu vereinbaren?

Sparkasse ignoriert Urteile und zockt Kunden weiter ab

Zweimal hat die Sparkasse Döbeln bereits vor Gericht verloren, dennoch trieb sie den Streit mit der Verbraucherzentrale Sachsen (VZS) um überhöhte Gebühren für Pfändungsschutzkonten auf die Spitze. Trotz zweier verbraucherfreundlicher Urteile wurden die ärmsten Kunden weiter abgezockt. P-Konten sollen überschuldeten Menschen die Gelegenheit geben, das Existenzminimum zu wahren, indem sie einen Freibetrag von 1 029 Euro vor dem Zugriff von Gläubigern schützen. Jedoch schlagen ausgerechnet hier vor allem Sparkassen zu. Denn sie verlangen bis zum Dreifachen der normalen Kontogebühren. Einer der schlimmsten Abzocker war laut *Sächsische Zeitung* die Kreissparkasse Döbeln, die für P-Konten monatlich 15 Euro Kontoführungsgebühren statt der bei Girokonten fälligen 5,50 Euro verlangte. 2011 verklagte die VZS die Sparkasse. Im Dezember 2011 kippte daraufhin das Landgericht Leipzig die Wucher-Gebühr. Im Mai 2012 urteilte auch das Oberlandesgericht gegen die Sparkasse. Die Bank akzeptierte die Urteile jedoch nicht, legte Revision beim Bundesgerichtshof ein und kassierte laut VZS dreist weiter 15 Euro. VZS-Referatsleiterin Andrea Heyer kritisierte das Verhalten der Kreissparkasse: »Der Streit wird somit weitere Monate andauern und auf dem Rücken einkommensschwacher Verbraucher ausgetragen.« Skandalöserweise schien die Abzockerei politisch geduldet zu sein. »Laut dem letzten veröffentlichten Jahresabschluss wies die Kreissparkasse Döbeln 2010 einen Gewinn von einer halben Million Euro aus. Rund 375 000 Euro ließ sich Mittelsachsens Landrat Volker Uhlig für seinen Haushalt überweisen. Der CDU-Politiker steht auch dem Verwaltungsrat der Sparkasse vor – mithin segnet er die Gebührenordnung mit ab.«[129] Ende Dezember 2012 kam die Bank endlich zur Vernunft und zog ihren Revisionsantrag beim Bundesgerichtshof zurück. Somit konnte das von der Verbraucherzentrale Sachsen erstrittene verbraucherfreundliche Urteil des Oberlandesgerichts Dresden vom 24. Mai 2012 endlich rechtskräftig werden.[130]

Eine Frage sei erlaubt: Wieso werden selbst noch die Ärmsten bestraft und abgezockt? Sind die nicht schon genug bestraft? Anscheinend lautet das Motto: Wenn einer schon am Boden ist, dann kann man ruhig noch nachtreten.

Sparkassen stehen vor rabenschwarzer Zukunft

Wir sind gespannt, wie lange der gute Herr Fahrenschon Deutschlands traditionell fleißigen Sparern folgenden Unfug noch erzählen wird:

> *Wir sind vorbereitet und können auch mit niedrigen Zinsen arbeiten.*
>
> Georg Fahrenschon, Präsident des Deutschen Sparkassen- und Giroverbands

2014 erzielten die Sparkassen bei einer Bilanzsumme von 1,1 Billionen Euro einen Gewinn von 4,9 Milliarden. Das Dreifache der Deutschen Bank, die im selben Jahr einen Gewinn in Höhe von 1,6 Milliarden Euro verbuchen konnte. Doch mit der heilen Welt und den fetten Jahren ist es bald vorbei. Auf die Sparkassen rollt unaufhaltsam eine Krise zu. Schuld daran hat vor allem die Europäische Zentralbank. Seit sie – um die Krise in Europa zu bekämpfen – Geld quasi zum Nulltarif verleiht, sind die Zinsen für langfristige Anlagen in den Keller gerauscht. Folglich bringen weder Unternehmens- noch Staatsanleihen bei akzeptablem Risiko annehmbare Renditen.

Die gegenwärtige Niedrigzinsphase trifft die Sparkassen aus einem einzigen Grund besonders hart: Sie nehmen in der Summe viel mehr Kundeneinlagen an, als sie Kredite unters Volk bringen können. Folge: Der Überschuss wird angelegt. Jedoch laufen immer mehr alte, hoch verzinste Anleihen aus und können nur durch neue, schlecht verzinste ersetzt werden. Experten erwarten den Knall zwischen 2016 und 2018. Spätestens dann werden die Sparkassen in der gleichen Situation stecken wie wir normalen Sparer jetzt schon: Die Inflation wird ihre zunehmend mageren Anlagezinsen, eine ihrer traditionellen Haupteinnahmequellen, auffressen. Besser gesagt: Die Sparkassen verlieren dann Geld. Unser Mitleid würde sich sehr in Grenzen halten, wenn es da um Zockerprofite ginge. Doch wenn Sie Sparkassen-Kunde sind, dann geht es nicht um das Geld der Superreichen. In diesem Fall geht es dann um *Ihr* Geld, das sogar in der Sonne milder Inflationsraten dahinschmelzen wird. Man könnte es noch deutlicher formulieren: **Sparkassen-Kunden werden mit der Nullzins-Politik der EZB als erste enteignet!**

Bereits jetzt lasten zahlreiche Beteiligungen auf den Sparkassenbilanzen. Die 2007 gemeinsam übernommene Landesbank Berlin entpuppte sich als teurer Flop. Die Institute mussten 2,2 Milliarden Euro abschreiben. Die Sparkassen sind an dem Desaster mit schuld, denn ihre Vertreter in den Aufsichtsgremien hatten die Käufe von US-Schrottpapieren geduldet. Die bayrischen Institute halfen ihrer Landesbank mit 1,7 Milliarden, und die Sparkassen in Baden-Württemberg haben die LBBW mit 1,8 Milliarden Euro gestützt. Bemerkenswerterweise ist die Summe, um die die Institute ihre Beteiligungen abschreiben müssen, nicht transparent. Jedoch dürfte sich der Wert zum Beispiel der HSH Nordbank um etwa 500 Millionen reduziert haben. Die Abwicklung der WestLB dürfte die nordrhein-westfälischen Institute bis zu sechs Milliarden Euro kosten.

Ein weiteres Problem für die Sparkassen ist der demografische Trend, denn ihre Kunden werden älter, andere ziehen in die Städte. Dort ist die Sparkasse jedoch im Gegensatz zu ländlichen Regionen nur eine Bank von vielen. In Zukunft werden sich die Sparkassen ihre großen Filialnetze kaum noch leisten können.[131]

Sparkasse Ulm kann Versprechen nicht einhalten

Den Vogel hat die Sparkasse Ulm im September 2013 abgeschossen. Sie kann Zinsversprechen an ihre Kunden nicht mehr einhalten und löst damit Unruhe im öffentlich-rechtlichen Bankenlager aus. Die Bank hat von 1993 bis 2005 ein Produkt mit dem Namen »Scala« vertrieben, bei dem die Zinsen stufenweise steigen. Die Kunden erhalten nach 20 Jahren zusätzlich zum aktuellen, Nahe-null-Zinsniveau einen Aufschlag von 3,5 Prozent. Dies ist für die Sparer ein sehr attraktives Angebot – für die Sparkasse Ulm jedoch ein großes Problem.

Die Verträge haben eine Laufzeit von 25 Jahren. Die Bank müsste den rund 21 000 Scala-Kunden noch lange vergleichsweise hohe Zinsen bezahlen, die sie im aktuellen Marktumfeld wahrscheinlich kaum erwirtschaften kann, da die Margen im Kreditgeschäft unter Druck sind und auch die Eigenanlagen der Sparkassen wegen der Niedrigzinsphase immer weniger abwerfen. Dummerweise sind einige ihrer Kunden auch noch clever, denn sie können rechnen. Lange haben einige Scala-Kunden nur 50 Euro pro Monat in den Vertrag einbezahlt. Zuletzt haben sie ihre Überweisungen jedoch deutlich aufgestockt – bis hin zur Obergrenze von 2 500 Euro pro Monat.

Nun war guter Rat für die Sparkasse Ulm teuer. Aus diesem Grund beschloss ihr Vorstand, »dass wir dieses Angebot nicht länger verantworten können«, wie ein Sprecher des Instituts erklärte. Die Bank hat sich daher im Frühjahr 2013 an ihre Kunden gewandt, um die Verträge umzuwandeln: in ein vier bis fünf Jahre laufendes Produkt mit einer Verzinsung von 3,75 Prozent oder ein sieben Jahre laufendes mit 3,25 Prozent. Leider haben sich anscheinend sehr viele Kunden von der Bank breitschlagen lassen, denn »etwa die Hälfte der Kunden hat dieses Angebot, bei dem die Zinsen nach wie vor deutlich über dem aktuellen Marktniveau liegen, angenommen«, sagte der Sprecher der Bank. 50 Prozent haben das unverschämte Angebot der Bank dankend abgelehnt. Doch auch für diese hat die Bank bereits eine tolle Idee. Das *Handelsblatt* schreibt: »Falls sich Kunden sträuben, wird dem Institut am Ende aber nichts anderes übrig bleiben, als die Verträge zu kündigen.« Hier sind wir gespannt, wie die Bank dies vor Gericht durchsetzen möchte. Der Fall, der bundesweit für Aufsehen sorgte, kam vor Gericht. Im Januar 2015 urteilte das zuständige Landesgericht Ulm, dass Verträge wegen des mittlerweile deutlich niedrigeren Zinsniveaus nicht gekündigt werden dürfen und die Sparkasse die hohen Zinsversprechen einhalten muss. Die Ulmer Sparkasse will das erstinstanzliche Urteil prüfen lassen.[132]

Auch aus Sicht der Verbraucherzentrale Baden-Württemberg war eine Kündigung der Scala-Verträge nicht rechtens. Ein Sprecher der Verbraucherzentrale sagte, der Fall in Ulm zeige, dass an dem bodenständigen und ehrlichen Image, das die Sparkassen in der Öffentlichkeit gerne kultivieren, nicht viel dran sei. Vieles ist eben doch nur reines Marketing. »Viele Sparkassen waren ja auch vor der Finanzkrise ganze vorne dabei, als es darum ging, Lehman-Zertifikate zu verkaufen.« Als die US-Investmentbank Lehman Brothers 2008 Pleite ging, verloren viele Sparkassen-Kunden große Teile ihrer Ersparnisse. Die Führungsspitze des Deutschen Sparkassen- und Giroverbands (DSGV) ist anscheinend alles andere als glücklich über die Entwicklung in Ulm, so eine mit dem Vorgang vertraute Person. »Vertragstreue gehört zum Markenkern der Sparkassen«, heißt es trocken beim DSGV.[133]

Tipp: Kredite umwandeln

Sollten Sie einen lang laufenden Kredit bei Ihrer Sparkasse aufgenommen haben, könnten Sie Ihrer Bank vorschlagen, Ihren Vertrag auf Grund der Niedrigzinsphase zu Ihren Gunsten umzuwandeln. Seien Sie gespannt auf das Gesicht Ihres/Ihrer Sparkassenberater(in) – oder besser gesagt: Finanzprodukt-verkäufer(in).

Warum Kunden bei Schlichtern oft leer ausgehen

Streitfälle zwischen Kreditinstituten und Kunden werden laut vieler Werbeprospekte von den Ombudsleuten der Finanzinstitute schnell, kostenlos und unbürokratisch gelöst. Das *Handelsblatt* hat jedoch aufgedeckt, dass meist die Bank recht bekommt. Ein Schlichter soll im Streitfall zwischen Banken und Kunden vermitteln. Dies funktioniert jedoch nicht immer unparteiisch.

Laut Sparkassen und Volksbanken geht bei einem Streit mit Kunden nichts über eine Schlichtung. Der Bundesverband der Volksbanken und Raiffeisenbanken (BVR) wirbt mit Slogans wie »Schlichten statt richten« oder »Der Ombudsmann versucht, die Meinungsverschiedenheit schnell, unbürokratisch und für den Kunden kostenfrei zu lösen«. Der Deutsche Sparkassen- und Giroverband (DSGV) schreibt in einer Broschüre zu seiner Schlichtungsstelle: »Ein Schlichtungsverfahren bringt keine Rechtsnachteile mit sich: Ist ein Kunde mit dem Schlichtungsvorschlag des Ombudsmannes nicht einverstanden, kann er nach wie vor die ordentlichen Gerichte anrufen.«

Die Realität sieht jedoch ganz anders aus, denn recht bekommen Kunden bei den Schlichtungsstellen selten – und Geld noch viel seltener. Aus diesem Grund betrachten Verbraucherschützer die Schlichter mit einigem Argwohn. Ausgerechnet die genossenschaftlichen Volksbanken und die kommunalen Sparkassen stechen aus ihrer Sicht besonders unrühmlich hervor.

Susanne Götz, Finanzexpertin bei der Verbraucherzentrale Bayern sagt: »Die Ombudsleute der Sparkassen und der Volksbanken erscheinen uns eingefärbt. Wir haben den Eindruck, es werde in der Regel im Interesse der jeweiligen Bank entschieden, aber nicht im Sinne des Verbrauchers.«[134] Sie schicke ihre Mandanten dort nicht mehr hin.

Die Spitzenverbände der Banken sehen dies selbstverständlich ganz anders. »Unsere Ombudsmänner – beide ehemalige Oberlandesgerichtspräsidenten – sind unabhängig und an Weisungen nicht gebunden«, betont der DSGV auf Nachfrage. »Wie der Ombudsmann über die ihm vorgelegten Fälle entscheidet, liegt selbstredend an den eingereichten Sachverhalten.«[135]

Mittlerweile gibt es zunehmend Fälle, die nicht in die heile Welt der Banken passen. Achim Tiffe, der Direktor des Hamburger Instituts für Finanzdienstleistungen, sagt: »Gerade bei der Schlichtungsstelle der Volksbanken gibt es auffällig viele Ungereimtheiten«. Der Ombudsmann für die genossenschaftliche Bankengruppe, Dr. Alfons van Gelder, gehe bei seinen Entscheidungen auf die geltende Rechtsprechung des Bundesgerichtshofs (BGH) nicht ein. Aus diesem Grunde hält Tiffe die Entscheidungen für rechtlich fragwürdig. Tiffe ist der Meinung: Verbraucher, die auf die Unabhängigkeit des Schlichters vertrauen, könnten so um Teile ihrer Ansprüche gebracht werden.

Die Schlichtungsstelle des BVR bestreitet das. Der BVR erklärt: »Die Vermutung, dass entgegen der BGH-Rechtsprechung entschieden werde, trifft nicht zu.«[136]

Ein Beispiel für van Gelders doch etwas fragwürdige Entscheidungen: Im Jahr 2011 entschied der Ombudsmann gegen einen Kunden, der seinen Immobilienkredit bei der Volksbank Raiffeisen Oberbayern Südost vorzeitig auflösen wollte und daraufhin von dem Institut zu einer Vorfälligkeitsentschädigung von über 4228 Euro verdonnert wurde. Dem Kunden erschien die Summe sehr hoch, und er wandte sich an die Verbraucherzentrale Hamburg. Die stellte wiederum fest, dass die Entschädigung um mehr als 4000 Euro zu hoch war. »Ombudsmann van Gelder sollte Klarheit in die Sache bringen. Der allerdings erklärte die berechnete Summe zum Nachteil des Verbrauchers für richtig. Die Verbraucherzentrale Hamburg klagte – und gewann. Die Bank musste dem Kunden die einbehaltenen 4.228 Euro erstatten.«[137]

Die Statistiken der BVR-Beschwerdestelle zeichnen ein sehr kundenunfreundliches Bild. Laut dem jüngsten verfügbaren Tätigkeitsbericht – dieser umfasst die Schlichtungsverfahren des Jahres 2011 – sind in dem Jahr insgesamt 2 652 Beschwerden bei der Schlichtungsstelle eingegangen. 1 800 davon wurden dem Ombudsmann vorgelegt. In den anderen Fällen wurde die Beschwerde entweder von den Kunden zurückgezogen oder im sogenannten Vorprüfungsverfahren entschieden. Van Gelder lehnte mehr als drei Viertel der vorgelegten Verfahren allerdings als unzulässig ab. Und er machte nur 431 Schlichtungsvorschläge. Dies sind gerade mal 16 Prozent der insgesamt eingereichten Beschwerden. Zu Gunsten des Kunden fielen nur 51 Schlichtungsvorschläge aus – in allen anderen Fällen gab van Gelder der Bank recht oder regte einen Vergleich an. Die beteiligten Volksbanken lehnten schließlich von den 51 Schlichtersprüchen zugunsten der Kunden auch noch 13 ab – nur 38 Kunden erhielten tatsächlich ihr Geld zurück. Summa summarum: Nur 8,8 Prozent der 431 Schlichtungsvorschläge waren für den Kunden erfolgreich.

Bei den Sparkassen gingen 2011 insgesamt 2 430 Beschwerden ein, von denen laut Schlichtungsbericht des DSGV rund 13 Prozent abgewiesen wurden und 25 Prozent von den Beschwerdeführern zurückgezogen oder nicht weiter verfolgt wurden. 28 Prozent gingen zugunsten der Sparkassen und nur 16 Prozent zugunsten der Kunden aus. Der Schlichter schlug in 19 Prozent der Fälle Vergleiche vor. Seltsamerweise enthält der Sparkassenbericht nicht, wie oft das Institut einen Spruch zugunsten des Kunden annahm. Laut Schätzungen des DSGV werden 30 Prozent der Schlichtersprüche, die zugunsten des Kunden sind, von den Sparkassen abgelehnt.[138]

Der Tätigkeitsbericht der Beschwerdestelle beim Deutschen Sparkassen- und Giroverband zeichnet für das Jahr 2013 ein etwas kundenfreundlicheres Bild als noch im Jahr 2011. Im Berichtszeitraum waren 1 386 schriftliche Beschwerden eingegangen, wovon 971 tatsächlich in die Zuständigkeit der Schlichtungsstelle des DSGV fielen. 10 Prozent wurden abgelehnt und 24 Prozent der Beschwerden zurückgezogen beziehungsweise nicht weiterverfolgt. 47% gingen zugunsten der Beschwerdeführer aus. Bei 19 Prozent erfolgte ein Schlichterspruch zugunsten der Sparkassen.

Bei den Schlichtungsstellen der Sparkassen bekommen Kunden öfter Recht als bei den Volksbanken, allerdings drohen hilfesuchenden Kunden bei den Sparkassen auch besonders perfide Fallen. Viele Kunden gehen davon aus, dass mit einer Beschwerde an die Ombudsstelle die Verjährung ihrer Ansprüche gehemmt wird. Doch Vorsicht: Das gilt nicht für jede Schlichtungsstelle der Sparkassen.[139]

Nutzlose Bankeninfoblätter

Anbieter von Beteiligungsmodellen (geschlossene Fonds, Genussrechte, Namensschuldverschreibungen und stille Beteiligungen) müssen seit Juli 2012 Kosten und Risiken für Anleger in Vermögensanlage-Informationsblättern (VIP) auf den Punkt bringen. Diese weisen jedoch erhebliche Mängel auf, wie eine Stichprobe der Zeitschrift *Finanztest* zeigt – häufig waren die Informationen gar nicht auffindbar. Bei diesen Anlageformen wird durch eine Kapitaleinlage (Geld- oder Sacheinlage) bei einer Gesellschaft ein Mitgliedschaftsrecht erworben.[140] Aufgrund ihrer recht vertrackten gesellschaftsrechtlichen Konstruktion kann man sinnbildlich sagen: Einmal drin, sitzt der Anleger in einem geschlossenen Raum – zu dem andere die unternehmerischen Schlüssel in der Tasche haben.

Anleger, welche ihr Geld in Vermögensanlagen stecken möchten, erhalten laut einer Untersuchung der *Stiftung Warentest* und des Bundesverbands der Verbraucherzentralen auf den neuen Beipackzetteln der Anbieter nur unzureichende Informationen. **Von 24 Informationsblättern erfüllte keines die gesetzlichen Anforderungen.** Der Studienleiter Stephan Kühnlenz sagt: »Viele juristische Wortfloskeln, wenig Informationen, die Inhalte sind viel zu allgemein gehalten, Geschäftsrisiken werden nur vage beschrieben.«

Kunden erhalten bei Beteiligungsmodellen zusätzlich zu den bis zu 200 Seiten langen ausführlichen Prospekten diese sogenannten Beipackzettel, die aus drei Seiten bestehen. Diese sollen die Anlagestrategie erklären sowie die Risiken, die Kosten und die Provision für den Vermittler durchschaubar machen. Die Verbraucherschützer fanden jedoch stattdessen werbende Bilder zu einem Hotelfonds – aber keine Angaben zum Standort und zur Auslastung; einen Solarparkfonds-Beipackzettel ohne Angaben zur erwarteten Stromproduktion; einen Immobilienfonds, der ausschließlich mit steigenden Mieten rechnet. Mehrfach werden Nebenkosten wie Maklergebühren und Notarhonorare verschwiegen. Stephan Kühnlenz sagt: »Aus der Qualität des Informationsblatts lässt sich nicht schließen, ob eine Anlage etwas taugt.« Häufig scheiterten die Tester jedoch bereits bei der Suche nach den Basisinformationen: Rund ein Viertel der Anbieter hat die aktuellen Versionen der Infoblätter nicht – wie eigentlich vorgeschrieben – auf den Internetseiten veröffentlicht. Dies ist erst nach der Anfrage von *Finanztest* geschehen.

Der Verband »Geschlossene Fonds« sieht dies selbstverständlich etwas anders und behauptet, dass seine Empfehlungen für die Beipackzettel sich nach den gesetzlichen Vorgaben richteten. Der Hauptgeschäftsführer Eric Romba betont jedoch: »Das VIB (Vermögensanlage-Informationsblatt) hat aber nicht den Anspruch, den Verkaufsprospekt komplett abzubilden«, dieser sei eine Grundlage, »um beispielsweise zwei Angebote zu vergleichen«. Maßgeblich bleibe der detaillierte Prospekt. Dorothea Mohn, Anlageexpertin der Verbraucherzentralen, fordert: »Die Produkte brauchen einen klaren Warnhinweis.« Etwa nach dem Vorbild der Gesundheits-Warnhinweise auf Zigarettenschachteln, denn bei 50 bis 70 Prozent der geschlossenen Fonds, die in den letzten zwanzig Jahren aufgelegt worden seien, hätten die Anleger Geld verloren.[141]

Postbank – der Kunde bezahlt die Zeche

Um das Bild zu vervollständigen, werfen wir noch einen Blick auf die Postbank: Offenbar hat die Postbank Sparern jahrelang riskante Fondsbeteiligungen verkauft – und zwar im vollen Wissen, dass diese Finanzprodukte für die Kunden ungeeignet waren.[142]

Wegen Fehlern bei der Anlageberatung gerät die Postbank immer stärker unter Druck. Bankkunden wurden laut *Stern* bis 2012 im großen Stil geschlossene Fondsbeteiligungen verkauft.

Geschlossene Fonds

»Anteile an einem Geschlossenen Fond sind unternehmerische Beteiligungen. Durch die Auflegung eines solchen Fonds wird Geld für ein definiertes Projekt gesammelt. Bei Platzierung wird ein Fondsvolumen vorgegeben. Sobald dieses erreicht ist, also vollständig gezeichnet wurde, sind keine weiteren Zeichnungen mehr möglich und der Fonds wird geschlossen. Rechtlich sind Geschlossene Fonds meist als Personengesellschaften organisiert. Neben dem Eigenkapital der Gesellschafter wird bisweilen Fremdkapital eingesetzt, um eine höhere Eigenkapitalrendite zu erreichen.

Bis Mitte der 2000er-Jahre konnten Verluste aus Beteiligungen an diesen Fonds einkommensteuerlich geltend gemacht werden, weshalb für Investitionsentscheidungen hauptsächlich Steuer- und nicht Renditeaspekte ausschlaggebend waren. Nachdem diese Abzugsmöglichkeiten praktisch vollständig beseitigt wurden, hat das Anlageinstrument an Bedeutung verloren. Aufgrund ihrer mangelhaften Vergleichbarkeit sind die Anteile wenig liquide, zumal Anleger keinen Anspruch auf Rücknahme des Anteils durch den Emittenten während der Laufzeit haben.«[143]

Vorsicht: Sie können unter Umständen bei geschlossen Fonds nicht nur Ihr gesamtes eingesetztes Kapital verlieren, sondern sind gegebenenfalls darüber hinaus gesetzlich zum Nachschuss von Kapital gezwungen.

Der *Stern* beruft sich auf interne Dokumente aus der Postbank und der Deutschen Bank. Die Papiere zeigen, dass die Postbank-Revision bereits im Frühjahr 2006 auf Fehlentwicklungen beim Vertrieb der oben genannten hochriskanten Finanzprodukte hingewiesen hat. Außer in Deutschland, Österreich und den Niederlanden ist der Vertrieb von geschlossenen Fonds an Privatanleger in keinem der 27 EU-Mitgliedsstaaten erlaubt.[144] In 72,5 Prozent der Fälle wichen laut einer Stichprobe Anlegerprofil und Risikoklasse des Fonds wesentlich voneinander ab. Das bedeutet, dass Kunden Produkte verkauft wurden, die mit höheren Risiken behaftet waren, als die Kunden eingehen wollten. Die Postbank-Prüfer urteilten intern, dass dies »eine vom Kunden unterstellte Falschberatung belegen würde«. Die Risikoprofile wurden offenkundig weiterhin trotz der internen Warnungen missachtet. Für insgesamt rund 1,3 Milliarden Euro verkaufte die Postbank rund 60 000 Beteiligungen an geschlossenen Fonds. 2013 waren viele dieser geschlossenen Fonds nur noch einen Bruchteil des ursprünglichen Anlagebetrages wert. Hunderte Anleger klagten gegen die Bank. Im Jahr 2012 unternahm die Postbank einen weiteren Versuch, sich selbst bei der Abwicklung der Vermögensberatung auf Kosten der Kunden aus der Affäre zu ziehen. Im April 2012 gab das

Produktmanagement der Bank in einer internen Mail die Strategie vor, mit dem Ziel »einen für die Bank möglichst günstigen Vergleich zu erzielen«.

Es wird den Mitarbeitern aufgezeigt, wie die Kunden hingehalten und abgebügelt werden sollen. Im ersten Schritt sollen Anleger-Beschwerden »in der Regel zunächst ablehnend« beschieden werden. Lediglich in »klar ungünstigen Konstellationen« für das Finanzinstitut werde »Vergleichsbereitschaft signalisiert«. Auf Anfrage des *Stern* bescheinigte die Postbank, nur etwa die Hälfte der Produkte habe sich »planmäßig positiv« entwickelt: »Allerdings kann eine eventuelle negative Wertentwicklung eines Produkts nicht mit einer Falschberatung gleichgesetzt werden.«[145]

Wie Banken Kunden unbeliebte Aktien unterjubeln

Eine brisante Studie der Frankfurt School of Finance and Management und der Goethe-Universität deckte 2013 auf Basis von Daten der Deutschen Bundesbank auf, welche Folgen es hat, wenn Banken die Interessen ihres Eigenhandels mit Wertpapieren nicht sauber vom Kundengeschäft trennen. 102 Banken wurden untersucht. Ergebnis: Banken mit Eigenhandel handeln meist zum Nachteil ihrer Wertpapierkunden. Insbesondere Anleger, welche ihrer Bank die Depotverwaltung übertragen haben, sollten sich Gedanken machen, wenn sie folgende Zeilen aus der Studie der drei Bankprofessoren Falko Fecht (Frankfurt School of Finance and Management), Andreas Hackethal und Yigitcan Karabulut (J.-W.-von-Goethe-Universität Frankfurt) lesen.[146] Fecht hat nachgewiesen, dass Banken ihr eigenes Gewinnziel ganz klar über die Bedürfnisse ihrer Kunden stellen. Sie schrecken dabei auch nicht davor zurück, ihren Kunden Schaden zuzufügen.[147] Die drei Experten schreiben in ihrer Studie:

»Banken verkaufen scheinbar solche Aktien, von denen sie sich trennen wollen, an ihre Kunden. Mit Ausbruch der Finanzkrise haben Banken sogar verstärkt Aktien aus ihren Eigenbeständen an ihre Kunden verkauft. Banken stoßen insbesondere illiquide Aktien

direkt an Kunden ab. Vor allem Banken, die ein aktives Vermögens-
management für Privatkunden betreiben, zeigen dieses Verhalten.
Kunden von Banken mit Eigenhandel haben signifikant schlechtere
Renditen ihres Aktienportfolios.«[148]

Dies ist besonders der Fall bei illiquiden, also schwer weiterzuver-
kaufenden Aktien mit hohem Risiko und/oder entsprechend geringer
Marktkapitalisierung. Banken halten oft große Blöcke solcher Werte.
Ebenso gilt es für Aktien, die nach der Lehman-Pleite im Herbst
2008 den Weg in private Depots fanden – »als die Marktliquidität
generell deutlich geringer war«. So konnten Banken ihre eigenen
Probleme geschickt in Verluste ihrer Kunden umwandeln. Man kann
es so simpel sagen, wie es leider ist: Statt wertlose Aktien aus ihrem
Besitz selbst verlustreich am Markt zu verkaufen und dabei auch
die entsprechenden Transaktionskosten zu tragen, haben die Banken diese Schrottpapiere ihren Kunden aufgeschwatzt – und denen
dafür auch noch Gebühren und Provisionen aus der Tasche gezogen. Ähnlichkeiten mit Gebrauchtwagenhändlern, die schrottreife
Unfallwagen leicht aufpoliert als »super Schnäppchen« an technisch
ahnungslose Kunden verticken, sind natürlich rein zufällig.

*Wenn Banken Aktien aus ihrem Portfolio entfernen wollen,
dann haben sie eine große Neigung, das über ihre Kunden
zu tun.*

Falko Fecht, Frankfurt School of Finance and Management,
September 2013

Alle Börsentransaktionen, aus denen sich voraussichtlich zahlreiche
Verdachtsmomente auf eine Benachteiligung von Bankkunden durch
den Eigenhandel der Banken ableiten ließen, werden von der Bundesanstalt für Finanzdienstleistungsaufsicht (BaFin) registriert. Die
dazugehörigen Daten werden jedoch nicht veröffentlicht. »Wir können die Banken nicht auf frischer Tat ertappen«, resigniert Fecht.[149]
Für uns ist es ein schieres Rätsel, warum die deutsche Finanzaufsicht
BaFin hier nicht konsequent eingreift.

Für die Wiederkehr des ehrbaren Kaufmanns

Wer andere betrügt, wird auch dich betrügen, wenn's ihm dient.

Leopold Schefer (1784 – 1862),
deutscher Lyriker, Novellist und Komponist[150]

Heute stehen für die Finanzwirtschaft weder der Mensch noch die Realwirtschaft im Fokus ihres Handelns, sondern lediglich der eigene Profit. Mit der Deregulierung der Finanzbranche unter Reagan und Clinton in den USA, Thatcher und Blair in Großbritannien sowie vor allem auch durch die rot-grüne Regierung in Deutschland wurde der zügellosen Gier Tür und Tor geöffnet. Der Schwerpunkt des Handelns wurde verlegt hin zu Profitmaximierung um jeden Preis. Banken, Versicherungen und Fonds betrachten ihre Kunden heute hauptsächlich als Melkkühe, nicht als langfristige Geschäftspartner. Anstelle nachhaltiger Wertzuwächse für ihre Aktionäre haben sie nur die schnelle Mark im Auge. Von Dienstleistern für die Wirtschaft haben sie sich in Selbstbedienungsläden für gierige Manager und Finanztrickser verwandelt – und das mit einer unerhörten Portion Hybris. Für die gesamtwirtschaftlichen und die gesellschaftlichen Folgen ihres Treibens interessieren sie sich dagegen nicht im Mindesten.

Dies gilt es zu ändern! **Der Mensch und das Wohl der Gesellschaft müssen wieder in den Mittelpunkt des Handelns von Banken und Versicherungen gerückt werden.** Oberstes Ziel muss nachhaltiges Wirtschaften statt schneller Quartalsprofite sein. Alles andere führt zu verheerenden Krisen und wird im Endeffekt scheitern.

Es ist höchste Zeit für ein neues Banking. Die Bank, die mutig genug ist, die ausgetretenen Pfade zu verlassen, die Bank, die als erste wieder das Gemeinwohl und den Menschen ins Zentrum ihrer Geschäftstätigkeit stellt, wird einen schwer einholbaren Vorsprung, den »first mover advantage«, besitzen. Sie wird die Krise garantiert überleben.

Das Rezept für jenen unbezahlbaren Vertrauensbonus bei Kunden und Bürgern besteht aus bewährten Zutaten – den Tugenden des ehrbaren Kaufmanns: humanistische Bildung, wirtschaftliches Fachwissen, Glaubwürdigkeit und Vertrauenswürdigkeit. Mit dem ehrbaren Kaufmann kann man »auf Treu und Glauben« Geschäfte machen. Sein Handschlag gilt. Er ist sich seiner Verantwortung gegenüber Mitarbeitern, Eigentümern bzw. Aktionären, Kunden, Lieferanten und Wettbewerbern sowie Gesellschaft, Politik und natürlicher Umwelt bewusst.

Dass das ein wenig nach dem »Wort zum Sonntag« klingt, liegt weder an den Worten noch an ihrer Bedeutung. Es liegt daran, dass diese Tugenden, die sich im geschäftlichen Alltag über Jahrhunderte bewährt haben, in den letzten Jahrzehnten bei vielen Managern in Vergessenheit geraten sind. Das spricht aber nicht gegen die genannten Tugenden. Es spricht gegen all jene, die sie bloß für frommes Geschwätz halten.

Gewiss, Finanzunternehmen sind, wie alle Unternehmen, keine Wohltätigkeitsorganisationen. Aber wenn sie zum Wohlstand einer Gesellschaft beitragen sollen, dann darf ihr Ziel nicht das schnelle Geld sein. Sie müssen vielmehr den langfristigen Interessen – einschließlich der vernünftigen Eigeninteressen – aller Teilnehmer am Wirtschaftsleben dienen. Dann dienen sie auch den Interessen ihrer Mitarbeiter, ihrer Eigentümer und ihrer Kunden. Und dann ist es auch legitim, wenn sie gutes Geld verdienen.

Neben den oben genannten Grundzutaten gibt es für Banken, Versicherungen, Fondsgesellschaften und Vermögensverwalter noch ein paar betriebswirtschaftliche Gewürze, die der Suppe des ehrbaren Kaufmanns den individuellen Geschmack verleihen. Als da wären:

- der Verzicht auf Tricksereien, Marktmanipulationen, Insidergeschäfte und andere betrügerische Geschäftspraktiken,

- der Verzicht auf *Eigenhandel* mit Wertpapieren und Derivaten aller Art sowie mit Währungen und Rohstoffen,

- der Verzicht auf waghalsige Spekulationsgeschäfte,

- der Verzicht auf undurchschaubare »Finanzprodukte«, deren Risiken außer ihren trickreichen Erfindern kein Mensch versteht,

- der Verzicht auf irreführende Werbung und auf schönfärberische, lückenhafte »Informationen«, die die Risiken von Anlageprodukten verschleiern, statt sie zu benennen,

- der Verzicht auf Wucherzinsen, versteckte Provisionen und überhöhte Gebühren,

- der Verzicht auf unsinnige Millionen-Boni, die Manager und Mitarbeiter zwangsläufig dazu verführen, all das soeben Genannte zu tun.

- schließlich die Einführung einer Finanztransaktionssteuer, die auf den Handel mit Wertpapieren oder Derivaten erhoben wird und damit auch ein Instrument zur Eindämmung von komplexen Finanzinnovationen und spekulativen Finanzgeschäften ist.

Nur wenn es einer Gesellschaft gut geht, kann auch eine Bank funktionieren. Wenn dieser Wandel nicht freiwillig geschieht, wird er durch die Umstände erzwungen werden. »Wer betrügt, der fliegt!« Dieser im Kontext der Zuwanderungsdebatte eher zynische Slogan der CSU wäre ein nachgerade perfektes Motto für die Wirtschafts- und Finanzmarktpolitik der Bundesregierung!

Aber zu den »Rahmenbedingungen« der Geldwirtschaft zählen nicht zuletzt auch wir als Kunden. Wenn Sie nicht gerade Groß-aktionär sind, dann ist Ihr Einfluss auf die aktuelle Geschäftspolitik Ihrer Bank leider begrenzt. Aber keine Bank der Welt kann Sie zwingen, deren Kunde zu bleiben. Sieht man von einfachen Konto-überweisungen ab, kann Sie keine Bank der Welt zwingen, mit ihr Geschäfte zu machen. Schon gar nicht, mit ihr *alle* Ihre Geschäfte abzuwickeln. Überlegen Sie sich daher gründlich

- ob Sie Ihr Geld bei Ihrer gegenwärtigen Bank oder überhaupt bei der Bank lassen möchten;

- wo Sie gegebenenfalls Ihr Gehaltskonto führen wollen und ob Sie überhaupt ein Sparbuch oder Wertpapierdepot führen wollen;

- welche Finanzprodukte in Ihrer gegenwärtigen Situation die beste Mischung aus Chancen und Risiken bieten;

- ob Sie den Informationsunterlagen Ihrer oder einer anderen Bank vertrauen wollen – oder ob Sie vor wichtigen finanziellen Entscheidungen nicht doch lieber *Finanztest*, eine seriöse Wirtschaftszeitung, unabhängige Internetportale oder ein gutes Buch zum Thema aus der Feder kritischer Fachleute konsultieren.

> »Warum zahlen wir eigentlich Menschen, denen wir unsere Kinder anvertrauen, viel weniger Geld als jenen, denen wir unser Geld anvertrauen?"
> Daniel Straub in DAS MAGAZIN 10/2013

Unterschätzen Sie niemals Ihre Macht als Kunde! Banken sind letztendlich Dienstleister. Sonst nichts. Wenn ihnen die Kunden stiften gehen, dann schrumpfen die übermächtigen »Herren des Universums« ganz schnell zu Zwergen. Und kaum ein schlechtes Produkt werden Sie so schnell wieder los wie ein Bankkonto oder ein Depot. Da zitieren wir als Schwaben sogar mal ein kölsches Lied: »Arsch huh, Zäng ussenander!«

3. Deutschland – Exportweltmeister mit Rekordschulden

»Deutschland geht es gut.« Dieser inzwischen oft karikierte Satz ist so etwas wie die Erkennungsmelodie von Angela Merkel. Komponiert hatte die Bundeskanzlerin ihren Jingle für die Neujahrsansprache 2012. Zuletzt abgespielt hat sie ihn in ihrer Regierungserklärung am 29. Januar 2014: »Deutschland geht es so gut wie lange nicht. Die Wirtschaft wächst, die Beschäftigung ist auf dem höchsten Niveau seit der Wiedervereinigung, die Menschen schauen so optimistisch in die Zukunft wie seit dem Fall der Mauer nicht mehr (…). Deutschland ist Wachstumsmotor in Europa, Deutschland ist Stabilitätsanker in Europa. Wir sind rascher und stärker aus der weltweiten Wirtschafts- und Finanzkrise herausgekommen als andere. Wir tragen maßgeblich dazu bei, dass die europäische Staatsschuldenkrise überwunden werden kann.«[1]

Die wirtschaftliche und soziale Situation in vielen Ländern der EU ist nach wie vor desaströs. Kein Cent der horrenden Schulden wurde bis heute zurückgezahlt. Keine wirklich wichtige Pleite- oder Zockerbank wurde geschlossen. Von den zahllosen Ausfallbürgschaften, die die Regierungen eingegangen sind, wurde zwar bislang keine gezogen – aber das Risiko, dass sie irgendwann fällig werden, steigt mit jedem Tag. Auch gegen den Euro wird von den Spekulanten nicht mehr Woche für Woche gewettet – aber das liegt nicht an der tollen Verfassung der Gemeinschaftswährung, sondern schlicht daran, dass Dollar, Britisches Pfund, Yen und die meisten Währungen ehemals boomender Schwellenländer auch nicht besser dastehen.

Stellen Sie sich Folgendes vor: In einer Sportart, in der ausnahmslos alle ernstzunehmenden Teilnehmer »unerlaubte Substanzen« einnehmen, als rein zufälliges Beispiel wählen wir mal den Radsport, werden die Dopingkontrollen über Nacht so verschärft, dass alle Betrüger auffliegen. Klar, auch dann werden einige Teilnehmer der Tour de France die Champs-Élysées erreichen. Etliche aber eben auch nicht mehr. Und die täglichen Etappen werden ein paar Stunden länger dauern. Jetzt ersetzen Sie Begriffe wie »Cortikoide«, »EPO« oder »Eigenblut« durch »Staatsbürgschaft«, »Nullzinspolitik« oder »Anleihekäufe der EZB«. Schlagartig lautet die Frage dann nicht mehr, wer der beste Fahrer ist. Sondern, wer als letzter ohnmächtig vom volkswirtschaftlichen Rennrad fällt.

Um also ein realistisches Bild davon zu bekommen, wie gut es Deutschland tatsächlich geht, müssen wir uns die körperliche Grundverfassung des Wettkampf-Teilnehmers anschauen, nicht seine aktuellen Zeiten oder Platzierungen. Tut man dies, dann stellt sich freilich heraus, dass der »Wachstumsmotor« nicht bloß stottert, sondern kurz vor dem Kolbenfresser steht. Dass der »Stabilitätsanker« im Ozean der Finanzkrise auf Dauer nicht mal die MS Deutschland sichern kann, geschweige denn andere havarierende Schiffe. Und dass die Besatzung den Euro-Ballast wohl oder übel über Bord werfen muss, wenn sie den Untergang verhindern will. Fragen wir also:

- Wie geht es Deutschland wirklich?

- Profitieren wir Bürger tatsächlich von der EU und dem Euro – oder werden wir bald unser blaues Wunder erleben?

- Sind Euro und EU die Abgabe von immer mehr Souveränitätsrechten nach Brüssel wert?

- Kann Deutschland notfalls die Eurozone, gar die ganze EU »retten«?

- Wie sieht es tatsächlich mit der so wortreich bestrittenen »Haftungsunion« aus?

- Wäre es nicht sinnvoller, in Infrastrukturprojekte im produktiven Herzen Europas zu investieren, statt in sinnfreie Subventionsprojekte in dessen Krisenregionen?

Es ist nicht alles Gold, was glänzt

Wenn mich junge Menschen fragen, wann wir endlich ganz ohne Schulden sind, dann sage ich: Hoffentlich nie. Denn Schulden verschwinden nur nach einer Währungsreform.
Wolfgang Schäuble im Oktober 2013[2]

Seit 2012 verkündet auch Finanzminister Schäuble stolz, dass Deutschland so gut dastehe wie nie zuvor. 2014 erzielten wir einen Exportüberschuss von 216,9 Milliarden Euro – so hoch wie niemals zuvor. Der Freude nicht genug! Mit insgesamt 643,6 Milliarden Euro nahm der Staat im vergangenen Jahr auch so viele Steuern ein wie nie zuvor. Das waren nahezu vier Prozent mehr als im Vorjahr, als Bund, Länder und Gemeinden ebenfalls leichte Überschüsse verzeichnen konnten. Einnahmen in Höhe von 1 245,6 Milliarden standen Ausgaben in Höhe von 1 239,7 Milliarden gegenüber – insgesamt nahm der Staat also 2014 knapp 600 Millionen mehr ein, als er ausgegeben hat. Auch die Sozialversicherungen haben vordergründig vom Boom profitiert: Ihre Einnahmen summierten sich im Jahr 2014 auf 556,1 Milliarden Euro. Gegenüber dem Vorjahr entspricht dies einem Anstieg um 3,3 %. Allerdings stiegen ihre Ausgaben um 3,6 % auf 553,1 Milliarden Euro, womit der Überschuss noch geringer ausfiel als 2013. Hatte er damals immerhin noch 6,6 Milliarden Euro betragen[3], gab es bei Renten-, Kranken- und Pflegeversicherung sowie bei der Bundesagentur für Arbeit 2014 nur noch ein Plus von drei Milliarden Euro[4].

Als Sahnehäubchen musste der Bund erstmals seit 45 Jahren keine neuen Schulden mehr aufnehmen. Ursprünglich war das Erreichen der »schwarzen Null« erst für 2015 geplant. Freilich bedeutet die »schwarze Null« keineswegs, dass der Staat 2014 keine Kredite mehr benötigt hätte. Im Gegenteil, er nahm erneut Darlehen im Volumen von mehr als 200 Milliarden Euro auf.[5] Trotz Rekordsteuereinnahmen: Die derzeitige Staatsverschuldung von Bund, Ländern und Gemeinden beläuft sich auf mehr als 2 Billionen Euro.[6] Das sind gut 25.000 Euro pro Kopf – vom Baby bis zum Greis.

Angesichts der verheerenden Situation in Europa sollten wir uns daher ernsthaft Gedanken machen: **Wenn es nicht mal die Wirtschaftslokomotive Deutschland in Rekordjahren schafft, keine neuen Schulden aufzunehmen, um ihre Zinsen zu bezahlen – wie sollen das dann Griechenland, Portugal, Frankreich, Belgien, Spanien, Italien & des Euros Co. schaffen?** Und vor allem: Wer bitte soll sein Portemonnaie öffnen, wenn diese Länder ihre Zinsrechnungen irgendwann nicht mehr begleichen können? Dies verdeutlicht, dass das Spiel sich dem Ende zuneigt.

Die globale Verschuldung nimmt immer abstrusere Züge an. Länder, Städte, Kommunen, aber auch viele Unternehmen und Privatpersonen werden tagtäglich immer mehr ihrer Freiheit beraubt und zu Schuldsklaven. Vom Joch ihrer Gläubiger werden sie sich leider niemals mehr befreien können. Selbst der Exportweltmeister Deutschland, egal wie erfolgreich er künftig sein wird, wird niemals schuldenfrei sein. Dies ist auch gar nicht beabsichtigt – sehr zur Freude der Gläubiger, welche zum Großteil Investmentfonds, Banken, Versicherungen und Pensionskassen sind.[7]

Oder auch gar nicht zu deren Freude. Denn wir dürfen bei aller Klage über die globale Schuldenorgie eines nicht vergessen: Nicht allein »die Reichen« sind Gläubiger, und wir Bürger sind nicht nur Schuldner. Viele von uns sind auf die eine oder andere Weise beides. Denn auch Ihre paar Groschen auf dem Sparbuch verleiht Ihre Bank – unter anderem an Ihren Stadtkämmerer oder an Herrn Schäuble. Wenn Sie Staatsanleihen halten, sind Sie direkter Gläubiger der Bundesrepublik, der Eidgenossen oder unseretwegen des Königreichs Tonga. Auch Ihre Lebensversicherung steckt überwiegend in »mündelsicheren« Staatspapieren. Amerikanische Pensionsfonds dürfen zwar mehr Aktien im Depot haben als die deutsche Assekuranz, aber auch da haben sich Billionen von Altersrücklagen einfacher Arbeiter und Angestellter als Schulden verkleidet. Und so weiter.

Was aber folgt daraus? Daraus folgt eine sehr schlechte Nachricht: Wenn die Schuldenblase platzt, dann dürfen Sie als Steuerzahler bluten. Als Anleger und als jemand, der in irgendeiner Weise auch privat fürs Alter vorgesorgt hat, werden Sie dafür – enteignet! Die Bundesregierung könnte dann eine Social-Marketing-Kampagne aus dem Jahre 2005 aufwärmen: »Du bist Deutschland!«, hieß es damals, »behandle Dein Land doch einfach wie einen guten Freund.«[8] – »Schieb ihm deine Kohle rüber, wenn er in der Klemme steckt«, ließe sich dann vielleicht ergänzen. Und jene Hälfte der Deutschen, die so wenig verdienen, dass sie keine oder kaum direkte Steuern zahlen müssen, sowie das Fünftel der erwachsenen Deutschen, das keinerlei Vermögen besitzt, wird von den Wellen dieses Crash-Tsunamis dennoch mitgerissen.

Seit 40 Jahren reden die Finanzminister vom »Schuldenabbau«. **Dabei hat die Bundesrepublik seit ihrer Gründung niemals einen Pfennig oder Cent an Schulden zurückgezahlt.** Sie hat immer nur mehr Schulden gemacht. Gewiss: Tag für Tag löst die Bundesschuldenverwaltung Abermillionen alter Schulden ab – doch nur mithilfe neuer Kredite. Und nur in den absoluten wirtschaftlichen Boomjahren haben deutsche Finanzminister mal »Schulden abgebaut«. Heißt aber: Sie haben dann weniger *neue* Schulden gemacht, nicht etwa bestehende abgetragen. Ergebnis: Ende 2014 war die Bundesrepublik Deutschland mit etwas mehr als 2 Billionen Euro verschuldet.[9] Und da sind versteckte Schulden wie zum Beispiel künftige Pensionsverpflichtungen für Beamte noch gar nicht eingerechnet. Und da sind versteckte Schulden wie zum Beispiel künftige Pensionsverpflichtungen für Beamte noch gar nicht eingerechnet.

Laut statistischem Bundesamt gehen knapp 1,3 Billionen Euro allein auf die Kappe des Bundes. Wer Schulden macht, muss Zinsen zahlen. Der Bund der Steuerzahler errechnete, dass die Bundesrepublik Deutschland im Schnitt jeden achten Euro, der durch Steuern eingenommen wird, für Zinsausgaben aufwendet. Allein in 2013 waren das rund 35 Milliarden Euro.[10] Und das in einer Zeit, wo sich der Staat das Geld vergleichsweise billig leihen kann. Ein, zwei Prozent höhere Zinsen, und Wolfgang Schäuble müsste mindestens so nass geschwitzt in die Kameras blicken wie seine Amtsvorgänger in den Siebzigerjahren des vorigen Jahrhunderts, als die Bundesschuld erstmals zu den großen Etatposten aufrückte – und die Zinsraten zeitweise bei 11 Prozent lagen; oder nach der Wiedervereinigung, als sich überraschend herausstellte, dass der »Aufbau Ost« nicht aus der Portokasse finanzierbar ist.

In der Falle des exponentiellen Wachstums

Wohlstand auf Pump bleibt eine Illusion,
Wachstum ohne Grenzen kann es nicht geben.
Jochen Bohl, evangelischer Landesbischof von Sachsen im Januar 2013[11]

Als Schwaben denken wir natürlich wie die sprichwörtliche schwäbische Hausfrau: Man sollte nicht mehr ausgeben, als man einnimmt. Als Ökonomen ist uns aber durchaus klar, dass ein Staat kein Vier-Personen-Haushalt ist. Teile seiner Aufgaben muss er, ebenso wie ein Unternehmen, mit Krediten finanzieren. Zu deren unangenehmen Nebeneffekten gehören aber nun mal die Zinsen. Und wenn man sich immer nur neues Geld leiht, alte Schulden aber unterm Strich nicht tilgt, dann tritt früher oder später ein noch viel unangenehmerer Effekt hinzu: **der Zinseszins.**

Der ist das geradezu klassische Beispiel für exponentielles Wachstum. Dieser häufig durch die Debatten schwirrende Begriff ist im Grunde, also auch ohne vertiefte Mathematikkenntnisse, recht leicht zu begreifen. Zu exponentiellem Wachstum kommt es, wenn man eine bestimmte Bestandsgröße, zum Beispiel ein Geldvermögen, in jeweils gleichen Zeitschritten um einen Faktor X, zum Beispiel einen bestimmten Zinssatz, verändert.

Einfaches Beispiel: Wenn Sie 100 Euro in Ihrer Zuckerdose aufheben und jedes Jahr an Silvester 5 Euro dazustecken, dann haben Sie nach 20 Jahren 200 Euro. Das wäre *lineares* Wachstum. Wenn Sie den Hunderter aber auf ein Sparbuch legen, für das Sie 5 Prozent Zinsen bekommen (ja, solche Zeiten gab es mal!), dann haben Sie schon nach 14 Jahren 200 Euro – ohne dass Sie in dieser Zeit auch nur *einen* weiteren Euro eingezahlt hätten! Denn nach zwei Jahren bekommen Sie Ihre 5 Prozent ja bereits auf 105 Euro, im dritten auf 110,25 Euro usw. Das ist *exponentielles* Wachstum. Leider funktioniert das genauso, wenn Sie sich die 100 Euro gepumpt haben.

Richtig spannend wird das natürlich erst, wenn wir das Spiel mit sehr viel größeren Summen und über längere Zeiträume spielen. Dabei müssen wir nicht einmal über die Weisheit der deutschen Bundesregierungen seit 1949 richten. Etwa über die Frage, ob die unsere Steuern immer für die richtigen Sachen ausgegeben haben. Oder ob sie dem Staat nicht mit der Zeit zu viele Aufgaben aufgebürdet haben. Das sind politische Fragen, und da gehen die Meinungen nun mal auseinander. Die Absurdität steckt nicht in konkreter Politik, sondern im System!

Wirtschaft im Alltag der schwäbischen Hausfrau funktioniert eher simpel. Da kommen Löhne oder Gehälter aufs Konto, der Vermieter, die Telefongesellschaft, die Versicherung und noch eine Reihe von Firmen buchen Geld ab. Ansonsten wird mit dem Verdienst in diversen Geschäften gegen bares oder mit der EC-Karte eingekauft. Wenn dann am Ende des Monats etwas übrig ist, kommt es aufs Sparbuch. Das wird höchstens angegriffen, wenn die Waschmaschine kaputtgeht. Und wenn schon am Fünfundzwanzigsten Ebbe in der Kasse ist, dann hat die schwäbische Hausfrau schlecht gewirtschaftet. Kredite sind ihr dagegen eher unheimlich. Das Credo hebt sie sich lieber für die Kirche auf.

Doch unser gesamtes Wirtschaftssystem funktioniert letztlich leider *nur* auf der Basis von Krediten. Nehmen Sie Ihr Auto: Das besteht aus Abertausenden Teilen, die in Dutzenden von Fabriken rund um den Globus hergestellt wurden. Alle diese Fabriken wurden zu großen Teilen mithilfe von Krediten gebaut. Für den Transport aller Vorprodukte zur Endmontage haben Airlines Flugzeuge, Reedereien Schiffe und Speditionen LKW gekauft – auf Kredit. Unterwegs hat der ganze Krempel x-mal den Eigentümer gewechselt, und jeder hat seine Bestellungen mit Krediten finanziert. Zudem musste die teure Ware versichert werden, und fast alle Geschäfte vom Rohstoff bis zum fertigen Auto wurden – das war ursprünglich der Sinn von

Optionsgeschäften – gegen Preis- und Währungsschwankungen abgesichert. Und ganz am Ende haben auch Sie für Ihren schönen neuen Wagen – einen Kredit aufgenommen.

Selbst wenn Sie das nun alles gegeneinander verrechnen: Am Ende bleibt ein mehr als hübsches Sümmchen übrig, das irgendwo in Form von Zinsen kassiert wurde. Und ohne all die teuren Kredite wäre nicht eine einzige Schraube produziert worden. Sodass in einer modernen Geldwirtschaft die entscheidende Frage nicht lautet, *ob* es Kredit und Zins gibt. Die beiden entscheidenden Fragen lauten

a) ob am Ende auch mal einer bar bezahlt und
b) wann sich zu viele Kreditagenten zwischen Produzenten und Konsumenten breitgemacht haben.

Logisch ist: **Die Schulden der einen sind immer die Guthaben der anderen.** So besehen ist jedes auf Kredit basierende System ein Nullsummenspiel. Auch Roulette wäre ein Nullsummenspiel – gäbe es da nicht die Null. Allein die 37. Zahl sorgt dafür, dass am Ende immer die Bank gewinnt. Und die Null aller Schuldgeldsysteme ist – der Zins. Denn die Zinsen, die der Schuldner zahlen muss, werden ebenfalls zum Guthaben des Gläubigers geschlagen. Rein theoretisch wäre damit früher oder später alles Geld bei den Gläubigern angekommen. Nur weil beide öfter mal die Trikots tauschen, dauert das praktisch so lange, dass es auch mal ein, zwei Generationen gut gehen kann. **Aber das System, das *muss* irgendwann platzen.**

Wie absurd unser auf dem Zinseszins basierendes, ergo exponentiell wachsendes Schuldgeldsystem ist, zeigt denn auch die folgende Rechnung: Wir haben die deutschen Staatsschulden von ungefähr 2,1 Billionen Euro mal runtergerechnet bis zum Jahre der Geburt Jesu. Rein statistisch hätten wir seit dem Jahr null in Deutschland dann jeden Tag knapp 3 Millionen Euro Schulden gemacht. Nachdem sie diesen Schreck verdaut haben, werden die Deutschen natürlich sofort vernünftig und machen keine Staatsschulden mehr. Mehr noch: Sie zwingen ihre Politiker, ab sofort jeden Tag drei Millionen Euro Schulden abzuzahlen. Das sind nicht mal 4 Cent pro Bundesbürger und Tag. Und schon im Jahre 4028 wäre die Bundesrepublik Deutschland schuldenfrei! Bisschen lang? Gut. Wir erhöhen die tägliche Tilgung auf 300 Millionen Euro. Trinken Sie einen Latte macchiato weniger am Tag! Dann wären wir die Schuldenplage schon in 20 Jahren los. Allerdings beliefe sich unser jährlicher Schuldendienst denn doch auf 109,5 Milliarden Euro – der größte Etatposten, der des Bundesministeriums für Arbeit und Soziales (121,5 Milliarden Euro), wäre damit fast komplett verbraucht. Und die Zahlungen für Zins und Zinseszins sind da noch nicht mit dabei! Tilgen wir kolossale 3 Milliarden Euro pro Tag, das entspricht in etwa dem halben Jahresgewinn der Allianz in 2013[12], dann wären wir zwar schon in 2 Jahren schuldenfrei. Aber wir müssten in diesen zwei Jahren rund 40 Prozent unserer gesamten Wirtschaftsleistung über die Banktresen der Welt schieben. Oder halt jeweils ein Wirtschaftswachstum von knapp 37 Prozent hinlegen. Wohlgemerkt: ohne Zinsen!

Sie sehen: Wir sind dazu verdammt, dass unsere Wirtschaft kontinuierlich wächst. Dass sie sogar wachsen könnte wie ein asiatischer Tigerstaat in den Neunzigern – und wir trotzdem immer neue Schulden aufnehmen müssten, um die bestehenden Schulden und die Schuldzinsen bezahlen zu können. Das Problem ist nur: **Kontinuierliches, gar exponentielles Wachstum ist auf unserer Erde unmöglich. Denn die Ressourcen unseres Planeten sind begrenzt.** Spätestens wenn wir den letzten Tropfen Öl verbrannt und den sprichwörtlichen letzten Baum gefällt, wir also unsere Umwelt weitgehend zerstört haben, werden wir erkennen müssen, dass unser Wachstumswahn vollkommen irrsinnig und widernatürlich ist. Auf dem Weg dahin werden wir allerdings öfter bemerken, dass auch unser Bedarf nach Waren und Dienstleistungen nicht ins Unermessliche steigen kann. Schon heute zeigen sehr viele Märkte Sättigungseffekte. Gewiss, es wird immer neue Produkte und neue Services geben. Aber kein Mensch kann 365 Tage im Jahr in Wellness-Tempeln verbringen oder ständig sechs elektronische Geräte gleichzeitig bedienen. Und sollten wir uns eines schönen Tages nur noch von Pillen ernähren, dann wäre deren Herstellung womöglich ein lukrativer Industriezweig.

Aber satt, was immer das dann bedeuten mag, wären wir am Ende des Tages auch dann.

Wir müssen Herrn Schäuble also recht geben: Niemals wird Deutschland oder sonst irgendein Land der Erde seine Schulden auf regulärem Wege zurückzahlen. Eine Weile kann man vielleicht noch versuchen, die Bürger mit höheren Steuern und Abgaben zur Kasse zu bitten. Doch letztlich hilft nur deren faktische Enteignung. Zunächst wird das oft auf dem Wege hoher Inflationsraten probiert. Am Ende aber, wenn die maximale mathematische Ausdehnung des Systems erreicht wurde, muss unweigerlich der Schuldenschnitt kommen. Eine Währungsreform. Oder ein Krieg. Es ist keineswegs für alle Ewigkeit garantiert, dass es zu dieser historisch gesehen häufigsten Form des wirtschaftlichen Neustarts nicht kommen kann.

Reiches Deutschland, armes Deutschland

Viele wählen wenige, die dann viel machen,
was wenigen dient, die viel haben!
Anonym

Die Deutschen schwimmen im Geld. 2014 stieg das Geldvermögen der privaten Haushalte erstmals auf über 5 Billionen Euro an.[13] Nie zuvor hatten sie so viel auf der Kante. Zwar investierten die Haushalte ihr Geld trotz niedriger Zinsen vor allem in kurzfristige und vermeintlich sichere Bankeinlagen. Trotzdem wuchs ihr Geldvermögen von Juli bis September 2014 um 28 Milliarden Euro oder 0,6 Prozent auf 5,011 Billionen Euro, wie eine Studie der Deutsche Bundesbank ergab.[14] Schätzungen des Deutschen Instituts für Wirtschaftsforschungen (DIW) gehen für 2014 von 6,3 Billionen und Anfang 2015 sogar von einem Gesamtvermögen der Deutschen von 9,3 Billionen Euro aus. Allerdings ist Reichtum ungleich verteilt. Die reichsten zehn Prozent der deutschen Haushalte vereinigen nach Erkenntnissen der Forscher rund zwei Drittel (63 bis 74 Prozent) des Gesamtvermögens auf sich.[15]

Wer im Geld schwimmt – und wer nicht

Wenigen geht es blendend, vielen aber immer schlechter. Das reichste Prozent der Deutschen – und da sind die statistisch kaum erfassbaren Vermögen der Milliardäre und Super-Millionäre noch gar nicht dabei – besitzt netto rund 800 000 Euro pro Kopf. Das einkommensschwächste Fünftel hat dafür höchstens ein Sparschwein in der Küche stehen. Vermögen? Fehlanzeige! Und bei weiteren 7 Prozent sind die Schulden gar höher als das Vermögen. Berechnungen des Deutschen Instituts für Wirtschaftsforschung (DIW) ergaben, dass die Vermögen in keinem Land der Eurozone so ungleich verteilt sind wie in Deutschland.[16]

Deutschlands Superreichen geht es dafür gegenwärtig besser als je zuvor. Niemals besaß der deutsche Geldadel größere Reichtümer als heute. Die Anzahl der Milliardenvermögen in Deutschland hatte im Jahr 2013 mit 148 Milliardären einen Höchststand erreicht; 2014 gab es in unserem Land »nur« noch 123 milliardenschwere Menschen.[17] Das Vermögen der Top 100 stieg aufgrund des Booms an den Aktien- und Immobilienmärkten zwischen 2012 und 2013 um 5,2 Prozent, von 319,85 Milliarden Euro im Jahr 2012 auf den Rekordwert von 336,6 Milliarden Euro. Es hat damit die Höchstmarke des Jahres 2008 übertroffen. In diesen Vermögensregionen heißt es zu Recht: Welche Krise? Das Vermögen der 500 reichsten Deutschen legte 2014 um 15,8 Prozent auf 611,75 Milliarden Euro zu. Das ist mehr als das Bruttoinlandsprodukt der Schweiz.[18] Diese Zahlen sprechen eine klare Sprache und zeigen, dass die Staatsschulden- und Eurokrise die Vermögen der Superreichen nicht berührt hat.[19] Wie schon gesagt: Deutschlands Schulden sind nicht nur Schulden bei Deutschlands Reichen. Auch Sie und wir haben, selbst wenn uns das gar nicht immer bewusst ist, Forderungen an Europas Schuldenmacher. Und auch steinreiche Menschen werden in einer historischen Niedrigzinsphase wie der gegenwärtigen mit Tagesgeldkonten oder Staatsanleihen nicht wirklich reicher. Für sie lohnt sich die Krise nicht zuletzt wegen jener kurzfristig scheinbar erfolgreichen, langfristig aber katastrophalen Strategie, die die Geldwirtschaft seit 2008 gewählt hat: den Planeten via Nullzinsen mit Geld zu überfluten. Denn die globale Geldschwemme lässt Aktiendepots, Immobilienwerte und Zockerkonten anschwellen.

Auf der anderen Seite wird in unserem Land die Mittelschicht immer kleiner, und die Unterschicht wachst unaufhaltsam. Laut dem DIW hat sich der Anteil der Mittelschicht seit dem Jahr 2000 von 64 auf 60 Prozent der Bevölkerung verringert. Währenddessen ist der Anteil der unteren Einkommensschicht seit der Jahrtausendwende von 18 auf 22 Prozent gestiegen.[20] Des Weiteren leiden sehr viele Deutsche unter enormen Schulden. Fast 6,6 Millionen Menschen sind nicht mehr in der Lage, ihren Zahlungsverpflichtungen nachzukommen. Jeder Deutsche steht privat im Schnitt mit etwa 33 000 Euro in der Kreide, also mit gut drei Vierteln seines – ebenfalls durchschnittlichen – Geldvermögens. Doch auf dem privaten Schuldenberg in Höhe von ungefähr 221 Milliarden Euro sitzt der Großteil der Bevölkerung – während er bei einer kleinen Minderheit von Wohlhabenden und Reichen als Forderung in den Büchern steht.[21]

Wenngleich die Lage auf dem deutschen Arbeitsmarkt gegenwärtig im europäischen Vergleich verhältnismäßig gut ist, können aufgrund niedriger Löhne und hoher Lebenshaltungskosten weniger Menschen Geld zur Seite legen als noch vor zwei Jahren. Im Oktober 2013 ist der Anteil der Bundesbürger, die nicht in der Lage sind, Rücklagen zu bilden, bereits auf über 20 Prozent gestiegen.[22] Aus diesem Grund ist es für uns auch nicht überraschend, wenn fast jeder zweite Deutsche die Frage, ob seine Rente im Alter ausreichen wird, mit Nein beantwortet.[23] Das ist ein Armutszeugnis für unser Land. Und es beweist, dass die Aktienmärkte für manches ein brauchbarer Indikator sein mögen. Aber bestimmt nicht für den Grad des gesamtgesellschaftlichen Wohlstands.

Wenn man von seiner Arbeit nicht leben kann

Die sich immer weiter ausbreitende Armut bei uns im Land ist nicht mehr wegzudiskutieren. Eine Ursache, neben der »normalen« Arbeitslosigkeit, ist die immer größere Anzahl geringfügig entlohnter Beschäftigter. Der viel diskutierte »Niedriglohnsektor« ist in Wahrheit ein Sektor drohender Verelendung. Im März 2015 gab es in Deutschland 30 469 200 sozialversicherungspflichtig Beschäftigte. Davon waren 7 238 100 geringfügig entlohnte Beschäftigte. Für 4 822 300 war ihre **geringfügig entlohnte Stelle der Hauptjob**, für 2 415 800 ein **Nebenjob**.[24]

Was ist ein Niedriglohn?

Wenn der Lohn weniger als zwei Drittel des mittleren Verdienstes aller Beschäftigten ausmacht, gilt er als Niedriglohn. Die Grenze liegt in Deutschland bei 9,54 Euro brutto in der Stunde, alles darunter wird als Niedriglohn bewertet.[25] Bei einer Vollzeitstelle mit 40-Stunden-Woche ergibt das einen Bruttolohn von knapp 1 700 Euro.

Wie kann es sein, dass im Land des Exportweltmeisters fast 25 Prozent der arbeitenden Bevölkerung voll oder teilweise im Niedriglohnsektor beschäftigt sind? Werden hier Weltmeistertitel und Unternehmensgewinne auf Kosten von Arbeitern und Angestellten erkauft? Was kurzfristig opportun und positiv für die Unternehmensgewinne zu sein scheint, wird sich langfristig gesellschaftlich und finanziell ruinös auswirken. Denn spätestens wenn diese Menschen, denen es nicht möglich war, angemessen für ihr Alter vorzusorgen, in Rente gehen, wird unser gesamtes Rentensystem implodieren, und wir werden eine Verarmung des Großteils von Deutschlands Rentnern erleben.

Nur Lettland, Litauen, Rumänien und Polen haben in Europa einen höheren Anteil an Geringverdienern als Deutschland![26] Hierzulande arbeiten in manchen Branchen fast ausschließlich Geringverdiener. 87 Prozent aller Taxifahrer erhalten einen Niedriglohn, 86 Prozent der Friseure, 77 Prozent der Bedienungen in Gaststätten, 69 Prozent der Verkäufer im Einzelhandel, 68 Prozent aller Leiharbeiter, 68 Prozent der Beschäftigten in Call-Centern, 62 Prozent des Hotelpersonals, 60 Prozent der Wachleute bei privaten Sicherheitsdiensten. Auch Fleiß nützt diesen Menschen nichts, um aus der

Armut herauszukommen. Selbst wenn sie viel arbeiten, werden sie Geringverdiener bleiben. 900 000 Menschen im Niedriglohnsektor arbeiten mehr als 50 Stunden in der Woche – obwohl dies das Arbeitszeitgesetz eigentlich verbietet.[27]

Kein Wunder, dass immer mehr Menschen trotz Fulltime-Job Sozialleistungen in Anspruch nehmen müssen.

Seit dem 1. Januar 2015 gibt es in Deutschland einen flächendeckenden Mindestlohn in Höhe von 8,50 Euro. Doch nur weil das lange diskutierte Gesetz endlich in Kraft ist, heißt das noch lange nicht, dass alle Arbeitnehmer auch etwas davon haben. In ganz Deutschland wird getrickst und gefälscht, um den Mindestlohn zu unterlaufen. Das größte Einfallstor, um den Mini-Mindestlohn zu umgehen, ist die Arbeitszeit. Unternehmen unterscheiden nun zwischen »echter« Arbeit und Bereitschaftszeit. Taxiunternehmer etwa wollen Standzeiten und Leerfahrten nicht mehr voll bezahlen. Auch die vielen Selbstständigen können sich keine Hoffnungen auf Mindestlöhne machen. Sie müssen so oder so mit jenen Vergütungen zurande kommen, die der Markt in ihrem Bereich eben so hergibt. Und das bedeutet oft, am Rande des Existenzminimums zu leben – oder beinahe rund um die Uhr schuften zu müssen, um halbwegs über die Runden zu kommen. Rund 770 000 der 2,5 Millionen Ein-Mann/Ein-Frau-Betriebe verdienten nach Berechnungen des Deutschen Instituts für Wirtschaftsforschung (DIW) 2012 weniger als 8,50 Euro die Stunde – das ist fast ein Drittel der mittlerweile nur noch sprichwörtlichen »Ich-AGs«. Hinzu kommen 330 000 Selbstständige, die sogar Mitarbeiter beschäftigen, und trotzdem selbst Niedriglöhner im eigenen Betrieb bleiben. Das betrifft damit jeden sechsten Selbstständigen mit Beschäftigten.

> *Ein großer Teil der Selbstständigen lebt von der Hand in den Mund.*
>
> Karl Brenke, Deutsches Institut für Wirtschaftsforschung

Zu den Niedriglöhnern gehören keinesfalls nur Ungelernte und »bildungsferne« Mitbürger. Stundenlöhne unterhalb des gesetzlichen Mindestlohns in Höhe von 8,50 Euro sind auch bei freiberuflich tätigen Akademikern sehr verbreitet. 22 Prozent von ihnen verdienen weniger. Weshalb viele, unter ihnen etwa der Bayreuther Literaturwissenschaftler Joachim Schultz, schon vom »akademischen Prekariat«[28] sprechen. **»Insgesamt hat ein Viertel aller Selbstständigen einen Verdienst von weniger als 8,50 brutto die Stunde«,** so Karl Brenke vom Deutschen Institut für Wirtschaftsforschung.[29]

Deutschland ist, auch wenn wir das oft nicht wahrhaben wollen, längst zu einem Billiglohnland geworden. Wir fragen uns da:

Wie sollen Menschen, die im Niedriglohnsektor arbeiten, jemals für ihr Alter vorsorgen?

Und wie soll in Zukunft eine Rentenversicherung funktionieren, in die eine wachsende Anzahl von Dumpinglohn-Empfängern immer weniger einzahlt, während die Anzahl der Rentner in den kommenden Jahren und Jahrzehnten dramatisch ansteigen wird?

Einem Land, in dem immer mehr Unternehmen immer mehr ihrer Mitarbeiter nicht mehr angemessen bezahlen können oder wollen, dem kann es unmöglich »gut gehen«. Es ist kein Land des Wohlstands, sondern der Wohlstands-Illusion. Neoliberale Prediger zitieren ja gerne den Apostel Paulus: »Wer nicht arbeitet, der soll auch nicht essen.« Ganz abgesehen davon, dass das vor 2000 Jahren nicht als wirtschaftspolitisches Programm für die Thessalonicher gemeint war, sondern als Appell, die Erwartung des Jüngsten Tags nicht als Ausrede fürs Nichtstun zu benutzen. Wer sich auf Paulus beruft, der sollte auch predigen, dass es eine der größten Ungerechtigkeiten auf Erden ist, wenn ein Mensch vom Lohn seiner Arbeit nicht leben kann. Und das heißt, nicht nur essen, trinken und sich kleiden, sondern auch am sozialen und kulturellen Leben seines Landes angemessen teilnehmen kann.

Armut in Deutschland

Unglaublich, aber leider wahr: Trotz immer neuer Höchststände des Aktienmarktes, trotz kräftig wachsender Super-Vermögen müssen bei den vielen ehrenamtlichen »Tafeln« im Lande des Exportweltmeisters **jeden Tag 1,5 Millionen Menschen für ihr Essen anstehen. Und noch nie waren mehr Bürger auf Sozialleistungen angewiesen.**[30]

Über 6 Millionen Menschen in Deutschland leben derzeit ganz oder teilweise von Hartz IV. Das sind 7 Prozent aller Einwohner, darunter allein 1,6 Millionen Kinder.[31] **Wie kann es sein, dass ein so reiches Land so viele Menschen zu Zuschauern seines Wohlstands macht?** Und wie lange kann der Staat sich das noch leisten? Laut Bundesarbeitsministerium gaben Staat und Kommunen seit Einführung der Hartz-IV-Reformen im Jahr 2005 bis einschließlich Juli 2013 knapp 380 Milliarden Euro aus – 190,3 Milliarden Euro für Arbeitslosengeld II bzw. die frühere Sozialhilfe, 114,8 Milliarden Euro in Form von Zuschüssen für Wohnung und Heizung und 40,7 Milliarden Euro für sogenannte »Maßnahmen zur Wiedereingliederung in den Arbeitsmarkt«; 33,6 Milliarden Euro verschlang die Verwaltung des Systems selbst.[32] Diese gewaltigen Summen mussten aufgebracht werden, obwohl laut der oben genannten DIW-Studie Arbeitslose seit 2005 mit allen Mitteln gezwungen werden, ihre privaten Rücklagen nahezu komplett aufzubrauchen. Vom Arbeitslosengeld für die offiziell drei Millionen Arbeitslosen haben wir bei alldem noch gar nicht gesprochen.

Deutschland wird in vielen Ländern der Welt, in Teilen der Presse und von den Bürgern selbst gern als Zahlmeister und Retter Europas und des Euros gesehen. Fließen in Deutschland wirklich Milch und Honig? Tatsächlich breitet sich die Armut in Deutschland immer weiter aus, und ein immer größerer Anteil der Bevölkerung steuert in die Armutsfalle. 16,1 Prozent der Bevölkerung - das sind rund 13 Millionen Menschen – waren 2013 von Armut bedroht. Damit lag der Anteil der der armutsgefährdeten Menschen genauso hoch wie im Jahr zuvor. 2008 hatte er noch 15,2 Prozent betragen. Zum Vergleich: Im Durchschnitt aller 28 EU-Staaten lebten 2013 rund 16,7 Prozent unter der Armutsschwelle. Armut beginnt nach der EU-Statistik in Deutschland bei einem Haushaltsnettoeinkommen von 979 Euro im Monat für einen Single und bei 2056 Euro für eine Familie mit zwei Kindern unter 14 Jahren. Wer weniger als 60 Prozent des mittleren Einkommens der Bevölkerung seines Landes zur Verfügung hat, gilt nach der Definition als arm.[33] Kein Wunder, dass es in vielen Städten längst zum Straßenbild gehört, wenn Menschen in Mülleimern nach Flaschen und Dosen wühlen, um mit dem Pfand ihre kargen Renten oder Sozialleistungen aufzubessern.

Kinderarmut: Zukunft in Gefahr

Skandalöser Weise sind heutzutage aber 15,7 Prozent aller Kinder auf die Grundsicherung angewiesen. 1 634 095 Kinder unter 15 Jahren lebten im Mai 2014 in Hartz IV-Haushalten, was einen Höchststand seit 2010 bedeutet. 2013 waren es im Jahresdurchschnitt noch 1,627 Millionen Kinder gewesen, 2012 rund 1,620 Millionen. Von den 1 634 095 Kindern lebt etwas mehr als die Hälfte bei Alleinerziehenden.[34] In Nordrhein-Westfalen, dem bevölkerungsreichsten Bundesland, lag der Anteil von Kindern, die in Hartz-IV-Haushalten leben, im Juni 2014 bei 18,5 Prozent. Noch verheerender sah es mit Ausnahme von Thüringen in den ostdeutschen Ländern sowie Hamburg und Bremen aus. Die Spitze markierte die Hauptstadt, wo 33,4 Prozent aller Kinder von staatlichen Zuschüssen leben.[35]

Eine der Hauptursachen von Kinderarmut sind Niedriglöhne. Daher beschränkt sich dieser gesellschaftspolitische Skandal keineswegs auf Haushalte, die auf Transfereinkommen angewiesen sind. Auch Paare, bei denen bisweilen sogar beide Partner erwerbstätig sind, können ihre Kinder – materiell gesehen! – oft nicht gut genug versorgen. »Die Armut von Kindern geht in relativ starkem Maße auf niedrige Erwerbseinkommen der Erziehungsberechtigten zurück, nicht auf deren Arbeitslosigkeit.«[36]

Trotz seines vergleichsweise teuren Hartz-IV-Systems ist Deutschland bei der Bekämpfung der Kinderarmut deutlich weniger erfolgreich als andere Länder. Einer Unicef-Studie zufolge ist Kinderarmut hierzulande höher als in vielen anderen Industrieländern, die wirtschaftlich weniger gut dastehen.

Nicht ohne Grund fordert Unicef Deutschland von der Politik einen konkreten Maßnahmenplan, um zu verhindern, dass benachteiligte Kinder »abgehängt« werden. Dazu zähle unter anderem ein entschiedenes Vorgehen gegen Kinderarmut und eine frühzeitige und gezielte Förderung sozial benachteiligter Kinder in Horten, Kindergärten und Grundschulen.

Deutschlands Fundamente bröckeln

Seit mindestens zehn Jahren ist es ganz offensichtlich,
dass die Verkehrsinfrastruktur in Deutschland unterfinanziert ist.
Es gibt einen deutlichen Investitionsstau,
selbst wichtigste Reparaturen werden unterlassen.[37]
Klaus-Peter Müller, Präsident des Deutschen Verkehrsforums

Anders als Unternehmen, die ihre Waren oder Dienstleistungen am Ende verkaufen, hat der Staat nichts zu verkaufen. Er kassiert bei seinen Bürgern Steuern – oder nimmt Kredite auf – und stellt der Gesellschaft dafür öffentliche Güter zur Verfügung. Dazu zählen abstrakte Güter wie Rechtssicherheit, öffentliche Ordnung oder Schulbildung und eine Vielzahl materieller Güter, die von allen genutzt werden können – ganz anders als kommerzielle Waren und Dienstleistungen. Denn auch wer selbst kein Auto hat, greift auf das Straßennetz zu, etwa wenn er mit dem Bus fährt. Straßen und

Schienen, Wasser- und Stromnetze, öffentliche Gebäude und vieles mehr – die Qualität der gesamten Infrastruktur eines Landes ist wesentlich für dessen wirtschaftliche Leistungsfähigkeit.

Das Problem ist nur: Anders als private Güter sind öffentliche Güter im marktwirtschaftlichen Sinne nicht knapp. Jeder kann, wenigstens theoretisch, jederzeit auf sie zugreifen, ohne dadurch die Zugriffschancen anderer zu beschränken. Volkswirte sprechen deshalb von der »Nicht-Ausschließbarkeit« und »Nicht-Rivalität« beim Konsum öffentlicher Güter. Folge: Dass etwa eine Hauptverbindungsstraße von Stuttgart nach Esslingen nicht mehr »konsumiert« werden kann, merken wir erst, wenn sie so marode ist, dass man auf ihr kaum noch heil von Stuttgart nach Esslingen kommt.

In Zeiten klammer Kassen aber summieren sich die Folgeschäden zum Beispiel des »Straßenverbrauchs« sehr schnell. Hinzu kommt oft ein Wahrnehmungsproblem der zuständigen Politik. Minister, Staatssekretäre oder Bürgermeister, die neue Umgehungsstraßen, Schulgebäude oder Hallenbäder eröffnen, kommen in die Zeitung, und zwar mit schönen Fotos voller fröhlicher Menschen. Für den schlichten Erhalt staatlicher Infrastruktur-Investitionen gibt es dagegen bestenfalls ein Schulterzucken. Jeder von uns würde als Politiker daher auch viel lieber Sachen einweihen, statt sie regelmäßig renovieren zu lassen.

Vielen der Gemeingüter, die Deutschlands Infrastruktur ausmachen, sieht oder merkt man an, dass sie aus den Siebziger- oder frühen Achtzigerjahren des 20. Jahrhunderts stammen. Bei so mancher Brücke, so mancher Wasserstraße haben noch Kaiser Wilhelm oder Präsidenten und Minister der Weimarer Republik das blaue Band durchschnitten. Und selbst viele Investitionen im Zuge des »Aufbaus Ost« haben jetzt schon wieder 15 oder 20 Jahre auf dem Buckel. Mit einem Satz: Deutschlands Fundamente bröseln im wörtlichen Sinne. Große Teile unserer Infrastruktur sind komplett marode. Denn das meiste wurde über Jahre und Jahrzehnte immer nur notdürftig geflickt.

Fast jeder kennt das aus eigener Erfahrung. Die komplette Renovierung der Wohnung wird Jahr um Jahr verschoben. Zu teuer! Wie lästig!! Geht doch noch ... Wenn man sich dann nach zehn Jahren endlich ein Herz fasst (oder umzieht), trifft einen fast der Schlag, wie die Bude ohne Möbel und Bilder an der Wand aussieht. Was das mit Deutschland zu tun hat? Nun, Deutschland, das ist die Wohnung, die seit mehr als einem Vierteljahrhundert nicht saniert wurde.

In früheren Zeiten wurde Deutschland um sein vorbildlich ausgebautes Verkehrs- und Kommunikationsnetz beneidet. Ein dichtes, stets exzellent saniertes Netz von Schienen- und Wasserwegen sowie große Flughäfen sorgten für einen mehr oder minder reibungslosen Personen- und Güterverkehr zwischen Industriezentren und Seehäfen. Stromausfälle? Das kannte man höchstens von Besuchen bei der östlichen Verwandtschaft – oder aus dem Auslandsteil seiner Tageszeitung, die jeden Winter von Zusammenbrüchen des vorsintflutlichen Oberleitungsnetzes in den USA zu berichten wusste. Aus Deutschlands Wasserhähnen kam stets das sauberste und am besten kontrollierte Lebensmittel der Welt, unser Abwasser versickerte nicht im Untergrund der Städte, sondern wurde vom kommunalen Wasserwerk zuverlässig und perfekt wieder aufbereitet. Und die Weichen der Bundesbahn funktionierten auch im Winter problemlos.

Doch seit langer Zeit schon geht es bergab. Straßen verwandeln sich Stück für Stück in Buckelpisten mit Drittwelt-Standard. Brücken zerbröseln. Bahntrassen verrosten. Schleusen vergammeln, Häfen und Kanäle versanden. Energie- und Kommunikationsnetze halten mit technologischen Entwicklungen schon lange nicht mehr Schritt. »Infrastruktur«, das bedeutet »Unterbau«. In Deutschland war und ist dieser Unterbau das Fundament für eine der produktivsten Volkswirtschaften der Welt und ein Garant für unseren Wohlstand. Das Verkehrsnetz ist der Blutkreislauf unseres ökonomischen Erfolgsrezepts. Dieses für unser wirtschaftliches Überleben elementare Fundament aber erodiert seit geraumer Zeit. Experten wie Busso Grabow vom Deutschen Institut für Urbanistik sprechen von einer »Zeitbombe«. Lassen wir die Fakten sprechen – machen Sie sich selbst ein Bild.

Chaos auf den Straßen, Brücken im Rentenalter

- 475 000 Staus zählte der ADAC 2014 auf deutschen Autobahnen, das entsprach einer Gesamtlänge von 960 000 Kilometern und damit etwa der Strecke von der Erde zum Mond und wieder zurück. Im Vergleich zum Vorjahr nahm die Zahl der registrierten Staus und der Staukilometer um etwa 15 Prozent zu. Die Zahl der gefahrenen Kilometer stieg aber nur um 2,5 Prozent.[38]

- Bereits im Jahr 1999 warnte die Pällmann-Kommission, eine Expertenkommission, die Möglichkeiten der Finanzierung von Bundesverkehrswegen außerhalb des regulären Haushalts prüfen sollte, vor einer »Instandhaltungskrise«. Sie wies eindringlich darauf hin, dass **je später investiert werde, desto höher die Folgekosten seien.**[39] Geschehen ist seitdem – nichts!

- 2013 sprach die von der Verkehrsministerkonferenz eingesetzte Kommission »Nachhaltige Verkehrsinfrastrukturfinanzierung« von »gravierender Vernachlässigung der Erhaltungsmaßnahmen«[40]. **Akut fehlten bereits 7,2 Milliarden Euro für dringend notwendige Sanierungsmaßnahmen.** Stattdessen würden oftmals dringend für den Straßenerhalt vorgesehene Mittel für politisch gewollte Neubauprojekte verwendet.

- Fast 20 Prozent der 12 800 Autobahnkilometer und 41 Prozent der Bundesstraßen haben bereits den »Warnwert« für unmittelbaren Sanierungsbedarf erreicht oder überschritten.[41]

- Der Staat kassiert pro Jahr 53 Milliarden Euro an kraftfahrzeugabhängigen Steuern. Davon fließen jedoch nur 14 Milliarden zurück in den Verkehrsbereich, der Rest des Geldes wird für andere Zwecke entfremdet.[42]

- Beispiel Stuttgart: Die Landeshauptstadt ließ sich den baulichen Erhalt ihrer Straßen 2010 noch 95 Cent pro Quadratmeter kosten, für 2012 waren nur noch 91 Cent veranschlagt. Erforderlich wäre im Schnitt das 2,5-Fache.[43]

■ Trotz LKW-Maut, die mit dem Ziel erhoben wurde, mehr Geld in den Straßenerhalt zu investieren, stagnieren die Bruttoinvestitionen für den Verkehr in Deutschland seit etwa 20 Jahren. Und das trotz munter wachsender Verkehrsflut! Die Bundesregierung erwartet – im Vergleich zu 2004 – bis 2025 eine Steigerung der Verkehrsleistung um ungefähr 18 Prozent, eine Zunahme des Gütertransports um 70,2 Prozent. Übrigens: Ein Lastwagen beschädigt eine Straße in etwa so stark wie 40 000 Pkw.

■ Wulf-Holger Arndt, Verkehrsexperte am Deutschen Institut für Urbanistik, erklärte im Mai 2013: »Viele Brücken wurden in den Nachkriegsjahren gebaut. Vor über 60 Jahren hat jedoch niemand mit einer solch enormen Zunahme des Verkehrs gerechnet.« Jetzt kämen viele Brücken »an die Grenze ihrer Lebensdauer.«[44]

■ Deutschlands Brücken sind marode, dem Bundesverkehrsministerium zufolge sind etwa 15 Prozent der rund 39 000 deutschen Straßenbrücken sanierungsbedürftig. Bis 2017 stellt Verkehrsminister Dobrindt deshalb gut eine Milliarde Euro für die Instandsetzung bereit. Das reicht für gerade einmal 78 Brücken. Nicht nur auf den Fernstraßen ist die Situation besorgniserregend. Auch Deutschlands kommunale Brücken verfallen.[45]

Schienen und Stellwerke mit Museumswert

■ «Unser Schienennetz ist in Teilen bereits heute überlastet. Wichtige Verkehrsknoten und hoch frequentierte Strecken wirken wie Flaschenhälse und limitieren die Kapazitäten«, sagt Rüdiger Grube, Bahn-Chef.[46]

■ Der Deutschen Bahn fehlen inzwischen mehr als 30 Milliarden Euro. Eigentlich müssten über tausend Brücken gesperrt werden.[47]

- Ronald Pörner, Hauptgeschäftsführer des Verbandes der Bahnindustrie (VDB): »In ganz Deutschland hat etwa ein Drittel der Stellwerke das Ende der technischen Lebensdauer bei Weitem überschritten. Es handelt sich im Wesentlichen um Anlagen der Baujahre 1885 bis 1935.«[48] Man mag es kaum glauben. **Aber das Durchschnittsalter eines deutschen Bahn-Stellwerks beträgt 93 Jahre!**

- Allein in Nordrhein-Westfalen sind von den 437 Stellwerken 103 sogenannte mechanische Einrichtungen – eine höfliche Umschreibung für »vollständig veraltet«. 24 Streckenabschnitte sind überlastet und 50 weitere Abschnitte operieren an der Kapazitätsgrenze. Pörner: »Nur um den Anstieg des Durchschnittsalters aller Anlagen im Netz zu stoppen, wäre seitens des Bundes pro Jahr 3,5 Milliarden Euro nötig.«

- Laut Prognosen der Bundesregierung wird der Schienengüterverkehr bis 2025 um 65 Prozent und der Personenverkehr um 25 Prozent zulegen. Grube: »Damit verschärft sich die Situation an bestehenden Engpässen weiter, und neue kommen hinzu (...). **Auf längere Sicht droht ein Kollaps der Schiene.«**

- Auf Gemeindeebene sieht es noch verheerender aus. Die kommunalen Schienennetze, also S-Bahnen, Straßenbahnen und U-Bahnen, sind oft in bemitleidenswertem Zustand. Während die Fahrgastzahlen steigen, sinken die Verkehrsbudgets der Städte kontinuierlich. Der Verband der Verkehrsunternehmen (VDV) beklagt, dass für turnusmäßige Reparaturen an Fahrwegen und Bahnhöfen jährlich 550 Millionen Euro benötigt würden. Kommunen und Verkehrsbetriebe jedoch könnten davon höchstens 220 Millionen Euro aufbringen.[49]

Binnenschifffahrt – Jahrzehnte wurde nichts gemacht

- Jährlich fehlen 500 bis 700 Millionen Euro im Wasserstraßenetat.

- 50 Prozent der Schleusen in Deutschlands Flüssen und Kanälen sind 80 Jahre alt, 25 Prozent sogar hundert Jahre und älter. Ein Drittel bekam vom Bundesverkehrsministerium die Zustandsnote 4 und schlechter. Es ist nur eine Frage der Zeit, bis Ausfälle und lange Sperrzeiten für Wartungs- und Reparaturarbeiten drohen.

- Oftmals sind die Schleusen für heutige Verhältnisse auch schlicht und einfach viel zu klein. Hierzu ein Beispiel aus Plochingen in Baden-Württemberg. Plochingen liegt unweit von Stuttgart – einer der wirtschaftsstärksten Regionen Europas. Schiffe, die Plochingen anfahren möchten, müssen ab Mannheim sage und schreibe 27 völlig überalterte Neckarschleusen überwinden. Diese Schleusenbecken sind geeignet für Schiffe mit einer Maximallänge von 105 Metern – für heute gängige Binnenschiffe mit einer Standardlänge von 135 Metern also zu kurz. Laut Eberhard Weiß, Hafendirektor in Plochingen, könnten 500 Prozent mehr Tonnage in den Häfen Stuttgart und Plochingen umgeschlagen werden, wenn diese mit größeren Schiffen erreichbar wären. Unverständlicherweise stufte der Bund den Neckar als Wasserstraße der Kategorie B ein. Bis Heilbronn ist nun immerhin eine Erweiterung und Komplettsanierung der Schleusen geplant, für den Rest der Strecke bis Plochingen aber lediglich eine Teilsanierung. Für ein paar vielleicht nicht ganz so unbedeutende Firmen in der Region Stuttgart bedeutet das schlicht: Fortschreibung des Stillstands – etwa für Weltmarktführer wie Daimler, Porsche, Bosch, Stihl, Mahle, Behr, Kärcher, Recaro, Festo, Trumpf, Valeo …

- Stattdessen hat man nach der Wende 30 Millionen Euro in den Ausbau des Hafens in Halle an der Saale investiert. Dort könnten heute zwölf Binnenschiffe gleichzeitig beladen werden. Nichts gegen Halle! Nur hat dort leider seit 2011 kein Schiff mehr angelegt. Denn die Saale ist nicht durchgängig schiffbar, nahe der Elbmündung ist sie mitunter nur 80 Zentimeter tief. Um dieses unbedeutende Malheur zu beheben, wären allerdings weitere

Millionen-Investitionen nötig. So lieb wie wir hat der Verkehrsminister Halle dann aber doch nicht.

Im internationalen Vergleich nimmt Deutschland einen der hinteren Plätze ein, wenn es um Investitionen in die Infrastruktur geht. Gerade einmal 0,6 Prozent des Bruttoinlandsprodukts wurde 2011 dafür ausgegeben.[50] Zwar sind die Investitionsausgaben dank sprudelnder Steuereinnahmen und Niedrigzinspolitik seither wieder gestiegen, sie reichen aber bei weitem nicht aus. Deshalb mahnte der Internationale Währungsfonds (IWF) die Bundesregierung im Mai 2015 erneut, mehr Geld in die Infrastruktur zu stecken. Notfalls sogar auf Pump. Die bisher beschlossenen Investitionen würden »nicht in voller Höhe die existierenden Bedürfnisse adressieren«, heißt es.[51] Wir sind mit unserer Infrastruktur nicht mehr Weltspitze. Im Infrastruktur-Ranking des Word Economic Forum rutschten wir zwischen 2008 und 2012 von Rang 2 auf Rang 9; 2014 verfehlten wir die Top Ten sogar knapp.[52]

Es ist dringend erforderlich, wieder mehr in die Infrastruktur zu investieren. Ansonsten werden unvorstellbare Kosten auf uns zurollen – und der Wirtschaftsstandort Deutschland wird weiter an Attraktivität und Wettbewerbsfähigkeit verlieren. In einem Land mit starkem industriellen Sektor – 25,9 Prozent war 2014 der Anteil des Produzierenden Gewerbes (ohne Baugewerbe) am deutschen BIP[53] – sind moderne Straßen, Schienen und Wasserwege eben keine bemitleidenswerte »Old Economy«. Sie sind Lebensadern einer Wirtschaft, in der nach wie vor Unmengen physischer Waren transportiert werden müssen. Und in der zudem ein großer Teil aller Dienstleistungen und virtuellen Datenströme ohne Industrie überhaupt nicht existieren würde.

Deshalb: Schluss mit Flickschusterei auf der einen, repräsentativen und teilweise sinnfreien Neubauprojekten auf der anderen Seite! Deutschland muss endlich wieder mehr Geld in Erhalt und Modernisierung seiner Verkehrs- und Versorgungsnetze stecken. Zielorientiert, nachhaltig und vor allem – sofort! Solange der Politik die Sanierung bestehender Straßen, Brücken, Bahntrassen und Schleusen sowie von Strom- und Wasserleitungen schlechtere

Presse einbringt als glamouröse Einweihungen, so lange werden die Verantwortlichen einen Teufel tun, ihr Verhalten zu ändern. Hier muss auch ein Umdenken bei uns allen stattfinden. Zerbröseln die Fundamente unserer Wirtschaft weiter, dann ist es mit der relativen wirtschaftlichen Stärke unseres Landes sehr bald vorbei. Dann wird die europäische »Wachstumslokomotive« krachend entgleisen, weil ihr schlichtweg die Kohle ausgegangen ist. Und dann ist es erst recht Essig mit der »Rettung« des Euro. **Hören wir also auf, klinisch toten Banken unser Geld in den Rachen zu werfen – und investieren wir es besser in unsere »Hardware«.**

Wer hat eigentlich das Geld für eine »Euro-Rettung«?

Jedem halbwegs informierten Bürger ist bewusst, dass die »Rettung« des Euro und der Erhalt der EU in ihrer heutigen Form Unsummen an Geld verschlingen werden. Gesetzt, dass da überhaupt was zu retten ist: **Wer soll das eigentlich bezahlen?** Sehr groß ist die Zahl der Kandidaten im Euroraum jedenfalls nicht. Frankreich, wirtschaftlich die Nummer 2, hat immer mehr eigene Probleme. Bei Lichte besehen steht das Land bestenfalls noch auf der Kante zwischen Rettern und Rettungskandidaten. Italien, die Nummer 3 unter Europas Volkswirtschaften? Nun ja, die Italiener haben sich wenigstens zu großen Teilen bei sich selbst verschuldet. Und sonst? Von Spanien bis Zypern nur Finanzminister und Banker, die die Hand aufhalten. Tja, und im Verbund allein mit Österreich, Finnland und Luxemburg wird Deutschland die Klingelbeutel der anderen kaum füllen können.

Fragen wir also: **Wie reich sind wir Deutschen eigentlich wirklich im europäischen Vergleich? Sind wir überhaupt der geborene Zahlmeister? Oder haben die anderen ihre dicken Brieftaschen nur besser versteckt?** Wurden wir etwa mit großer Geste zum Essen eingeladen – und als der Wirt mit der Rechnung kam, da hatte unser lieber Freund Europa leider, leider sein Portemonnaie vergessen?

Ganz gleich, welche Studie man betrachtet, ob nun eine der Europäischen Zentralbank, eine der Allianz oder eine der eidgenössischen

Credit Suisse, sie alle zeigen im Ergebnis etwas ganz anderes. Es gibt sowohl in Europa als auch in der Eurozone etliche Länder, deren Bürger pro Kopf wesentlich mehr als wir besitzen. Lassen wir mal die Schweizer, die mit Abstand am meisten auf der hohen Kante haben, außen vor. Bekanntlich ist es heute zwar sehr viel schwieriger, in Zürich, Bern, Genf oder Locarno sein Geld vor ausländischen Steuerfahndern zu verstecken. Aber wenn es um ihre eigenen Fränkli geht, pro Kopf waren das im Jahr 2013 etwas mehr als 222 000 Euro[54], dann sind uns Europäern die Tresore der Eidgenossen so verschlossen wie seit den Zeiten von Rütlischwur und Bundesbrief.

Bleiben wir also in der EU. Und werfen wir zunächst einen Blick in den *Global Wealth Report* der Allianz, der das Netto-Geldvermögen pro Kopf erhebt (Immobilienbesitz und Ansprüche gegenüber der gesetzlichen Rentenversicherung sind da nicht enthalten). Europas größter Versicherungskonzern muss es ja wissen. Hier rangieren wir Deutschen mit ersparten knapp 50 000 Euro auf Rang 16.[55] Das Netto-Geldvermögen pro Kopf beträgt in der Schweiz 146 540 Euro, in den USA 119 570 Euro, in Belgien 78 300 Euro, in den Niederlande 71 430 Euro, in Japan 71 190 Euro, in Schweden 70 080 Euro. Das sind die sechs »reichsten« Länder.[56]

Europäische Zentralbank und Credit Suisse lieferten sich im Herbst 2013 eine kleine Zahlenschlacht. Im Frühjahr hatte die EZB eine Studie veröffentlicht, der zufolge ausgerechnet die deutschen Haushalte in Europa am wenigsten vermögend seien. Das war damals Wasser auf die Mühlen all jener, die für die angeblich viel reicheren Griechen und Zyprioten keinen Cent rausrücken wollten. Wir verwirren Sie hier nicht mit Details statistischer Kosmetik – wie nun was genau zu berechnen sei, wer exakt wie viel Euro und Cent sein Eigen nennen soll. Wie Sie, so glauben auch wir keiner Statistik, die wir nicht selbst gefälscht haben. In einem Punkt jedoch waren sich die Rechenknechte von Zentralbank und Geschäftsbank völlig einig: Der durchschnittliche Luxemburger, Franzose, Belgier und Italiener ist wesentlich reicher als der durchschnittliche Deutsche – und zwar zum Teil sogar erheblich reicher, als es selbst die EZB angenommen hatte. Dafür gibt es einen sehr nachvollziehbaren Grund: Vor allem Franzosen und Italiener besitzen sehr viel öfter eine eigene, selbst genutzte Immobilie als die Deutschen.[57] Den Grundbesitz hatte die Credit Suisse nämlich, anders als Allianz und EZB, ebenfalls berücksichtigt. Der Witz dabei: Genau dies wird Pariser und Römer *nach* dem Crash, in dem die meisten Konten und Depots dahingeschmolzen sind wie die sprichwörtliche Butter in der Sonne, erst so richtig reich machen.

Angesichts dieser im Detail sehr unterschiedlich berechneten, im Ergebnis aber überraschend einigen Studien stellt sich doch die Frage, warum hauptsächlich der deutsche Sparmichel für die Rettung von Euro und Euro-Banken zahlen soll. **Wir sehen jedenfalls keinen Sinn darin, uns zu Mitrettern eines Europas der Banken, Spekulanten und irregeleiteten Politiker aufzuschwingen.**

Profitieren wir Bürger vom Euro?

Es gibt keinen Unsinn, den man der Masse nicht durch geschickte Propaganda mundgerecht machen könnte.
Bertrand Russell (1872-1970), britischer Philosoph und Logiker[58]

Auch wenn wir bereits in unserem ersten Buch eingehend aufgezeigt haben, warum die große Mehrheit der Bürger unseres Landes nicht vom Euro profitiert, möchten wir dies hier anhand der Daten seit 2012 noch einmal kurz aufzeigen.

Deutschland exportiert immer mehr in Nicht-Euroländer

Wie wir anhand des folgenden Charts erkennen können, nehmen die Exporte Deutschlands in die EU und besonders in die Länder der Eurozone derzeit deutlich ab. Für Deutschland als Wirtschaftsnation werden jene Handelspartner, die ihre Rechnung in Euro begleichen, künftig eher unbedeutender. In die 27 Mitgliedstaaten der EU gingen 2014 zwar noch 58 Prozent aller deutschen Exporte. In die Eurozone waren es nur knapp 37 Prozent.[59] Hauptabnehmer deutscher Exporte, Waren und Dienstleistungen war 2014 Frankreich, gefolgt von den USA, Großbritannien und China. 2015 hat die USA Frankreich als Hauptabnehmer abgelöst.

Deutschland: monatliche Exporte in die Eurozone im Verhältnis zum deutschen Export in die Welt in Prozent

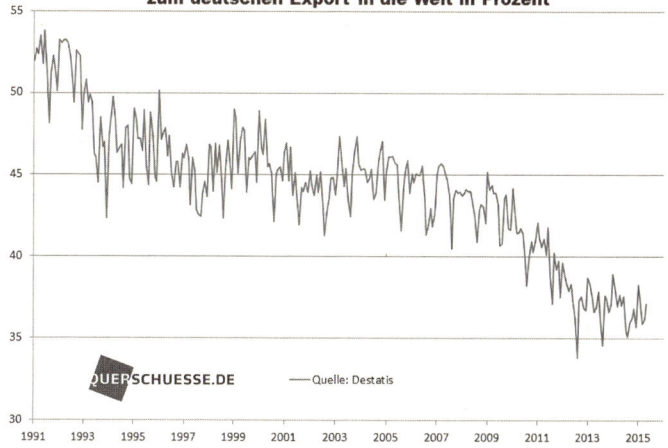

QUERSCHUESSE.DE ——Quelle: Destatis

Auch in Zukunft werden die Exporte in EU und Euroländer weiter abnehmen, weil ein Großteil dieser Länder schlicht und einfach bankrott sind und sich unsere Waren und Dienstleistungen künftig nicht mehr leisten können. Wir kommen im Europa-Kapitel darauf zurück.

Target2 – ein Großteil unseres Geldes ist weg

Target2 ist in aller Munde, doch was ist darunter eigentlich zu verstehen? Kurz gesagt geht es da um die Verrechnung wechselseitiger Forderungen der Zentralbanken der Eurozone. Aha. Reden wir zum besseren Verständnis kurz über Fußball. Nicht nur über dem spanischen Staat und den dortigen Banken kreise der Pleitegeier. Mehr als ein Dutzend spanische Proficlubs mussten sich für zahlungsunfähig erklären und Gläubigerverfahren einleiten.[60] Wie das gesamte Land leben auch seine besten Fußballvereine seit Jahren über ihre Verhältnisse: Sie geben im Jahr 2,1 Milliarden Euro aus, nehmen aber nur 1,8 Milliarden ein. Nachhaltiges Wirtschaften sieht anders aus. Mit vier Milliarden Euro standen die Profiklubs nach Untersuchungen der Universität von Barcelona im Jahr 2012 in der Kreide. Die Verbindlichkeiten waren damals so hoch, dass die Regierung Verhandlungen über einen Abbau der Steuerschulden aufnahm. Doch ist es richtig, dass der Steuerzahler den sportlichen Erfolg subventioniert?[61] Die Zeitung *El País* fragte sich: »Muss die EU nun auch den spanischen Fußball retten?« In den vergangenen beiden Jahren konnten die spanischen Vereine ihren enormen Schuldenberg etwas abbauen. Im Juni 2014 betrugen die Verbindlichkeiten der Klubs »nur« noch 2,757 Milliarden Euro. »Spitzenreiter« der Schuldenrangliste waren die beiden Top-Klubs Real Madrid und der Champion League Gewinner 2015 FC Barcelona, die zusammen mit 767 Millionen Euro in der Kreide stehen.[62]

Sie stellen sich jetzt bestimmt die berechtigte Frage: Was haben Spanien, der spanische Fußball und irgendwelche komischen Zentralbank-Forderungen mit mir zu tun? Die erste Antwort klingt vermutlich ein bisschen knifflig. Aber mithilfe des Fußballs lässt sich das alles ganz gut begreifen.

Target2

Das »Trans-European Automated Real-time Gross settlement Express Transfer system« ist an sich etwas furchtbar Technisches. In jeder Sekunde werden im Euroraum Abermillionen von Zahlungsvorgängen abgewickelt. Sehr viele davon innerhalb einzelner Länder und ausschließlich zwischen verschiedenen Geschäftsbanken oder Sparkassen. Aber eben auch sehr viele grenzüberschreitende Zahlungen. Und damit dabei nicht die Übersicht verlorengeht, die nicht zuletzt für die Erfassung von Zahlungs- und Leistungsbilanzen wichtig ist, schalten sich die nationalen Zentralbanken und die EZB dazwischen, die all die transnationalen Überweisungen bündeln. Das Target2-System erledigt das in Echtzeit.[63]

Die *Süddeutsche Zeitung* hat das System im August 2012 anschaulich erklärt: »Verkauft zum Beispiel ein deutscher Händler ein Auto nach Spanien, fließt das Geld folgenden Weg: Der Spanier geht zu seiner

Hausbank, um die Überweisung nach Deutschland in Auftrag zu geben. Die Hausbank wendet sich an die spanische Zentralbank, die der Europäischen Zentralbank EZB Bescheid gibt. Die EZB meldet die Summe der Bundesbank, die dann das Geld an die Hausbank des deutschen Autohändlers zahlt. Der Deutsche sieht es dann auf seinem Konto und schickt das Auto an den Spanier. Eigentlich ein gutes Geschäft – nur senden sich die spanischen und die deutschen Notenbanken kein Geld hin und her, denn Zentralbanken erschaffen quasi Geld aus dem Nichts. Die Bundesbank erhält somit ›nur‹ eine virtuelle Forderung, die an den Mittler der Eurozone gerichtet ist, an die EZB.«[64]

Wir wissen, dass es rund um das Thema Target2 eine kontroverse Debatte unter den Ökonomen gibt. Einige, vorneweg der Chef des Münchner ifo-Instituts, Hans-Werner Sinn, gehen mit guten Argumenten davon aus, dass in diesem an sich rein technischen Abwicklungssystem sehr reale Forderungen aufgelaufen sind. Andere sehen in den Target-Salden nur eine theoretische Verrechnungseinheit, da die eigentlichen Waren- und Geldflüsse ja 1:1 abgewickelt worden seien. Das ist auch der offizielle Standpunkt der Deutschen Bundesbank.[65] Klar ist: Der deutsche Händler hat fast immer sein Geld und der Spanier sein Auto bekommen. Vom Werk bis zum Endkunden werden alle Forderungen früher oder später glattgestellt. Aber das ist sozusagen nur die betriebswirtschaftliche Seite der Sache. Volkswirtschaftlich wird es spannend, wenn die Spanier weit mehr in Deutschland einkaufen, als sie uns liefern. Statistisch entsteht dann ein Leistungsbilanzdefizit. Monetär entsprechen diesem Defizit die Target-Salden. Deutschland hat mehr Forderungen an Spanien oder Griechenland als umgekehrt. Der Punkt ist, dass diese transnationalen Forderungen der Zentralbanken gegeneinander in der Summe eben leider *nicht* alle beglichen worden sind. Denn im Gegensatz zu allen Geschäftsbanken sowie jenen Zentralbanken, die nicht am Euro-System teilnehmen, müssen die Euro-Zentralbanken ihre Forderungen und Guthaben *nicht* täglich um 0:00 Uhr auf Euro und Cent abrechnen. Die Hausbank des deutschen Autohändlers hat von der Bundesbank via EZB Geld bekommen und dies ihrem Kunden auch gutgeschrieben. Die spanische Nationalbank aber hat der EZB bislang bloß *Bescheid gesagt*, dass sie das Geld bitte überweisen soll. Die Kohle des spanischen Autokäufers hat sie, sehr salopp gesagt, aber noch nicht rübergeschoben. Und so stehen Jahr für Jahr höhere Differenzen in den Büchern der EZB.

Und da sind wir wieder beim Fußball. Laut Rolf von Hohenhau, dem Präsidenten des Bundes der Steuerzahler in Bayern und der Taxpayers Association Europe, nimmt die Tragweite der Target2-Salden immer skurrilere Züge an. Denn auch im Fußball kommt das Eurosystem zum Tragen. »Letztlich laufen die Ablösesummen spanischer Clubs für Spieler wie beispielsweise für Sami Khedira über die Bundesbank und erhöhen die Target2-Forderungen«, warnt von Hohenhau. Der Fußballstar war 2010 gegen eine Ablösesumme von 14 Millionen Euro vom VfB Stuttgart zu Real Madrid gewechselt.[66] Doch eigentlich wurde der Transfer von der Deutschen Bundesbank bezahlt. Die grenzüberschreitende Zahlungsverrechnung erfolgte über das System Target2. Hierzu erteilte die spanische National-bank der Bundesbank den Auftrag, 14 Millionen Euro an den VfB (bzw. dessen Bank) auszuzahlen, was zweifelsfrei auch geschehen ist. Zum »Ausgleich« erhielt die Bundesbank Papierforderungen gegen die EZB (= positive Target2-Forderungen). Und irgendwie hatten im selben Zeitraum die deutschen Vereine eben nicht so viel Geld übrig wie die verschwenderischen spanischen Clubs, weshalb sie auch nicht ganz so viele und nicht ganz so teure Stars in Spanien einkaufen konnten.

Auf diese simple Weise ist die Deutsche Bundesbank inzwischen um etwas mehr als 526 Milliarden Euro gerupft worden.[67] Das Geld dürfte wohl unwiederbringlich weg sein. Wohlgemerkt: unser gu-tes Geld! Denn die Bundesbank gehört letztlich den Bürgern der Bundesrepublik Deutschland. Sie werden als Steuerzahler einsprin-gen müssen, wenn die Buchhalter der EZB eines Tages mit den Schultern zucken, weil die Bundesbank ihre Forderungen auch mal gutgeschrieben bekommen möchte. Somit haben wir im konkreten Fall Khedira auch dem VfB Stuttgart 14 Millionen Euro in Form vermutlich wertloser EZB-Schuldscheine gepumpt. Einer unserer

Top-Fußballer kickt jetzt im Ausland und macht unter anderem auch deutschen Clubs die Fußballwelt schwer – so schafft man sich selbst Wettbewerb.[68] Als Ökonomen wie als bekennende Fußballfans stellen wir uns natürlich die Frage: Wie blöd sind wir eigentlich?

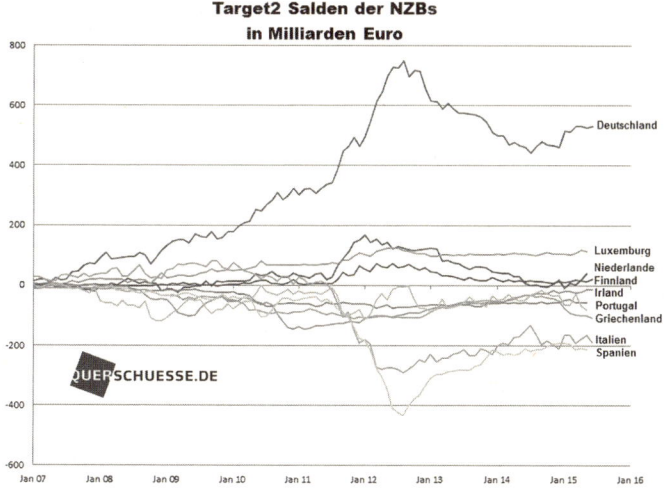

Die Entwicklung der Target2-Salden – Verbindlichkeiten anderer Notenbanken gegenüber der Bundesbank – sprechen eine eindeutige Sprache. Wir sind vollkommen überzeugt, dass wir einen Großteil des Geldes nie wiedersehen werden.

Die EZB zerstört unsere Altersvorsorge

Betrachten wir die Entwicklung des EZB-Leitzinses, dann sehen wir für Deutschland eine grausame und gefährliche Entwicklung. Grausam, weil es aufgrund der Niedrigzinsphase für uns Bürger unmöglich ist, etwas anzusparen, geschweige denn, ausreichend für sein Alter vorzusorgen. Die Zinsen – die, die Sie für Ihr Geld bekommen, nicht die, die Sie für Ihre Kredite bezahlen müssen! – liegen seit Jahren nahe bei oder unterhalb der Inflationsrate. Finanzexperten sprechen da gern euphemistisch von »negativen Realrenditen«.

Tatsächlich kostet die verheerende Politik der EZB Deutschlands Sparer pro Jahr rund 14 Milliarden Euro. 0,5 Prozent des deutschen Bruttoinlandsprodukts lösen sich so quasi in Luft auf.[69] Gefährlich ist die Zinsflaute, weil die EZB den Markt mit einem Sturzbach von billigem Geld flutet – und somit einen Nährboden für Blasen jeglicher Art bildet. Gegenwärtig erleben wir in Deutschland eine Aktien- und Immobilienblase, die ihresgleichen sucht. Unsere Wirtschaft würde eigentlich einen wesentlich höheren Zinssatz benötigen. In der Eurozone würde der jedoch vielen Staaten finanziell das Genick brechen, weil sie dann ihre Schulden nicht mehr bezahlen könnten. Aus diesem Grunde werden deutsche Sparer auch weiterhin tagtäglich von der EZB bestohlen, junge Menschen der Möglichkeit beraubt, sich eine adäquate Altersversorgung zuzulegen.

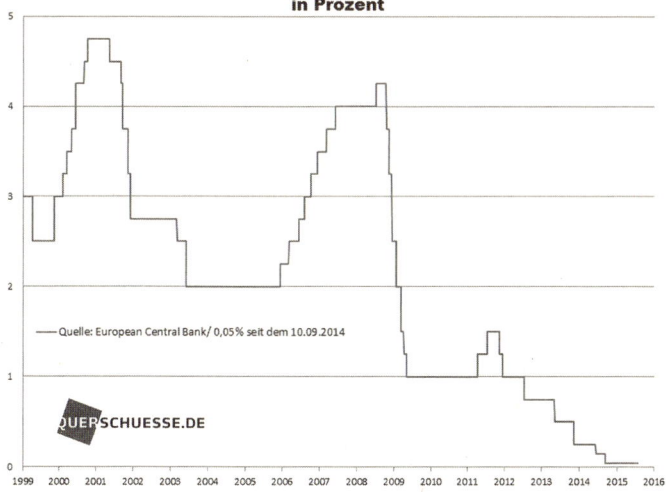

EZB: Entwicklung der Leitzinsen in Prozent

Quelle: European Central Bank/ 0,05% seit dem 10.09.2014

QUERSCHUESSE.DE

Deutschlands Rentendesaster

Bezeichnend und alarmierend sind die Zahlen der OECD zum Rentensystem. Im Bericht »Pension at a Glance 2013« wird aufgezeigt, was staatliche oder private Kassen der Rentensysteme leisten, gemessen an Personen, die im Jahr 2012 begonnen haben zu arbeiten und die bis zur gesetzlichen Rente Beiträge einbezahlen.[70] Die Zahlen für Rentner aus deutschen Landen sind verheerend. **Gerade mal 42 Prozent ihres durchschnittlichen monatlichen Bruttoeinkommens und 55,2 Prozent des Nettoeinkommens werden ihnen für das Alter in Zukunft zur Verfügung stehen.**

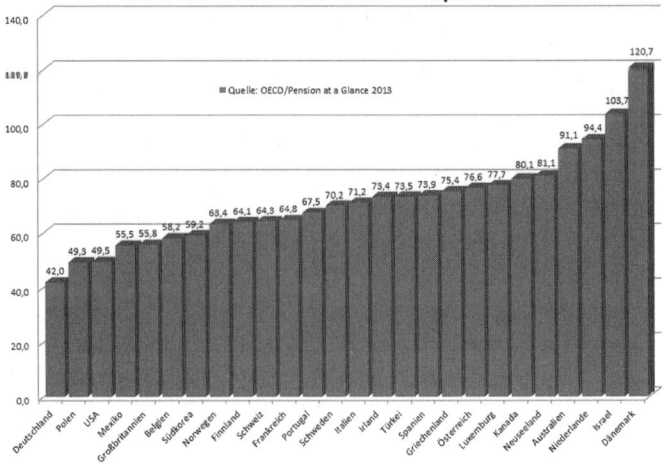

Rentensysteme im Vergleich: Bruttolohn-Ersatzquote bei halbem
Arbeits-Durchschnittseinkommen/ www.querschuesse.de

Quelle: OECD/Pension at a Glance 2013

Damit liegen wir im internationalen Vergleich weit zurück. Gemessen an der wirtschaftlichen Leistungsfähigkeit lassen sich deutsche Arbeitnehmer ihren Anteil an der geleisteten Wertschöpfung so stark beschneiden wie in keinem anderen Land! Damit ist in vielen Fällen Altersarmut programmiert. Wenn man sich nun noch die Zahlen der Rentenbestandsstatistik in Deutschland anschaut, ist die soziale Ohnmacht überdeutlich greifbar. Knapp 75 Prozent aller Rentner erhalten weniger als 1200 Euro Rente im Monat. Ganze 32,3 Prozent aller deutschen Rentner, das sind 6,6 Millionen Menschen, müssen sogar mit weniger als 600 Euro Rente im Monat auskommen. Nun wird auch klar, warum immer mehr ältere Menschen immer länger arbeiten müssen, warum viele ihre karge Rente durch 400-Euro-Jobs aufzubessern versuchen und warum andere Sozialhilfe bzw. Grundsicherung beantragen müssen – und das, obwohl sie ein Leben lang gearbeitet haben.

Deutschland: Renten in Euro und Anzahl der Rentner in Millionen laut Personenkonzept der Rentenbestandsstatistik 2014

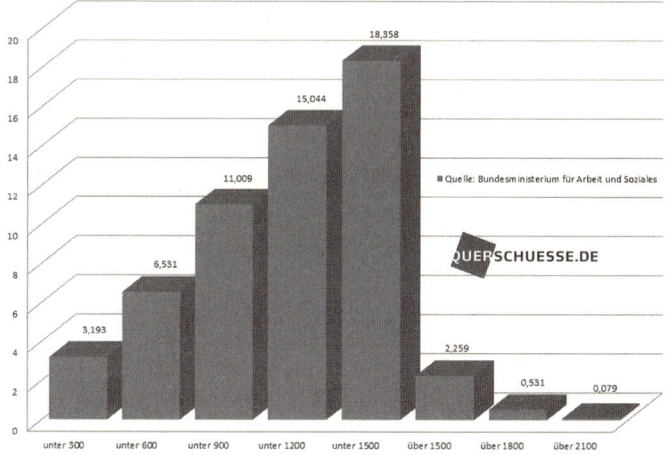

Quelle: Bundesministerium für Arbeit und Soziales

QUERSCHUESSE.DE

	unter 300	unter 600	unter 900	unter 1200	unter 1500	über 1500	über 1800	über 2100
	3,193	6,531	11,009	15,044	18,358	2,259	0,531	0,079

Viele Verlierer – doch wer sind die Gewinner?

Immerhin: Einen ersten Platz können wir im internationalen Wohlstandswettlauf verbuchen – allerdings einen wenig glorreichen. **22,2 Prozent der arbeitenden Bevölkerung sind in unserem Land im Niedriglohnsektor angesiedelt.** Nur Briten und Iren können bei Thema Lohndrückerei einigermaßen mithalten. Der Durchschnitt aller 27 EU-Staaten liegt mit 17 Prozent schon deutlich niedriger. Klar wird zudem: Dass ein üppiger Anteil der Arbeitnehmer nicht genug verdient, um davon auskömmlich leben zu können, ist eindeutig *kein* Grundgesetz der Marktwirtschaft! Das beweisen nicht allein die ökonomisch erfolgreichen skandinavischen Länder, sondern etwa auch Frankreich.

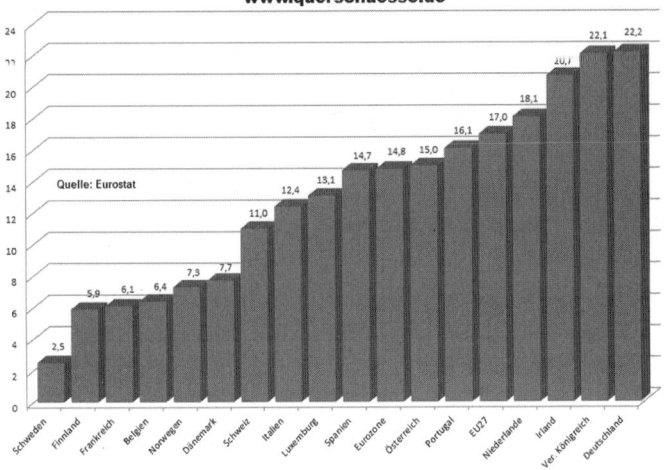

Quelle: Eurostat

Eine Gesamtschau belegt den Eindruck: Wo es in Deutschlands Wirtschaft zu viele Verlierer gibt, da gibt es auf der anderen Seite einige wenige Gewinner. Das folgende Schaubild zeigt sehr deutlich, wer die letzten 13 Jahre vom Euro und den für Deutschland viel zu niedrigen Zinsen profitiert hat: Während Löhne und Gehälter nahezu stagnierten, sind die Einkommen aus Vermögen und unternehmerischer Tätigkeit geradezu explodiert. Bitte verstehen Sie uns nicht falsch: Wer in Hersteller gefragter Produkte oder Erbringer wertvoller Dienstleistungen investiert, der soll anständig verdienen. Aber er soll nicht alles in die eigene Tasche stecken! Unter »Wohlstand für alle« verstand Ludwig Ehrhard – der Vater der Sozialen Marktwirtschaft in Deutschland war gewiss kein Linker – jedenfalls etwas anderes als »Wohlstand nur für Kapitalbesitzer«. Seit Juli 2014 kann in Deutschland ohne Abschlag in den Ruhestand gehen, wer mindestens 45 Jahre in die Rentenversicherung eingezahlt hat. Die abschlagsfreie »Rente mit 63« sollte zwar mehr Gerechtigkeit schaffen, stiftete zunächst aber erst einmal Unruhe und Verwirrung. Noch im ersten Jahr waren bereits 136 000 solcher Rentenanträge bewilligt worden, die Zahl der Anträge schnellte bis April 2015 schon auf 300 000 hoch.[71] Einen Anstieg der Anträge auf fast 600 000 bis 2018 hält das Institut für Arbeitsmarkt- und Berufsforschung (IAB) für möglich.[72] Entsprechend fällt die Reaktion der Wirtschaft aus. Zwar werden in manchen Branchen altgediente Mitarbeiter nach wie vor mit jüngeren und billigeren Arbeitskräften ersetzt, in hoch spezialisierten mittelständischen Betrieben jedoch wird der Ausfall von Know how vehement beklagt. Es wäre allerdings verfrüht, ein abschließendes Urteil über die Rentenreform schon jetzt abzugeben.

Deutschland: reale Unternehmens- und Vermögenseinkommen, Summe der Arbeitnehmerentgelte, Nettolöhne je Monat und Arbeitnehmer 1991=100

Die Summe aller (preisbereinigten) Arbeitnehmerentgelte seit 1991 stieg bis Ende 2013 um 14,6 Prozent an. Das ist logisch: Wenn so viele Menschen einen – wie auch immer bezahlten – Job haben wie nie zuvor in der deutschen Wirtschaftsgeschichte, dann wird in der Summe mehr verdient. Aber, und jetzt kommt's:

Die Nettolöhne und -gehälter je Monat und je Arbeitnehmer lagen im 4. Quartal 2013 um 2,3 Prozent unter dem Niveau von 1991. Ja, im Durchschnitt verdienen Menschen in Deutschland weniger als vor 22 Jahren!

Werden Sie halt reich! Unternehmens- und Vermögenseinkommen sind nämlich im gleichen Zeitraum um 60 Prozent gestiegen, ebenfalls preisbereinigt. Es ist dabei deutlich zu sehen, wie die Einkommen von Spitzenverdienern und Couponschneidern sich erst ab 2003 deutlich absetzen.

Selbst die derzeit moderate Inflation knabbert an Deutschlands Lohntüten: Die Reallöhne sanken in Deutschland im Jahr 2013 im Vergleich zu 2012 um durchschnittlich 0,2 Prozent. Die Nominallöhne lagen 2013 um 1,3 Prozent über dem Vorjahreswert. Die Verbraucherpreise erhöhten sich im selben Zeitraum jedoch um 1,5 Prozent.[73] Diese schleichende Lohnentwertung könnte man auch mal so erklären: Bei einer tatsächlichen Arbeitszeit von gut 40 Stunden pro Woche, so viel Zeit verbringen die Deutschen nämlich im Schnitt in ihrer Firma, gehen alle freitags 38 Minuten früher nach Hause. So hätte jeder gerade mal seinen Reallohnverlust durch die Geldentwertung hereingeholt. Oder: Von den in 2013 geleisteten 58 Milliarden Arbeitsstunden[74] werden 1,5 Prozent »Inflationsausgleich«, also 870 Millionen Stunden, per Bummelei oder vorzeitigem Betriebsschluss einbehalten. Bei einer Bruttowertschöpfung je Erwerbstätigenstunde[75] von 40 Euro käme da mit 34,8 Milliarden Euro ein recht hübsches Sümmchen an Ausfällen für Deutschlands Unternehmen zusammen.

Dem einst nicht zuletzt für seine soziale Ausgewogenheit gepriesenen »Modell Deutschland« wurde in den 1990er-Jahren eine neue Software aufgespielt. Und deren Code ist ein ganz anderer als früher: Wer hat, dem wird gegeben. Wer arbeitet, dessen Einkommen stagniert oder sinkt sogar real. Wer richtig Pech hat, kann von seiner Arbeit nicht mal leben. Und wer alt wird, bekommt eine Minirente und wird kaum auf Erspartes zurückgreifen können. Mit einem Wort: Wir sind das Land der Unsozialen Marktwirtschaft geworden. Dass die Reallöhne der deutschen Arbeitnehmer im Jahr 2014 so stark gewachsen sind wie lange nicht, vermag daran nicht zu rütteln. Zumal der Anstieg nicht auf generell höhere Verdienste, sondern vorrangig auf den niedrigen Anstieg der Verbraucherpreise zurückzuführen ist. Die Nominallöhne – also die tatsächlich ausbezahlten Beträge – lagen im Jahr 2014 um 2,6 Prozent höher als im Vorjahr, die Verbraucherpreise legten im selben Zeitraum lediglich um 0,9 Prozent zu.[76]

Banken statt Bildung: Wo unser Steuergeld landet

Diejenigen, die entscheiden, sind nicht gewählt,
und die gewählt werden, haben nichts zu entscheiden.
Horst Seehofer, Ministerpräsident von Bayern

Unsere Wirtschaft boomt, die Abgaben- und Steuereinnahmen sprudeln in nie gekannter Höhe. Doch wohin geht das viele Geld? Wie wir feststellen mussten, wird es zu großen Teilen nicht zum Vorteil von uns Bürgern ausgegeben. Weder fließt es in ausreichender Menge in unsere sozialen Sicherungssysteme, noch wird es in die Infrastruktur unseres Landes investiert, in Straßen-, Schienen- und Versorgungsnetze, noch in die Zukunft unserer Kinder, also in Bildung und Ausbildung, in Kindergärten, Schulgebäude, Universitäten oder auch nur in moderne Schwimmbäder, Sporthallen und sonstige öffentliche Einrichtungen. Wo also landet das viele Geld – außer bei den Konzernen, Großunternehmen, Reichen und Superreichen noch?

Laut einem Bericht des Internationalen Währungsfonds (IWF) bezahlt Deutschland im internationalen Vergleich überdurchschnittlich viel Geld für die Rettung der heimischen Banken. Hilfszahlungen an unsere Finanzinstitute belasten den deutschen Steuerzahler mit einer Summe von bis zu elf Prozent der Wirtschaftsleistung, mit knapp 290 Milliarden Euro. Lediglich in Griechenland und Irland kostet, gemessen an der Wirtschaftsleistung, die Rettung der Finanzbranche den Steuerzahler noch mehr.[77]

In der Finanzkrise benötigten deutsche Banken 646 Milliarden Euro als Hilfsrahmen – 259 Milliarden Euro davon haben sie bis jetzt in Anspruch genommen.[78] Christoph Kaserer, Professor für Finanzen an der TU München, schätzt die Kosten der Bankenrettung für den Steuerzahler auf 30 bis 50 Milliarden Euro. Professor Martin

Hellwig, Direktor des Max-Planck-Instituts zur Erforschung von Gemeinschaftsgütern, geht von 65 bis 70 Milliarden Euro aus.[79] Wir sind der Überzeugung, dass dieser Betrag am Ende noch wesentlich höher ausfallen wird.

Knapp die Hälfte der Summe entfällt auf die beiden »Bad Banks« der zwangsverstaatlichten Hypo Real Estate (HRE) und der mittlerweile weitgehend zerschlagenen Westdeutschen Landesbank (WestLB). Letztere war einstmals die größte und finanzstärkste Landesbank Deutschlands. Ihre Gebäude belegten nahezu einen gesamten Stadtteil der nordrhein-westfälischen Landeshauptstadt Düsseldorf. Ministerpräsident, Finanzminister und Bankvorstand bildeten so etwas wie das Schattenkabinett von NRW, die WestLB drehte am ganz großen Rad der Industrie- und Strukturpolitik in Land und Bund. Nach einer Schätzung von Nordrhein-Westfalens Finanzminister Norbert Walter-Borjahns (SPD) kostet die Abwicklung der WestLB den Steuerzahler rund 18 Milliarden Euro.[80] Auch hier bezweifeln wir, dass das am Ende reichen wird.

Ein ähnliches Milliardengrab ist die Hypo Real Estate (HRE). Als größter deutscher Schadensfall der Krise hat sie den Staat bisher 19,1 Milliarden Euro gekostet. Verspekuliert hatte sich die HRE hauptsächlich mit Immobiliengeschäften im Ausland, darunter auch mit hochriskanten Subprime-Kreditversicherungen. Das Problem: Die HRE-Gruppe ist zugleich der mit Abstand größte deutsche Finanzierer von Pfandbriefen und Kommunalobligationen. Diese »Schätzchen« für Omas Spargroschen wurden einst sogar in einer bekannten deutschen Taschenbuchreihe beworben. Und das Erpressungspotential dieses ebenso günstigen wie todsicheren Finanzierungsinstruments der deutschen Städte und Gemeinden war so enorm, dass es praktisch keine Alternative zur Rettung mit Steuermitteln gab. Obwohl längst zur Zockerbude verkommen, musste die insolvente HRE zur Staatsbank geadelt werden. **19,1 Milliarden Euro! Das ist fast so viel, wie die Bundesregierung 2013 für Bildung, Forschung, Technologie und Wirtschaft zusammen ausgab.[81] Dies verdeutlicht ein weiteres Mal, welche Prioritäten die Politik setzt – und wie mächtig die Finanzlobby ist.**

Einer Studie des Frankfurter Center for Financial Studies zufolge wurden nicht nur deutsche, sondern auch europäische Steuerzahler bei den Bankensanierungen seit 2009 unnötig geschröpft, während private Gläubiger der betroffenen Banken bisher außer in Zypern auffallend geschont wurden. Der Autor der Studie, Achim Dübels, resümiert: »Angesichts der ungenutzten Potenziale der Gläubiger-beteiligung« müsse der vor allem von Deutschland und Frankreich favorisierte Ansatz einer »Kombination aus Nachsicht der Regu-lierungsbehörden und öffentlichen Rettungsmaßnahmen als ge-scheitert betrachtet werden.«[82] Wie kommt Dübels zu einer solchen Aussage?

Die Gläubiger der HRE haben zur Sanierung der Pleitebank nur fünf Prozent des Schadens beigetragen. Bei der belgischen Dexia und der irischen Anglo Irish Bank waren es auch nur knapp über zehn Prozent. In Zypern mussten hingegen bei der Sanierung der Laiki-Bank rund 70 Prozent von den Gläubigern geschultert wer-den. Wir fragen uns: Warum haben Gläubiger der Hypo Real Estate noch immer Forderungen von über vier Milliarden Euro gegen die Bank, obwohl die Steuerzahler schon 19 Milliarden Euro für deren Sanierung aufbringen mussten?[83] Besser gesagt: Wir fragen das den deutschen Finanzminister, der beim Thema HRE meist unge-wöhnlich schmallippig ist. Bislang klammert sich die Politik an die schwache Hoffnung, dass sie die »Assets« von HRE und WestLB eines schönen Tages an der Börse oder bei irgendeinem Heuschre-ckenschwarm wieder zu Geld machen kann. Die Botschaft hören wir sehr wohl. Allein, uns fehlt der Glaube. Obwohl man sich 2015 nach langem Tauziehen in der EU auf gewisse Regeln zur Rettung maroder Banken einigte. Ziel ist es, die Staatshaftung für Banken-pleiten zu beenden, um bei Schieflagen die Steuerzahler nicht mehr zu belasten. Künftig sollen in erster Linie, Aktionäre, Gläubiger und vermögende Kunden zur Kassen gebeten werden.[84]

Made in Germany – von Arbeitnehmern und Sparern subventioniert

Betrachten wir zum Abschluss, was der stolze Titel eines Exportweltmeisters bei Lichte besehen wert ist. Gibt es, außer eher symbolischem Stolz auf den Pokal im Regal, auch harte wirtschaftliche Gründe, angesichts unserer überaus positiven Leistungsbilanz in Jubel auszubrechen?

Keine Frage: Die Produkte der deutschen Industrie, namentlich des Maschinenbaus, der Elektroindustrie, der Industriechemie – und natürlich deutsche Autos vom Kleinwagen bis zur Nobelkarosse – sind in aller Welt heiß begehrt. Mögen in Asien die Werkbänke der Welt stehen – geliefert werden sie zu großen Teilen von deutschen Weltmarktführern. In China, Vietnam oder Indonesien mögen fleißige Arbeiter Abermillionen preiswerter Exportprodukte zusammenschrauben – die besten Schrauben jedoch kommen aus Deutschland. Der Titel des Exportweltmeisters gebührt also zu wesentlichen Teilen einer leistungs- und wettbewerbsfähigen Volkswirtschaft, in der Spitzeningenieure und hoch qualifizierte Arbeiter Güter mit teils nur schwer einholbaren Innovationsvorsprüngen produzieren. Zu Hochzeiten der »New Economy« gab es mal den zynischen Spruch: »Wenn du noch etwas Handfestes herstellst, dann bist du entweder ein Roboter oder ein Inder.« In Ländern wie den USA oder Großbritannien hat man diesen Unsinn lange für Weisheit gehalten – und die industrielle Basis seiner Wirtschaft zu Tode geschrumpft. Deutschland dagegen hat in der gleichen Zeit den Anteil des Verarbeitenden Gewerbes am BIP eher gesteigert – und das zahlt sich langfristig eben aus.

Doch die Exportweltmeisterschaft hat daneben auch rein ökonomische Ursachen. Vor allem hat Deutschland seit Einführung des Euro keine eigene Währung mehr. Die D-Mark stünde angesichts unserer Exportüberschüsse nach wie vor unter immensem Aufwertungsdruck, genauso wie zu den Zeiten unserer von vielen betrauerten Landeswährung. »Stark« war die Mark ja nicht wegen der schönen Geldscheine oder des billigen Urlaubs am Mittelmeer, sondern weil wir unterm Strich meist mehr verkauft als im Ausland eingekauft haben. So wie sie eben auch schwächelte, als wir in den 1970er-Jahren plötzlich *sehr* viel mehr für unsere Ölimporte zahlen mussten.

Folglich hat sich die Wettbewerbsfähigkeit Deutschlands auch wegen des Euro erheblich verbessert. Während in den meisten Euroländern jedoch seit Einführung der Gemeinschaftswährung die Löhne und Gehälter gestiegen sind, war dies in Deutschland nicht der Fall. Hartz-Gesetze, Niedriglohnsektor und billige Saison- und Zeitarbeit, dies und mehr hat zu einer permanenten »Lohnzurückhaltung« der Arbeitnehmer geführt. Im Klartext: In Deutschland stagnieren oder sinken die Reallöhne seit Jahren. Das »Hochlohnland« Deutschland ist nur noch eine schöne Mär, ein abgeschlossenes Kapitel der Wirtschaftswunder-Historie. Im Vergleich zu ihrer Wirtschaftskraft ist die Bundesrepublik heute zum Niedriglohnland verkommen. Anders gesagt: Auch weil hierzulande die Discounter boomen, ist unsere Exportwirtschaft so stark.

All das hat nicht nur Folgen für unsere Wettbewerber rund um den Globus, für die der einstmals »kranke Mann Europas« heute wieder ein harter Konkurrent ist – und zwar nicht nur in puncto Qualität, sondern auch bei den Preisen seiner Produkte. Es hat auch Folgen für all jene, die unsere Maschinen, Chemikalien, Medikamente oder Automobile kaufen, ferner leider auch den einen oder anderen Panzer und die eine oder andere Kiste hochwertiger Handfeuerwaffen.

Denn simpel wie Wirtschaft manchmal ist, müssen all diese schönen Dinge irgendwann auch bezahlt werden. Was aber, wenn wir zum Beispiel Griechenland mehr Herzschrittmacher, SUVs oder Leopard-Panzer andrehen, als das Land Generika, Schuhe, Olivenöl und – übrigens längst auch hervorragende – Weine exportieren kann? Nun, dann müssen sich die Griechen das fehlende Geld leihen. Zum Beispiel auch bei deutschen Banken, bei denen sie umso lieber Kredite aufnehmen, wie sie als Euroland sehr viel weniger Zinsen dafür zahlen müssen als zu Zeiten der notorisch schwachen Drachme.

Tja, und wessen Geld pumpen die Banken den Griechen? Genau: unser Geld! Anders gesagt: **Einen Großteil unserer Exporte** bezahlen wir, solange die entsprechenden Forderungen in den Büchern stehen, schlicht selbst. Und wenn die Schuldenblase platzt, dann haben deutsche Steuerzahler und deutsche Sparer via EZB-Forderungen tatsächlich die griechische Armee aufgerüstet. Und was haben die Griechen davon? Auch richtig: gar nichts! Denn all unsere Hilfsgelder kommen nicht den geplagten Hellenen zugute. Auf dem Umweg über Athen fließen sie vielmehr binnen Minuten wieder auf die Konten der Banken in Frankfurt, London, Zürich oder Paris.

Anschließend bekommt die griechische Regierung noch eine Predigt gratis dazu, das Land müsse jetzt große Anstrengungen unternehmen, um wieder wettbewerbsfähig zu werden. Im Klartext: Mehr Schafskäse! Senkt Eure Löhne um 30 Prozent, dann kommen vielleicht auch die Textilfabriken aus Bulgarien zurück! Kauft eure Autos nicht bei Daimler, sondern bei Tata! Leider können griechische Patienten sich während dieser Rosskur auch keine deutschen Herzmedikamente mehr leisten. Na ja, wo gehobelt wird, da fallen nun mal Späne.

Noch einmal: Wir finanzieren unsere Exportüberschüsse mit von uns selbst gewährten Krediten, während sich unsere Kundschaft bis zur Halskrause verschuldet. Selbstredend ist es für deutsche Unternehmen lukrativ, Airbusse, Luxusfahrzeuge, Maschinen oder U-Boote an Länder zu verkaufen, die sich all das gar nicht leisten können. Ebenso wie es sich für unsere Hochbau-Konzerne sehr lohnt, schöne Ministerien in den Boden diverser Hauptstädte oder Flughäfen in die spanische Pampa zu stampfen. Solange nach Rechnungsstellung Geld auf ihren Konten landet, ist alles wunderbar.

Dass Vorständen und Vertriebsmanagern eines exportabhängigen Unternehmens ihr betriebswirtschaftliches Hemd näher ist als die volkswirtschaftliche Hose, das kann man ja noch verstehen. Doch dass auch unsere Politiker so große Probleme haben, zwischen Mikroökonomie und Makroökonomie zu unterscheiden, ist, wenn nicht verwunderlich, so doch höchst problematisch für den Standort Deutschland.

Betriebswirtschaftlich gesehen sind niedrige Löhne für Unternehmen ganz ausgezeichnet. Denn sie erhöhen dessen Wettbewerbsfähigkeit. Je niedriger die Löhne, desto besser für die Firma! Die alte Einsicht Henry Fords, ein Model T müsse so günstig sein, dass ein Ford-Arbeiter sich den Wagen von einem Halbjahresgehalt leisten kann, kratzt viele deutsche Firmen zudem nicht. Denn weder fahren die Arbeiter bei Rheinmetall privat einen Panzer, noch hat die Belegschaft von Stihl einen unstillbaren Bedarf an Kettensägen oder die der Krones AG an Verpackungsmaschinen. Wogegen sich das Mitleid beim Management dieser Unternehmen vermutlich sehr in Grenzen hält, wenn Deutschlands Warenhäusern oder Reiseveranstaltern die Kunden mangels Budget in Scharen davonlaufen.

Wenn dann noch Unternehmen mit einer wachsenden Zahl von Niedriglöhnern produzieren können, deren Bezüge der Staat via Hartz IV aufs Existenzminimum aufstockt, dann ist der volkswirtschaftliche Wahnsinn komplett. Nicht nur, dass die Steuerzahler dann einem Teil ihrer verarmenden Mitbürger Miete und Mittagessen bezuschussen müssen, während die Unternehmen, die diese Menschen beschäftigen, satte Profite scheffeln (die sie dann, nebenbei bemerkt, auch noch gern in ausländische Steuerparadiese verschieben). Mehr noch: Steuern und Sozialabgaben, stagnierende Löhne und Gehälter zerren im Zusammenspiel mit Inflation und Mini-Zinsen auch an den Portemonnaies und den Sparbüchern der Normalverdiener. So wird der Begriff »Binnennachfrage« langsam zu einem Fremdwort, das höchstens noch Linke und Gewerkschafter ab und an verschämt in den Mund nehmen. Die Chöre der orthodoxen Ordnungspolitiker in Regierung, Industrieverbänden und Wissenschaft singen dagegen nur noch den Gospel der »Wettbewerbsfähigkeit«.

Volkswirtschaftlich gesehen ist das alles andere als nachhaltig. Aus der ökonomischen Gesamtperspektive bedeuten Löhne nämlich Nachfrage. Wer Waren und Dienstleistungen anbietet, benötigt für diese auch Käufer. Auch wenn sich reiche Leute viel mehr und viel teurere Dinge leisten können als Normalverdiener – mit französischem Champagner, italienischen Designerklamotten, Schweizer Uhren und deutschen Automobilen der absoluten Oberklasse lässt sich eine Volkswirtschaft schwerlich in Schwung halten. All das und noch mehr sei Deutschlands Millionären und Spitzenverdienern von

Herzen gegönnt. Es ändert freilich nichts daran, dass Konsumenten in ihrer erdrückenden Mehrzahl Arbeitnehmer sind, die zudem fast alles, was sie netto verdienen, auch bald wieder ausgeben. Wer eine Million im Jahr verdient, der wird niemals so viele Waren und Dienstleistungen konsumieren, wie 20 Personen, die jeweils 50 000 Euro im Jahr verdienen. Spätestens nach dem vierten Auto ist nämlich auch die Garage des Einkommensmillionärs voll. Während die 20 Gutverdiener höchstwahrscheinlich mehr als vier Autos kaufen werden.

Stagnierende, gar sinkende Einkommen ziehen früher oder später jede Volkswirtschaft in den Keller. Denn erst beginnen die Menschen aus ihrer misslichen Lage heraus, sich auch für ihren alltäglichen Konsum zu verschulden. Heißt: Auch die Bürger drehen immer schneller mit am Rad von Zins und Zinseszins. Dann wundern sich dann alle, warum bei den Discountern auf der Grünen Wiese der Laden brummt, während in den ehemaligen Toplagen der Innenstädte ein Laden nach dem anderen leer steht – oder plötzlich Filialen von McGeiz eröffnen. Am Ende merken auch die Ökonomen, dass man gar nicht so viele Maschinen verkaufen kann, wie an Nachfrage nach Restaurantbesuchen, Hemden, Sofas und Kleinwagen weggebrochen ist. Und leider erst dann reift die Erkenntnis, dass es zwar relativ leicht ist, eine Kneipe, ein Kaufhaus oder eine Kunsthalle zu schließen. Aber im Vergleich ziemlich aufwendig, sie neu zu eröffnen.

Was Deutschland dringend braucht, ist ein Nachfrageschub. Nicht noch einen Exportrekord. Keine weiteren Höchststände an den Aktienmärkten. Auch wenn unsere Unternehmen es nicht gerne hören, weil es betriebswirtschaftlich zunächst ein bisschen wehtut: Wir kommen um deutlich höhere Löhne nicht herum! Denn steigende Einkommen sind nicht allein ein »Kostenfaktor«. Sie sind zugleich ein wesentlicher Motor für Innovation. Niedriglöhne bieten keinerlei Anreiz für technische Verbesserungen, für innovative, verbesserte und produktivere Fertigungsverfahren.

Nachhaltiges Wachstum ohne nachhaltige Binnennachfrage ist nicht denkbar. Der schnelle Gewinn in einer von Quartalszahlen getriebenen Konzernkultur dagegen ist *nicht* nachhaltig. Selbstverständlich steigen kurzfristig die Exportüberschüsse und folglich die Gewinne. Volkswirtschaftlich gesehen handelt es sich dabei um Kapitaleinkommen. Die jedoch kurbeln die Nachfrage nicht mal ansatzweise so stark an wie Arbeitseinkommen. Denn was machen Spitzenverdiener mit dem Bärenanteil ihres Einkommens? Sie versuchen es anzulegen! Mittlerweile hat sich so in Deutschland ein gigantischer Berg an Kapital angehäuft, das verzweifelt auf der Suche nach Anlagemöglichkeiten ist.

Kapital, das in vernünftigem Maße rentierlich ist, wird ganz überwiegend in produktiven Bereichen der Wirtschaft investiert. Dabei spielt es letztlich nicht einmal eine entscheidende Rolle, ob ein Kapitalbesitzer selbst eine Firma aufmacht oder ob er sein Geld einem unternehmerisch gewitzteren Menschen gegen Zinsen leiht. Erst wenn zu viel an sich unproduktives Kapital zunächst nach unrealistischen Renditen schielt, dann schließlich aus lauter Not aber in – Verzeihung – jeden Mist gesteckt wird, dann entstehen jene Börsen-, Immobilien- und Schuldenblasen, die jede Wirtschaft früher oder später in den Abgrund reißen. Wie wir aus der Geschichte wissen, kann man dann am Ende sogar an Blumenzwiebeln ersticken.

4. Die EU – eine Fassadendemokratie

Bisweilen fragt man sich, nach welchen Kriterien das Nobelpreis-Komitee in Oslo eigentlich die Empfänger für den Friedensnobelpreis aussucht. Nachdem schon die Euphorie über die 2009 an Barack Obama – der Präsident war damals noch kein Jahr im Amt – verliehene Auszeichnung schnell verflogen war, rieben sich viele erst recht die Augen, als 2012 die Europäische Union für ihre Verdienste »zur Entwicklung von Frieden und Versöhnung, Demokratie und Menschenrechten in Europa«[1] geehrt wurde. In historischer Perspektive, nach den Schrecken zweier Weltkriege, ist der Prozess der europäischen Einigung nach 1945 ohne Frage ein epochaler Verdienst. Und wir bestreiten auch nicht, dass die EU und ihre »Vorgänger« Montanunion, EWG und EG am Entstehen einer europäischen Friedensordnung wesentlichen Anteil haben. Aber angesichts der Ausschreitungen auf unzähligen Demonstrationen gegen Arbeitslosigkeit und EU-Spardiktate ist ein Friedensnobelpreis für die heutigen EU-Technokraten unserer Ansicht nach denn doch eher blanker Hohn. Da wurde ein Kleid mit einem blauen Schleifchen aufgehübscht, das nach mehrmaligen Änderungen so vermurkst ist, dass es niemand mehr tragen möchte. Für uns als überzeugte Demokraten und Europäer ist die Europäische Union, so wie sie heute verfasst ist und agiert, weder demokratisch, noch fördert sie nachhaltig das Zusammenwachsen unseres schönen Kontinents. Ganz im Gegenteil: Die EU treibt einen Keil zwischen die Völker und sät Armut, Arbeitslosigkeit und teilweise sogar Hass. Regierungen und Brüsseler Technokraten zerstören das, was unsere Großeltern, Eltern – und ein Stück weit auch wir – aufgebaut haben. Während der Krise wurden zahllose europäische Verträge zudem oft genug mit Füßen getreten.

Gesetzesbrüche und Lügen am laufenden Band

Ein Armutszeugnis und eine Bankrotterklärung für die Demokratie sind vor allem die Lippenbekenntnisse, derer sich Politik und Wirtschaft seit Jahren bedienen, wenn es darum geht, ein nachweislich verrottetes Finanzsystem am Leben zu erhalten. Dafür legen sie nicht nur fortwährend falsches Zeugnis ab, sie missachten auch die Gesetze immer wieder aufs Neue. Von uns Bürgern wird zu Recht erwartet, dass wir uns an die Gesetze halten. **Warum ist es jedoch legitim, dass Staaten, Regierungen, Notenbanken, und somit Politiker und Banker, gegen Recht und Gesetz verstoßen dürfen?** Seinen Anfang nahm dieses Gebaren bei den Maastrichter Verträgen von 1992.

Schuldenobergrenze und Euro-Stabilitätspakt

Gesamtschuldenstand und jährliche Haushaltsdefizite jedes Staates, der den Euro als amtliche Währung besitzt, dürfen zwei klar definierte Richtwerte nicht überschreiten, die sich beide am Bruttoinlandsprodukt (BIP) orientieren. Dies regelt Artikel 126 (»Stabilität der öffentlichen Finanzen«) des »Vertrages über die Arbeitsweise der Europäischen Union« (AEUV), der alle Staaten verpflichtet, »eine auf Dauer tragbare Finanzlage der öffentlichen Hand (…) ohne übermäßiges Defizit« anzustreben. Konkret:

»Das jährliche öffentliche Haushaltsdefizit (Neuverschuldung) **darf 3 Prozent des BIP nicht überschreiten, und die Gesamtschulden der öffentlichen Hand dürfen nicht mehr als 60 Prozent des BIP ausmachen.** Zu den öffentlichen Finanzen gehören die Haushalte des Zentralstaates, der regionalen und kommunalen Gebietskörperschaften sowie der Sozialversicherungseinrichtungen. Das 3-Prozent-Kriterium ist ein Richtwert, d. h. ein Überschreiten wird toleriert, wenn der Wert erheblich und laufend zurückgeht und die Nähe von 3 Prozent erreicht oder er nur ausnahmsweise und vorübergehend überschritten wird und in der Nähe von 3 Prozent bleibt. Gleiches gilt für das 60-Prozent-Kriterium, wo ebenfalls ein Überschreiten toleriert wird, wenn der Wert rückläufig ist.«[2]

So ein Auszug aus den Konvergenzkriterien, wie sie im November

1993 mit dem Inkrafttreten des Vertrages von Maastricht festgelegt wurden. Die ersten Länder, die dagegen verstießen und damit die Tore für alle weiteren Länder geöffnet haben, die noch folgen sollten, waren übrigens Deutschland und Frankreich.[3] Geahndet wurde das nicht; vielmehr machte das Beispiel rasch Schule. **Inzwischen hält sich längst kein Land mehr an die Maastrichter Kriterien.** Gleiches gilt auch für die sogenannte No-Bailout-Klausel, die ebenfalls ein Teil des Maastricht-Vertrages ist.

Kein Land haftet für die Schulden eines anderen?

Die betreffende Klausel in Artikel 125 des schon zitierten Vertrages soll sicherstellen, dass ein Euro-Mitgliedsland nicht für Verbindlichkeiten und Schulden anderer Teilnehmerländer haften oder aufkommen muss. Sie soll gewährleisten, dass die Staaten für die Rückzahlung ihrer öffentlichen Schulden selbst verantwortlich bleiben und eine vernünftige Haushaltspolitik betreiben.[4] Risikoprämien, die Folgen einer schlechten Haushaltspolitik einzelner Staaten sind, sind nicht auf Partnerländer übertragbar. So jedenfalls die Theorie, nach der eine automatische Haftung der Mitgliedsländer untereinander und eine Schuldenübernahme ausgeschlossen sind. Ausgehebelt wurden die hehren Ziele im Zuge der griechischen Finanzkrise 2009/10.

»Folgt nicht den Rattenfängern, die behaupten, es gäbe in Europa einfache Lösungen. Wir sind auf dem richtigen Weg, auch wenn dieser lang und steinig ist. Die Entwicklungen der letzten Monate belegen dies. Wenn ich Professoren höre, die empfehlen, Deutschland solle aus dem Euro aussteigen, dann frage ich mich schon sehr, wie man zu dieser Schlussfolgerung kommen kann«, so Bundesfinanzminister Wolfgang Schäuble im August 2013.[5] Schäuble äußerte sich damals zur Krise in Griechenland und den Hilfsprogrammen, die dem überschuldeten Land wieder auf die Beine helfen sollten. Dass die EU nicht für Verbindlichkeiten anderer Mitgliedsländer haftet und nicht für deren Verbindlichkeiten eintritt, war für ihn Schnee von gestern. Die strittige Rechtsfrage, ob Mitgliedländer einander Kredite geben dürfen, war vom Tisch, und die Kampagne, mit der seine Partei im Europa-Wahlkampf 1999 bei den Bürgern punkten konnte, in Vergessenheit geraten.

Versprochen wurde uns damals von der CDU, dass Deutschland zukünftig nicht für die Schulden anderer Länder aufkommt. Dass der Maastrichter Vertrag eine Haftung für die Schulden eines Mitgliedsstaates durch die EU oder die anderen EU-Partner verbietet und dass die Stabilitätskriterien sicherstellen, dass die Neuverschuldung auf unter 3 Prozent des Bruttoinlandsprodukts begrenzt bleibt. Was hat uns die Union bei der Europawahl 1999, die ganz unter dem Zeichen der bevorstehenden Einführung des Euro stand, damals nicht alles verheißen? Die neue Währung und die EU wurden uns jedenfalls auch mit dem Versprechen verkauft, dass die Euro-Teilnehmerstaaten ihren Schuldendienst auf Dauer problemlos leisten können und daher eine Überschuldung eines Euro-Teilnehmerstaats ausgeschlossen sei. Wahllügen einer Partei, die das C für Christlich groß schreibt. Heißt es in den zehn Geboten nicht: Du sollst nicht lügen? Auch dieser Frage hätte sich die CDU zu stellen.

Die EZB – Handelsplattform für Staatsanleihen?

Von Mai 2010 bis Anfang 2012 hat die Europäische Zentralbank (EZB) für mehr als 220 Milliarden Euro Anleihen von Krisenländern wie Spanien, Italien, Irland oder Griechenland aufgekauft. Bis Herbst 2016 will die Europäische Zentralbank (EZB) zudem monatlich Wertpapiere über 60 Milliarden aufkaufen, um die Inflation anzuheizen und das Wachstum in der Euro-Zone zu steigern. 1,1 Billion Euro sollen in die Märkte gepumpt werden, was 10 Prozent der Wirtschaftsleistung des Euroraumes entspräche.[6] Unter Ökonomen sind diese Anleiheprogramme heftig umstritten. 136 deutsche Wirtschaftsprofessoren starteten deshalb im Sommer 2013 in der *Frankfurter Allgemeinen Zeitung* einen Aufruf, der Furore machte. Die Initiative stand unmittelbar im Zusammenhang mit der nahenden Entscheidung des Bundesverfassungsgerichts, das darüber zu befinden hatte, ob Staatsanleihekäufe grundgesetzwidrig sind, da sie zu Lasten der Steuerzahler gehen. Im Appell der Professoren hieß es unter anderem: »Die Anleihekäufe der EZB sind rechtswidrig und

ökonomisch verfehlt«. Die Praxis sei eine verbotene monetäre Staatsfinanzierung.[7] – Die heikle Frage, ob Staatsanleihekäufe rechtens
sind, verwies das Bundesverfassungsgericht an den Europäischen
Gerichtshof in Luxemburg. Dort fiel Mitte Juni 2015 die Entscheidung, dass das Vorhaben der EZB nicht gegen das Verbot der monetären Finanzierung von Mitgliedstaaten verstößt.[8] Zentralbankchef
Mario Draghi darf so weitermachen wie bisher.

Wie demokratisch ist die EU?

Zu den Kernelementen der Demokratie gehören unter anderem die
Grundrechte, die Gewaltenteilung, das Vorhandensein eines Parlaments sowie direkte, freie, gleiche und geheime Wahlen. Traurig,
aber wahr: In der EU hat der Volkssouverän wenig zu suchen. Zwar
räumt die EU ihren Unionsbürgern das Recht ein, sich durch Europäische Bürgerinitiativen (EBI) aktiv am politischen Prozess zu beteiligen. Die Hürden dafür liegen allerdings hoch. Eine EBI wird der
Europäischen Kommission nur dann vorgelegt, wenn sich mindestens eine Million Bürger aus einem Viertel aller Mitgliedstaaten in-

nerhalb von zwölf Monaten zu einem Anliegen zusammengefunden haben. Erst dann wird das Begehren geprüft, was natürlich längst nicht heißt, dass ihm auch stattgegeben wird. In den Verträgen steht lediglich, dass sich die Kommission der Bürgerinitiative annehmen muss. Ob sie das Begehren dann auch angeht und oder gar umsetzt, bleibt ihre alleinige Entscheidung.

Lediglich das **Europäische Parlament** wird demokratisch vom Volk gewählt. Allerdings hat es wenig zu sagen, da es größtenteils Beschlüsse formell absegnet. Es beobachtet, kontrolliert, gibt Ratschläge und genehmigt in manchen Fällen; den politischen Kurs der EU allerdings kann es nur bedingt mitbestimmen.

Ein indirektes Mitspracherecht haben die Bürger zudem beim Europäischen Rat und beim Ministerrat, deren Mitglieder die Regierungen der EU-Länder stellen. Volkes Stimme zählt hier insofern mit, da Regierungen innerhalb der EU demokratisch gewählt werden. Die eigentliche Machtzentrale der EU ist der **Europäische Rat**. Er setzt sich aus den Staats- und Regierungschefs der 28 Mitgliedsländer zusammen. Hier werden die allgemeinen politischen Ziele ausgearbeitet, aber es wird auch über besonders sensible und heikle Themen befunden, wie etwa Änderungen der EU-Verträge, die gemeinsame Außen- und Sicherheitspolitik oder wirtschaftliche Maßnahmen während der Finanzkrise.

Die **Europäische Kommission**, die das einflussreichste Organ der EU ist, wird vom Europäischen Rat nominiert – und zwar unter Ausschluss der Öffentlichkeit. Zwar muss die Kommission vom Parlament bestätigt werden, was unter anderem die Gewaltenteilung sichern soll, doch wirkt das angesichts der schwachen Position, die das Parlament innehat, wie Hohn.

Ein anderes Organ, auf das der Bürger null Einfluss hat, ist die **Europäische Zentralbank** (EZB), die seit Ausbruch der Finanzkrise vielfach im Licht der Öffentlichkeit steht. Gemeinsam mit den 28 Nationalbanken der Mitgliedstaaten zieht die EZB die Fäden im europäischen Bankengeschäft. Geleitet wird sie von einem Direktorium und den Präsidenten der 18 nationalen Zentralbanken in der Eurozone. Die Mitglieder des Direktoriums werden von den Regierungschefs der 18 Eurozonen-Länder für jeweils acht Jahre ernannt, also nicht demokratisch gewählt.

Die EZB legt die Geldmenge für die 18 Länder in der Eurozone fest. Dabei soll sie unabhängig von nationalen Regierungen und den anderen EU-Organen agieren. Zu den offiziellen Aufgaben der EZB zählt es, für »Preisstabilität« zu sorgen und die allgemeine Stabilität des Finanzsystems zu gewährleisten (AEU, Artikel 282). Um diesen Anforderungen gerecht zu werden, sorgt sie für stabil steigende Preise, also einer angepeilten Inflationsrate von ungefähr zwei Prozent. Damit nimmt sie auch in Kauf, dass die Geldmenge innerhalb der Eurozone ständig um etwa zwei Prozent wächst. Ferner verwaltet die EZB die Währungsreserven der Eurozone. Sie legt den Leitzins und die Eigenkapitalquote fest. Da sie die Geldmenge reguliert, stellt sie auch die Kredite der Hilfspakete für die Banken- und Staatsrettungen zur Verfügung, die dem Nichts erschaffen werden. Bis 2012 wurden die Kredite durch die Europäische Kommission genehmigt, bei den Entscheidungen mischt neuerdings der Europäische Stabilitätsmechanismus mit.

Bei Einführung des Euro hat man uns versichert, Beistandszahlungen seien genauso verboten wie eine Staatsfinanzierung durch die Europäische Zentralbank. Beide Versprechungen haben sich inzwischen als Lügen erwiesen. Damit ist die Geschäftsgrundlage für den Euro weggefallen.
Prof. Dr. Stefan Homburg, Finanzwissenschaftler[9]

Auch der **Europäische Stabilitätsmechanismus** (ESM) ist eine übernationale Mega-Bank. Kritiker meinen allerdings, der ESM wäre keine »echte« Bank, da er unter anderem keine Banken-Lizenz besitzt. Allerdings steht im Artikel 32 des ESM-Vertrages geschrieben: »Der ESM ist von jeglicher Zulassung- oder Lizenzpflicht ... die für Kreditinstitute [Banken] ... gilt, befreit«. Ob Bank oder nicht, wichtig ist, was der ESM macht. Er verfügt über ein Stammkapital von 700 Milliarden Euro, welches von den Steuerzahlern der Eurozone aufgebracht wird. Zum Vergleich: Der Deutschen Bundesbank steht ein Grundkapital von 5 Milliarden Euro zur Verfügung. Von den 700 Milliarden Euro trägt Deutschland gut 190 Milliarden Euro, also etwa 27 Prozent, womit unser Land der größte Geldgeber ist.[10] Mit diesem Geld sorgt der ESM dafür, dass der Euro stabil bleibt und Länder der Eurozone nicht Pleite gehen können. Sollte ein Mitgliedsland wegen Misswirtschaft kein Geld mehr an den Kapitalmärkten bekommen, springt der ESM ein. Er versorgt das Land, das auf wirtschaftlich wackligen Beinen steht, mit frischem Geld. Im Klartext: Mit Mitteln der europäischen Steuerzahler, die keinerlei Mitbestimmungsrecht darüber haben, wie viel ihres hart erarbeiteten Geldes wohin und an wen fließt.

Ob wankende Staaten Hilfe bekommen oder nicht, bestimmt der Gouverneursrat des ESM, der sich aus den 18 Finanzministern der Eurozone zusammensetzt. Der Rat wird von einem Direktorium kontrolliert, über dessen Mitglieder wiederum der Gouverneursrat selbst befindet. Wir halten das für eine Farce: Wer kontrolliert schon seinen eigenen Chef? Nach Artikel 6 des ESM-Vertrages kann der Gouverneursrat seine Befugnisse sogar auf das Direktorium übertragen. Was im Prinzip bedeutet, dass unsere Steuergelder völlig unabhängig vom Willen nationaler Regierungen oder Parlamente vergeben werden können. Nach Artikel 35 genießen die Angestellten des ESM Immunität, die nur vom ESM selbst aufgehoben werden kann. Auch muss der ESM gegenüber der Öffentlichkeit keine Rechenschaft über seine Geschäfte ablegen. Entscheidungsprozesse für die Kreditvergabe bleiben geheim.[11]

Der ESM ist eine Mega-Bank und ein Mega-Schuldenmonster, das auf undemokratischen Beinen steht und fahrlässig mit den Steuergeldern der europäischen Bürgerinnen und Bürgern verfährt. Sollte die EU einmal demokratisch gewesen sein, dann ist sie es spätestens seit Einrichtung des ESM nicht mehr.

Ich habe kein Problem damit, Deutschlands Haushalts-Souveränität für die Umsetzung des ESM-Vertrages aufzugeben.
Wolfgang Schäuble[12]

Wird ein Rettungspaket vergeben, geschieht das unter scharfen Auflagen. Ausgehandelt werden diese von der sogenannten Troika, die aus Vertretern der Europäischen Kommission, der Europäischen Zentralbank und des Internationalen Währungsfonds besteht.[13] Zur Erinnerung: **Keine dieser Institutionen ist demokratisch gewählt und verwendet Steuergelder quasi nach Gutdünken.**

Das einzige Organ der EU, welches direkt-demokratisch gewählt wird, ist das Parlament. Es hat jedoch lediglich begrenzte Einflussmöglichkeiten und bei besonders wichtigen Angelegenheiten, wie etwa der Vergabe von Steuergeldern zur Bankenrettung, nicht einmal ein Mitspracherecht. Gewaltenteilung – das Grundprinzip politisch-demokratischer Herrschaft – kennt die Union nicht. Zu Recht bezeichnete der deutsche Philosoph Jürgen Habermas die EU als eine »Fassadendemokratie«, deren Organe ihrer Kontrollfunktion nicht nachkommen könnten.[14] Noch dezidierter formuliert der Direktor des niederländischen Think Tanks Telder Stichting, Patrick van Schie, seine Kritik. Er erkennt Brüssel den Status einer Demokratie ab. Seiner Meinung nach ähnelt die EU einer Diktatur, die keinen Widerspruch gelten lässt. »Demokratie in Brüssel bedeutet offenbar, dass die Wähler mit der Politik der politischen Elite übereinstimmen müssen«[15], so Schie.

Doch nicht nur die Bürger der Union werden wie Mündel behandelt, auch die EU-Staaten büßen ihre Souveränität ein, indem sie immer mehr Rechte an die EU abgeben. Transparenz, Partizipation und Kooperation auf Augenhöhe sind wichtige Elemente eines geeinten, demokratischen Europas. Sollte die EU ihre Arbeitsweise und Strukturen nicht verändern, wird sich die Kluft zwischen Unionsbürger und EU-Politik noch weiter verbreitern und EU-kritische Kräfte à la longue den überdimensionierten Wasserkopf in Brüssel zu Fall bringen. Seit Jahren wehren sich kritische Stimmen gegen Bevormundung und undemokratische Entscheidungen. Millionen von Menschen laufen beispielsweise gegen die Privatisierung von Wasserrechten, gegen Fracking, die Zulassung von Gen-Mais oder das Freihandelsabkommen mit den USA Sturm. All das aber wird von der Politik sowohl in Brüssel wie in Berlin ignoriert. Europa ist nicht gleichzusetzen mit der Währungsunion oder der Europäischen Union. Europa als Kontinent soll definitiv näher zusammenrücken und gemeinsam sinnvolle Entscheidungen treffen, um sich zu stärken – sowohl politisch als auch wirtschaftlich. Allerdings ist der aktuelle Weg nicht der richtige, und noch dazu kostspielig und undemokratisch. Man kann einen Kontinent nicht per Gesetz zwingen, zusammenzuwachsen.

(K)einer trage des anderen Last?

»Es wird nicht so sein, dass der Süden bei den sogenannten reichen Ländern abkassiert. Dann nämlich würde Europa auseinanderfallen. Es gibt eine ›no bail out rule‹. Das heißt, wenn sich ein Land durch eigenes Verhalten hohe Defizite zulegt, dann ist weder die Gemeinschaft noch ein Mitgliedstaat verpflichtet, diesem Land zu helfen.« [16] Dieses Zitat stammt von **Horst Köhler, dem ehemaligen Bundespräsidenten und ehemaligen Chef des Internationalen Währungsfonds.**

Tatsächlich sahen die EU-Verträge ursprünglich keine Rettungspakete und Sparmaßnahmen vor; sie waren sogar verboten. Artikel 125 des AEUV-Vertrages, die sogenannte »Nichtbeistands-Klausel", schloss die Haftung einzelner Mitgliedstaaten für die Schulden anderer Mitgliedsstaaten aus. Dahinter stand die Idee, die EU-Länder zur Eigenverantwortung und Finanzdisziplin anzuhalten, damit der Stabilitäts- und Wachstumspakt gewahrt bleiben konnte. Allerdings machten die meisten Länder mehr Schulden als erlaubt. Sogar Statistiken wurden gefälscht.[17] Da die Nichtbeistands-Klausel Rettungspakete strikt untersagte, erdreistete man sich im März 2011 im Zusammenhang mit der Einrichtung des ESM nicht, die Klausel einfach zu kippen.

> *Es gibt so wenig zusätzliche Transferleistungen in Europa wie eine Hungersnot in Bayern.*
>
> Jean-Claude Juncker, Chef der Euro-Gruppe
> vor der Einführung des Euro[18]

Wer zahlt in Europa drauf – und wer profitiert?

Wie seit jeher sind die Hauptzahler die großen Länder wie Deutschland, Frankreich, Großbritannien und Italien. Allerdings zahlen die Schweden und Dänen pro Kopf mit über 200 Euro am meisten ein und damit über 55 Euro mehr als wir Deutschen.[19] Im folgenden Chart steht Deutschland als Nettozahler 2012 auf Rang 1 mit knapp 12 Milliarden Euro. Man darf aber nicht vergessen, das deutsche Firmen auch überproportional vom EU-Binnenmarkt profitieren.

Nettoempfänger sind die südlichen und agrarschweren Länder. Polens Milliarden setzten sich vor allem aus Subventionen für Landwirtschaft, Fischerei und Infrastrukturprojekte zusammen. Fraglich ist natürlich, was passiert, wenn Italien und Frankreich aufgrund wirtschaftlicher Schwierigkeiten als Zahler wegbrechen sollten. *(siehe Grafik auf Seite 148)*

Im Schlaraffenland der Bürokraten

Der Beamtendienst der EU ist der bestbezahlte in Europa.
Selbst gegenüber der deutschen Beamtenschaft leben EU-Beamte
in einem Schlaraffenland.
Rainer Holznagel, Präsident des deutschen Bundes der Steuerzahler[20]

Fiskalisch misst die EU mit zweierlei Maß. Auf der einen Seite geht sie massiv gegen Steuerschlupflöcher und Steueroasen vor. Für die eigenen Mitarbeiter hingegen gelten andere Regeln. Trotz besserer Bezahlung zahlen EU-Beamte nämlich wesentlich weniger Steuern als Beamte, die in Deutschland auf vergleichbaren Posten arbeiten. Wie kann das sein? EU-Beamte unterliegen nicht den nationalen Steuersätzen. Statt an den deutschen Staat zahlen sie eine Gemeinschaftssteuer, die in den EU-Haushalt fließt. So zahlt ein alleinstehender Topverdiener an die EU etwa 25 Prozent des Bruttoeinkommens an Steuern. – Wäre er nicht in Brüssel, sondern in Deutschland beschäftigt, hätte er satte 39 Prozent an das Finanzamt abzuführen. Und noch ein Beispiel, das die »Welt am Sonntag« errechnet hat: Würde

Operative Haushaltssalden der Mitgliedsstaaten im Haushalt der Europäischen Union im Jahr 2012 (in Millionen Euro) [21]

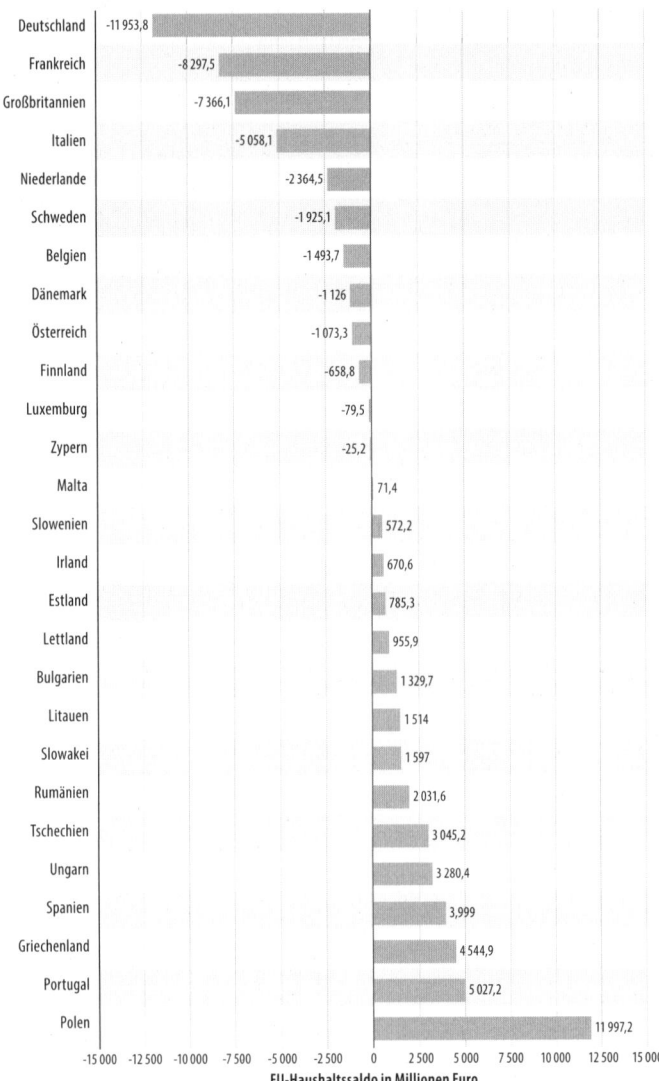

EU-Haushaltssaldo in Millionen Euro

ein EU-Referatsleiter, dem ein Nettogehalt von monatlich 11 863,56 Euro zur Verfügung steht, für den deutschen Staat arbeiten, dann müsste er pro Monat rund 2 000 Euro mehr an Steuern aufbringen.[22]

Mehr Netto vom Brutto. Wie oft haben wir diesen Slogan von unseren Politikern schon gehört? Für die Beamten der EU, die weder an ihrem deutschen Wohnsitz, noch an den Staat Steuern abführen, ist er längst Wirklichkeit geworden. Für sie gelten diverse Sonderregelungen wie zusammengesetzte Steuersätze, hohe Steuerschwellen und beitragsfreie Pensionen. Außerdem bringen sie lediglich 13,3 Prozent ihres Grundgehaltes für Sozialabgaben auf und punkten bei der Krankenversicherung: Dafür zahlen sie lediglich zwei Prozent ihres Grundgehaltes.[23] Was hat das noch mit Gerechtigkeit zu tun? Ist das rechtsstaatlich?

Überall wird verlangt, dass gespart und der Gürtel enger geschnallt wird. Das gilt freilich nicht für den Beamtenapparat der EU. Rund 48 000 von ihnen stehen dort in Lohn und Brot, allein 38 000 sind es bei der Europäischen Kommission.[24] Die Beamten können sich über ein überdurchschnittliches Grundgehalt freuen, das jährlich nach einer festen Formel erhöht wird. Augenfällig ist, dass die Anpassung stets höher ausfällt als die offiziell verkündete Inflationsrate der EZB. Selbst auf dem Höhepunkt der Finanzkrise stiegen die EU-Beamtengehälter um 3,7 Prozent.[25] In Sachen Bruttogehalt übertrumpfen selbst bescheidene Posten bei der EU das Salär unsere Kanzlerin – 4 365 EU-Beamte verdienen mehr als sie. Annähernd so viel wie die Kanzlerin verdient beispielsweise ein Referatsleiter mit Personalverantwortung für eine Abteilung in der Größenordnung von ein paar Dutzend Mitarbeitern.

Da sich die EU ständig vergrößert, wurde mit dem Vertrag von Lissabon eine Reduzierung der Mitglieder der Europäischen Kommission beschlossen. Gekippt wurde das ehrenwerte Vorhaben aber schon wieder im Mai 2013. Seit dem Beitritt Kroatiens im Sommer 2013 zählt die Kommission 28 Mitglieder, die es jeweils auf ein Jahresgehalt in Höhe von 300 000 Euro bringen. Neben einem fünfköpfigen Kabinett nebst diversen Sekretären steht ihnen laut Bund der Steuerzahler ein Dienstwagen, der monatlich 2 000 Euro

Leasing kosten darf, und ein Fahrer zu. Einer internen Studie der EU-Finanzverwaltung zufolge betragen die jährlichen Gesamtkosten für einen der 736 Europa-Abgeordneten 1,2 Millionen Euro. Zum Vergleich: Ein Bundestagesabgeordneter kostet den Steuerzahler jährlich 972 000 Euro. 23 Sprachen werden in der EU gesprochen, womit 415 Millionen Euro für Übersetzungs- und Dolmetscherkosten zu Buche schlagen. Die drei Standorte in Brüssel, Luxemburg und Straßburg kosten knapp 150 Millionen Euro jährlich. Etwa 154 Tage im Jahr sind die Europa-Parlamentarier an ihren jeweiligen Sitzungsorten präsent.[26] Die Anwesenheit wird vergütet. Und zwar mit 152 Euro pro Tag im Plenum. Diejenigen, die mindestens bei der Hälfte der Abstimmungen teilgenommen haben, erhalten nochmals 152 Euro obendrauf – pro anwesenden Tag.[27] Und das zusätzlich zum Grundgehalt von knapp 8 000 Euro, das jedem EU-Parlamentarier zusteht. Wir fragen uns da: **Warum erhält jemand zusätzlich Geld, wenn er zur Arbeit erscheint? Und warum wird ihm für Nichterscheinen kein Geld abgezogen?**[28]

Zum üppigen Grundgehalt kommen allerlei Zulagen – steuerfrei versteht sich – und Privilegien.[29] So wird der Schulbesuch oder das Studium der Kinder mit monatlich 330 Euro bezuschusst und – je nach Grundgehalt – eine Haushaltszulage von 200 bis maximal 517 Euro gewährt. Für Heimfahrten fällt Extraurlaub an. Entfernungen von 251 bis 600 Kilometern werden mit zwei Tagen vergütet; bei mehr als 2 000 Kilometern gibt es sechs Sonderurlaubstage. Für Beamte aus Portugal oder Griechenland ergeben sich somit 45 zusätzliche freie Tage im Jahr.[30] Hinzu kommen sogenannte »Büroschließtage« – Brückentage zwischen Feiertagen, an denen die EU dicht macht. Allein dadurch kamen 2012 und 2013 insgesamt neun zusätzliche Urlaubstage zusammen.[31]

Generös zeigt sich der Arbeitgeber auch in Sachen Dienstbefreiung und Freizeitausgleich. Für die Eheschließung eines Kindes oder einen Umzug gibt es zwei Tage, für die eigene Hochzeit vier, für die Geburt eines Kindes für den Vater zwei Wochen – Mama genießt 20 Wochen Mutterschutz statt der in Deutschland üblichen 14 Wochen.[32] Einmal jährlich werden die Kosten für die Heimreise der EU-

Mitarbeiter **und** ihrer Familien übernommen – Bahnfahrt in der 1. Klasse, versteht sich. Um diesen Urlaub richtig genießen zu können, gibt es zusätzlich freie Tage. Bei der Erstattung von dienstlichen Reisekosten wird generell »der übliche kürzeste und billigste Reiseweg mit der Eisenbahn in der ersten Klasse« zugrunde gelegt. Sollte das Reiseziel mehr als 500 Kilometer entfernt sein, darf der Beamte den Flieger nutzen – in der Business Class. Das versteht sich auch. Bei einer Wochenarbeitszeit von 37,5 Stunden werden Überstunden ebenfalls tolerant verrechnet. Wir empfehlen jedem Angestellten, dieses europäische Modell dem jeweiligen Chef vorzuschlagen. Ein einfacher EU-Beamter, etwa ein Verwaltungsassistent, erhält für jede geleistete Mehrstunde eineinhalb Stunden Freizeit. So die Arbeit nach 22 Uhr oder an einem Sonn- oder Feiertag anfällt, erhält er zwei Stunden Freizeit für jede geleistete Überstunde.[33] Hätten wir diese Vergütungen beispielsweise im Gesundheitsbereich, würde uns das gesamte System um die Ohren fliegen.

Im Gegensatz zur Gesamtbevölkerung, bei denen sich das Rentenalter immer weiter nach hinten verschiebt, können EU-Beamte mit bereits 63 Jahren in Pension gehen.[34] Und auch von ihren Bezügen, für die die Steuerzahler aufkommen, können deutsche Bürger nur träumen. Eine durchschnittliche EU-Pension beträgt 4 500 Euro, teilweise kann sie bis zu 9 000 Euro steigen. Schließlich und endlich produziert Brüssel auch noch seine eigene kleine »Rentnerschwemme«. Hatten 2013 noch 19 926 Beamte einen Pensionsanspruch, werden es 2020 bereits 25 432 sein. Das kostet:

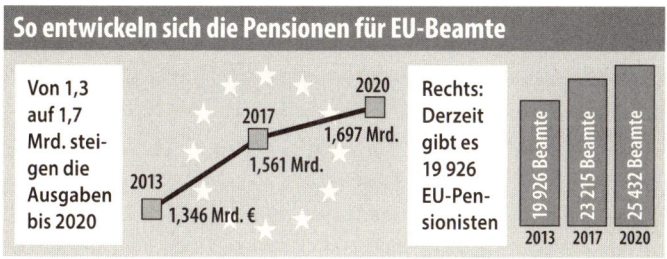

(Foto: „Heute"-Grafik)[35]

Nicht eingerechnet ist da übrigens die Pension für Ratspräsident Herman Van Rompuy, der nach seiner zweiten Amtszeit nicht wieder gewählt werden durfte. Ab 2014 steht ihm ein dreijähriges Übergangsgeld von 12 676 Euro monatlich und im Anschluss eine Pension auf Lebenszeit in Höhe von monatlich 5 426 Euro zu.[36]

Verschwendung von Steuergeldern

Hohe Grundgehälter und Pensionen, kostspielige Privilegien und absurde Hilfsmaßnahmen – jährlich verbrennt die EU Milliarden an Steuergeldern. Im Jahr 2012 beliefen sich ihre Ausgaben auf 138,6 Milliarden Euro. Laut dem Jahresbericht des Europäischen Rechnungshofes, der für die Kontrolle der EU-Ausgaben zuständig ist, wurden etwa 4,8 Prozent des Haushaltes nicht vorschriftsmäßig ausgegeben. Das entspricht umgerechnet sieben Milliarden Euro Steuergelder, die verprasst wurden.[37]

Ein Ende des finanziellen Missmanagements ist ebenso wenig in Sicht wie ein Sparkurs. Obwohl die Union oftmals nicht überblicken kann, was vor Ort genau mit den bewilligten Mitteln geschieht, werden großzügig Steuergelder sowohl an EU- wie an Nicht-EU-Länder verteilt. So wurde 2012 ein Hilfspaket für Ägypten in Höhe von fünf Milliarden Euro geschürt, obwohl Unsummen bereits vor der ägyptischen Revolution im Land versickert waren.[38] Oder nehmen wir zum Beispiel Serbien, das sich auf dem Weg in die EU befindet und deshalb ab 2007 satte 1,5 Milliarden Euro als so genannte Vor-Beitrittshilfe kassiert hat.[39] Allein in den serbischen Energiesektor flossen zwischen 2000 und 2010 circa 521 Millionen Euro.[40] Auf die Beine geholfen haben die Finanzspritzen dem bankrotten Land freilich nicht.

Im Gaza-Streifen versickern ebenfalls Steuergelder. So finanziert die EU mit 1,4 Milliarden Euro im Rahmen des Projekts Pegase palästinensische Beamte. Pikant daran ist, dass die Beamten aufgrund von Meinungsverschiedenheiten zwischen der Hamas und der Fatah seit Jahren nicht mehr zur Arbeit erschienen sind, was der zuständigen EU-Kommission bereits seit 2011 bekannt ist. Obwohl der EU-Rechnungshof, die Aufwendungen für Beamte kritisiert hat, die keinen Finger rühren, wurden an den Zahlungen mit der Begründung festgehalten, dass diese »ein politisches Instrument« seien, um die Zwei-Staaten-Lösung am Leben zu erhalten.[41]

Schelte vom Rechnungshof gab es auch für die Entwicklungshilfeprojekte, die der Demokratischen Republik Kongo zugute kommen sollten. Zwischen 2003 und 2011 zahlte die EU an die dortige Regierung knapp zwei Milliarden Euro, wovon mindestens **eine Milliarde Euro spurlos verschwunden sind.** Gerade einmal die Hälfte aller Vorhaben, die mit den EU-Entwicklungsgeldern in Angriff genommen werden sollten, wurde realisiert, der Rest kam nicht einmal über das Planungsstadium hinaus. Die Verantwortlichen hatten schlichtweg ignoriert, wie hoch das Risiko der Korruption im zweitgrößten afrikanischen Land ist.[42] Diesbezügliche Vorhaltungen seitens des eigenen Rechnungshofes ließ Ratspräsident Herman Van Rompuy freilich nicht gelten. In einer Rede vorm Europäischen Gerichtshof warf er den Kritikern vor, mit »schlechter PR« dem Image der Union zu schaden.[43]

Über die europäischen Fonds für regionale Entwicklung, die so genannten EU-Regionalfonds, flossen zwischen 2007 und 2013 mehr als 347 Milliarden Euro in verschiedene Mitgliedsländer. Ziel der Maßnahmen ist es, den wirtschaftlichen Aufholprozess in ärmeren Regionen anzukurbeln. Auch hier versickern regelmäßig Gelder. So landeten in Italien hunderte Millionen etwa nicht in einem dafür vorgesehenen kalabrischen Straßenprojekt, sondern in den Taschen der Mafia.[44] Als der Betrug aufflog, sah sich Italien gezwungen, die bewilligten Gelder in Höhe von 307 Millionen Pfund (etwa 363 Millionen Euro) an die EU zurückzuzahlen.[45] Nicht zu Unrecht befürchtet der Chefermittler der Anti-Korruptionsbehörde der EU, Giovanni Kessler, dass die EU-Länder angesichts ihrer angeschlagenen Staatsfinanzen zukünftig weniger gewillt sein werden, solche Fälle von Betrug und Missbrauch aufzudecken.[46]

Als Eintreiber zweckentfremdeter Mittel hat sich die Anti-Korruptionsbehörde der EU OLAF (European Anti-Fraud Office) mit

Sitz in Brüssel bewährt. Sie wurde 1999 als Dienststelle der Europäischen Kommission geschaffen und untersteht Giovanni Kessler seit 2010. Seit ihrer Einrichtung untersucht die Behörde Fälle, die dem EU-Haushalt zum Nachteil gereichen. Abgeschlossen wurden bislang 3 500 Ermittlungen, wodurch mehr als 1,1 Milliarden veruntreuter Gelder an die EU zurückgeflossen sind. Nach einer Neuorganisation bearbeitete OLAF allein im Jahr 2012 insgesamt 465 Fälle abschließend – so viele wie noch nie seit ihrer Existenz. Pikant ist, dass die Behörde für Betrugsbekämpfung verschiedentlich selbst ins Kreuzfeuer der Kritik geraten ist, weil sie Hinweisen auf Steuergelder-Verschwendung nicht nachgegangen ist.[47] Chefermittler Kessler wiederum werden unsaubere Ermittlungsmethoden vorgeworfen, weshalb verschiedentlich der Ruf nach seinem Rücktritt laut wurde.[48]

Das Heerlager der Lobbyisten

Von Passagierrechten im Reise- und Güterverkehr über soziale und ökologische Mindeststandards bis hin zu wirtschaftlichen Bestimmungen und Zielsetzungen – eine halbe Milliarde Menschen sind von den politischen Entscheidungen der EU betroffen. Es gibt kaum einen Bereich, bei dem Brüssel seine Finger nicht mit im Spiel hat. Die politische Macht verschiebt sich immer mehr dorthin. Von 23 167 Gesetzen und Verordnungen, die zwischen 1998 und 2004 beschlossen und damit in Deutschland geltendes Recht wurden, stammen nahezu 19 000 aus Brüssel.[49] Zu Recht spricht man gelegentlich vom »Brüsseler Diktat«.

Von besonders großem Interesse für Lobbygruppen ist naturgemäß die Europäische Kommission, weil sie es ist, die als einziges Organ der EU Gesetzesvorschläge einbringen kann.[50] Unterstützt wird die Kommission von Scharen von Beratern, den sogenannten »Expertengruppen«. Und selbstverständlich geschieht alles hinter verschlossenen Türen. Demokratische Transparenz sieht anders aus. Ob die Fachleute ihre eigenen Interessen ebenfalls hintanstellen,

scheint fraglich, wenn man im Blick hat, wie sich die Expertengruppen zusammensetzen. Sie werden nämlich zumeist von Vertretern privater Unternehmen dominiert.[51] Beispielsweise besteht die
Expertengruppe zu Bankenfragen (Group of Experts in Banking
Issues – GEBI) aus insgesamt 40 Mitgliedern, wovon 37 aus der Finanzlobby kommen.[52] Obwohl aus Brüssel verschiedentlich zu hören
ist, man wolle die Beratergremien transparenter und ausgewogener
zusammensetzen, bleiben die Verhältnisse unausgewogen. Das Sagen
in Europa haben die Interessengruppen, sprich: die Lobbyisten.

Lobbyismus ist nicht nur in der EU ein weit verbreitetes Phäno-
men. Überall nimmt die Macht der Vertreter kommerzieller Interessen ständig zu. Allein in Berlin arbeiten geschätzt zwischen 5 000
und 6 000 Lobbyisten. **Die Anzahl der Lobbyisten in Brüssel wird
auf 20 000 beziffert.**[53]

Wohlgemerkt: In einer Demokratie, die ja wesentlich auf dem
Ausgleich unterschiedlicher Interessen und auf Kompromissen zwischen verschiedenen gesellschaftlichen Gruppen beruht, ist es völlig
in Ordnung, dass Vertreter von allerlei Organisationen, Verbänden
oder Branchen ihre Standpunkte und Expertisen in den Prozess
der politischen Willensbildung einbringen. Am besten natürlich
dort, wo sich diese Willensbildung vollzieht: im Parlament. Nicht
der geringste Vorteil dabei ist, dass Parlamente – und zumindest
im Prinzip auch deren Ausschüsse oder Enquete-Kommissionen –
öffentlich tagen. So kann sich jeder Bürger eine eigene Meinung
darüber bilden, ob ihn gegebenenfalls die Argumente der Arbeit-
geberverbände oder der Gewerkschaften mehr überzeugen; die der
Energiekonzerne oder die des Bundes für Umwelt und Naturschutz.
Und Abgeordnete müssen sich gegebenenfalls auch Fragen gefallen
lassen, warum sie bei der Verabschiedung des Gesetzes 08/15 den
Argumenten der einen gegenüber denen der anderen den Vorzug
gegeben haben. Außerdem müssen wir realistisch sein. Sehr große
Teile von Gesetzgebung sowie zugehörigen Verordnungen und
Ausführungsbestimmungen sind verwaltungstechnisches Klein-
klein. Deshalb mag es in Maßen auch noch in Ordnung sein, wenn
Lobbyisten sich in Ministerien und Verwaltungen zu Wort melden

können. Doch je weiter dieses Treiben sich vom Souverän – dem Volk und seinen gewählten Repräsentanten – entfernt, umso wichtiger wird es, erstens die Türen schärfer zu kontrollieren und zweitens die Beleuchtung im Besprechungsraum aufzudrehen. Anders gesagt: Im Alltag bedarf es strenger Regeln und absoluter Transparenz für das Wirken von Lobbyisten. Die Bürger haben ein unbedingtes Recht zu wissen, wer im Zweifelsfall wem welche gut gemeinten Ratschläge geben darf. Leider läuft es in der Praxis genau umgekehrt. Wenn Lobbyisten bei einer Anhörung des Parlaments auftreten, dann halten sie meist dieselben Sonntagspredigten, die man auch auf der Homepage ihres Auftraggebers nachlesen kann. Wenn sie dagegen auf den Fluren eines Ministeriums antichambrieren, dann werden sie nicht nur Tacheles mit Ministerialdirektor Müller reden – es wird auch niemand mitbekommen. Wenn dies zur traurigen Regel wird, dann wird Lobbyismus zum wahren Feind der Demokratie. Denn die meisten Entscheidungen fallen dann unter dem Einfluss völlig partikularer Interessen.

Viele mag das auf den ersten Blick erstaunen: Aber Lobbyismus schadet auch der Wirtschaft. Hier sind wir uns mit dem 1998 verstorbenen US-Ökonomen Mancur Olson einig, der Interessengruppen für das ständige Auf und Ab in der Wirtschaft verantwortlich macht.[54] Seine These: Je stärker Interessengruppen werden, desto schlechter geht es der Wirtschaft eines Landes. Interessengruppen kennen nur ein grundsätzliches Anliegen: Sie wollen die Einkommen ihrer Mitglieder vermehren. Das klappt, wenn die Gesamtwirtschaft wächst oder der Kuchen entsprechend umverteilt wird. In der Praxis streben die Lobbyisten aber allein nach Umverteilung zugunsten ihrer *eigenen* Klientel. Würden sie nämlich etwas durchsetzen, das der gesamten Wirtschaft nützt, dann würden ja auch Nichtmitglieder ihres Zirkels profitieren. Zum Beispiel Branchen mit Interessen, die den eigenen mehr oder minder widerstreben. Beispiel: Kohlelobby vs. Solar- oder Windlobby. Oder gesellschaftliche Gruppen mit geradezu entgegen gesetzten Interessen. Beispiel: Lebensmittel-Lobby vs. Verbraucherschutzverbände. Sorgen sie für Umverteilung, kommt der Vorteil ihrer Gruppe allein zugute.

Wer sich vor Augen führt, welche Macht Brüssel den Lobbyisten einräumt, dem wird bitter aufstoßen, wie gering das Mitspracherecht der Bevölkerung bei Entscheidungen der EU ist. Wie gesagt: Schätzungsweise 20 000 Lobbyisten nehmen Einfluss auf die verschiedenen Organe in Brüssel. Etwa 70 Prozent von ihnen arbeiten für Unternehmen und Wirtschaftsverbände[55]. Es liegt auf der Hand, dass sie sich vor allem für die Interessen ihrer Arbeitgeber einsetzen, und nicht etwa für die Menschen in den 28 EU-Mitgliedstaaten. Die restlichen 30 Prozent kommen von Nichtregierungsorganisationen (NGOs), aus Ideenfabriken oder von gemeinnützigen Gruppen.

Der Kampf ums blaue Gold

Wie durchsetzungsfähig die Lobbyisten sind, das verdeutlichen die Privatisierungsanstrengungen in den EU-Staaten eindrucksvoll. Unter erheblichem Druck, staatliche oder öffentlich-rechtliche Unternehmen zu privatisieren, stehen insbesondere solche Länder, die vom Europäischen Stabilitätsmechanismus (ESM) Hilfskredite erhalten, was wiederum an strenge Sparmaßnahmen gebunden ist. Betroffen von der Zwangsprivatisierung sind auch öffentliche Dienstleistungen wie beispielsweise die Wasserversorgung. Wasser gehört in der Regel den Städten und Gemeinden, also den Bürgern. Nach dem Willen der EU sollte sich das ändern – wurde jedoch durch die europäische Bürgerinitiative »Right2Water« erfolgreich verhindert.[56] Auch der Bundestag hatte sich im Februar 2013 noch mehrheitlich für eine Privatisierung der Wasserwerke ausgesprochen, was auch hierzulande eine heftige Protestwelle zur Folge hatte und zu einem Einlenken führte.

Laut Vertrag über die Arbeitsweise der Europäischen Union (AEUV) sind Anstrengungen, die eine Privatisierung zur Folge haben, genau genommen verboten. Art. 345 des Vertrages sieht nämlich vor, dass die »Eigentumsordnung in den verschiedenen Mitgliedstaaten unberührt" bleibe muss. Im Klartext heißt das, dass die EU keinen Einfluss darauf nehmen darf, wem was in den Mitgliedsländern gehört. Allerdings nimmt sie ihre eigenen Verträge bekanntlich nicht immer so genau.

Im Falle des Themas Wasserversorgung wurde behauptet, dass Privatisierung zu mehr Wettbewerb führe – und damit zu mehr Transparenz, besserer Wasserqualität und günstigeren Preisen für die Verbraucher. Das Gegenteil ist jedoch der Fall. Ob in Deutschland, Portugal, Frankreich oder Großbritannien: Privatisierungen führten im schlimmsten Fall zu schlechterer Wasserqualität und im besten Fall zu stark steigenden Preisen.[57] Eine andere Folge ist, dass die Preise des nach der Atemluft wohl wichtigsten Gemeingutes plötzlich von Börsenlaunen abhängen. Bemühungen, die Wasserqualität zu halten oder womöglich sogar zu verbessern geraten da mit dem kurzsichtigen Profitstreben von Konzernen in Konflikt. So bestätigte eine Studie der Universität von Barcelona, dass kein Zusammenhang zwischen der Privatisierung von öffentlichen Diensten und günstigeren Verbrauchskosten besteht.[58] Im Gegenteil. Um Kosten zu sparen, muss die Wasserqualität unter privatem Management oft leiden. Bleibt das Wasser jedoch in öffentlicher Hand, werden Leitungen öfter gewartet und ausgebaut, weil die Profite größtenteils in eine bessere Versorgung gesteckt werden, so das Ergebnis der Studie.

Warum also trieb die EU die Wasserprivatisierung überhaupt voran? Auf welche Meinungen stützte sie ihr Vorhaben? Wie das ARD-Magazin *Monitor* in seiner Sendung vom 13. Dezember 2012 aufgedeckt hat[59], waren es Lobbyisten, die fast ausnahmslos am Tropf der Industrie hingen, die damals in der Expertenkommission für Wasser das Sagen hatten. Man kann es nicht oft genug wiederholen: Die übermäßige Präsenz von Wirtschaftsvertretern in Lobbygruppen höhlt die europäische Demokratie à la longue aus. Denn nicht das Volk, sondern Gruppen, die Handlanger der Wirtschaft und des Finanzkapitals sind, nehmen Einfluss. Wo das Geld die Welt regiert, da sind die Lobbyisten seine Abgeordneten. Abgeordnete freilich, die niemand von uns Bürgern gewählt hat – und die niemand außer ihren Auftraggebern kontrolliert.

Ein deutscher Lobbyist am EU-Rechnungshof

Anfang Februar 2014 spielte sich Skandalöses ab. Deutschland entsandte den CDU-Europaabgeordneten Klaus-Heiner Lehne als

Vertreter an den Europäischen Rechnungshof. Der Aufschrei in den Medien änderte nichts daran: Ein geradezu berüchtigter Lobbyist ergatterte einen der begehrtesten und bestdotierten Posten in der EU. Für das Amt nominiert hatte ihn Angela Merkel. Was daran skandalös ist? Nun, mit Herrn Lehne prüft jetzt ein hochdotierter Partner der internationalen Anwaltskanzlei Taylor, wohin die Fördermilliarden der EU so fließen. Interessenskonflikte? Ach wo! In der Vergangenheit war verschiedentlich moniert worden, dass Lehnes Entscheidungen nicht immer ganz uneigennützig waren. Die Organisation LobbyControl, eine Initiative für Transparenz und Demokratie, hatte ihn 2008 mit einem ihrer jährlich vergebenen »Worst EU Lobbing Awards« zum schlimmsten deutschen Europalobbyisten gekürt. »Als 2008 im Europäischen Parlament über eine Resolution zur Einführung eines verpflichtenden europäischen Transparenzregisters verhandelt wurde, bremste Lehne das Vorhaben. Der Anwalt Lehne brachte, natürlich ohne Eigeninteressen, einen Änderungsantrag ein, wonach ›Rechtsberatung‹ von Anwälten nicht in das Transparenzregister aufgenommen werden soll, so LobbyControl.«[60] Ein weiterer Fall: Der EU-Rechtsausschuss lehnte im Zusammenhang mit der EU-Tabakrichtlinie »extreme Maßnahmen« gegen die Tabakindustrie ab. Später kam heraus, dass die Kanzlei des Rechtsausschuss-Vorsitzenden Lehne den Zigarettenhersteller Japan Tobacco International (Hersteller u.a. der Marke »Camel«) zu seinen Mandanten zählt. Das berichtete Abgeordneten-Watch, eine Internetplattform, die sich für mehr Transparenz in der Politik einsetzt.[61]

Rettung für Europa: EU umbauen, Euro abschaffen!

Währungsunionen sind zum Scheitern verurteilt. Die Faktenlage zeigt in aller Deutlichkeit: Der Euro ist gescheitert und zerstört die europäische Idee. Bevor er unseren in sechs Jahrzehnten hart erarbeiteten Wohlstand komplett vernichtet, sollten wir die aus rein politischen Gründen erfundene Währung zu den Akten legen. Aus ökonomischer Sicht läuft just ein Horrorfilm ab. Die Südschiene Europas ist de facto bankrott; sie wird lediglich künstlich durch immense Subventionen und brutale Eingriffe in die Wirtschaft am Leben erhalten. Den Preis zahlen die Menschen, die massenhaft arbeitslos werden, verarmen, ihre Wohnungen räumen müssen und sich oft die einfachsten Güter des täglichen Bedarfs nicht mehr leisten können.

Mit der Einführung des Euro ging zudem eine beispiellose Serie von Vertragsbrüchen, Lug und Trug einher. Das ist für eine Währung, etwas, das vornehmlich auf Vertrauen basiert, eine denkbar schlechte und zudem äußerst labile Basis. Obwohl bekannt ist, dass der Länderfinanzausgleich in Deutschland mehr schlecht als recht funktioniert, wurde das Prinzip auf Europa ausgeweitet, womit unabsehbare Entwicklungen in Kauf genommen werden, die uns à la longue den Kopf kosten können. Nicht zuletzt bereitet eine falsche Europapolitik den Boden für Extremisten, Separatisten, und Nationalisten.

Fakt ist: Die Südländer können und werden ihre Schulden niemals zurückzahlen! Wenn wir den Kern der europäischen Idee lebendig halten wollen, dann müssen den betroffenen Ländern Schuldenschnitte und Wirtschaftsaufbauprogramme nach dem Vorbild des Marshallplanes eingeräumt werden, der Deutschland nach dem 2. Weltkrieg wieder auf die Beine geholfen hat. Und nicht zuletzt muss der Euro ad acta gelegt werden. Auch auf die Gefahr hin, dass uns der Wiederaufbau eines nachhaltigen und wertschöpfenden Wirtschaftssystems in den strukturschwachen Krisenländern zunächst eine ganze Menge unseres gewohnten Wohlstands kosten wird.

Die EU hat sich zu weit von der Realität und den Bürgern entfernt. Nicht umsonst laufen Millionen Europäer Sturm gegen die Privatisierung von Wasserrechten, Fracking, Genmais und das Freihandelsabkommen und wehren sich somit gegen Bevormundung und undemokratische Entscheidungen der EU-Politik.

Die Wirtschaft des Landes liegt in vielen Bereichen am Boden. Seit 2007 ist die Industrieproduktion um ein Viertel geschrumpft

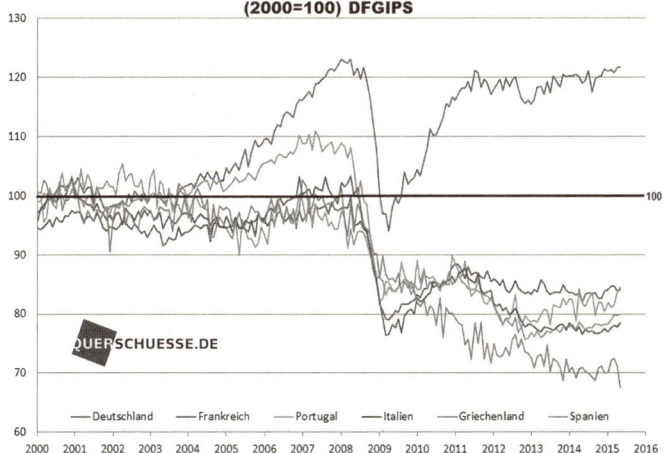

Monatlicher breitgefasster Output der Industrieproduktion (2000=100) DFGIPS

—— Deutschland   —— Frankreich   —— Portugal   —— Italien   —— Griechenland   —— Spanien

und befindet sich auf dem Niveau von 1986. In dem Chart oben kann man erkennen, wer in der Euro-„Todeszone" „noch" wettbewerbsfähig produziert. Der aktuelle Weg ist nicht der richtige. Kein Land sollte seine Souveränität an eine Institution abgeben müssen, die keiner wirklichen Kontrolle unterliegt. Als Ergebnis entscheiden teilweise nicht demokratisch legitimierte Personen zentralistisch und oftmals weltfremd über all unser Schicksal – überspitzt gesagt: was wir essen dürfen, welche Glühbirnen wir verwenden dürfen und wie unsere Gurken auszusehen haben. Ein Kontinent lässt sich nicht per Verordnung vereinheitlichen. Außerdem lebt Europa ja gerade von seiner Vielfalt.

Aber in jeder Krise steckt bekanntlich auch eine Chance …

5. Globale Krisenmotoren: USA, China, Japan

Nun begeben wir uns auf Weltreise und schauen uns die Verfassung der drei wichtigsten Volkswirtschaften außerhalb der Europäischen Union an.

USA – Supermacht vor der Insolvenz

Die Vereinigten Staaten von Amerika: ein Land, das mehr Menschen im Gefängnis als Highschool-Lehrer und Ingenieure hat, in dem die Mehrheit der Kongressmitglieder Millionäre sind und wo Menschen öffentlich gefeuert werden. Ein Land, in dem es in zahlreichen Supermärkten zu schweren Ausschreitungen kommt, weil sich die Konsumenten unter Einsatz aller Mittel auf ein paar verbilligte Sonderangebote stürzen und es Schüsse wegen eines neuen TV-Geräts gibt, ein Land, das anscheinend jedermann (Freund wie Feind) abhört, ein Land mit 609 Milliardären[1] und um 46 Millionen Menschen, die von Lebensmittelmarken leben[2], ein Land, in dem Städte wie die ehemaligen Industriehochburgen Detroit, Harrisburg oder Pittsburgh offiziell insolvent sind, ein Land, das 581 Milliarden Dollar pro Jahr für sein Militär ausgibt,[3] ein Land, das die Demokratie in die ganze Welt bringt, wenn es sein muss, mit militärischer Unterstützung, und Menschen ohne Anrecht auf einen Anwalt und ohne Urteil auf Kuba interniert, ein Land, dessen Drohnen wahllos vermeintliche Terroristen töten, ein Land, welches den Goldstandard beendet und somit internationales Recht bricht …[4] Die USA, wahrlich das Land der unbegrenzten Möglichkeiten – im Guten wie im Schlechten.

Was ist das eigentlich für ein Land, und kann es wirklich als Vorbild dienen?

Seit 2008, unter der Präsidentschaft Obamas, haben die USA mehr Schulden gemacht als unter allen anderen Präsidenten zusammen und die Schuldenmarke von 100 Prozent des BIP schon längst hinter sich gelassen. Die aktuelle Verschuldung beträgt wahnsinnige 18,3 Billionen Dollar.[5]

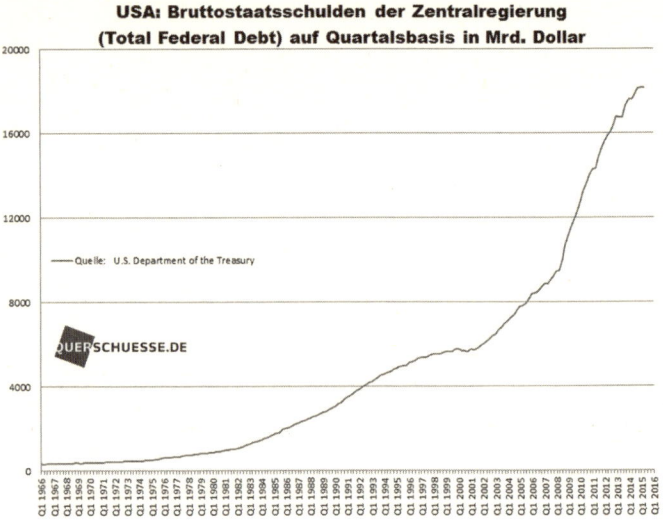

Und das sind nur die Schulden der Zentralregierung! Hinzu kommen noch die regionalen Schulden, Sozialversicherung etc. Wenn man alles zusammenrechnet, kommt man auf eine **Gesamtverschuldung von über 62 Billionen Dollar!**[6]

> *Neue Schulden zu machen ist nicht die feine Art,*
> *die alten Schulden auszugleichen.*
>
> George Washington (1732 – 1799), erster Präsident der
> Vereinigten Staaten von Amerika, Begründer der Unabhängigkeit
> der Vereinigten Staaten

Um den wahren Seelenzustand des Landes zu erkennen, reicht ein Blick in den Oktober 2013 und auf den Fall Snowden. Absolut absurd, aber leider bittere Realität war das hollywoodreife Drama um die Insolvenz der Regierung im Oktober 2013. Die USA verhinderten den Staatsbankrott in letzter Minute, indem sie das Schuldenlimit erhöhten, damit sie neue Schulden aufnehmen durften, um damit alte Schulden zu bezahlen.[7] **Purer Irrsinn – Schulden mit Schulden zu bezahlen kann langfristig niemals funktionieren.**

Happy birthday Fed – Grund zum Gratulieren?

Die US-Notenbank Fed (Federal Reserve System) ist eine privatwirtschaftlich basierte Institution und feierte am 23.12.2013 ihr hundertjähriges Bestehen. Ein schöner Stichtag, um einmal zurückzuschauen und das Erreichte zu reflektieren.[8]

Nach der Gründung dauerte es kein Jahr, bis die Welt in den Ersten Weltkrieg zog, keine zwanzig Jahre, bis die Große Depression die USA heimsuchte, ein weltweites Beben auftrat und die Welt in den Zweiten großen Weltkrieg stürzte. Die Fed wird bis heute für ihre damalige falsche Politik als eine der Hauptverantwortlichen für die Große Depression kritisiert. Auch die immer wiederkehrenden Krisen und Blasenbildungen vor allem seit 2001 sind auf eine falsche und kurzfristige Notenbankpolitik zurückzuführen. Die Fed war der wichtigste Motor bei der Rettung des internationalen Finanzsystems aus den Krisen seit 2008. Sie hat das Debakel mehrfach erfolgreich verhindert – allerdings mit ökonomisch sehr waghalsigen Experimenten, bei denen das Ergebnis noch offen ist.

Die Fed ist der größte Hedgefonds in der Geschichte.
Warren Buffett im September 2013[9]

Die Leistungsbilanz der Fed sieht folgendermaßen aus: Seit ihrem Bestehen gab es 18 Rezessionen oder Depressionen, hat der Dollar 98 Prozent seines Wertes verloren (seit Aufhebung des Goldstandards 1971 betrug der Wertverlust alleine 83 Prozent!), und die US-Staatsverschuldung ist um kolossale 5000 Prozent explodiert. **Die eigene Bilanz wurde seit Krisenausbruch 2008 von unter 1 Billion Dollar auf über 4,5 Billionen Dollar im Frühsommer 2015 gewaltig aufgebläht[10]**, wie das folgende Chart deutlich macht:

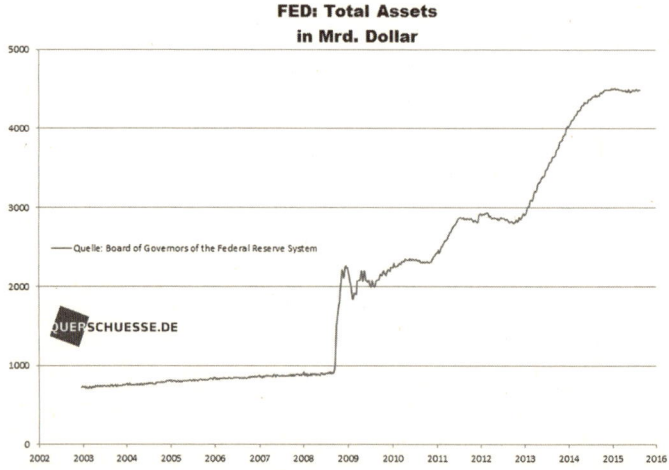

FED: Total Assets in Mrd. Dollar

Quelle: Board of Governors of the Federal Reserve System

QUERSCHUESSE.DE

An 85 Prozent aller Tage seit November 2008 hat die Fed an den Finanzmärkten interveniert.[11] Wo bleibt da noch der freie Markt? Dies ist **Planwirtschaft made in USA**. Die Fed ist stolzer Besitzer von 32,5 Prozent aller zehnjährigen US-Staatsanleihen und kauft monatlich weitere hinzu. Zwar wurde die Summe 2014 von 85 sukzessive auf 55 Milliarden Dollar reduziert, doch ist es noch immer ein gefährliches Experiment und ein sehr fragwürdiges Unterfangen.

> *Die Fed druckt immer neues Geld, allein schon, weil sie Angst davor hat, was passieren würde, wenn sie mit dem Gelddrucken aufhört.*
>
> Albert Edwards, Stratege bei der Société Générale in London[12]

Zusätzlich wurde seit Beginn der Krise die unfassbare Summe von über 16 Billionen Dollar in den Finanzsektor gepumpt. Mit diesem Geld hätten die USA auch fast ihren gesamten monumentalen Schuldenberg bezahlen können.

Von den 16 Billionen Dollar erhielten:

- Citigroup – 2,513 Billionen Dollar
- Morgan Stanley – 2,041 Billionen Dollar
- Merrill Lynch – 1,949 Billionen Dollar
- Bank of America – 1,344 Billionen Dollar
- Barclays – 868 Milliarden Dollar
- Bear Stearns – 853 Milliarden Dollar
- Goldman Sachs – 814 Milliarden Dollar
- Royal Bank of Scotland – 541 Milliarden Dollar
- JP Morgan Chase – 391 Milliarden Dollar
- Deutsche Bank – 354 Milliarden Dollar
- UBS – 287 Milliarden Dollar
- Credit Suisse – 262 Milliarden Dollar
- Lehman Brothers – 183 Milliarden Dollar
- Bank of Scotland – 181 Milliarden Dollar
- BNP Paribas – 175 Milliarden Dollar
- Wells Fargo – 159 Milliarden Dollar

- Dexia – 159 Milliarden Dollar
- Wachovia – 142 Milliarden Dollar
- Dresdner Bank – 135 Milliarden Dollar
- Société Générale – 124 Milliarden Dollar
- andere Banken – 2639 Milliarden Dollar

Für die Bearbeitung dieser Hilfsgelder und Kredite stellten die Banken noch dreist saftige Rechnungen in Höhe von insgesamt 660 Millionen Dollar.[13] Das sind unglaubliche Zahlen, die man sich gar nicht richtig vorstellen kann.

Um die Zahlen mal in Relation zu stellen: Wenn man bei Christi Geburt eine Billion Dollar zur Verfügung gehabt und seither jeden einzelnen Tag eine Million Dollar ausgegeben hätte, dann wären – ohne die Einbeziehung irgendwelcher Zinsen – bis zum heutigen Tage immer noch über 260 Milliarden Dollar übrig. Also sollten die Banken eigentlich die nächsten 2000 Jahre auf sicheren Beinen stehen, oder?

Wären diese Gelder in die Realwirtschaft geflossen, müssten nicht beschämende 46,5 Millionen Menschen in 22,7 Millionen US-Haushalten, das sind rund 20 Prozent aller US-Haushalte, staatliche Lebensmittelmarken (Food Stamps – SNAP) beziehen.[14] Noch nie waren mehr Menschen auf diese Marken angewiesen, um etwas zu essen auf dem Tisch zu haben. Der Chart der Schande:

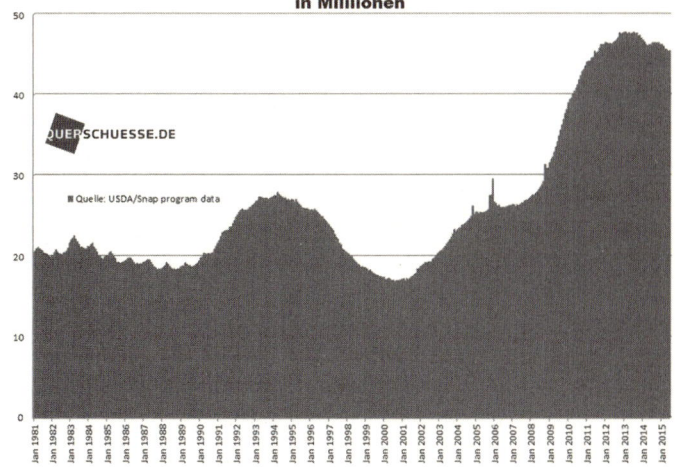

USA: Anzahl der Lebensmittelmarken-Bezieher in Millionen

QUERSCHUESSE.DE

■ Quelle: USDA/Snap program data

Suppenküchen und kirchliche Speisungen haben Hochkonjunktur und können den Andrang nur mit Mühe schultern. Alleine in New York werden unglaubliche 63 Millionen kostenlose Mahlzeiten jährlich verteilt. Über 1,3 Millionen New Yorker benötigen Lebensmittelhilfen.[15]

Ein weiteres, eher unbekanntes, aber kaum weniger wichtiges und überaus mächtiges Geburtstagskind ist der Exchange Stabilization Fund (ESF), der staatliche Börsenstabilisierungsfonds, aus dem US-Schatzamt. Dieser wurde 1934 gegründet und feierte 2014 sein achtzigjähriges Bestehen. An ihn mussten die US-Bürger, aber auch die Fed, im Rahmen des verhängten Goldverbots im selben Jahr ihr Gold aushändigen. Die Hauptaufgabe des ESF liegt, immer mit Genehmigung durch den US-Präsidenten, in der Pflege des Dollars und der Sicherung der US-Interessen auf den Finanzmärkten. Er kann bei Gold, Devisen und anderen Kredit- und Wertpapierinstrumenten aktiv werden. Dazu sind allerlei Mittel im Portfolio hinterlegt und werden auch angewendet.[16]

Wir sind fest davon überzeugt, dass der ESF neben der Fed seinen Teil zu den stetig steigenden Börsenkursen und den fallenden Edelmetallpreisen beiträgt. Darüber hinaus zeigt die Geschichte deutlich, dass diese Art von staatlichen, letztlich planwirtschaftlichen Eingriffen langfristig destruktiv ist. Der Schaden wird am Ende höher sein als der Nutzen.

> *Ich glaube aufrichtig, wie Sie, dass Bankanstalten gefährlicher sind als stehende Armeen; und dass das Prinzip, unter dem Namen Finanzierung, Geld auf Kosten der Nachwelt auszugeben, großmaßstäblicher Betrug an der Zukunft ist.*[17]
> Thomas Jefferson (1743 – 1826), dritter Präsident der USA

Ein Indiz dafür, dass die US-Finanzmärkte wieder außer Rand und Band sind und die nackte Gier wieder Einzug gehalten hat, lässt sich darin sehen, dass noch nie mehr auf Kredit mit Aktien spekuliert wurde als aktuell. Das Volumen der sogenannten »Margin Debts« (Wertpapierkäufe auf Kredit) beläuft sich auf über 507 Milliarden Dollar[18] und ist damit über 20 Prozent höher als zu den besten Zeiten vor dem Lehman-Brothers-Crash. Sollte es zu Verwerfungen an den Märkten kommen und das Geld über den »Margin Call« wieder zurückgefordert werden, wird der Abverkauf die Börsenturbulenzen an den Börsen enorm verstärken.

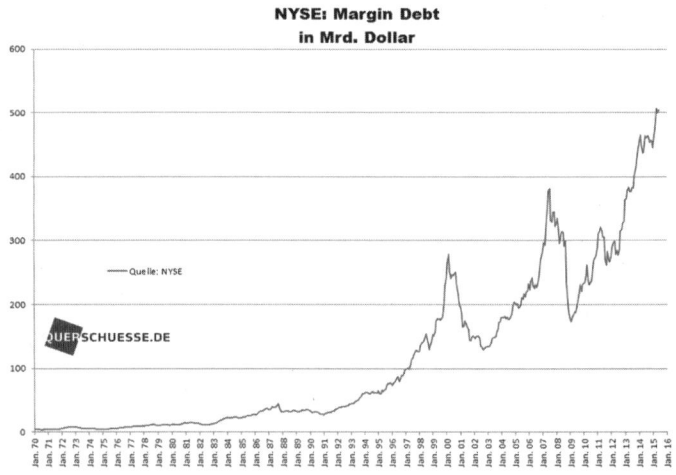

NYSE: Margin Debt in Mrd. Dollar

Quelle: NYSE

QUERSCHUESSE.DE

Die nächste Krise steht schon vor der Tür – faule Studenten-kredite erreichen Höchststand

Bevor junge Menschen im Land der Freiheit, den USA, in ihr Berufsleben starten, haben sie bereits ihre Freiheit verloren und sind durch Studentenkredite in die Schuldknechtschaft der Banken geraten. Von 25 Prozent auf 43 Prozent ist der Anteil jener 25 Jahre alten US-Amerikaner, die durch die Finanzierung ihrer universitären Ausbildung Schulden haben, allein zwischen 2003 und 2012 angestiegen. **Mittlerweile haben US-Studenten über 1,2 Billion Dollar Schulden**[19]. Im Durchschnitt ist jeder amerikanische Uniabsolvent mit 30 000 Dollar verschuldet. Nach Abschluss eines Studiums ist jedoch ein lukrativer Job keinesfalls sicher. 285 000 Absolventen arbeiten in den USA zum Mindestlohn, ganze 14 Prozent sind arbeitslos.[20] Immer mehr Studenten können die Kredite für ihr Studium nicht mehr begleichen. Es ist nur eine Frage der Zeit, bis diese Krise durch die Türe tritt.

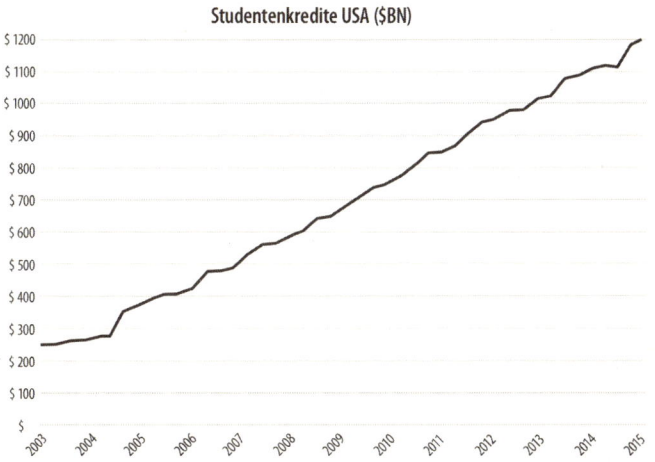

Studentenkredite USA ($BN)

Fazit: Armes Armerika! De facto sind die USA bankrott – finanziell und moralisch. Die Kluft zwischen den Superreichen und dem Mittelstand wird immer größer, während parallel die Mittelschicht immer mehr schrumpft und verarmt. **90 Prozent der US-Amerikaner haben ein Einkommen von 30 000 Dollar, was dem Niveau von 1965 entspricht.** Dagegen hat sich das Einkommen der oberen 10 Prozent seitdem um zirka 109 Prozent nach oben entwickelt.[21] Mehr als 46,5 Millionen US-Bürger benötigen Staatshilfe und sind auf Lebensmittelmarken angewiesen.[22] 50 Millionen Menschen, davon 13 Millionen Kinder, leben an der Armutsgrenze.

Mit Firmen wie Apple, Facebook, Adobe, Google etc. gibt es in den USA hochmoderne und innovative Weltmarktführer im digitalen Kosmos, aber im realen Leben hat das Land eine völlig veraltete, desolate und marode Infrastruktur. Die Unternehmen, die wirklich noch etwas produzieren, werden immer weniger bzw. produzieren kostengünstig im Ausland. Der wirtschaftliche Niedergang, vor allem im wichtigen Einzelhandel, ist atemberaubend. Im Frühjahr 2014 schließt der Elektronikgigant Radio Shack, das US-Gegenstück zum Media Markt, 1 100 Filialen. Der Bürobedarfshändler Staples macht 225 Läden dicht, die Modekette JCPenney schließt 33 große Outlets. Der Kaufhauskonzern SEARS ist ebenfalls mit 500 Einheiten dabei, nachdem man seit 2010 schon rund 300 Filialen geschlossen hatte. Die Videokette Blockbuster war ganz konsequent – sie hat gleich alle ihre Läden geschlossen. Damit verbunden sind direkt wie indirekt Zehntausende Arbeitsplätze betroffen.[23]

Die Globalisierung wurde jahrelang vor allem von den USA propagiert und gelebt. Heute zeigt sie ihre andere, zerstörerische Seite. Einzig der mächtige Militärapparat und eine Leitwährung, die vermutlich mehr durch die Atom- als durch die Wirtschaftsmacht USA gehalten wird, stützen noch den maroden Staat, der in immer mehr US-Regionen zusehends den Charakter eines Entwicklungslandes annimmt. Die Situation eines drohenden Staatsbankrotts von Ende 2013 ist kennzeichnend für die desolate Situation der USA.

Die Fed wird das niedrige Zinsniveau weiter beibehalten – sehr zur Freude der Börsen. Verheerende Fakten aus der Realwirtschaft werden weiter erfolgreich ignoriert. Die Fed kaufte von 2008 bis 2015 pro Monat für insgesamt 66 Milliarden US-Dollar Staatsanleihen und Immobilienpapiere auf, um die Märkte zu stabilisieren. Erst zum 4. Quartal 2014 stellte sie den Ankauf von Staatsanleihen und Hypothekenpapieren vorübergehend ein. Als Grund dafür wurde unter anderem die positive Entwicklung am US-Arbeitsmarkt genannt. Jenseits des Atlantiks sprang darauf die Europäische Zentralbank (EZB) in die Fußstapfen der Fed. Nach dem Vorbild der US-Notenbank will Präsident Mario Draghi mit einem Billion Euro schweren Kaufprogramm der Konjunktur in der Euro-Zone aufhelfen. Doch die USA dienen definitiv nicht als Vorbild, sondern eher als abschreckendes Beispiel.[24]

Das Ergebnis der Geldschwemme ist ein mickriges Wirtschaftswachstum, das zudem auf sehr schwachen Beinen steht. Der Preis: Die Bilanzsumme der Fed hat sich auf schwindelerregende 4,2 Billionen US-Dollar hochgeschraubt – Tendenz weiterhin stark steigend. Mittlerweile ist die Fed, noch vor China, der größte Gläubiger der USA – was wir als volkswirtschaftlich doch etwas fragwürdig empfinden.[25] Die USA sind eine extrem gefährliche Zeitbombe, von der wir leider nichts Positives erwarten dürfen. Vielmehr wird die Regierung alles tun, um die bröckelnde Vormachtstellung weltweit aufrechtzuerhalten. Dennoch wird es dem Land am Ende ergehen wie vielen Imperien zuvor, die an ihrer Größe und ihrem Größenwahn zerbrachen. Die USA dienen definitiv nicht als Vorbild, sondern eher als abschreckendes Beispiel.

China – der kommunistische Turbokapitalist

China hat im Februar 2015 ein Rekord-Handelsplus von mehr als 6 Billionen Dollar erreicht – damit lag das Land erstmals vor den USA. Jedoch scheint sich der Boom im asiatischen Land zumindest zeitweilig erschöpft zu haben. Es ist auch in China keinesfalls alles Gold, was glänzt, denn auch im Kommunismus ist ewiges Wachstum nicht machbar.[26]

Im großen roten Reich liegt einiges im Argen. Chinas Banken droht das Geld auszugehen. Mehr und mehr Hinweise sickern an die Öffentlichkeit, dass Chinas Eliten ihr Vermögen außer Landes schaffen und in Steueroasen parken – Schätzungen zufolge wurden seit dem Jahr 2000 Gelder und Firmenanteile im Wert von bis zu vier Billionen Dollar aus der Volksrepublik verschoben.[27] Der brutale Raubbau an der Natur geht derweilen unvermindert weiter, Chinas Städte versinken im Smog – kein Land der Erde stößt mehr Kohlendioxid aus. In vielen Städten übersteigt inzwischen die Luftverschmutzung die von der Weltgesundheitsorganisation festgelegten Grenzwerte um das Vierzigfache! Nichtsdestotrotz verkaufen deutsche Automobilschmieden so viele Fahrzeuge wie nie zuvor in China[28] – die Frage ist nur, wie lange noch. China selbst hat sich mittlerweile zum größten Autoproduzenten der Welt aufgeschwungen, wie folgendes Chart zeigt:

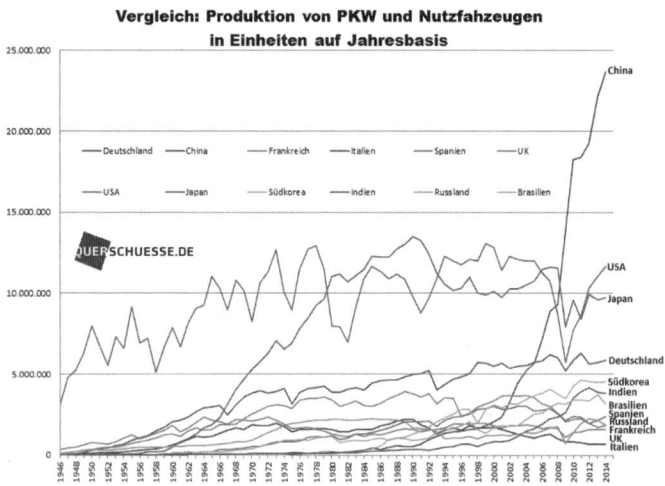

Das bevölkerungsreichste Land der Welt ist auch das mit den meisten Neufahrzeugen: 18,4 Millionen neue Autos kauften die Chinesen im vergangenen Jahr. Längst hat der Absatz im Reich der Mitte traditionelle Autofahrer-Regionen wie die USA (16,4 Millionen Neuzulassungen 2014) oder Westeuropa (12,1 Millionen) überholt.[29] Es ist lediglich eine Frage der Zeit, bis die Regierung dem chinesischen Autoboom einen Riegel vorschiebt. Die dramatische Umwelt- und

Smogbelastung in den städtischen Ballungszentren wird sie eher früher als später dazu zwingen, die Zahl der Pkw-Zulassungen drastisch zu regulieren. Und die boomende heimische Autoindustrie wird sie dann möglicherweise mit Zöllen oder anderen Importbeschränkungen schützen. So oder so wird der Marktzugang für die jetzt noch jubelnden deutschen Autokonzerne sehr, sehr viel schwerer werden.[30] Der alte Witz des Modeschöpfers Yves Saint Laurent, er wäre völlig zufrieden, wenn er jedem Chinesen nur einen Knopf verkaufen würde, zieht nicht mehr. Knöpfe stellt die VR China längst mehr her, als sie selbst verbraucht. Und auch bei hochwertigen Gütern wie Pkw hat das Land dieses Ziel so gut wie erreicht. Wobei es unmittelbar einleuchtet, dass es schon ein Ding der ökologischen Unmöglichkeit wäre, jedem Chinesen – oder auch nur jedem chinesischen Haushalt – ein Auto zu verkaufen.

Die Gesamtverschuldung von Staat, Unternehmen und Privathaushalten wird von der Chinese Academy of Sciences, einem dem Staatsrat unterstellten Forschungsinstitut, auf 215 Prozent der jährlichen Wirtschaftsleistung beziffert. Neuere Daten gehen sogar von 282 Prozent des BIP aus. Somit liegt die Quote doppelt so hoch wie 2008. **Allein 2013 legte das chinesische Kreditvolumen um mehr als 20 Prozent zu und wuchs damit mehr als doppelt so stark wie die chinesische Wirtschaft mit ihren eigentlich beeindruckenden 7,4 Prozent in 2014.**[31] Die Verschuldung von Unternehmen und Privathaushalten lag 2008 bei 120 Prozent des Bruttoinlandsproduktes. 2013 waren es schon über 170 Prozent – exklusive der Schulden von Finanzunternehmen.[32]

Die Gesamtschulden der börsennotierten chinesischen Unternehmen belaufen sich mittlerweile auf beinahe zwei Billionen Yuan (rund 235 Milliarden Euro). **Der Schuldenberg hat sich damit seit 2007 mehr als verdreifacht.** 256 dieser Firmen haben bereits einen Schuldenstand, der doppelt so hoch ist wie ihr Eigenkapital.[33] Im März 2014 hat China seinen ersten Bondausfall zu verzeichnen. Ein chinesischer Solarzellenhersteller kann eine Couponzahlung in Höhe von 90 Millionen Yuan nicht bedienen. Dies ist der erste Zahlungsausfall für eine öffentlich notierte Unternehmensanleihe im riesigen chinesischen Bondmarkt mit einem Volumen von über einer Billion Euro.[34] Weitere werden folgen.

Die Zinsen steigen trotz milliardenschwerer Hilfen der Notenbank immer weiter.[35] Die Industrial and Commercial Bank of China sowie die China Construction Bank & Co. haben Darlehen in schwindelerregender Höhe vergeben – doch in der Mehrheit handelt es sich um faule Kredite. Die nicht bedienten Kredite bei den Banken beliefen sich bereits im Februar 2014 auf knapp 600 Billionen Yuan und sind damit auf ein neues Rekordhoch seit 2008 geschnellt.[36] Die Gesamthöhe aller Darlehen schätzt die Rating-Agentur Fitch auf das Doppelte der realen Wirtschaftsleistung! Allein bis Ende des Jahres 2012 waren die Kredite in Chinas Bankensystem innerhalb von nur vier Jahren um irrsinnige 126,5 Prozent in die Höhe geschossen.

Das McKinsey Global Institute (MGI) warnt gar, dass sich die Schuldenlast zwischen 2007 und 2014 von 7 Billionen Dollar auf 28 Billionen Dollar vervierfacht hat. Dies entspräche beinahe dem Dreifachen der Wirtschaftsleistung und liegt höher als beispielsweise in den USA. Die MGI-Analysten warnen, dass Chinas Verschuldung immer noch weit schneller wächst als die Wirtschaft. Ginge die Entwicklung in dem bisherigen Tempo weiter, könnte die Verschuldung in den kommenden drei Jahren sogar auf 400 Prozent des Bruttoinlandsprodukts ansteigen.[37] Aufgrund der immensen Verschuldungsorgie hat sich in China eine gigantische Blase gebildet. Das Schattenbankensystem ist zu einem Monster geworden. Der Kreditrausch wird durch Zehntausende Geldverleiher, Treuhandfonds sowie dubiose Vermögensverwalter, insbesondere aber auch durch staatliche Geschäftsbanken zusätzlich gesteigert. Diese vergeben Darlehen für fragwürdige, oftmals politisch motivierte, aber ökonomisch zweifelhafte Projekte. Selbst von Lokalregierungen werden mit diesen »Schattenbanken« die offiziellen Kreditlimits umschifft. So hat nicht einmal der chinesische Vizefinanzminister exakte Kenntnisse über die Höhe der Schulden seiner Kommunen – zu schweigen von einer Ahnung davon, wer die Risiken mittlerweile trägt.[38] Laut Mark Williams, Chefökonom für Asien bei Capital Economics, trägt der graue Kapitalmarkt mittlerweile fast so viel zum Kreditwachstum in China bei wie die offiziellen Bankdarle-hen. Die Engagements tauchen nicht in den Büchern auf, sodass die Geldhäuser folglich weder dafür haften noch die Ausleihungen mit Eigenkapital unterlegen müssen. Die FAZ nennt Zahlen der Zentralbank PBOC zur Gesamtfinanzierung in der Gesellschaft (TSF), der Akademie für Sozialwissenschaften CASS – der wich-tigsten staatlichen Denkfabrik – sowie der Bankenaufsicht CBRC zu dem Anteil der Schattenkreditwirtschaft an den Gesamtschulden des Landes. Ihre Schätzungen reichen von 618 Milliarden Euro bis 2,6 Billionen Euro, andere Angaben gehen sogar von bis zu 4,4 Bil-lionen Euro aus. Gemäß den Berechnungen der CASS entspricht das inzwischen entstandene Volumen der Schattenkredite 40 Prozent des BIP der zweitgrößten Volkswirtschaft der Welt. Dem stehen laut Angaben des Verbands der Trust-Unternehmen Vermögens-werte seiner Mitglieder von 1,2 Billionen Euro gegenüber.[39] Sollten größere Schuldner oder gar einzelne Banken ihre Schulden nicht mehr bedienen können, hätte ein Bankencrash verheerende Folgen für die gesamte Weltwirtschaft. Im Sommer 2015 erzitterten die Aktienmärkte erstmals massiv.

Auch die Immobilienblase in China wird immer bedrohlicher. Mittlerweile stehen **68 Millionen Wohnungen mit insgesamt rund 24 Milliarden Quadratmetern Wohnfläche leer,** und es entstehen immer neue Geisterstädte.[40] Peking, Shanghai, Guangzhou und Shenzhen zählen zu den vier Städten der ersten Kategorie auf dem chinesischen Immobilienmarkt. Peking verzeichnete im April 2014 laut chinesischer Börsenzeitung einen Preisverfall von 10 Prozent gegenüber März 2014. In Shanghais Wachstumsbezirk Pudong san-ken die Wohnungspreise von 50 000 Yuan/qm auf 36 000 Yuan, ein Minus von 28 Prozent. Im selben Zeitraum war die gleiche negative Tendenz ebenso in Guangzhou und im aufstrebenden Industrie-standort Shenzhen zu beobachten.[41] Allein die börsennotierten chine-sischen Immobiliengesellschaften sitzen auf einem Bestand von mehr als drei Millionen unverkauften Wohnungen, das sind eine Million mehr als 2012. Dieser Leerstand hat seinen Grund jedoch nicht in mangelnder Nachfrage. Viele Investoren lassen die Apartments lieber leer stehen, damit sich diese schnell und zum besten Preis verkaufen lassen. So sind im ganzen Land gewaltige Neubauprojekte entstanden. Tausende und Abertausende Wohnblocks irgendwo im Nirgendwo. Geisterstädte der zweiten und dritten Kategorie, in denen keiner leben will. Schon jetzt stehen landesweit 20 Prozent der neuen Wohnungen leer, so die ARD-Korrespondentin Christine Adelhardt.[42] Die Wohnungen sind heute für die chinesische Bevölkerung kaum noch bezahlbar. Mittlerweile stoßen gerade Neueinsteiger im städtischen Wohnungsmarkt auf Preisverhältnisse, die jedem Normalverdiener den Besitz eines Eigenheims unmöglich machen. Für den Kauf einer durchschnittlichen Wohnung von 100 qm brutto (praktisch circa 70 qm) Größe muss ein Durchschnittsverdiener in Peking bei einem Monatsgehalt von rund 820 Euro (1 Euro = 8,61 RMB, Stand März 2014) etwa 25 bis 30 Jahresgehälter aufbringen. Je nach Gestaltung der Wohnfläche zählen in China zur Bruttowohnfläche auch öffentliche Flächen, so dass Sie ein Drittel bis zur Hälfte abziehen müssen, um zur eigentlichen Nettowohnfläche zu gelangen.[43] So haben ironischerweise die Gier und der Turbokapitalismus ihr neues Zuhause ausgerechnet im roten China gefunden!

Fazit: China steht keinesfalls so gut da wie allgemein angenommen. Die immer gleichen Jubelmeldungen mit konstant hohen Wachstumszahlen darf man nicht für bare Münze nehmen. Vielmehr darf man nicht vergessen, dass die Zahlen aus einer kommunistischen Planwirtschaft stammen. Sicherlich war das Wachstum die letzten Jahre extrem stabil und hat die westliche Welt vor allem nach 2008 vor weiteren Abstürzen gerettet. Aber China hat seine eigenen Probleme. Im ökonomischen Bereich zählen hierzu vor allem immense Kredite, für die es keinerlei Absicherung gibt, sowie eine enorme Immobilienspekulation ohne Wohnungskäufer. Platzt in China die Immobilienblase oder geht das Schattenbankensystem in die Knie, wird dies verheerende Auswirkungen auf die gesamte Weltwirtschaft haben. Noch einmal: Wir können bis heute nicht verstehen, warum sich deutsche Automobilkonzerne mit solcher Vehemenz auf den chinesischen Markt stürzen. Wenn dieser wegbricht, haben Daimler, BMW & Co. ein essentielles Standbein weniger.

Die gegenwärtigen, kurzfristigen Gewinne werden sich, dessen sind wir uns sicher, langfristig in Luft auflösen.

Japan – wirtschaftliche Kamikazepolitik mit Crashgarantie

Die Bank of Japan und die japanische Regierung erinnern sich an eine längst vergessene Tradition – und stellen auf den wirtschaftlichen Kamikazemodus um. Mit enormen Eingriffen des Staates wird der Yen künstlich billig gehalten. So sollen die Exporte gesteigert, der Binnenkonsum angeregt und damit die seit Jahren am Boden liegende Wirtschaft angekurbelt werden. Dies gelingt aber nur schwach und nur temporär. Japans Handelsbilanzdefizit war 2014 so groß wie noch nie. Der schwache Yen hat dem Land ein Rekorddefizit von 100 Milliarden Euro (11 Prozent mehr als 2013) in der Handelsbilanz eingebrockt.[44] Besonders teure Energieimporte durch den billigen Yen bereiten dem Land massive Probleme. In Anbetracht des vierten Defizits in Folge stellt sich die Frage, wie Japan seine **ausufernde Staatsverschuldung von unvorstellbaren 8,5 Billionen Euro (238 Prozent des BIPs)** – das entspricht 66.541 Euro für jeden Japaner – finanzieren kann.[45] Somit ist Japan das am höchsten verschuldete Land der Welt. Wir sind äußerst gespannt, wann die 300-Prozent-Marke erreicht wird. Und wir sind sicher, dass Japan mit dieser ökonomischen Harakiripolitik langfristig scheitern wird.

Der Unterschied zwischen der Verschuldung beispielsweise Griechenlands und derjenigen Japans liegt in einem entscheidenden Punkt: Japan ist zu rund 92 Prozent im Inland verschuldet. Gegenwärtig akzeptieren die system- und obrigkeitstreuen Japaner noch das niedrige Zinsniveau. Die amerikanische und europäische Nullzinspolitik zwingen jedoch die Bank von Japan (BoJ) zum Handeln. Zurzeit handhabt die BoJ eine Zinsspanne von 0 bis 0,1 Prozent.[46] Die Renditeerwartung für eine 10 Jahresanleihe liegt bei 0,45 Prozent.[47] Jedoch allein aus demografischen Gründen wird und kann das nicht so bleiben. Japan überaltert genauso wie unser Land, lehnt allerdings die Einwanderung jüngerer Menschen ab. So wird der Anteil der über 65-Jährigen bis 2050 von 23 auf 38 Prozent steigen. Sobald die älteren Bevölkerungsschichten zusätzlich zu ihrer Rente verstärkt aus dem Staatsanleihenmarkt Gelder für ihr Rentnerdasein abziehen, steht das Land vor gravierenden Problemen, da Japan in Zukunft bestimmt nicht im Ausland Geld zu den heutigen Minizinsen wird einsammeln können. Laut Experten haben japanische Banken und Versicherungen bereits heute rund das Neunfache ihres Eigenkapitals in Staatsanleihen des Landes investiert. Sollten die Kurse der japanischen Staatsanleihen lediglich um ungefähr 10 Prozent fallen und würde dies zu einem Renditeanstieg von ungefähr zwei Prozent führen, dann stünden die Banken und Versicherungen wohl allesamt vor dem Konkurs.[48] Der andere rostige Notnagel, der Japan noch zusammenhält, sind die Auslandsvermögen, das heißt die Staatsanleihen. Als Ergebnis zumeist von Investitionen ausländischer Investoren in japanische Wertpapiere wuchsen die japanischen Verbindlichkeiten im Ausland im Jahr 2014 um 106 Billionen Yen (etwa 7,6 Billionen Euro).[49] Ein starker Teil des Schuldenzuwachses hängt mit der Abwertung des Yen zusammen. Der nominale Yen-Wert von in ausländischen Währungen gehaltenen Vermögenswerten nimmt dabei zu. Mit anderen Worten: das Auslandsvermögen wird bei der Risikobetrachtung häufig mit den Schulden einer Nation verrechnet. Steigt das Auslandsvermögen, sinkt die Nettoschuldenquote. Zumindest optisch. Ein Ende bzw. ein Ausweg aus der Abwertungsspirale ist nicht abzusehen.[50]

Ein weiteres äußerst brisantes Problem besteht in den Folgen der Nuklearkatastrophe von Fukushima. Nach dem schweren Erdbeben und dem Tsunami vom 11. März 2011 kam es in gleich drei Reaktoren des dortigen Atomkraftwerks zur Kernschmelze. Radioaktive Stoffe wurden in großen Mengen frei, folglich mussten weite Gebiete des Landes evakuiert werden. Bis heute geht von dem Atomkraftwerk lebensgefährliche Strahlung aus.[51] Die Betreiberfirma des Atomkraftwerks Fukushima Daiichi, Tepco, steht kurz vor dem Bankrott. Die Entschädigungszahlungen für 160 000 Menschen, die die Region wegen der Nuklearkatastrophe im März 2011 verlassen mussten, sind gefährdet. Tepco ist es bis heute nicht gelungen, den Strom radioaktiv belasteten Wassers zu stoppen, der unterirdisch Richtung Meer fließt. Noch im August 2013 hat die japanische Regierung bestätigt, dass jeden Tag 300 Tonnen belastetes Wasser ins Meer strömen. Seit dem Fukushima-Super-GAU ist ein Großteil der Japaner für den Atomausstieg. Alle fünfzig japanischen Atomkraftwerke sind seither wegen Sicherheitschecks und Nachrüstungen abgeschaltet. 2013 waren lediglich zwei Reaktoren kurzzeitig am Netz. Daraus resultieren dem Land immense Kosten für die drastisch erhöhten Einfuhren von Öl und Gas als Ersatz für die nuklear erzeugte Energie.[52] All das stellt Japan vor große wirtschaftliche Probleme.

Fazit: Japan steht vor einer rabenschwarzen Zukunft. Die Verschuldung nimmt immer abstrusere Ausmaße an und wird zwangsläufig zu einem wirtschaftlichen Kollaps führen. Zusätzlich fehlen junge Menschen, die das Land nach dem Crash wieder nach vorne bringen könnten. Schließlich sind die ökologischen und wirtschaftlichen Schäden des Desasters von Fukushima noch keineswegs abzusehen.

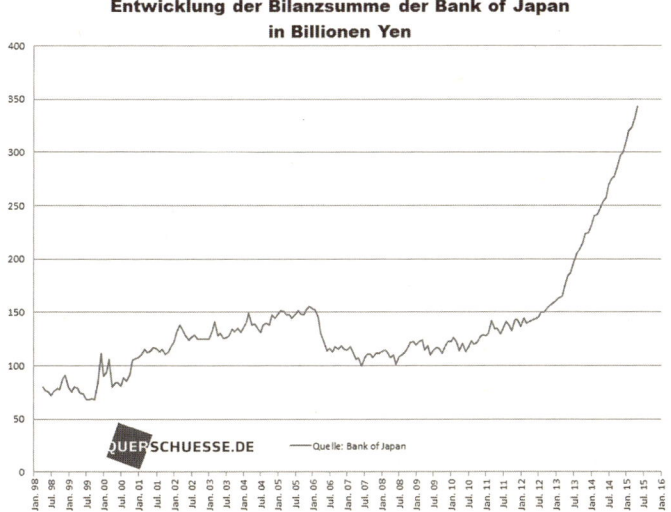

Entwicklung der Bilanzsumme der Bank of Japan in Billionen Yen

6. Enteignung, Zwangsabgaben und Inflation

Wir müssen Sie mit zwei knallharten Wahrheiten konfrontieren. Wir hoffen, Sie sitzen. Aber vielleicht haben Sie es ohnehin schon geahnt, und wir müssen Ihnen »nur« noch erklären, warum Ihre Ahnungen tatsächlich zutreffen.

Erstens: Die Zeit der Rendite ist vorbei.

Zweitens: Wir alle werden Wohlstand verlieren – oder an andere abgeben müssen.

Die Zeit der Rendite ist vorbei!

Ja, Sie haben richtig gelesen. Es gibt keine Rendite mehr! Von dem Gedanken an Rendite müssen wir uns verabschieden. Wir erleben gerade einen historischen Zeitenwechsel. **Jetzt geht es nicht mehr um Rendite und Vermögenswachstum, sondern um Vermögenserhalt und Vermögenssicherung.** Bereits heute werden wir durch die momentane Niedrigzinsphase der Notenbanken schleichend enteignet. Unser Geld, ob es auf dem Konto oder unter dem Kopfkissen liegt, verliert durch ihre fatale Politik jeden Tag an Kaufkraft. Die Verzinsung auf Sparbüchern und Tagesgeldkonten liegt bei 0,1 bis 0,25 Prozent, die offizielle Inflation jedoch weit darüber. Bei nur 2 Prozent Inflation pro Jahr halbiert sich die Kaufkraft des Geldes bereits nach 35 Jahren! **Darüber hinaus erwarten uns zahlreiche Gesetze und sonstige Maßnahmen, mit denen die Staatsschulden und Krisenkosten auf uns Bürger abgewälzt werden.**

Wir alle werden Wohlstand verlieren – oder an andere abgeben müssen

Nimm das Recht weg – was ist dann ein Staat noch anderes als eine große Räuberbande?

Augustinus von Hippo[1]

Kalte Progression, finanzielle Repression, Zwangsabgaben, Schuldenschnitt, Enteignung, historisch tiefe Leitzinsen, Bargeldverbot, Haftungskaskade und Negativzinsen – die Worte klingen allesamt kompliziert und hinterlassen ein ungutes Bauchgefühl. Übersetzt bedeuten sie nichts anderes als einen Angriff auf unser Geld und unser Vermögen.

Unser auf Schulden und exponentiellem Wachstum basierendes Finanzsystem hat in den letzten Jahren monströse Ausmaße angenommen. Die Staaten und Notenbanken der Welt haben seit 2008 dieses todgeweihte Finanzsystem vor dem sicheren Exitus bewahrt und sich dafür selbst an den Rand des finanziellen Kollapses manövriert. Für diesen Zeitgewinn haben sich die Länder vor allem in der westlichen Welt bis zur Halskrause verschuldet. Die nächste große Banken- und Finanzkrise, die kommen wird, werden die Länder nicht mehr aus eigener Kraft stemmen können. Daher werden bereits jetzt global auf verschiedenen Ebenen die Weichen dafür gestellt, zukünftig uns Bürger direkt in die Pflicht zu nehmen, wenn es gilt, das Finanzsystem abermals zu retten.

So hat der IWF zum Beispiel im Herbst 2013 eine einmalige Schuldensteuer von 10 Prozent auf alle Vermögen (Sparvermögen, Wertpapiere und Immobilien) ins Gespräch gebracht, deren Ziel es wäre, die Schuldensituation in Europa auf das Vorkrisenniveau von 2007 zu senken. Wörtlich schreibt der IWF in seinem Bericht »Taxing Times« (zu Deutsch »Zeit für neue Steuern«) Folgendes über die Konfiszierung von Privatvermögen:

»Der starke Rückgang der öffentlichen Finanzen hat in vielen Staaten das Interesse an einer ›Kapitalabgabe‹ geweckt; durch eine einmalig erhobene außerordentliche Steuer auf Privatvermögen soll die weitere Bedienung der öffentlichen Schulden gesichert werden. Zunächst ist sicherzustellen, dass sich niemand dieser Steuer entziehen kann; wenn dann noch der Eindruck erweckt wird, es handle sich um eine einmalige, keinesfalls wiederkehrende Maßnahme, wird diese Sondersteuer sicher allgemein akzeptiert und von einigen sogar als fair empfunden werden. […] Weil eine solche Steuer nur schwer durchzusetzen ist, müssen auch die Risiken alternativer Maßnahmen aufgezeigt werden, die zum Beispiel dadurch entstehen, dass die Schulden nicht mehr bedient werden können (Anmerkung der Autoren: Zahlungsunfähigkeit bzw. Staatsbankrott) oder die Schulden nur durch Inflation weiter zu bedienen sind. Der Steuersatz, der notwendig wäre, um die öffentliche Verschuldung auf das Niveau vor der Finanzkrise von 2007 abzusenken, wäre zum Beispiel in 15 Staaten der Eurozone für die Privathaushalte mit positivem Nettovermögen auf etwa 10 Prozent festzusetzen.«[2]

In die gleiche Richtung dachte im Januar 2014 die Deutsche Bundesbank.[3] Im Gegensatz zum IWF schlug sie eine entsprechende Abgabe, allerdings nur für die Krisenstaaten, vor.

Einen weitaus drastischeren Lösungsvorschlag empfahlen im Dezember 2013 die Ökonomen und Harvardprofessoren Carmen Reinhart und Kenneth S. Rogoff, ehemaliger Chefökonom des IWF. Die beiden Professoren sind Verfasser des IWF-Arbeitspapiers »Finanz- und Staatschulden-Krise: Lektionen, die wir aus der Vergangenheit gelernt haben – und solche, die wir vergessen haben«.[4] In dem Papier wird schonungslos mit den bisherigen Maßnahmen zur Lösung der Krise abgerechnet. Alle bisherigen Aktionen werden als nicht ausreichend beschrieben, und die Autoren legen dar, dass es wesentlich radikalere und härtere Schritte erfordert, um eine Besserung herbeizuführen – und zwar weltweit! Die verordnete Austeritätspolitik, also der strenge Sparkurs der Staaten, und die vielen Milliarden an Rettungspaketen, erläutern Reinhart und Rogoff, verschieben die Probleme lediglich in die Zukunft, diese sind aber dadurch keinesfalls gelöst. Die Hoffnung der Politik, durch Wachstum aus der Krise zu kommen, wird ebenso als illusorisch abgetan.

Akribisch werden die Schuldenkrisen des vergangenen Jahrhunderts analysiert. Keine dieser Krisen wurde durch wirklich tiefgreifende und radikale Schritte bewältigt, und jede von ihnen ging, wie von uns für die Zukunft prognostiziert, mit enormen Wohlstandsverlusten für uns Bürger einher. Durch das Verschieben des Problems in die Zukunft werden die Intensität und die Konsequenzen des kommenden Crashs noch verschärft und die Belastungen für uns in die Höhe getrieben. Gegenwärtig haben die Staatsschulden in den wichtigsten Industrienationen den höchsten Stand seit 200 Jahren erreicht. Als Lösungsvorschläge empfehlen die Autoren des Arbeitspapiers eine höhere Inflation, Kapitalkontrollen, Schuldenschnitte, Zwangsabgaben, eine Steuer auf Ersparnisse sowie weitere Mittel der finanziellen Repression.

Bei der Analyse stimmen wir mit den beiden Ökonomen absolut überein. Die Sparpolitik hat in manchen Fällen eine kurzfristige, kosmetische Besserung beschert, vor allem aber hat es die Volkswirtschaften in den betroffenen Ländern (Griechenland, Irland, Portugal, Spanien etc.) zugrunde gerichtet. Die Lösungsvorschläge von Reinhart und Rogoff sind jedoch zutiefst ungerecht, unsozial und würden nur dazu führen, dass die Lebenszeit eines an sich gescheiterten und falschen Finanzsystems abermals auf unsere Kosten künstlich verlängert wird.

Was bereits installiert wurde, ist die CAC-Klausel (Collective Action Clause; zu Deutsch: Kollektive Handlungsklausel). Sie ist seit 2013 europäisches Gesetz. **Damit können Besitzer von Staatsanleihen gegen ihren Willen im Notfall rückwirkend enteignet werden.**[5]

Besitzen Sie Staatsanleihen? Nein? Sind Sie sicher? Besitzen Sie vielleicht eine Lebensversicherung, Rentenversicherung, Rentensparvertrag oder einen konservativ aufgestellten Fonds?

Herzlichen Glückwunsch! Dann sind Sie Besitzer von Staatsanleihen und damit ebenfalls von der CAC-Klausel betroffen. Denn die Anbieter der genannten Produkte sind gesetzlich verpflichtet, das Geld ihrer Kunden zum Erwirtschaften von Erträgen in Anleihen mit »hoher Güte« anzulegen, und das sind nun einmal sehr oft Staatsanleihen.[6] **Festverzinsliche Wertpapiere, zu denen die Staats-**

anleihen gehören, machten 2013 rund 90 Prozent der 796 Milliarden Euro Kapitalanlagen deutscher Lebensversicherer aus.[7] Dabei hat die Entscheidung der EZB, den Zinssatz auf historische Tiefstände zu senken, diese Abläufe bei den Versicherungen weiter dramatisiert. Damit wird es fast unmöglich, den Versicherungskunden einen Garantiezins zu gewährleisten.[8] 2015 wurde der Zins auf 1,25 Prozent gesenkt und wird wahrscheinlich weiter sinken.[9] In Anbetracht dieser astronomischen Summe ist es wichtig, sich bewusst zu machen, was mit diesen Kapitalanlagen geschieht, falls es zu einem Zahlungsausfall kommen sollte.

Seit 2013 enthalten alle ausgegebenen Staatsanleihen die genannte CAC-Klausel. **Bereits 2019 werden mehr als die Hälfte aller Anleihen die Klausel über kollektives Handeln enthalten.** Und das heißt, dass die Besitzer der in Lebensversicherungen, Rentenversicherungen und Fonds enthaltenen Staatsanleihen gegen ihren Willen rückwirkend enteignet werden können! Aber auch Besitzer von Staatsanleihen, die keine CAC-Klausel enthalten, können enteignet werden. So schon geschehen in Griechenland. Dort haben die Anleger bis zu 80 Prozent ihres Geldes verloren. Im Notfall schreckt der Staat vor keiner Maßnahme zurück.

Im Februar 2014 überschlugen sich die Nachrichten. Den Anfang machte die Nachrichtenagentur Reuters. Sie meldete Spannendes: Die EU-Kommission will die europäische Wirtschaft wieder auf die Wachstumsschiene hieven und die Finanzierungslücke für Unternehmen schließen, welche seit 2008 aufgrund mangelnder Finanzierung durch die Banken entstanden ist. (Moment mal: Wurden die Banken nicht mit Milliarden Euros gemästet, um genau dies zu tun? Die Banken äußerten großes Bedauern und zählten die erhöhten Anforderungen in Hinblick auf Eigenkapital, Basel III, Stresstest etc. auf – all das hindere sie daran, in die Wirtschaft zu investieren.) Um nun Geldquellen für die Wirtschaft zu erschließen, soll die Versicherungsaufsicht befragt werden, wie ein Gesetz aussehen kann, mit dem sich die Pensionsgelder der 500 Millionen EU-Bürger für langfristige Projekte anzapfen lassen. Ein weiterer Plan der EU-Kommission sieht vor, den Bürgern Europas ein EU-Sparkonto anzubieten. Mit den darauf angesammelten Guthaben sollen ebenfalls kleine Unternehmen finanziert werden.[10]

Da stellen sich uns folgende Fragen:

- Darf man sich dem Zugriff auf die eigenen Pensionen verweigern?

- Wer trägt das Risiko, wenn die Investition schiefläuft?

- Werden die Staaten zum Auszahlungszeitpunkt bzw. während der gesamten Verrentungsphase noch Ihre Schulden bezahlen können? Schließlich steckt Ihr Geld ja größtenteils in Staatsanleihen.[11]

Fragen, die bisher völlig unbeantwortet sind. Bisher hat sich die EU nicht gerade einen Ruf als hervorragender Vermögensverwalter und nachhaltiger Investor erworben. All diese Entwicklungen sollten jedem deutlich machen, wie von offizieller Seite nach jedem Strohhalm gegriffen wird. Wir werden uns in Zukunft noch an vielen fantasievollen, insgesamt aber sehr fragwürdigen Ideen der Büro- und Technokraten erfreuen dürfen.

EU-Bürger unter Generalverdacht

Was würden Sie sagen, wenn Ihre Bank bei allen Überweisungen, die Sie aus dem Ausland erhalten, automatisch 20 Prozent der Gesamtsumme einbehalten würde? Die Begründung wäre: Sie stünden unter dem Generalverdacht der Geldwäsche. Gelten würde dies für alle Auslandsüberweisungen, rückwirkend seit dem letzten Monat! An das »beschlagnahmte« Geld kommen Sie erst wieder heran, wenn Sie Ihre Unschuld bewiesen haben. Klingt unglaublich und unmöglich? Die Wirklichkeit ist verrückter, als Sie es sich vorstellen können! Mitte Februar 2014, nur wenige Tage, nachdem Italiens Ministerpräsident Letta von seinem Kollegen Renzi gestürzt wurde, wies Italiens Regierung die Banken an, bei allen Überweisungen aus dem Ausland 20 Prozent der Summe als »Steuervorauszahlung« einzubehalten.[12] Damit verstößt Italien klar gegen geltende EU-Gesetze zur Kapitalverkehrsfreiheit. Für uns beweist das, zu was Staaten fähig sind. Es ist nichts anderes als modernes Raubrittertum. Mit dieser Regelung werden alle Bürger Italiens pauschal und ohne jede Rechtsgrundlage der Geldwäsche verdächtigt und somit kriminalisiert. Parallel macht es sich der Staat recht einfach, indem er die Beweislast umkehrt und die Bürger gezwungen werden, ihre Unschuld zu beweisen. Erst wenn ein Empfänger beweisen kann, dass es sich nicht um steuerpflichtige Einkünfte handelt, wird das Geld freigegeben. Die Maßnahme trifft selbstverständlich nur für Privatpersonen und nicht für Unternehmen zu. Wieder einmal machen Politik, Banken und Wirtschaft gemeinsame Sache, mit finanzieller Repression und Kapitalkontrollen gegen das eigene Volk. So schnell wird aus einem Rechtssystem ein Unrechtssystem.

Die Reaktionen der Bevölkerung waren so heftig, dass die Regierung sich gezwungen sah, die Bestimmung nach nur drei Tagen vorerst zurückzunehmen. In der Pressemitteilung versuchte man, das Gesicht zu wahren: Der automatische Einbehalt sei nicht mehr notwendig, hieß es, da es mittlerweile einen automatischen Datenaustausch zwischen mehreren Staaten gebe.

So weit zur EU und zu Italien. Wir dürfen gespannt sein, welche Blüten die Fantasie der deutschen Politiker noch treiben wird.

Wer ist eigentlich Herr Holle?

Wir meinen damit nicht den Gatten der uns aus Kindertagen bekannten Frau Holle. Und leider ist die Geschichte des Herrn Holle auch kein Märchen, sondern bittere Realität. Wir reden hier von Levin Holle, der bis Ende 2011 Partner und Leiter des Berliner Büros der Unternehmens- und Strategieberatung Boston Consulting Group (BCG) war. Aus diesem Büro kam eine Studie mit einem Lösungsvorschlag für die Schuldenkrise – allerdings glich dieser Vorschlag sehr den schon genannten Empfehlungen des IWF.[13] Das von Holles Kollegen Daniel Stelter verfasste Papier verfolgt den Ansatz, dass die Krise mit einer Enteignung der privaten Sparvermögen in Europa gelöst werden könne. **Die Empfehlung der Studie: ein Drittel aller Guthaben konfiszieren.**

Herr Holle verdiente bei der Boston Consulting Group ein stattliches Salär von über 1 Million Euro jährlich. Seit 2012 hat er eine neue Arbeitsstelle und verdient »nur« noch 125 000 Euro pro Jahr.[14] Welcher Arbeitgeber ist so spannend, dass man auf 90 Prozent seines möglichen Gehalts verzichtet? Falls Sie nicht gleich darauf gekommen sind: Der gelernte Jurist ist nun Angestellter von Wolfgang Schäuble als Leiter der Abteilung VII Finanzmarktpolitik im Bundesfinanzministerium in Berlin.[15] Diese Abteilung beherbergt die Banken- und Versicherungsaufsicht, kümmert sich um die Vorbereitungen für die G8- und G20-Treffen, kontrolliert den Finanzmarktstabilisierungsfonds SoFFin sowie die deutsche und europäische Finanzmarktregulierung. Da trifft es sich ganz gut, dass Herr Holle aus dem Hause der »Enteignungsspezialisten« BCG sowohl bei der Ausarbeitung der Strategien für den Umgang mit der Finanzkrise in Zypern als auch bei dem bereits erwähnten »Bail in« der Sparer schon im Amt war und seine Expertise mit einfließen lassen konnte. Manch böse Zunge nennt seit Herrn Holles Amtsantritt das Ressort auch Abteilung für Enteignung.

Sie sehen also, dass weltweit an den Themen Enteignung der Bürger und Implementierung der Kleptokratie gefeilt wird und der Kreativität hierbei keine Grenzen gesetzt sind. Der IWF, die EU und die BCG machen dies nicht aus Langeweile oder auch aus Jux und Tollerei, wie die Frohnaturen unter uns vermuten könnten, sondern weil es keinen anderen Ausweg mehr gibt, um dem todgeweihten System noch ein wenig mehr Lebenszeit zu ermöglichen. Man weiß sich nicht mehr anders zu helfen, als einen groß angelegten Diebeszug zu Lasten der Bürger zu initiieren.

Wie der Staat unser Geld verschleudert

Der Staat ist strukturell gierig, kann aber mit Geld nachweislich nicht umgehen. Das wissen wir nicht erst seit dem BER-Flughafen in Berlin, der Kanzlerin-S-Bahn ebendort, der Elbphilharmonie in Hamburg und unzähligen weiteren Verschwendungsprojekten, welche jährlich vom Bund der Steuerzahler (BdST) aufgedeckt werden. Ein Blick in das Schwarzbuch des BdSt treibt jedem aufrechten Steuerzahler die Zornesröte ins Gesicht.[16] In den letzten Jahren sind die staatlichen Steuereinnahmen auf Rekordsummen gestiegen, trotzdem erreichen die Staatsschulden immer neue Höchststände und wichtige, nachhaltige Investitionen bleiben aus. Um Wahlen zu gewinnen, werden weiterhin fleißig Geschenke verteilt, welche sich der Staat eigentlich nicht leisten kann. Dies ist mehr als ungerecht und verantwortungslos gegenüber den zukünftigen Generationen. Jedoch werden Politiker jetzt und heute gewählt. Aus diesem Grunde war und ist es den meisten von ihnen vollkommen egal, was nach ihnen kommt.

Alle Menschen sind klug – die einen vorher,
die anderen nachher.
Voltaire

Wenn Sie es schaffen, 50, 60 oder sogar 70 Prozent Ihres Vermögens über die Krise zu retten, werden Sie zu den Gewinnern gehören. 90 Prozent der Menschen oder sogar mehr werden 80, 90 und mehr Prozent ihrer Rücklagen verlieren, sofern sie in der einen oder anderen Form in Papierwerten angelegt sind. So war es in der Vergangenheit immer bei großen Wirtschaftskrisen, und so wird es auch dieses Mal der Fall sein. Einer muss schließlich die Zeche bezahlen. Bitte bedenken Sie immer: **Nicht der Staat geht pleite, sondern seine Bürger.** Die Worte »Bürger« und »Bürgschaft« – ersterer ist vom althochdeutschen Wort für »Burg« abgeleitet, die Bürgschaft dagegen vom »borgen« – haben zwar nicht denselben Wortstamm, aber nichtsdestoweniger müssen wir Bürger für das haften, was der Staat anrichtet, denn wir sind der Staat. Der eine wird mehr bezahlen müssen und der andere weniger, aber wir alle werden abgeben und unseren Beitrag leisten müssen – ob wir wollen oder nicht.

Einerseits werden Steuern, Abgaben und Gebühren sich erhöhen, andererseits wird es Zwangsmaßnahmen wie Enteignungen und Sondersteuern geben, wie es der IWF und andere vorschlagen und wie es in Griechenland, Zypern, Spanien, Italien etc. jetzt schon der Fall ist. Was im Süden Europas gerade gang und gäbe ist, wird auch in Deutschland in der Zukunft praktiziert werden. Was nicht über Steuern abgeschöpft werden kann, wird sich der Staat auf anderen Wegen von uns Bürgern holen. Bedenken Sie: Verzweifelte Situationen haben Politiker schon immer dazu gebracht, verzweifelte Aktionen auszulösen, um den Machterhalt zu sichern.

Das Dilemma der Notenbanken

Was die Notenbanken 1929 bei der Großen Depression falsch gemacht haben, nämlich den Geldhahn zuzudrehen und die Wirtschaft sowie den Konsum damit abzuwürgen, wollten sie 2001 und 2008 mit dem anderen Extrem richtig machen – ohne an die verheerenden Nebenwirkungen zu denken. Die Märkte wurden massiv mit Geld geflutet. Noch nie war mehr Geld im Finanzsystem als aktuell. Noch nie waren die Verschuldung der Staaten höher und die Zinsen der Notenbanken auf globaler Ebene niedriger. Aus dem Leitzins wurde sozusagen ein Leidzins. Niemals zuvor waren die staatlichen und währungspolitischen Eingriffe verzweifelter. Dadurch wird die Schere zwischen Arm und Reich immer größer und die sozialen und gesellschaftlichen Spannungen nehmen enorm zu.

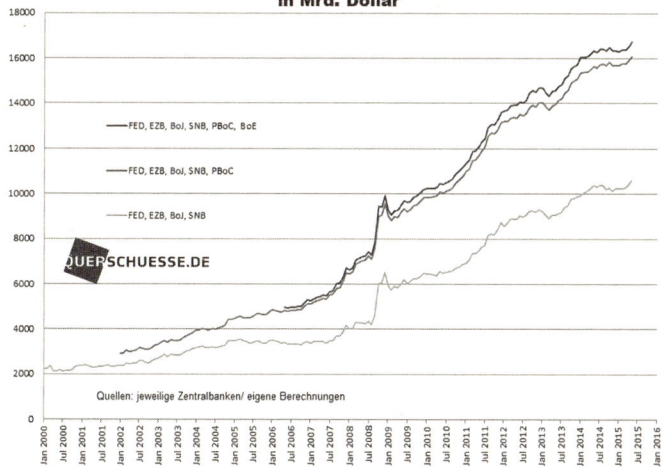

Kumulierte Bilanzsumme der wichtigsten Zentralbanken in Mrd. Dollar

FED, EZB, BoJ, SNB, PBoC, BoE

FED, EZB, BoJ, SNB, PBoC

FED, EZB, BoJ, SNB

QUERSCHUESSE.DE

Quellen: jeweilige Zentralbanken/ eigene Berechnungen

Die Notenbanken (in der Grafik oben sind das: FED: Federal Reserve System, Zentralbank der USA; EZB: Europäische Zentralbank; BoJ: Bank of Japan; SNB: Schweizerische Nationalbank; PBoC: Peoples Bank of China, Zentralbank der VR China; BoE: Bank of England) haben die Rolle eines Drogendealers eingenommen und müssen die Märkte bis zum bitteren Ende mit ihrer Droge Geld versorgen. Im Februar 2015 betrug die Bilanzsumme des amerikanischen Federal Reserve System 4,5 Billionen Dollar, von denen 4,2 Billionen Dollar, also 90 Prozent, auf Wertpapiere entfielen. In dem sehr hohen Anteil der Wertpapierbestände spiegeln sich die drei Ankaufprogramme der Fed zwischen 2008 und 2014 wider.[17] In Europa belässt die EZB 2015 den Leitzins auf rekordtiefen 0,05 Prozent und kündigt die große Geldflut an. Bis Ende September 2016 will sie monatlich für 60 Milliarden Euro Anleihen aufkaufen.[18] Die Gesamtsumme beliefe sich auf unvorstellbare 1,140 Billionen Euro. Obschon die Reaktionen heftig waren, wurde das Programm gestartet. Nach Auffassung von Ex-EZB-Chefvolkswirt Jürgen Stark, der das Milliardenprogramm nicht für nötig hält, zeigen auch Entwicklungen in der Schweiz, wie sehr die Notenbanken bereits jetzt die Märkte dominieren. Die heftigen Marktreaktionen auf den Entschluss der eidgenössischen Notenbank zur Freigabe des Franken, sind für ihn ein Beleg dafür, wie abhängig heute die Finanzmärkte vom Verhalten und den Operationen der Zentralbanken sind.[19]

Zinserhöhung

Sollten die Notenbanken die Zinsen erhöhen, werden sie das Wirtschaftswachstum abwürgen bzw. im Keim ersticken, weil dann einerseits das Geldleihen teurer und andererseits das Sparen wieder attraktiver wird. Folglich investieren Unternehmen weniger und der Konsument gibt weniger aus. Die Konsequenz ist zuerst eine sinkende Nachfrage nach Produkten, später sinkt auch deren Preis und ganz nebenbei noch die Inflationsrate. Es besteht die Gefahr einer destruktiven **Deflationsspirale**, das heißt, es wird immer weniger investiert, Unternehmen verkaufen weniger, dadurch werden Mitarbeiter entlassen, als Konsumenten geben sie daher noch weniger aus, was die Nachfrage und damit die Preise weiter sinken lässt usw. Die Aktienmärkte, die aufgrund der niedrigen Zinsen und der dadurch schier unendlich zur Verfügung gestellten Geldfluten inflationär aufgeschwemmt sind, würden keine soliden Preise mehr bilden können, und schlussendlich würden die Staatsanleihen auf dem Markt komplett wertlos, da viele Staaten bei höheren Zinsen ihre Schulden nicht mehr bezahlen können und damit die Anleihen durch keinerlei Sicherheiten mehr gedeckt würden. **Wenn die Staatsanleihenblase platzt, bricht unser gesamtes Finanzsystem zusammen, und es wird weder Euro noch Dollar, Yen, Schweizer Franken, Norwegische Krone, Australischen oder Kanadischen Dollar mehr geben. Wann das geschieht, ist unklar, dass es passiert, steht fest.** Die Staaten werden die Schulden und Zinsen irgendwann nicht mehr bezahlen können.

Zinssenkung in Richtung null

Wenn die Notenbanken die Zinsen im Keller belassen, wird es eine heftige Inflation geben. Niedrige Zinsen führen immer wieder zu Blasen, ob es sich nun um Aktien, Immobilien oder Rohstoffe handelt. Letztlich sind sehr viele wirtschaftliche Verwerfungen und Krisen der neueren Zeit seit Auflösung des gedeckten Geldsystems auf eine falsche Notenbankpolitik und auf zu niedrige Leitzinsen zurückzuführen.

Die Technologieblase im Jahr 2000/2001 am NASDAQ und am Neuen Markt in Deutschland wurde durch die Immobilienblase in den USA, England, Irland, Spanien etc. abgelöst (die dann 2008 platzte) und diese dann wieder von der gegenwärtigen Aktienblase, Immobilienblase usw. **Eine Blase muss immer durch eine neue und noch größere Blase aufgefangen werden.** Das bedeutet: 2008 haben wir eigentlich nur den Anfang der Katastrophe gesehen. Bildlich gesprochen sind wir 2008 mit 120 Stundenkilometern gegen die Wand gefahren. Aber es war noch keine echte Wand, eher eine Theaterkulisse. Trotzdem haben viele ziemlich heftige Schrammen abbekommen. Seitdem hat man jährlich mehr und mehr aufs monetäre Gaspedal gedrückt und fährt aktuell 250 Stundenkilometer. Zusätzlich wurden parallel noch die Airbags deaktiviert und der Gurt gelöst. Und die Wand besteht diesmal aus Stein. **Der Aufprall wird definitiv tödlich für das Finanzsystem sein.**

Die nicht von uns Bürgern gewählten Mitglieder der Notenbanken haben sich für die Zinssenkung entschieden. Damit können sie vor allem erst mal für gute Nachrichten sorgen. Zudem hat die Zinssenkung einen schönen und sehr nützlichen Nebeneffekt: Solange es funktioniert, sind die Hauptprofiteure einer Inflation immer der Staat und die Banken. Der Staat kann sich auf Kosten der Bürger entschulden, und die Banken können sich günstig Geld von der Notenbank leihen, das sie teuer an den Staat, Bürger und Unternehmen weiterverleihen. Ein geniales Geschäftsmodell und ein Garant für bombensichere Gewinne. Eine klassische Win-win-Situation für die beiden Protagonisten – zu unser aller Nachteil.

Die EZB hält die Zinsen ebenfalls im Keller und hat 2015 nicht nur das umstrittene Aufkaufprogramm OMT (Outright Monetary Transactions), das unbegrenzte Staatsanleihekäufe vorsieht, vom Europäischen Gerichtshof (EuGH) bestätigt bekommen. Sie hat auch noch ihren Status als vorrangige Gläubigerin der von ihr gehaltenen Papiere ad acta gelegt.[20] Das bedeutet, wenn ein Land pleitegehen sollte, haftet nicht mehr die EZB mit ihrem limitierten Stammkapital von 7,6 Milliarden (davon zirka 2 Milliarden von der Deutschen Bundesbank) für die aufgekauften Anleihen, sondern die Bürger Europas.[21] Jens Weidemann, seines Zeichens Chef der Deutschen Bundesbank, war der Einzige der 17 Notenbankchefs, der gegen diese Regelung gestimmt hat. Auch heute sieht die Bundesbank ein weiteres Staatsanleihekaufprogramm kritisch.[22] Vielleicht auch deshalb, weil er ahnt, dass vor allem die Deutschen noch den einen oder anderen Spargroschen besitzen – und sie durch eine Haftungsunion im Notfall zur Kasse gebeten werden.[23]

Wir alle erleben gerade live **das größte Notenbank- und Geldexperiment der Geschichte.** Es dürfte inzwischen deutlich geworden sein, dass die Chance eines Gelingens bei diesem Experiment gleich null ist, das Ganze vielmehr in einem Ausmaß scheitern wird, das sich unserer Vorstellung entzieht. Denn durch die enge Verbindung zwischen Wirtschaft, Banken, Staaten, Währungen auf der ganzen Welt, die durch die Globalisierung entstanden ist, kann ein einziger rollender Stein heute eine riesige Lawine auslösen.

Es liegt in der Natur des Kapitalismus, dass es periodisch zu Ausbrüchen des Wahnsinns kommt.
John Kenneth Galbraith, amerikanischer Wirtschaftswissenschaftler

Bevor das System in die Knie geht, erwarten wir zunächst einen deflationären Schock, bei dem sich viele Güter massiv verbilligen werden. Erste Tendenzen einer Deflation sind bereits zu erkennen, und die EZB reagiert darauf äußerst allergisch. Das viele billige Geld schwirrt derzeit vor allem im Bankensektor und in den genannten Blasen der Immobilien- und Aktienmärkte herum. Unternehmen und Bürger halten sich dagegen mit Investitionen und Konsumausgaben zurück. Folge: Die Preisspirale rotiert tendenziell nach unten. Wenn die Geldflut die Realwirtschaft dann doch unter Wasser setzt – und irgendwann *muss* und *wird* das passieren – dann ist auch beim Letzten das Vertrauen in die fatale monetäre

Rettungspolitik zerstört. Alle Hoffnungen der Zentralbanken, sie könnten ihr billiges Geld irgendwann wieder »einsammeln«, sind pure Illusion. Wir werden daher im Anschluss an eine deflationäre Phase eine Inflation erleben, die schließlich in einer Hyperinflation enden wird. Danach werden ein Währungsschnitt und eine Währungsreform durchgeführt. Wer Augen hat zu sehen, kann dies heute schon erkennen.

Denn ökonomisch ist der Euro eigentlich schon gescheitert und wäre in einem freien Markt längst von der Bildfläche verschwunden. Vermutlich ist er überhaupt nur deshalb noch am Leben, weil die Verbissenheit im politischen Lager so extrem stark ist. EZB-Chef Draghi zum Beispiel zementierte dies mit seiner nachgerade fanatischen Botschaft, der Euro sei »irreversibel«. Eventuell wird es in Zukunft noch einen Kern-Euro und daneben einige Parallelwährungen geben. Auf der regulativen Ebene werden wir es mit Maßnahmen wie zum Beispiel Abhebungs- und Barzahlungsbegrenzungen, Steuererhöhungen oder Zwangsabgaben zu tun bekommen. Politik und Finanzsektor werden im Zweifel jedes Mittel recht sein, um Zeit zu gewinnen. Wir Bürger werden uns bis zum finalen Crash an

todernste Politikerminen, hektische Krisengipfel, undemokratische Entscheidungen, verzweifelte Rettungsaktionen und partielle Enteignungsmaßnahmen so gewöhnt haben, dass viele Vorzeichen der sich anbahnenden Katastrophe gar nicht mehr auffallen. Doch wenn die Menschen erst begreifen, dass ihr Geld und auch ihre Rente zum großen Teil weg sind, wird man Ausschreitungen, bürgerkriegsähnliche Zustände und Revolutionen nirgendwo mehr ausschließen können. Der Zorn wird unbeschreiblich sein. Schauen wir uns die einzelnen Szenarien und Entwicklungen genauer an.

Deflationärer Schock

Im Jahre 2008 hat es nach der Lehman-Pleite schon einmal einen leichten deflationären Schock gegeben. Binnen kürzester Zeit hat unsere Wirtschaft eine Vollbremsung eingelegt – um eben nur noch mit den erwähnten 120 Stundenkilometern auf die Wand zuzubrettern. Von heute auf morgen wurden Aufträge storniert, die Bänder wurden auf ein Minimum heruntergefahren oder standen ganz still, »systemrelevante« Banken und Unternehmen wurden verstaatlicht (wenn sie groß genug waren, um der Politik gefährlich zu werden), andere gingen bankrott, Kurzarbeit wurde angemeldet, die Aktien- und Rohstoffmärkte rasselten in den Keller und Cash war King. Nur mit weltweit konzertierten Aktionen haben es die Notenbanken und Staaten erreicht, diesen Schock aufzufangen und in der Folge einen »Crack-up-Boom« zu erzeugen. Ein Crack-up-Boom ist ein temporäres Aufbäumen der Wirtschaft, das durch immense Geldspritzen und Markteingriffe ausgelöst wird. Die Probleme werden zwar dadurch nicht gelöst, aber man hat noch mal ein paar weitere schöne Jahre – allerdings auf Pump. Der Preis ist, dass die Rechnung am Ende deutlich höher ausfällt – und die Folgen des Aufschubs umso schmerzhafter werden.

Jetzt stellen Sie sich bitte einen neuen deflationären Schock vor, der entsteht, wenn sich die seit 2009 angestauten Probleme entladen. Dieser Schock könnte durch ein sogenanntes Black-Swan-Ereignis jederzeit ausgelöst werden.

Black-Swan-Ereignis

Die Theorie wurde von Nassim Nicholas Taleb in seinem Buch *Der schwarze Schwan* beschrieben. Der Finanzmathematiker und philosophische Essayist betrachtet viele wissenschaftliche Entdeckungen und andere Ereignisse als schwarze Schwäne – durch Zufall zustande gekommen und nicht vorhergesagt. Denn fast alle gehen ja davon aus, dass es nur »weiße Schwäne« gibt. Er nennt den Aufstieg des Internets, des Personal Computers, den Ersten Weltkrieg sowie die Angriffe am 11. September 2001 als Beispiele für Black-Swan-Ereignisse.[24]

Der Ablauf könnte diesmal folgendermaßen aussehen: Die Wirtschaft legt abermals binnen kürzester Zeit eine Vollbremsung hin. Diesmal ist diese Bremsung jedoch wesentlich heftiger als 2008, als mit Lehman nur die viertgrößte Investmentbank der Welt pleiteging. Dieses Mal geht eine der ganz großen Banken pleite, ein Land wie Japan kann seine Schulden nicht mehr bezahlen, die USA erhöhen nicht mehr ihre Schuldenobergrenze und bezahlen folglich ihre Schulden ebenfalls nicht mehr, eine Währung wie der Euro kippt oder der Krieg in Syrien, der Konflikt in der Ukraine, ein Wahlsieg der Front National in Frankreich und ein damit verbundener Austritt aus dem Euro, auch der drohende Grexit, wenn Griechenland den Euro verlässt, oder eine Krise in einer anderen Weltregion entwickelt sich zu einem Flächenbrand.

Dieses Mal ist jedoch nicht ausreichend Geld vorhanden, um die mittlerweile noch größeren, zwar mit unvorstellbar viel billigem Geld vollgesogenen, aber nicht mit echten Werten abgesicherten »systemrelevanten« Banken zu retten und das Vertrauen herzustellen. Verständlicherweise ist dann für Konjunkturprogramme wie beispielsweise die Abwrackprämie auch kein Geld mehr da. Die Folge: Banken werden nicht gerettet und schließen folglich ihre Schalter, die Bürger verlieren zuerst ihr Erspartes und dann ihren Arbeitsplatz, da selbstredend auch kein Geld für Kurzarbeit mehr vorhanden ist. Die Aktien- und Rohstoffmärkte gehen in die Knie. Als Nächstes wird es dann den Immobilienmarkt treffen, da viele Bürger ihren Kredit nicht mehr bezahlen können und ihre Immobilie verkaufen müssen. Die Welt wird in eine Depression fallen, wie es in den Dreißigerjahren geschah. Im Falle eines deflationären Schocks zählt nur eines: Cash – allerdings nur, solange keine Währungsreform stattfindet.

Inflation

Die Inflation raubte der Arbeiterklasse ihren Lohn, ohne dass es dieser aufgefallen wäre. Die armen Deppen haben den Politikern auch noch dafür gedankt, dass sie ihnen das Geld aus den Taschen zogen.

Jacques Rueff, Wirtschaftsberater von Charles de Gaulle[25]

Offiziell haben wir in Deutschland augenblicklich eine Inflationsrate von 0,3 Prozent.[26] »Inflation« ist eine anhaltende Preissteigerung in Verbindung mit Kaufkraftschwund und Geldentwertung.[27] Sie entsteht beispielsweise dann, wenn eine Zentralbank die Geldmenge zu stark ausweitet. Tatsächlich erleben wir derzeit eine reale Verzinsung unterhalb der Nulllinie. Wenn Sie 100 verdiente Euro sofort ausgeben, muss Sie das nicht sonderlich stören. Als Konsument haben Sie es eher mit dem Problem zu tun, dass leider auch Ihr Gehalt in den letzten Jahren real (abzüglich der Inflation) geschrumpft ist. Aber an all Ihren Rücklagen – vom Sparbuch über die Lebensversicherung bis hin zum Aktienfonds – nagen anhaltende Phasen negativer Verzinsung dramatisch.

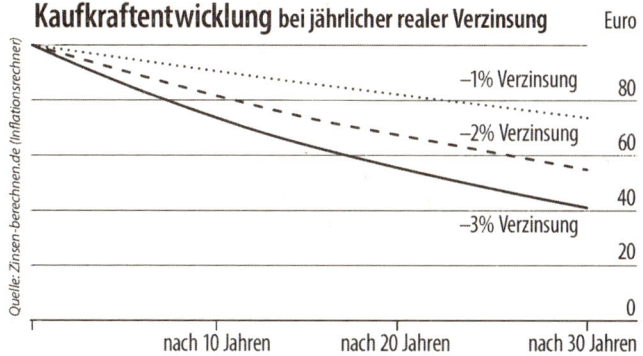

Kaufkraftentwicklung bei jährlicher realer Verzinsung   Euro

Quelle: Zinsen-berechnen.de (Inflationsrechner)

–1% Verzinsung   80

–2% Verzinsung   60

40

–3% Verzinsung

20

0

nach 10 Jahren   nach 20 Jahren   nach 30 Jahren

Unserer Ansicht und Erfahrung nach ist die Inflation jedoch weitaus höher. Hinzu kommt nämlich das, was Experten die »gefühlte Inflation« nennen, was uns aber als durchaus real erscheint. Die EZB erläutert ihren Begriff der gefühlten Inflation durch die folgenden Beobachtungen:

»**Preisanstiegen wird mehr Beachtung geschenkt** als stabilen oder sinkenden Preisen. Laut den Forschern von der EZB bleiben uns Preissteigerungen länger im Gedächtnis, und stabile oder zurückgehende Preise fallen uns weniger auf.«[28] So weit mag man folgen. Nun führt die EZB weiter aus:

»**Häufig getätigte Anschaffungen werden stärker wahrgenommen.**« In den letzten Jahren, so die Forscher, seien die Preise für viele Dinge einigermaßen stabil geblieben oder sogar gefallen. Angestiegen seien sie »nur« bei einigen häufig erworbenen Waren bzw. in Anspruch genommenen Dienstleistungen wie beispielsweise Benzin, Brot oder Bus- und Bahnfahrkarten. So entspreche es nicht dem realen Bild der Preissteigerung, wenn die Verbraucher insgesamt eine Preissteigerung erleben, denn sie haben keinen Überblick über das Gesamtbild, in das die Statistiker die Preise aus quasi allen Marktsegmenten einbeziehen.[29] Wie sieht das nun konkret aus? Wie das Statistische Bundesamt in seinem Eilbericht vom Juni 2015 mitteilt, stiegen die Nahrungsmittelpreise von 2010 bis 2014 um circa 12 Prozent, während sich im laufenden Jahr die Nahrungsmittelpreise den Verbraucherpreisen insgesamt angeglichen haben. Die Jahresteuerung ging 2014 ging auf 0,9 Prozent zurück, Nahrungsmittel wurden um 1,0 Prozent teurer.[30] Der Jahresvergleich ist aber nicht in jedem Fall so aussagekräftig wie es scheint. Die Erlöse der Milch-Bauern sind zum Beispiel inzwischen – nach zwei starken Jahren 2013 und 2014 mit Preisen von an die 40 Cent pro Liter Milch – geradezu abgestürzt. Aktuell liegen sie bei circa 30 Cent pro Liter. Der Preis für Butter pendelt sich bei 89 Cent ein. Beim Kaffee haben sich die Preise entsprechend dem Kursverfall des Euro erhöht. Die Verbraucher müssen tiefer in die Tasche greifen, und das obwohl Kaffee auf dem Weltmarkt in Dollar eigentlich billiger geworden ist.[31] Vergleichsstatistiken muss man in diesen Zeiten noch genauer lesen als ohnehin schon. 2015 mussten zum Beispiel Verbraucher für Kraftstoffe und Haushaltsenergie zwar 5,0 Prozent weniger bezahlen als für das Jahr davor. Der durchschnittliche Strompreis für Privathaushalte aber stieg von 2010 bis 2015 von 23,79 auf 28,81 Cent pro Kilowattstunde an. Dies entspricht einer Steigerung von satten 20 Prozent.[32] Ähnliches gilt für den Wohnungsmarkt, wo seit Jahren die Mietpreise in den Ballungszentren explodieren. In Großstädten (über 100 000 Einwohner) werden die Neuvertragsmieten allein für 2015 voraussichtlich im Schnitt um 5 Prozent weiter ansteigen. Der Vergleich zwischen bundesdeutschen oder gar internationalen Städten wird zwar sehr häufig bemüht. Aber was hilft einem Angestellten, sagen wir bei den Berliner Verkehrsbetrieben, der tagtäglich in sein Büro im Zentrum muss, der Verweis auf die Lebenshaltungskosten etwa in Frankfurt oder Singapur? Welche Vergleichsmiete soll da einen reellen, also praktisch sinnvollen Vergleich ermöglichen?[33]

Angesichts dieser Situation empfinden wir es als einigermaßen makaber, wenn die EZB schlussfolgert: »Wir messen Änderungen der Preise für diese Güter oft zu große Bedeutung bei, wenn wir über Inflation nachdenken. Dies kann dazu führen, dass wir die tatsächliche Preissteigerungsrate überschätzen.«[34]

Für immer mehr Menschen in Europa sind aber genau diese Dinge elementar. Denn sie geben ihr Geld nun einmal überwiegend für Wohnen, Strom und Essen aus und nicht für Lederkoffer, Computer oder Möbel, deren Preise weitgehend stabil geblieben sind. Verbraucher, die bis zu 20 Prozent ihres Einkommens für Lebensmittel ausgeben müssen, trifft der kräftige Anstieg der Nahrungsmittelpreise wesentlich härter als den Durchschnittshaushalt, der etwa 9 Prozent dafür ausgibt. Ferner können die weniger Betuchten der Teuerung nicht durch Änderung ihres Konsumverhaltens ausweichen, denn Haushalte mit geringem Einkommen kaufen zumeist die nötigsten Billigprodukte ohnehin nur beim Discounter.[35]

»Selten erworbene Güter sowie Zahlungen per Lastschriftverfahren sind im Bewusstsein des Verbrauchers weniger präsent. Ein beträchtlicher Anteil des Budgets privater Haushalte wird für Waren und Dienstleistungen ausgegeben, die wir nicht so häufig kaufen bzw. nutzen. Hier sind zum Beispiel Autos und Urlaubsreisen zu nennen. Es gibt auch Güter, die oft per automatischem Bankeinzug (Lastschrift oder Dauerauftrag) bezahlt werden, wie Mietzahlungen oder Telefonrechnungen. Diese Ausgaben und die diesbezüglichen Preisänderungen kommen uns in der Regel nicht in den Sinn, wenn wir uns mit dem Thema Inflation beschäftigen.«[36] Auch hier müssen wir der EZB widersprechen, denn für immer mehr Menschen werden Autos beziehungsweise Urlaubsreisen zu einem Luxusgut oder sind bereits im Bereich des Unmöglichen. Jeder vierte Haushalt in Deutschland hat nach eigenen Angaben nicht genug Geld für eine Urlaubsreise. Bei Alleinerziehenden ist sogar für knapp die Hälfte ein Urlaub außerhalb der eigenen vier Wände unerschwinglich.[37] Ob die Preise hier nun steigen oder stagnieren – die Tatsache, dass die Menschen sich Dinge wie Urlaub und Autos nicht mehr leisten können, ist in unseren Augen ein deutliches Zeichen dafür, dass ihr Geld nicht mehr das wert ist, was es einmal wert war – also für echte, keineswegs nur gefühlte Inflation.

»Persönliche« Inflation‹ – Der Harmonisierte Verbraucherpreisindex (HVPI) basiert auf einem aus bestimmten Waren und Dienstleistungen bestehenden Warenkorb. Dieser ist repräsentativ für alle privaten Haushalte. Diejenigen Haushalte, die eine überdurchschnittliche Inflation erleben, sind sich dieser Tatsache unter Umständen stärker bewusst als jene, die von einer unterdurchschnittlichen Teuerungsrate profitieren.« Als Beispiel führt die EZB aus, dass bei steigenden Spritpreisen die »persönliche Inflation« der Autofahrer stärker sei als diejenige der Menschen, die selten oder nie Auto fahren.

Diese Argumentation und besonders dieses Beispiel machen uns fast sprachlos. Ist es tatsächlich eine persönliche und darum nur »gefühlte« und eben nicht reale Inflation, wenn die Spritpreise steigen? Klar, wenn wir alle nicht mehr heizen und tanken und am besten auch nicht essen und wohnen, sondern uns nur laufend neue Flatscreen-Fernseher, USB-Sticks und Laptops zulegen, dann wird uns die Inflation nicht mehr belasten.

»Inflationsraten beziehen sich auf einen Einjahreszeitraum, aber unsere Erinnerung reicht weiter zurück. [...] In die Inflationswahrnehmung der Menschen fließen jedoch manchmal auch Preise aus Jahren mit ein, die bereits länger zurückliegen. Über einen langen Zeitraum hinweg steigen Preise in der Regel deutlich an, selbst bei niedrigen jährlichen Inflationsraten. Liegt die Jahresänderungsrate des HVPI zum Beispiel bei 2 Prozent, so wird sich nach zehn Jahren das allgemeine Preisniveau um ordentlich mehr als 20 Prozent erhöht haben.«[38]

In diesem Punkt stimmen wir der EZB vollkommen zu. Jedoch haben sich die Preise für Energie, Wohnen und Essen um weit mehr als 20 Prozent erhöht, und leider sind die Einkommen, Renten und Pensionen in den letzten zehn Jahren eben nicht genauso gravierend wie die Inflation angestiegen. Die Renten haben beispielsweise seit 2004 deutlich an Kaufkraft verloren. Nach Berechnungen des Sozialverbandes Deutschland können sich Rentner im Osten von ihren monatlichen Bezügen heute fast 8 Prozent und Rentner im Westen fast 12 Prozent weniger leisten als noch vor der Rentenreform. Der Sozialverband macht für die Kaufkraftverluste in West und Ost neben den Nullrunden und Minianpassungen der vergangenen Jahre sowie gestiegenen Beiträgen für Kranken- und Pflegeversicherung auch die Inflation verantwortlich.[39] Jedoch nicht nur die Renten verlieren an Kaufkraft. 70 Prozent der Arbeitnehmer in Deutschland haben heute niedrigere Reallöhne als noch vor zehn Jahren. Insgesamt geht es Deutschland wirtschaftlich schlechter, als viele Bürger glauben. Marcel Fratzscher, der Präsident des Instituts für Wirtschaftsforschung, warnt: »Deutschland unterliegt einer Illusion […] uns geht es wirtschaftlich gar nicht so gut, wie wir glauben«, zitiert ihn die *Süddeutsche Zeitung*. Deutschland sei zwar gut durch die Wirtschaftskrise gekommen, aber langfristig könne das Land nur mit einem Wachstum von rund 1 Prozent rechnen, ein Wachstumspotential, das ebenso niedrig sei wie das in Spanien.[40]

Der nächste Punkt, den die EZB dafür verantwortlich macht, dass wir eine höhere Inflation »fühlen«, als real gegeben sei:

»**Preis- versus Qualitätsänderungen.** Ändert sich der Preis eines Produkts, so führen wir dies häufig auf die Inflation zurück. Manchmal geht der neue Preis aber auch mit einer Qualitätsänderung einher. Bei der Ermittlung des HVPI wird daher die qualitätsbedingte Veränderung abgezogen.« Als Beispiel nennt die EZB die bessere Ausstattung von Autos, die einen höheren Preis rechtfertige. Bei Neuwagen »ist heute oft Standard, was in der Vergangenheit noch Teil der Sonderausstattung war, wie z. B. ein Navigationssystem, eine Klimaanlage oder Airbags«. Und es wird uns vorgerechnet, dass der Anteil dieser Qualitätsverbesserung bei der Ermittlung des Verbraucherpreisindexes als Preisminderung gewertet würde. »Würden die Autopreise z. B. um durchschnittlich 5 Prozent ansteigen, die Qualitätsverbesserung aber 1 Prozent davon ausmachen, so würde der HVPI für dieses Produkt einen Preisanstieg von 4 Prozent angeben.«

Inflation ist die einzige Form der Besteuerung, die ohne Gesetzgebung ausgeführt werden kann.

Milton Friedman, amerikanischer Wirtschaftswissenschaftler und Nobelpreisträger[41]

Auch über diese Argumentation können wir nur den Kopf schütteln. Wenn Autos qualitativ immer besser werden, aber ein immer größer werdender Anteil der Gesellschaft sie sich nicht mehr leisten kann, weil das zur Verfügung stehende Geld dafür nicht mehr reicht, dann kann es nicht verfehlt sein, diese Situation als Inflation, eben als Entwertung unseres Geldes zu bezeichnen.

Wie Sie sehen, ist die Inflation schon längst in viel größerem Maße bei uns angekommen, als die EZB uns weiszumachen versucht, wenn sie ein Großteil dessen, was wir als Konsumenten beim Einkaufen erleben, als nur »gefühlt« beschreibt. Ihr Gefühl, können wir nur sagen, trügt Sie nicht! Und die Gefahr einer weiter steigenden Inflation ist aufgrund der ausufernden expansiven Geldpolitik darüber hinaus groß.

Ein Maßstab für die »echte Inflation« könnte vielleicht die Erhöhung der Diäten unserer Politiker der letzten Jahre sein. Obwohl die Kassen leer sind, wurden diese im Jahr 2012 um 3,5 Prozent, 2013 um 3,9 Prozent, 2014 um 5 Prozent und 2015 nochmals um 4,8 Prozent[42] auf nunmehr 9.082 Euro pro Monat angehoben.[43] Seit 1950 sind die Diäten um 1 500 Prozent gestiegen (1950 bekam ein Abgeordneter zirka 600 Euro), während das durchschnittliche Einkommen der Arbeitnehmer »nur« um zirka 1000 Prozent zugelegt hat.[44]

Hyperinflation

»Von einer Hyperinflation spricht man ab einer monatlichen Teuerungsrate von 50 Prozent. In einem solchen Fall verliert eine Währung Monat für Monat die Hälfte ihrer Kaufkraft, und die jährliche Inflationsrate beträgt dann mehr als 12 000 Prozent.«[45]

Auf dem besten Weg zu einer Hyperinflation ist Argentinien. Der IWF hat die argentinische Regierung im Februar 2013 gerügt, falsche Daten zur Inflationsrate angegeben zu haben. Die Regierung behauptete seinerzeit, die jährliche Inflationsrate liege nicht höher als 11 Prozent. Unabhängige Volkswirte schätzten diese jedoch auf 30 Prozent, nach dem Iran und Venezuela die dritthöchste Teuerungsrate weltweit.[46]

Gegenwärtig besteht im Euroraum noch nicht die Gefahr einer Hyperinflation. Wird sich die Situation in Europa jedoch weiter verschärfen und wird die Notenbank in Zukunft in einem noch höheren Maße Geld drucken, dann ist auch eine Hyperinflation nicht mehr ausgeschlossen.

> *Mit anhaltender Inflation können Regierungen still und heimlich einen bedeutenden Teil des Wohlstands ihrer Bürger konfiszieren. [...] Der Prozess lässt viele verarmen und bereichert wenige. [...] Es gibt keinen subtileren, sichereren Weg, die bestehenden Grundlagen der Gesellschaft umzustürzen, als die Währung zu verderben.*
>
> John Maynard Keynes, britischer Ökonom, Politiker und Mathematiker[47]

7. Wie schütze ich mein Vermögen?

Wer gut wirtschaften will, sollte nur die Hälfte
seiner Einnahmen ausgeben, wenn er reich werden will,
sogar nur ein Drittel.
Francis Bacon, englischer Staatsmann und Philosoph

Die Frage, die uns am häufigsten von Zuhörern, Lesern und Kunden gestellt wird, lautet: **Wie schütze ich mein Vermögen?** Diese Frage ist absolut verständlich und in unsicheren Zeiten wie diesen wichtiger denn je. Viele Menschen, ob mit großem oder kleinem Geldbeutel, sind verunsichert und haben berechtigterweise Angst um ihr Geld. Diese Unsicherheit ist während der Krisen der letzten Jahre kontinuierlich gewachsen. Auf der anderen Seite ist das Vertrauen in die Politik und die Finanzbranche weitgehend erodiert: unzählige Krisengipfel, unkoordinierte Aktionen der Politik und der Zentralbanken, Vorgänge wie beispielsweise die Zwangsenteignung von Sparern in Zypern, dazu immer größere Euro- und Bankenrettungspakete, Dehnung der EU-Verträge bis zum Anschlag, eine wachsende Unsicherheit, wer denn nun tatsächlich am Ende für wessen Schulden oder Verluste geradestehen muss, immer wieder neu aufflammende Krisenherde, die mit immer neuen exorbitanten Geldpaketen in die Zukunft verschoben werden, schließlich zahllose Manipulationsskandale in der Finanzbranche – all das lässt die Menschen mehr und mehr um ihre Ersparnisse bangen.

Die wirtschaftlichen Eckdaten zeigen deutlich auf, dass die erforderliche Erkenntnis und Bereitschaft in Politik und Finanzwirtschaft zu notwendigen und drastischen Reformen nicht vorhanden ist. Im Gegenteil. Wie wir im ersten Kapitel gezeigt haben, sind die Banken seit 2008 eher noch gewachsen, wodurch die Klumpenrisiken in der Finanzbranche noch größer geworden sind. Addieren Sie die negativen Nachrichten der letzten Jahre und die immer drastischeren Entwicklungen seit 2008 hinzu. Als Sahnehäubchen hören Sie auf

Ihren gesunden Menschenverstand und Ihr Bauchgefühl. Wir sind der Meinung, dass es niemals zuvor so wichtig war wie heute, seine Investments, sein Vermögen und die Altersvorsorge auf Nachhaltigkeit und Stabilität auch für extreme Situationen zu überprüfen. **Denn der finale Kollaps wird kommen!**

Mit diesem Wissen und Ihrem Bauchgefühl ausgestattet, wäre es geradezu fahrlässig und regelrecht verantwortungslos, nicht aktiv zu werden. Das Zeitfenster, um Ihr Erspartes zu schützen, wird von Tag zu Tag kleiner. Aber noch ist Zeit, aktiv das eigene private bzw. gewerbliche Vermögen zu schützen.

Seit vielen Jahren beschäftigen wir uns intensiv mit dem Thema Vermögenssicherung und haben hierzu die Vergangenheit als guten Ratgeber herangezogen. Wir haben die wichtigsten Krisen, Währungsreformen und Staatsbankrotte analysiert, um zu eruieren, welche Investments sinnvoll sein können und wie man sein Vermögen vor dem kommenden Crash effektiv sichern kann. **Bei der Vermögenssicherung geht es um Vorsprung, Mündigkeit, Freiheit und Autarkie.** Vorsorge ist immer besser als Nachsorge. Im Zweifelsfall ist es besser, zu früh Vorsorge getroffen zu haben als auch nur eine Minute zu spät.

Wir haben im ersten Kapitel dargelegt, warum ein auf Schulden, Zins und Zinseszins basierendes Geldsystem mit geradezu mathematischer Logik exponentiell wachsen muss – und warum ein solches System deshalb früher oder später zusammenbrechen wird. Diese Logik betrifft nahezu alle Anlageformen, die bisher als Kandidaten für eine gute Vorsorgestrategie oder für eine perfekte Depotmischung galten. Bevor wir also erläutern, wie Sie unseres Erachtens Ihr Vermögen am besten schützen können, wollen wir betrachten, wie sich die meisten Menschen bisher einen idealen Vermögensaufbau vorgestellt haben.

Die beliebtesten Kapitalanlagen

Die meisten Bürger haben ihre Altersvorsorge und ihr Vermögen auf gerade mal zwei Standbeine verteilt. Das eine Standbein gilt traditionell als Muster der Solidität: die selbst genutzte Immobilie, sei es als Häuschen im Grünen oder als Wohnung in der Stadt. »My home is my castle« sagen die Engländer. Der Zahn der Zeit mag an der Immobilie nagen wie an allem Menschenwerk, aber wenn man sie in Schuss hält, dann gilt ihre Wertbeständigkeit als gesichert. Der Glaube an den Grundbesitz ist bei den meisten Menschen fast so stark wie der Glaube daran, dass auch morgen die Sonne wieder aufgehen wird. Leider übersehen viele dabei zwei gewaltige Risiken. Zum einen das Risiko, dass eine Immobilie häufig über Kredite finanziert ist – unser Schuldgeldsystem nagt also unter Umständen auch am Fundament ihrer steinernen Zuflucht. Zum anderen, das mussten gerade viele Amerikaner und Spanier in den zurückliegenden Krisenjahren schmerzhaft lernen, ist auch die Immobilie längst vom Sachwert zum Geldwert mutiert. Anders gesagt: Sie ist zum Spekulationsobjekt geworden, dessen Buchwert ebenso ins Wanken geraten kann wie der anderer Geldanlagen auch.

Das andere Standbein der klassischen Vermögensaufteilung fußt auf Papier statt Beton: Kapitallebensversicherungen, private Rentenversicherungen, Riester- oder Rürup-Renten, vielleicht noch ein Bausparvertrag und ein paar »Bundesschätzchen«. Nicht wenige sind auch in Zeiten von Zinsen nahe der Nulllinie Omas Sparbuch treu geblieben. Und nur noch die ganz Mutigen – oder die relativ Wohlhabenden – halten zusätzlich Staats- oder Unternehmensanleihen und Aktien, beides gerne auch in Fonds. Die Pechvögel unter den Anlegern haben sich in den Jahren der großen Blase zudem windige Schuldverschreibungen und allerlei verschachtelte Finanz-Kartenhäuser andrehen lassen. An all dem haben viele prächtig verdient, nur die Besitzer solcher Papiere nicht. Denen blieben nur die Risiken, die zudem mit der Undurchschaubarkeit der Finanzprodukte exponentiell wuchsen. Ein schlechter Deal!

Wir Menschen stehen und gehen nun mal nur auf zwei Beinen. Doch es gibt keinen einzigen vernünftigen Grund, dieses Rezept auch für Ihre Vermögensaufteilung zu verwenden. Hier heißt das Zauberwort »Diversifikation«. **Auf je mehr Beinen ihre finanziellen Rücklagen stehen, desto besser.** Wir wissen sehr wohl, dass auch Ihr

Bankberater immer »Diversifikation« gemurmelt hat, wenn er Ihnen wieder mit seinem neuesten Tipp nähertrat. Aber er meinte damit lediglich, dass Sie seiner Meinung nach die Papiere vom letzten Jahr in andere Papiere umtauschen sollten. Natürlich nicht, ohne ihm dafür eine schöne Provision, einen Ausgabeaufschlag und ein paar kleine Gebühren zukommen zu lassen. Wir meinen etwas ganz anderes. Salopp gesagt: **Geben Sie Ihr Geld (das heißt bedrucktes Papier) nicht für bedrucktes Papier aus.** Tauschen Sie die Zahlenreihe auf Ihrem Giro- oder Sparkonto nicht gegen die Zahlen eines »Depots«, in dem nichts deponiert ist. Investieren Sie in Sachwerte! Sie werden staunen, was das alles bedeuten kann. Wenn Sie statt zwei sieben oder sogar zehn Standbeine haben, dann wird es immer noch wehtun, wenn eines der Beine bricht. Aber Sie stehen dann immer noch sicher. Und Sie können sich weiterhin bewegen. Und glauben Sie uns: Es werden in Zukunft einige Beine brechen und einige Finanzkrücken sich als total unbrauchbarer Schrott erweisen!

Momentan stellen sich die meisten Menschen den idealen Vermögensaufbau folgendermaßen vor (siehe Grafik rechts):

Leitfaden zur Vermögenssicherung

Bevor man sein Erspartes anlegt, sollte man zuvor immer ein paar Nächte darüber schlafen und auf sein Bauchgefühl hören. Denn der Bauch ist, im Gegensatz zum Kopf, nicht gierig. Sollten Sie im Nachhinein nach einer getroffenen Anlageentscheidung unsicher sein, dann machen Sie Ihre Entscheidung rückgängig.

Wer die Meinung vertritt, dass unser Finanzsystem und der Euro weiterhin bestehen bleiben, bis beispielsweise die Rente oder eine Kapitallebensversicherung fällig werden, der muss nichts verändern und kann alles beim Alten lassen. Sollte man aber aufgrund der hier aufgezeigten Faktenlage doch Zweifel haben, dann sollte man umgehend aktiv werden. Wir möchten niemanden überreden. Wir möchten Sie objektiv – mit Daten und Fakten – überzeugen. Jeder hat es selber in der Hand, etwas zu ändern. Der für uns wichtigste Rat vorab:

Welche Produkte eignen sich für den Vermögensaufbau besonders?

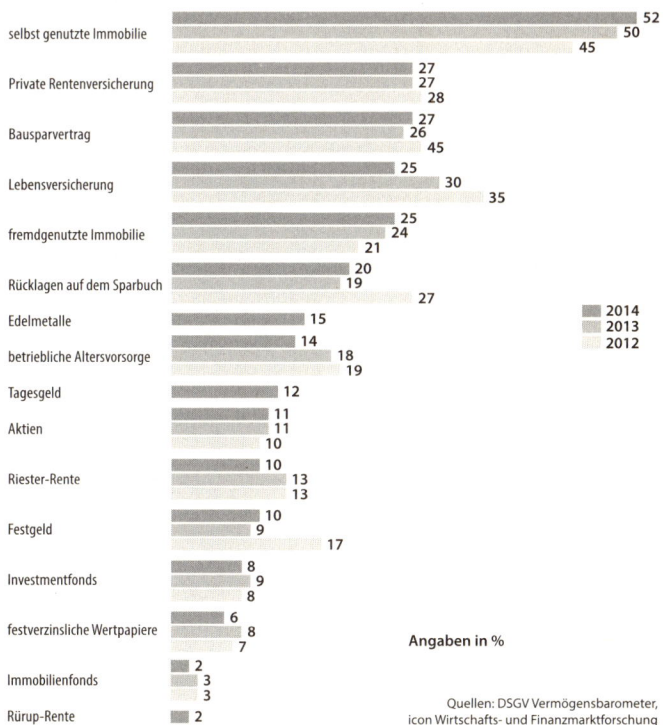

	2014	2013	2012
selbst genutzte Immobilie	52	50	45
Private Rentenversicherung	27	27	28
Bausparvertrag	27	26	45
Lebensversicherung	25	30	35
fremdgenutzte Immobilie	25	24	21
Rücklagen auf dem Sparbuch	20	19	27
Edelmetalle	15		
betriebliche Altersvorsorge	14	18	19
Tagesgeld	12		
Aktien	11	11	10
Riester-Rente	10	13	13
Festgeld	10	9	17
Investmentfonds	8	9	8
festverzinsliche Wertpapiere	6	8	7
Immobilienfonds	2	3	3
Rürup-Rente	2		

Angaben in %

Quellen: DSGV Vermögensbarometer,
icon Wirtschafts- und Finanzmarktforschung

1. Keine Schulden machen!

Nur wer keine Schulden hat, ist wirklich frei. Mit Schulden ist man
der Bank, dem Gläubiger etc. verpflichtet, und im Notfall hat die
Bank das Recht, auf das eigene Hab und Gut zuzugreifen, wenn
man seiner Schuld nicht mehr nachkommen kann. Dann sagt sie:
»Sie haben bei uns Schulden! Selber schuld!«

> *Schulden: ein genialer Ersatz für die Kette*
> *und Peitsche des Sklaventreibers.*
>
> Ambrose Bierce (1842–1914), amerikanischer Journalist
> und Satiriker[1]

Wir haben als Kinder gelernt, dass man niemals mehr Geld ausgeben soll, als man besitzt. Wenn man 5 Mark hatte, dann konnte man auch nur 5 Mark ausgeben. Besser noch, man gab nur 2 Mark aus und sparte 3 Mark. Wenn man sich zum Beispiel den neuesten Technikschnickschnack nicht leisten kann, dann sollte man ihn auch nicht kaufen. Ganz einfach. Nur so bleibt man wirklich frei! Darüber hinaus zeigt der Blick in die Vergangenheit, dass Schulden in extremen Situationen nie von Vorteil waren. Bei Währungsreformen wurden Schulden anders behandelt als Vermögen. Meist wurden sie zu Ungunsten der Schuldner wesentlich geringer entwertet.[2]

Konsum ist gut, er kurbelt ja die Wirtschaft an. Doch eben deswegen haben weder die Politik noch die Banken ein Interesse daran, dass Sie schuldenfrei sind. Die Politik nicht, weil sie Wachstum, Wachstum und vor allem Wachstum will. Die Banken, weil sie an Ihrer Misere prächtig verdienen. Konsum- und vor allem Dispositionskredite sind für sie von allen Lizenzen zum Gelddrucken die großartigsten.

Doch in Krisenzeiten werden diejenigen, die ihr Leben mit Krediten finanziert und sich Dinge gekauft haben, die sie sich bei Lichte besehen nicht leisten können, massive Probleme bekommen. Wer auf zu großem Fuß gelebt hat, der wird knallhart auf dem Boden der Tatsachen landen. Dass ein Leben auf Pump langfristig nicht funktioniert, haben viele Menschen in Irland, Spanien oder den USA, aber auch 2009 in Deutschland erlebt. Viele, die ihre Kredite nicht mehr bedienen konnten, weil sie auf Kurzarbeit gesetzt oder sogar arbeitslos wurden, haben ihre Immobilie, die als Altersvorsorge gedacht war, verloren. Banken lassen sich Kredite nur zu gerne dinglich absichern. Entweder schwatzt man Ihnen zum Kredit eine teure Versicherung auf, vorzugsweise aus dem eigenen Finanzkonzern. Oder man lässt Sie Ihre Immobilie verpfänden. TUN. SIE. DAS. NIE! Denn so schnell, wie die Bank mit einer Zwangsvollstreckung bei der Hand ist, können Sie nicht mal Ihre Tasche packen.

Pfändung durch die Bank

Sollten Sie Ihre Schulden nicht mehr bezahlen können, kann die Bank Ihr Arbeitseinkommen gemäß § 850c ZPO bis zu einem monatlichen Freibetrag in Höhe von 1.045,04 Euro pfänden. Für den ersten Unterhaltspflichtigen steigt der monatliche Freibetrag um 393,30 Euro, für jeden weiteren Unterhaltspflichtigen kommen 219,12 Euro hinzu. Die Pfändungsfreigrenze kann auf Antrag des Schuldners bei mehr als fünf unterhaltsberechtigten Personen gemäß § 850f ZPO erhöht werden.[3]

Ein weiterer wichtiger Grund, keine Schulden zu haben: Man schläft besser und wacht jeden Morgen als freier Mensch auf, ohne jemandem verpflichtet zu sein. Denn »wer sich in Schulden steckt, gibt andern ein Recht über seine Freiheit«.[4] Diese ebenso einfache wie wahre Einsicht stammt von Benjamin Franklin, dem Erfinder der Gleichung »Zeit ist Geld«.

> *Von dem Geld, das wir nicht haben, kaufen wir Sachen,*
> *die wir nicht brauchen, um Leuten zu imponieren,*
> *die wir nicht mögen.*
> Sascha Guitry (1885-1957), französischer Schauspieler

Leider werden wir tagtäglich in Versuchung geführt, uns zu verschulden und mit Krediten Dinge zu finanzieren, für die uns gerade das Bare fehlt. Wir leben in einer übersteigerten Konsumgesellschaft, in der uns von Kindesbeinen an von der Werbung und sogenannten Lifestyle-Magazinen vorgebetet wird, was wir benötigen, um »hip« und somit anscheinend glücklich zu sein. Die Diskrepanz zwischen Schein und Sein ist leider enorm und steigt stetig. Heute werden Autos, Uhren, Fernseher, Kühlschränke, Handtaschen, Urlaube und vieles mehr auf Pump finanziert. »0 Prozent Finanzierung«, »Sofort mitnehmen und erst nächsten Monat bezahlen«, »Heute kaufen und in einem Jahr bezahlen« etc. Hören Sie nicht auf vermeintliche Experten und eine Werbung, die Ihnen weismachen wollen, dass Sie sich jetzt verschulden müssen, weil Sie dieses oder jenes angeblich alles für ein gutes Leben brauchen. Lassen Sie sich nicht fernsteuern. Die eigentliche Frage lautet: **Was brauche ich wirklich für ein gutes Leben?** Natürlich kann das jeder nur für sich selbst entscheiden. Aber befreien Sie sich bei der Suche nach Antworten von fremden Vorgaben. Auch Verzicht kann Freiheit sein.

Kleiner Exkurs über Credo und Kredit

Vor allem aber – schließlich reden wir hier letztlich über Geld und nicht über Fragen des Lebenswandels – sollten Sie sich klarmachen, was ursprünglich die Funktion des Kredits war. Die ersten Kredite in der Geschichte der Menschheit haben die alten Griechen vergeben. Genauer: die Priester in den Tempeln. Deshalb sahen Banken auch lange aus wie antike Tempel. Im Zentrum der Kulte standen meist Tier- bzw. Fleischopfer. Der »Obolus« war ursprünglich ein Fleischspieß für kultische Feueropfer an die Götter. Irgendwann hing den Priestern Souvlaki aber zum Hals raus. Also baten sie die Gläubigen, statt Ziegen und Rindern nur noch kleine symbolische Spießchen aus Silber vorbeizubringen. Und da die Leute viele Sorgen, ergo viele Bitten an die Götter hatten, brachten sie enorm viele kleine »Oboloi«. Irgendein Pope kam dann auf die blendende Idee, die Silbernadeln einzuschmelzen, aus ihnen kleine runde Scheibchen zu gießen und auf diese den Namen des Tempels und das Bild des dort verehrten Gottes zu prägen. So wurde das Münzgeld erfunden. Bald griffen alle möglichen Herrscher die Idee auf und prägten *ihren* Namen und *ihr* Profil auf Münzen. Die wurden nun aber nicht etwa zum Einkaufen verwendet. Dazu waren sie viel zu wertvoll. Die Tempel, die inzwischen mehr Silbermünzen besaßen als sie selbst verprassen konnten, vergaben sie vielmehr als – Kredit. Und zwar, jetzt kommt's, an Bauern, die aus irgendeinem Grund eine schlechte Ernte gehabt hatten und deshalb Saatgut kaufen mussten. Fiel die Ernte auch im zweiten und dritten Jahr mies aus, dann wanderte der Landmann in die Schuldknechtschaft. Das heißt: Bis sein Kredit abgelöst war, musste er für den Tempel, für seinen König oder für irgendeinen reichen Knopf schuften. Und wenn er richtig fett in der Kreide stand, konnte er in die Schuldsklaverei verkauft werden. Was natürlich auch bedeutete, dass Haus und Hof dann dem Gläubiger gehörten.

Über den Zweck des Kredits sagt das zweierlei. Erstens: Kredit beruht auf Glauben. Nämlich auf allen Varianten des Glaubens, die Götter würden einem im nächsten Sommer eine gute Ernte schenken. Zweitens: **Kredit ist eine Form der Investition!** Der Bauer pumpte den Tempel nicht an, um Brot, Wein, Käse und Oliven zu kaufen, sondern um ein wirtschaftliches Ergebnis in der Zukunft vorzufinanzieren. Etwas, das er dann verkaufen, mit dem er ergo einen Gewinn erzielen konnte. Der Zins, den die Tempel natürlich auch schon kassiert haben, ist dann sowohl eine Risikoprämie (falls die Ernte wieder schlecht ausfällt) als auch ein Anteil am Erfolg (den der Schuldner ohne den Kredit nicht hätte erzielen können).

Bei diesem Prinzip ist es bis zur Erfindung des Dispos im Wesentlichen geblieben. Kredit bekommen Leute, die das Geld in ein aussichtsreiches Geschäft investieren. Oder wenigstens in einen Pflug. Aber um Himmels willen nicht in ihr privates Wohlbefinden! Heute sagen Kids schon mal locker, sie hätten ihr Taschengeld in ein iPhone »investiert«. Unfug! Das ist Unterhaltungselektronik. Konsum. Nix Investition! Und das gilt genauso für langlebige Konsumgüter. Sogar für nützliche Dinge wie Kühlschränke, Waschmaschinen oder Autos. Alles Verbrauch. Irgendwann kaputt. Oder futsch.

Es gilt daher folgende einfache Faustregel: Wenn Sie es nicht von der Steuer absetzen können, dann ist es keine Investition. Und dann sollten Sie es auch auf keinen Fall mit Krediten finanzieren!

2. Wertewandel – vom Schein zum Sein

Wir erleben gegenwärtig das Ende des Zeitalters der Papierwerte und eine Renaissance der Sachwerte. Unsere Empfehlung lautet daher ganz klar: **Schichten Sie um, weg von Papierwerten, hin zu Sachwerten!** Investments in Anlageformen, die die letzten 50 bis 60 Jahre durchaus sinnvoll und teilweise sehr rentabel waren, zum Beispiel Bausparverträge, Kapitallebensversicherungen, Anleihen und Rentenfonds, Aktien und Aktienfonds, Geldmarktfonds, Zertifikate, manchmal sogar geschlossene Fonds, sind es heutzutage nicht mehr.

Auch auf die Gefahr, uns zu wiederholen: Die Zeit der Rendite ist vorbei! Egal in welcher Anlageform, sie hing und hängt am exponentiellen Wachstum der Wirtschaft, und sie hängt seit ungefähr dreißig Jahren vor allem an einer exponentiellen Aufblähung des Kreditgeldsystems. Am System von Zins und Zinseszins. Auch unser hochkomplexes Schuldgeldsystem wird zusammenbrechen – nicht anders als das noch vergleichsweise überschaubare Kreditsystem der niederländischen Kaufleute im 17. Jahrhundert. Irgendwann wussten auch die nicht mehr, wohin mit ihrem vielen Geld. Sie »investierten« es am Ende in Tulpenzwiebeln. 1637 wurden für drei Zwiebeln 30 000 Gulden geboten.[5] Auch damals gab es bereits eine Kreditblase – und eine Silberschwemme aus den spanischen Kolonien. Es war zu viel Geld im System, das nicht mehr sinnvoll in realwirtschaftliche Aktivitäten investiert werden konnte. Und so ging es bei den Holländern auch gar nicht um konkrete Tulpenzwiebeln. Es ging um *Optionen* auf die zu erwartenden Renditen aus theoretischen Ernten besonders begehrter exotischer Tulpensorten. Zu Hochzeiten der New Economy sprach man vom »next big thing«. Die Tulpenzwiebeln des 21. Jahrhunderts heißen dann – erinnern Sie sich noch? – Blackberry, Google, Facebook oder WhatsApp. Im Februar 2014 hat Facebook für WhatsApp, eine Firma mit 55 Mitarbeitern, 19 Milliarden Dollar hingeblättert[6]. Somit ist die kleine IT-Klitsche aus dem Silicon Valley jetzt mehr wert als der gesamte ThyssenKrupp-Konzern[7]. Vielleicht heißt das nächste große Ding – Achtung, absolut brandheißer Tipp! –AgLocal[8]. Alles hat seine Zeit. Und das Zeitalter der Papierwerte ist zu Ende! Die heiße Luft ungedeckter monetärer Spekulation lässt sich aus diesem System nämlich nicht mehr vorsichtig und langsam ablassen.

Ein Hauptproblem von Papierwerten aller Art ist Folgendes: Bei Schuldenschnitten, Staatsbankrotten, Währungsreformen oder Systemumbrüchen werden deren Besitzer bevorzugt zur Kasse gebeten. Wer außer einem bedruckten Zettel – und meist ja nicht mal mehr das – nichts in der Hand hat, der wird beim Crash überproportional verlieren. Hinzu kommt: Mit einem Großteil solcher Produkte verdienen seit langer Zeit fast nur noch Banken und Versicherungen. Der Kunde verkommt auf dem Umweg über Provisionen, Gebühren und Aufschläge aller Art zur Melkkuh der Finanzbranche. Auch die fantastischen Boni der Banker sind dort natürlich eingepreist. Rechnen Sie dann noch die Inflation mit ein, müssen Sie mit Ihren Papierwerten schon etliche Prozent Rendite erwirtschaften, um allein die entstandenen Kosten zu decken. Schon das schaffen viele Investments heute nicht mehr.

Achtung, Kostenfallen!

Abschlussprovision: Bei Abschluss eines Vertrags erhält der Vertreter eine Provision als Vergütung für seine Tätigkeit. Diese Provision wird mit der Zahlung des Kunden verrechnet. Diese Form der Vergütung ist für den Kunden oftmals nicht ersichtlich.

Bestandsprovision, auch: Bestandspflegeprovision: Solche Provisionen erhält ein Vermittler auf das gesamte von ihm vermittelte oder verwaltete Anlagevolumen. Meist wird sie jährlich gezahlt.

Folgeprovision: Wird die Provision in Raten gezahlt, unterscheidet man Erst- und Folgeprovisionen.

Zuführungsprovision: Wenn der Vertrag durch einen Dritten zustande gekommen ist, zahlt der Berater in manchen Fällen eine Provision für die Vermittlung an den Dritten. Das zahlt er aber aus seiner Provision. Der Kunde hat also keinen unmittelbaren Nachteil dadurch.

Honorar: Diese Vergütungsform spielt meist bei großen Vermögen eine Rolle. Der Vorteil für den Kunden ist, dass die Beratungskosten unabhängig von den empfohlenen Produkten fix sind. Dadurch ist die Beratung unabhängiger.

Ausgabeaufschlag: Das ist eine einmalige Gebühr, die beim Kauf von Fondsanteilen zu zahlen ist. In aller Regel bezieht sich der angegebene Prozentsatz auf den Rücknahmepreis.

Erfolgsgebühr: Einige Aktienfonds verlangen eine erfolgsabhängige Vergütung. Sie schmälert aber die Rendite der Investoren erheblich. So müssen Anleger je nach Fondserfolg zwischen 1,5 und 2 Prozent der Kursgewinne vom Fondsvermögen an die Fondsmanager abgeben.

Doppelte Gebühr: Sie fällt bei sogenannten Dachfonds an, die ihrerseits nur in Fonds statt in Einzelwerte investieren. Denn auch der Dachfonds-Manager will ja Geld verdienen, zusätzlich zu den jährlichen Gebühren bei allen Einzelfonds. Das alles zahlt letztlich der Anleger. Dachfonds werden so schnell zu reinen Gebühren-Melkmaschinen.

Spread: Ein Spread ist so etwas wie der Ausgabeaufschlag bei Zertifikaten. Damit wird die Liquidität von Zertifikaten von den Emissionsbanken gesichert. Die Banken stellen die Kurse, und darin sind die Kosten enthalten, als Differenz zwischen Geld- und Briefkurs.

Transaktionskosten: Sie fallen beim An- und Verkauf von Wertpapieren durch Fondsmanager an und werden direkt aus dem Fondsvermögen bezahlt. Damit bezahlt sie indirekt der Anleger.

Depotgebühren: Nachdem Ihnen Ihr Bankberater etliche der obigen Gebühren aus der Tasche gezogen hat, nimmt seine Bank dann auch noch Geld für die »Aufbewahrung« der Papiere, die sie Ihnen aufgeschwatzt hat. Die jährliche Gebühr, vergleichbar den Kontoführungsgebühren beim Girokonto, fällt an, obwohl niemand irgendetwas aufbewahrt. Im Grunde bezahlen Sie damit Ihren Anteil am Rechenzentrum der Bank, das automatisch Abrechnungen und Jahresmitteilungen an Sie ausspuckt. Die Kosten variieren von Bank zu Bank.

Als Faustregel würden wir sagen: Je mehr Kleingedrucktes und desto umfangreicher die Verträge, desto skeptischer sollten Sie sein und desto genauer sollten Sie hinschauen, bevor Sie etwas unterschreiben.

Auslaufmodelle: Kapitallebensversicherung und Rentenversicherung

Eine gute Beratung vom Versicherungsvermittler zu bekommen, ist wie ein Lottogewinn.
Experten der Stiftung Warentest/Finanztest[9]

Die Kapitallebensversicherung ist das Paradebeispiel für den epochalen Wandel unseres Systems. Jahrzehntelang hat sie als Anlageform funktioniert und war neben der staatlichen Rente die Säule der Altersvorsorge. Jetzt hat des Deutschen liebstes Kind – in Deutschland gibt es mehr Lebensversicherungen als Einwohner! – ausgedient und geht selber in Rente. Was wir momentan erleben, ist auch keine kurze Periode der Schwäche, sondern das Ende dieses Anlagemodells. Ausgelöst wird es durch die anhaltende Niedrigzinspolitik der Notenbanken. Das haben nun auch die großen Bank- und Versicherungskonzerne erkannt und akzeptiert. Allianz und Ergo haben beide neue Modelle der Lebensversicherung vorgestellt, bei der es keinen Garantiezins mehr gibt. Lassen Sie sich von den schönen Namen der beiden Produkte – »Perspektive« und »Rente Garantie« – nicht blenden. Das ist reines Marketing. Dahinter verbirgt sich für die Kunden eher das Gegenteil. Die Sparkassen prüfen derzeit sogar den Komplettausstieg aus dem Geschäft mit Kapitallebensversicherungen. Andere Unternehmen haben sich hierzu schon entschieden, so die Ergo-Tochter Victoria Leben, der zur Zürich-Gruppe gehörende Deutsche Herold und die Bayerische Beamten Lebensversicherung. Andere werden folgen.[10]

Kapitallebensversicherung und Rentenversicherung

Die **Kapitallebensversicherung** baut Kapital auf und sichert wirtschaftlich das Leben des Versicherten ab. »Der Versicherungsfall ist das Erleben eines bestimmten Zeitpunkts (Erlebensfall) oder der Tod des Versicherten während der Versicherungsdauer (Todesfall).« Mit einer **Rentenversicherung** wird Geld für das Rentenalter im Erlebnisfall angespart, aber der Tod nicht mit abgesichert.[11]

Allein 2012 haben die deutschen Versicherungskonzerne zinsbedingt vier Milliarden Euro weniger eingenommen. Die wahren Verlierer sind aber die Kunden. Diese haben seit dem Jahr 2000 sage und schreibe 210 Milliarden Euro an Überschussbeteiligungen in den Wind geschrieben.[12]

Überschussbeteiligung

Eine **Überschussbeteiligung** ist die Beteiligung der Versicherungsnehmer am erwirtschafteten Überschuss bzw. am Gewinn eines Versicherers mit der entsprechenden Versicherung. Dieser Überschuss wird im Jahresabschluss ausgewiesen.

Auch gehen mehr und mehr Versicherungen dazu über, den Schluss-Bonus einer Lebensversicherung zu kürzen oder sogar ganz zu streichen, wie zum Beispiel die Sparkassenversicherung Provinzial. Dadurch entgehen den Versicherten nach Vertragsende mehrere Tausend Euro.[13]

Fazit: Mit Kapitallebensversicherungen und privaten Rentenversicherungen geht man eine Wette auf Zeit ein. Bei beiden Anlagemodellen wettet man, dass das einbezahlte Geld in 30 Jahren noch vorhanden sein – und ordentlich verzinst ausbezahlt wird. Sind Sie ernsthaft überzeugt, dass Ihnen das heute noch irgendwer garantieren kann? Wir jedenfalls nicht. Bevor Sie eine solche Versicherung abschließen, sollten Sie sich folgende Fragen stellen:

- Wird das Unternehmen zum Zeitpunkt der Auszahlung bzw. während der gesamten Verrentungsphase noch existieren?

- Werden die Staaten zum Auszahlungszeitpunkt bzw. während der gesamten Verrentungsphase noch ihre Schulden bezahlen können? Schließlich steckt Ihr Geld ja größtenteils in Staatsanleihen.

- Wird die Währung, in der Sie Ihr angelegtes Geld – hoffentlich – zurückbekommen, zum Auszahlungszeitpunkt bzw. während der gesamten Verrentungsphase die gleiche sein wie heute?

- Wird die Kaufkraft der Währung zum Auszahlungszeitpunkt bzw. während der gesamten Verrentungsphase dieselbe sein wie heute?

- Wird die versprochene Verzinsung – besser natürlich: die Verzinsung, die Sie am Ende tatsächlich bekommen – wenigstens die inflationsbedingte Geldentwertung ausgleichen?

- Und was bleibt darüber hinaus vielleicht für eine Rendite übrig?

Die Versicherer kommen durch die Niedrigzinsphase immer mehr in die Bredouille und haben große Schwierigkeiten, Altverträge mit hoher Verzinsung zu bedienen. Das Bundesfinanzministerium warnt in einem Schreiben vor »existenzbedrohlichen Problemen bei zahlreichen Lebensversicherern«, und auch der oberste Versicherungsaufseher der BaFin, Felix Hufeld, geht davon aus, dass wohl einige Versicherungen ihre Türen schließen werden.[14]

Was spricht gegen eine Kapitallebensversicherung

- Hohe Kosten: Die ersten fünf Jahre verdienen vor allem die Versicherung und der Makler. Im Schnitt werden 4 Prozent der Gesamtsumme an Abschlussprovision fällig, hinzu kommen Verwaltungskosten von 1 bis 10 Prozent, je nach Versicherer.

- Durch die historisch tiefen Leitzinsen kommen mehr und mehr Versicherungen in massive Schwierigkeiten.

- Die Versicherungen sind gesetzlich verpflichtet, einen hohen Anteil der Anlegergelder in festverzinsliche Anleihen, wie zum Beispiel Staatsanleihen, anzulegen. Ein Ausfallrisiko bei einem Schuldenschnitt oder Staatsbankrott müsste der Anleger tragen.

- Zum 1. Januar 2015 sank die Garantieverzinsung auf 1,25 Prozent. Zuvor lag sie noch bei 1,75 Prozent.

- Die Überschussbeteiligung wird nicht an den Versicherten weitergereicht.

- Schlussboni werden gekürzt oder ganz gestrichen.

- Das Steuerprivileg für Kapitallebensversicherungen und private Rentenversicherungen wurde mit Stichtag 1. Januar 2005 aufgehoben. Seitdem werden Erträge aus Lebensversicherungen voll versteuert. In Ausnahmefällen (z.B. mindestens zwölf Jahre Vertragslaufzeit, vollständige Einmalauszahlung) wird immerhin noch der halbe Steuersatz fällig.

- Mit einer Lebensversicherung ist man unflexibel und hat eine extrem lange Bindung; bei vorzeitiger Kündigung verliert man zudem viel Geld.

Welche Gesetze zusätzlich an ihrer Versicherung nagen könnten

CAC-Klausel: Der Name dieser Neuregelung der Bedingungen für Staatsanleihen ist Programm. Die CAC (Collective Action Clause, zu deutsch »Kollektive Handlungsklausel«) ist seit 2013 europäisches Gesetz. Mit ihr können Besitzer von Staatsanleihen, die zu einem großen Anteil auch in Lebensversicherungen, Rentenversicherungen und Fonds enthalten sind, künftig auch gegen ihren Willen rückwirkend enteignet werden! So schon geschehen in Griechenland. Dort haben die Anleger bis zu 80 Prozent verloren.[15]

Versicherungsaufsichtsgesetz § 89: Mit diesem Gesetz können zur Vermeidung der Insolvenz einer Versicherungsfirma und zum »Besten der Versicherten« betroffenen Versicherungen sämtliche Auszahlungen verboten werden. Davon sind dann unter Umständen auch alle Versicherungsleistungen betroffen. Ebenso können die Versicherungsleistungen herabgesetzt werden. Die Pflicht der Kunden, weiterhin ihre Beiträge zu zahlen, bleibt davon unberührt! Das bedeutet, dass man eventuell gar keine oder nur eine geringere Gegenleistung bekommt, aber weiterhin voll bezahlen muss.[16]

Versicherungsvertragsgesetz §§ 163/164: Aus diesem Gesetz geht hervor, dass in Notfällen der Versicherer die Höhe der Prämien ändern oder die Leistungen abmindern kann.[17]

> *Wer eine Lebensversicherung abschließt, sollte dies nie ohne ein Lächeln auf den Lippen machen, das signalisiert, dass er den Witz der Sache verstanden hat.*
> Wolfgang J. Reus (1959 – 2006), deutscher Journalist und Satiriker[18]

Im momentanen Marktumfeld noch eine Kapitallebensversicherung abzuschließen, macht unseres Erachtens keinen Sinn. Unsere Empfehlung: Überprüfen Sie bestehende Verträge nach Laufzeit, Garantieverzinsung und persönlichem Szenario. Und legen Sie sie gegebenenfalls still oder lösen Sie sie ganz auf. Keine Sorge, Sie wären dann in guter Gesellschaft! Schon jetzt wird jeder zweite Vertrag vor Ablauf storniert.[19]

Wenn Sie denken, dass es zu keinen größeren Verwerfungen und Krisen kommt, wenn Sie überzeugt sind, dass unser Finanzsystem stabil bleibt, dann können Sie zumindest Verträge, die vor 2005 abgeschlossen wurden und die noch keine zwölf Jahre laufen, fortführen. Wenn Sie unsere diesbezügliche Skepsis teilen, dann sollten Sie überlegen, ob Sie Ihre Verträge kündigen – oder zumindest stilllegen. Werfen Sie schlechtem Geld kein gutes Geld hinterher!

Noch können Sie Ihre Lebensversicherungen zum Rückkaufwert verkaufen. Auch das bringt zwar gegebenenfalls Verluste. Aber vielleicht wird es in Zukunft ein Gesetz geben, ähnlich § 89 VAG bzw. § 163 VVG, das genau dies untersagt. Wenn immer mehr Bürger ihre Lebensversicherungen verkaufen oder auflösen, dann ist es angesichts der Macht der Versicherungslobby durchaus denkbar, dass der Gesetzgeber eben dies zu verhindern oder zumindest erheblich zu erschweren versucht. Vergessen Sie nicht, dass der Staat ein gehöriges Eigeninteresse hat: dass Versicherungskonzerne weiterhin Staatsanleihen kaufen.

Kündigung Lebensversicherung

Wer vorab seine Lebens- oder Rentenversicherung kündigen möchte, sollte die Kosten genau prüfen. Spezielle Regelungen gelten für Verträge, die zwischen 2001 und 2007 abgeschlossen wurden. Hier wurden die Kostenverrechnungsklauseln bei einer Kündigung nach 2009 vom Bundesgerichtshof für unwirksam erklärt.[20] Bei den Verbraucherzentralen erhält man ein Musteranschreiben für die Nachzahlungsansprüche an seine Versicherung. Leider ist das Thema der Kündigungsbedingungen sehr kompliziert. Fast alles hängt hier letztlich vom konkreten Vertrag ab. Erste Tipps bekommen Sie über die Stiftung Warentest und bei den örtlichen Verbraucherzentralen. Auch eine Einzelberatung bei einem der dortigen Versicherungsexperten kann sinnvoll sein.

Wir sind keine Freunde von Wetten. Vor allem nicht bei einem so wichtigen Thema wie der Altersvorsorge. Aber nichts anderes ist eine Lebensversicherung: eine Wette auf die Zukunft. Wenn man dann noch der Gefahr einer Enteignung ausgesetzt ist, gibt es keinen logischen Grund, sein Geld und seine Altersvorsorge in diesem Vehikel zu platzieren. Hinzu kommen noch die horrenden Kosten und Gebühren. Zu viele Punkte sprechen inzwischen einfach gegen den Klassiker der privaten Altersvorsorge. Wir würden jetzt gerne schreiben: Sprechen Sie mit Ihrem Berater! Aber leider wäre das kein guter Rat. Denn die Berater von Banken und Versicherungen müssen vor allem verkaufen. Sie handeln verständlicherweise nicht in Ihrem Interesse, sondern in ihrem eigenen und in dem ihres Brötchengebers. Sicher: Alle wollen nur unser Bestes. Unser Geld!

Welche Versicherungen sind sinnvoll?

Die Deutschen gehören zu den versicherungsfreudigsten Menschen der Welt. Nur in wenigen Ländern wird man zum Beispiel so viele Versicherungen für ein Handy im Wert von einem Euro los, die pro Monat 2,99 Euro kosten. Ob Brille, Glasbruch, Reisegepäck – fast alles, was nicht angenagelt ist, wird in unserem Land versichert. Dabei ist es ein offenes Geheimnis, dass die Assekuranz vieles tut, um im Schadensfall nicht zahlen zu müssen. Nicht nur die Reiserücktrittskostenversicherung, bei der man im Grunde kurz vor dem Urlaub sterben muss, damit sie die Stornokosten übernimmt, ist im Fall des Falles knauserig. Auch bei »großen« Versicherungen heißt es erst einmal: Zahlen? Warum gerade wir? Erhellend hierzu sind die Aussagen von Beatrix Hüller, ehemals Sachbearbeiterin und Juristin einer Versicherung, die nun die Fronten gewechselt hat und als selbständige Rechtsanwältin Mandanten im Kampf gegen Versicherungen vertritt. Ihre Aufgabe bei ihrem ehemaligen Arbeitgeber bestand hauptsächlich darin, Zahlungen zu vermeiden, zu verhindern oder möglichst lange hinauszuzögern.[21]

Aus einer umfassenden Studie der Universität Bamberg von 2013 geht hervor, dass schlechte Beratung und fehlerhafte Anlagen in Kapitallebensversicherungen, Riester-Rente und Rentenversicherung die Kunden jährlich unfassbare 50 Milliarden Euro (!) kosten.[22] Auch *Finanztest* hat bei einer Bewertung festgestellt, dass keine staatlich geförderte Police empfehlenswert ist. Vor allem der »Pflege-Bahr« schnitt extrem schlecht ab. Unnötig sind laut Verbraucherzentrale Baden-Württemberg auch eine Krankenhaustagegeld-Versicherung, die Insassenunfallversicherung, Riester-Renten-Verträge und private Unfallversicherungen.[23]

> *Die fondsgebundene Lebensversicherung ist wie ein Minirock: Sie wärmt zwar nicht, schaut aber gut aus.*
>
> Dr. Siegfried Sellitsch, Generaldirektor und Vorstandsvorsitzender der Wiener Städtischen Versicherung

Die Grundregel des Versicherns ist einfach: Versichern Sie sich unbedingt gegen Risiken, die Sie im Schadensfall unter keinen Umständen aus laufenden Einnahmen und/oder bestehenden Rücklagen tragen können. Versichern Sie sich gegebenenfalls gegen Risiken, die Ihnen im Schadensfall ein allzu großes Loch in die Kasse reißen. Und versichern Sie sich gegen nichts, was Sie im Schadensfall sehr gut selbst zahlen könnten.

Gesetzlich vorgeschrieben ist – völlig zu Recht – eine Kfz-Haftpflicht. Auch eine Privathaftpflicht-Versicherung sollte jeder unbedingt haben – nicht weil Sie vielleicht mal beim Nachbarn eine Meißner Vase zerdeppern, sondern weil Sie oder ihre Kinder im schlimmsten Fall lebenslang nachwirkende Personenschäden verursachen können, die in die Millionen gehen. Deshalb sollten zumindest Hundehalter auch eine Tierhaftpflicht abschließen. Hauseigentümer brauchen zudem eine Gebäudeversicherung. Selbstverständlich sollten Sie krankenversichert sein. Wenn Sie Familie haben, kann auch eine Risiko-Lebensversicherung sinnvoll sein. Die

Meinungen über die Berufsunfähigkeitsversicherung (BUZ) sind geteilt. Eigentlich ist sie nur für bestimmte Berufsgruppen wirklich sinnvoll, mit zunehmendem Alter wird sie auch unwichtiger. Letztlich ist es zudem eine offene Frage, ob die Versicherung langfristig die versprochenen Leistungen erfüllen kann. Kurz hinter der BUZ beginnt dann das weite Reich der fragwürdigen bis nutzlosen Versicherungspolicen, die nur den Konzernen nutzen, die sie Ihnen aufzuschwatzen versuchen.

Bausparvertrag

Die meisten, die einen Bausparvertrag unterschreiben, verstehen gar nicht, was sie da kaufen.
Christian Schmid-Burgk von der Hamburger Verbraucherzentrale[24]

> **Bausparvertrag**
>
> Mit einem Bausparvertrag erhält der Sparer einen Anspruch auf ein Baudarlehen zu einem festen Zinssatz. Mit diesem Darlehen kann er eine Immobilie neu erbauen, erwerben, sanieren oder instand halten. Die vertraglich vereinbarte Bausparsumme wird zu einem festgelegten Prozentsatz angespart. Der bis zur abgeschlossenen Vertragssumme fehlende Teil wird bei Zuteilung des Bausparvertrags als Bauspardarlehen gewährt. Der Bausparer hat einen Rechtsanspruch auf das Bauspardarlehen, der sogar vererbbar ist. Eine Kündigung während der Laufzeit ist in den allermeisten Fällen sowohl prämien- als auch steuerschädlich.

Des einen Leid ist des anderen Freud. So könnte man die Situation für Kapitallebensversicherungen und Bausparverträge beschreiben. Während Lebensversicherungen immer unattraktiver werden, erleben Bausparverträge einen regelrechten Boom, vor allem aufgrund der niedrigen Darlehenszinsen, des fleißigen Vertriebs und der trügerischen Hoffnung, mit einer Immobilie in einen sicheren, wertstabilen Sachwert zu investieren. Aber auch die Bausparversicherungen haben mit anhaltenden Niedrigzinsen ein erhebliches Problem. Wie hier gekämpft wird, zeigt das Beispiel von einem der Marktführer: Wüstenrot.

Gesetzlich durchaus konform hat Wüstenrot seit 2007 insgesamt 728 000 Verträge vorzeitig aufgelöst oder in Verträge mit niedrigeren Zinssätzen umgewandelt. Begründung: Die zugesagten Verzinsungen seien mittlerweile zu hoch. Das Vorgehen war aber mehr als fragwürdig. Berater wurden mit Extraprovisionen auf die Kunden angesetzt, um diese zur Umwandlung zu überreden. Pro umgewandelten Vertrag erhielten sie einen Bonus in Höhe von 1 300 Euro.[25] Eine andere, kreative Art des Anreizmodells bewies Wüstenrot schon einmal im Jahre 2011, als man die Topverkäufer auf eine »Lustreise« nach Brasilien einlud. Das wüste Treiben kostete 203 000 Euro und sorgte für einen saftigen Skandal.[26]

Bei den Kündigungen beruft man sich auf einen Passus der Allgemeinen Bausparbedingungen, nach dem der Versicherer kündigen kann, sobald Guthaben und Bonuszinsen die Bausparsumme übersteigen.[27] Ob das Verhalten der letzten Jahre im Sinne des Wüstenrot-Gründers Georg Kropp ist, wagen wir stark zu bezweifeln. Im Gründungsprotokoll der Wüstenrot 1921 wurde seine Grundidee der Bausparkasse schriftlich verankert: »Auf Grundlage praktischen Tat-Christentums und praktischer Bodenreform aufgebaute gemeinnützige Arbeits- und Lebensgemeinschaft zur Schaffung erleichterter Daseins- und Wohnmöglichkeiten«. Aber auch andere Bausparkassen (Schwäbisch Hall, BHW, Aachener Bausparkasse etc.) machen von ihrem einseitigen Kündigungsrecht Gebrauch, wenn es betriebswirtschaftlich sinnvoll ist.

Fazit: Wir schließen uns den Verbraucherzentralen an. Diese raten vom Abschluss eines Bausparvertrages grundsätzlich ab.[28] Begründung: Die Konditionen für Bausparverträge seien in der Ansparphase miserabel, und die niedrigen Zinsen für das am Ende zugeteilte Baudarlehen erkaufe der Sparer zuvor teuer mit niedrigen Guthabenzinsen.

Die Wurzel des Beratungs-Übels

Dass in der kompletten Versicherungsbranche etwas im Argen liegt und nicht bedarfsgerecht und kundenorientiert beraten wird, liegt vor allem am absurden Vergütungssystem der Branche. Versicherungsvertreter und Berater leben nämlich hauptsächlich von Provisionen und Boni. Zusätzliche »Anreize« wie Lustreisen und allerlei Schickimicki-Krempel verstärken das Übel, bei jedem Abschluss nur an den eigenen Vorteil und nicht an den Nutzen des Kunden zu denken. [29] Das ganze endet bei Optikern, die Ihnen zur Brille die rasend überteuerte Absicherung eines absolut tragbaren Risikos anzudrehen versuchen, oder bei Callcenter-Agenten, die Sie ständig mit der Frage nerven, »ob Sie schon einmal über eine Zahnzusatzversicherung nachgedacht« hätten.

Verbraucherschützer fordern zu Recht die Abschaffung des Provisionsgeschäfts, da dies eindeutig dazu führt, dass Kunden falsch und meist zu ihrem Nachteil beraten werden. Die Alternative ist ebenso klar: Versicherungen sollten nicht durch Angestellte ihrer Anbieter verkauft werden, sondern durch (provisions-)unabhängige, neutrale Berater, die für ihre Dienstleistung ein vorher festgesetztes Honorar *vom Kunden* erhalten. So weiß der klipp und klar, was die Beratung kostet, statt dass diese Summe in seiner Police versteckt wird. Und er kann zumindest halbwegs sicher sein, dass er die für ihn beste Versicherung bekommt – und nicht die, an der der Berater am besten verdient. Wie in jedem Vertriebssystem würde es auch hier wohl Versuche der Assekuranz geben, Berater zu begünstigen, zu verwöhnen oder gar zu bestechen. Aber das wäre dann wenigstens illegal – und würde im Falle einer Aufdeckung sofort sehr negativ auf den Täter zurückfallen.

Niels Nauhauser von der Verbraucherzentrale Baden-Württemberg formuliert sein Urteil über die Versicherungsbranche ebenso hart wie treffend: »Verlogenheit ist vermutlich eine Charaktereigenschaft, die in dieser Branche Karrieren erst möglich macht.«[30] Wir sagen nur: Das kann man so sagen.

Kleine Spitze zum Schluss: Fast schon skurril wird es, wenn

ausgerechnet der ehemalige Drückerkönig und Gründer des AWD, Carsten Maschmeyer, schärfere Gesetze und eine Reform des Provisonsgeschäfts fordert.[31] Also genau des Geschäftsmodells, welches ihn in seiner aktiven Zeit zum Milliardär werden ließ. Nun schwingt er sich, finanziell weich gebettet, zum Gutmenschen auf. Glaubwürdig wäre er allein, wenn er seinen Worten Taten folgen ließe und sein immenses Vermögen dafür verwenden würde, die Schäden zahlloser AWD-Kunden wieder gutzumachen.[32]

Konto versus Bargeld

Sie denken, das Geld auf Ihrem Konto gehört Ihnen? Da müssen wir Sie leider enttäuschen. **Das Geld auf Ihrem Konto gehört nicht Ihnen, sondern der Bank.** Sie haben der Bank lediglich einen Kredit gegeben – und das für einen unverschämt niedrigen, geradezu lächerlichen Zinssatz. Sie haben also nur eine *Forderung* an die Bank. Sie sind deren Gläubiger. Fragen Sie die enteigneten Sparer auf Zypern, was das bedeutet.

Eine der bündigsten Definitionen dessen, was Banken tun, stammt vom Soziologen Dirk Baecker, Inhaber des Lehrstuhls für Kulturtheorie und -analyse an der Zeppelin Universität in Friedrichshafen. Banken, so Baecker, »handeln (…) mit den Risiken von Zahlungsversprechen«. Etwas weniger theoretisch formuliert: mit dem »Risiko, dass sich Gewinne nicht einstellen, mit denen man gerechnet hat«.[33] Als einzige Teilnehmer am Wirtschaftsgeschehen genießen sie dabei das Privileg, ihre Schulden verkaufen zu dürfen. Nichts anderes bedeutet es ja, wenn eine Bank das Geld weiterverleiht, das ihre Einleger ihr geliehen haben. Also: **Banken nehmen Geld für die zeitweise Überlassung von Geld, das ihnen nicht gehört.** Über die Risiken, die sie dabei eingehen, befragen sie ihre Gläubiger nicht. Sie geben ihnen darüber nicht mal Auskunft. Man müsste sehr ausführliche historische, soziologische und volkswirtschaftliche Betrachtungen anstellen, um zu verstehen, wie Menschen je auf die Idee verfallen konnten, ein derart skurriles Geschäftsmodell zu erlauben. Aber lassen wird das …

Der Punkt ist: Ihre Bank kann Ihnen Ihr Geld bloß so lange zurückzahlen, wie sie solvent ist. Aus der Perspektive des einzelnen Kunden scheint es da kein Problem zu geben. Banken schwimmen schließlich im Geld. Betrachtet man allerdings die Eigenkapitalquoten der Banken, dann stellt sich leider heraus, dass es ausgerechnet mit der Solvenz der größten Schuldner der Welt nicht weit her ist. Banken können im Schnitt bloß 2 bis 5 Prozent Eigenkapital vorweisen. Unser Finanzminister Wolfgang Schäuble hat unser finanzielles Risiko als Bankkunden sehr diplomatisch formuliert, indem er sagte, dass bei der nächsten Bankenrettung alle Gläubiger mit in die Haftung genommen werden müssten.[34] Wer? Ja, genau. Sie!

Ab 2016 ist unter dem wunderschönen Wort Haftungskaskade ein mehrstufiges Bollwerk zum Schutz der Steuerzahler errichtet worden. Mit diesem Plan sollen nicht mehr die Bürger haften, wenn die Finanzwelt wieder in Schwierigkeiten gerät. Zuerst sollen die Eigentümer bzw. Aktionäre, danach die Gläubiger und Anleger, und schließlich die Sparer der Institute mit mehr als 100 000 Euro Vermögen haften. Erst wenn all dies nicht reicht, dann darf wieder der Staat, also wir Steuerzahler, in die Bresche springen.[35]

Betrachtet man das nicht abwegige Risiko einer Enteignung der Sparguthaben, wie bereits in Zypern geschehen, dann ist es empfehlenswert, sich Gedanken zu machen, ob Sparbücher oder Bankkonten der richtige Platz für Ihre Ersparnisse sind – ganz abgesehen davon, dass die Verzinsung der meisten Spareinlagen unter der offiziellen Inflationsrate liegt.

Geld auf dem Konto

Gehört nicht dem Kontoinhaber, sondern der Bank. Erst wenn man das Geld abhebt, gehört es einem.[36] Wichtig zu wissen: Seit dem 1. August 2013 ist der sogenannte »Bail in« in der EU Gesetz. Das Gesetz hat den unverfänglichen Namen »2013/C 216/01«. Und es bedeutet: Gläubiger von Banken, Anleihebesitzer und Kunden können mit allen Beträgen über 100 000 Euro

Guthaben im Notfall per Gesetz enteignet werden, um die Bank zu retten.[37]

Damit ist das »Modell Zypern« (Bankenrettung auf Kosten der Sparer) europaweit als Gesetz installiert und kann jederzeit angewendet werden. Wer über ein Vermögen von mehr als 100 000 Euro verfügt und glaubt, er könne sein Geld in Teilbeträgen auf verschiedene Konten verteilen, den müssen wir darauf hinweisen, dass der Gesetzestext die ›Einlagensicherung‹ auf 100 000 **Euro pro Person und Institut** begrenzt. Sie müssten Ihr Geld also mindestens auf mehrere Banken – nicht bloß Konten – verteilen. Und der Betrag von 100 000 Euro kann natürlich jederzeit nach unten angepasst werden.[38] In den Begründungen einer solchen Verordnung kämen dann gewiss wieder Wörter und Wendungen wie »alternativlos«, »systemrelevant«, »Vermeidung des Zusammenbruchs …« und Ähnliches vor.

Im Oktober 2008 sahen sich die Bundeskanzlerin Merkel und der damalige Finanzminister Steinbrück gezwungen, die Spareinlagen der Deutschen zu garantieren, um einem Bankensturm vorzubeugen. Diese abstruse und keinesfalls realisierbare politische Absichtserklärung wurde selbstredend nicht in ein Gesetz gegossen. **Es besteht keinerlei Rechtsanspruch und somit ist die Absichtserklärung ohne jeglichen juristischen Wert.**[39] Bei dieser Gelegenheit möchten wir noch einen weiteren Mythos aus der Welt räumen:

Geld arbeitet nicht – Menschen arbeiten!

Haben Sie schon mal einen 20-Euro-Schein gesehen, der auf einem Feld Kartoffeln erntet oder einen Kaffee serviert? Geld selbst kann gar nichts. Mit Geld können *Menschen* etwas bewirken, Dinge gestalten, Gutes oder Schlechtes tun bzw. initiieren – aber niemals »arbeiten«. Wenn jemand, ohne zu arbeiten, Geld verdient, dann muss ein anderer dafür arbeiten, ohne Geld zu verdienen. Oder viele andere müssen in der Summe für weniger Geld arbeiten als der, der zum Schluss abkassiert. Wenn das reichste Prozent der Bevölkerung also immer reicher wird, dann müssen die restlichen 99 Prozent entweder immer mehr arbeiten, oder sie müssen es für immer geringere Löhne tun. Wir haben in Kapitel 2 beschrieben, warum Kredit und Zins dafür sorgen, dass der Transferlift für Vermögen fast nur von unten nach oben fährt.

Dort haben wir auch beschrieben, warum die Zentralbanken die Welt mit billigem Geld überfluten – und wie sie damit die Risiken der Blasenbildung, die sie ja eigentlich bekämpfen wollen, erst richtig anheizen. Inzwischen wird es sogar vielen hart gesottenen Ökonomen unheimlich angesichts der unfassbaren Summen, die da jeden Tag um den Globus surren. Daher fragen sie sich: Wie kann man all dieses ›überschüssige‹ Geld wieder einsammeln, bevor es aus dem Himmel reiner Finanzspekulation auf den Boden der realen Wirtschaft regnet – und dort eine verheerende Inflationsflut auslöst? Einige Schlauköpfe sind dabei sogar auf die Idee gekommen, den Besitz von Geld nicht mehr mit Zinsen zu belohnen, sondern mit **Negativzinsen** zu bestrafen. Dies würde bedeuten, dass man sogar noch Geld dafür bezahlen muss, wenn man Geld auf dem Konto liegen hat.[40] Damit sollen die Bürger gezwungen werden, noch mehr zu kaufen, um Konsum und Wachstum anzukurbeln. Denn unser Wirtschaftssystem benötigt Wachstum wie der Junkie Drogen. Leider haben die Notenbanken in den letzten Jahren die Dosis dermaßen erhöht, dass der nächste Schuss des Süchtigen der letzte sein könnte. Sinnigerweise nennt man ihn den »goldenen Schuss«.

Nicht einmal ein totales **Bargeldverbot** ist undenkbar. Denn an Bündeln von Banknoten mögen zwar die Ratten und die Inflation nagen. Aber Papiergeld ist immerhin mit null Prozent verzinst. In einem System mit Minuszinsen müsste also entweder jede Note bei jedem Zahlungsvorgang um einen Betrag X abgestempelt werden. Oder Bargeld müsste schlicht komplett eingezogen werden.

So plädiert etwa der amerikanische Harvard-Ökonom Kenneth Rogoff dafür, Bargeld abzuschaffen. Auf diesem Weg könnten die Zentralbanken leichter Negativzinsen durchsetzen, um die Wirtschaft anzukurbeln. Aber noch ein weiteres Argument spricht in den Augen des einstigen Chefvolkswirtes des Internationalen Währungsfonds (IWF) für einen bargeldlosen Verkehr. Steuerflucht und Drogenkriminalität könnten besser bekämpft werden, wenn kein Bares mehr für dubiose Geschäfte zur Verfügung stünde.[41] Das Argument zog auch beim deutschen Wirtschaftsweisen Peter Bofinger, der sich von einer Abschaffung von Noten und Münzen erhofft, die Märkte für Schwarzarbeit und Drogen auszutrocknen.[42] Im Gegensatz zu früheren Zeiten wäre das heutzutage sogar technisch relativ leicht machbar. Mieten, Versicherungen, Telefon und viele andere Gebühren zahlen wir ohnehin bargeldlos. In allen Industrienationen verfügen fast alle Bürger zudem über EC- oder Kreditkarten. Selbst Servicekarten für den Kontoauszugsdrucker ließen sich im Notfall zu – wie auch immer beschränkten – Zahlungsmitteln umfunktionieren. Ein komplett bargeldloses Wirtschaftssystem mag uns unrealistisch vorkommen. Aber überlegen Sie mal, wo Sie heute noch Scheine zücken. Und wenn es darum geht, die Welt zu retten – wer garantiert dem Bäcker oder der Blumenhändlerin an der Ecke, dass sie nicht einfach aus dem System fliegen, wenn sie sich kein EC-Terminal in den Laden stellen? Ganz abgesehen davon, dass der Finanzminister sich die Hände reibt, wenn Sie Ihre Putzfrau oder den Klempner nicht mehr cash bezahlen können.

»So ein Unsinn!«, mögen Sie jetzt denken. Von wegen! Im Süden Europas sind **Barzahlungsverbote und Abhebungsbeschränkungen** längst Realität. So können italienische Bürger seit Dezember 2011 nur noch Rechnungen bis 1000 Euro in bar bezahlen, danach machen sie sich strafbar. **Dies gilt im Übrigen auch für Touristen!** In Frankreich liegt man derzeit bei 3000 Euro, und in Spanien hat die Regierung im November 2012 ein Limit von 2500 Euro für Bargeldgeschäfte Einheimischer verordnet. Für Ausländer gilt in beiden Ländern eine Grenze von 15 000 Euro. Das drakonische Strafmaß bei Nichteinhaltung beträgt in Spanien für In- und Ausländer 25 Prozent des Gesamtbetrages und in Frankreich 5 Prozent.[43] Derlei Grenzen für Barzahlungen ließen sich über Nacht per Dekret beliebig senken! Und wenn Sie außer Kaugummi oder einer Tüte Milch für Bargeld nichts mehr kaufen können, dann *ist* die Wirtschaft praktisch bargeldlos.

In Argentinien, Griechenland und Zypern horten die Menschen schon lange das Geld lieber im Schließfach, im Sparstrumpf oder sonst wo als auf der Bank.[44] Da würden es die Banker und Finanzpolitiker natürlich liebend gerne herauszerren. Schon länger versuchen Politik und Medien ja, in uns den dunklen Verdacht zu nähren, Bargeld sei nur noch etwas für Gangster, Schwarzarbeiter und Steuerhinterzieher. Und da haben wir Google und Geheimdienste noch gar nicht auf dem Sender. Für beide wäre es selbstredend ein Traum, wenn restlos jeder halbwegs relevante Zahlungsvorgang über irgendein anzapfbares Kabel liefe. Oder noch besser übers Handy. Dann wüssten Schnüffler und Marktforscher nicht nur, *wofür* Sie gerade wie viel Geld ausgegeben haben, sondern – via GSM – auch noch *wo*.

Bargeld unter die Matratze!

Dieser Rat mag angesichts des eben beschriebenen Szenarios eines möglichen Bargeldverbotes zunächst widersinnig klingen. Doch das ist nur ein Szenario. Ein anderes ist der totale Crash des virtuellen Konten- und Kreditsystems. Und in diesem Fall ist Cash ganz eindeutig King! Man sollte sich ohnehin genau überlegen, bei welcher Bank man sein Geld »parkt« – und wie viel davon man auf seinem Konto liegen lässt. **Wichtig: Erst wenn Sie ihr Geld physisch, also bar in der Hand halten, gehört es Ihnen tatsächlich.** Sonst sind Sie von der Zahlungsfähigkeit der Bank abhängig. Erinnern Sie sich: Im Herbst 2008 stand ein »bank run« fast schon einmal bevor. Die dramatische Garantie aller Spar- und Giroeinlagen durch den Staat, die Bundeskanzlerin Angela Merkel und Finanzminister Peer Steinbrück damals vor laufenden Kameras gaben, war keine rhetorische Girlande! Beide wussten, dass schon eine einzige Bankpleite mehr gereicht hätte, und die Bürger hätten binnen einer Stunde ihre Konten zu räumen versucht. Erinnern Sie sich auch, dass die zypriotischen Banken 2013 mehrere Tage geschlossen wurden und dass an den Geldautomaten über Wochen nur Beträge bis 200 Euro abgehoben werden konnten. Gewiss, noch ist Frankfurt nicht Nikosia. Aber wenn der Crash kommt, dann ziehen Deutschlands Banken und Sparkassen ebenfalls über Nacht den Stecker. Und das heißt: Ihr Geld ist weg. Für immer. Sorgen Sie für diesen Fall vor! **Halten Sie eine ausreichende Bargeldreserve.**

Wenn man mehr als 10 000 Euro abheben möchte, muss man das mehrere Tage zuvor anmelden, egal, ob man ein Tagesgeldkonto hat oder nicht. Das Argument, dass man so viel Bargeld nicht vorrätig habe, stärkt nicht gerade das Vertrauen in die Bank. Man fragt sich: Warum haben Banken so teure, absolut einbruchsichere Tresore und Kassenautomaten mit Sperrbeträgen, wenn da angeblich nichts drin liegt? Wieso steht in einem Vertrag für ein Tagesgeldkonto, dass man täglich über sein Geld verfügen kann, wenn man bei Beträgen über 10 000 Euro doch tagelang warten muss, bis man sein Geld auch tatsächlich in Händen halten darf?

Jeder Tag, an dem Banken mit dem Geld ihrer Kunden »arbeiten« können, ist von monetärem Nutzen. Die Bank verdient Geld mit Geld, das ihr nicht gehört, und profitiert fürstlich. Wenn Sie bei Ihrer Bank 1000 Euro in bar abheben, dann nehmen Sie ihr dagegen bis zu 100 000 Euro Spielgeld weg. Denn für Banken gilt seit dem 18. Januar 2012 ein Mindestreservesatz von nur 1 Prozent![45] Das heißt: Für Ihre 1000 Euro, welche Ihre Hausbank bei der EZB deponiert, kann sie das Hundertfache schöpfen. Und die 100 Riesen, die sie für Ihren Tausender bekommt, die wird sie sofort mit saftigen Zinsen weiterreichen – während Sie auf dem Girokonto gar nichts und auf dem Sparbuch derzeit maximal 1,25 Prozent Zinsen bekommen. Logisch, dass die Bank alles versucht, so viele Einlagen wie möglich solange wie möglich im eigenen Kreislauf zu behalten – und nicht an ihre Kunden auszuzahlen. **Bargeld bedeutet dagegen Freiheit, Unabhängigkeit, Flexibilität und Mündigkeit.**

Aus all den genannten Punkten empfehlen wir Ihnen eine Bargeldreserve. Über deren Höhe müssen Sie letztlich selbst entscheiden. Bedenken Sie allerdings, dass bei einer immerhin denkbaren Währungsreform vielleicht nur 1000 oder 5000 Euro 1:1 in eine neue Währung umgetauscht werden. Deponieren Sie Ihr Bargeld an *mehreren* Standorten. Vielleicht nicht gerade unter der Matratze. Aber in diversen Schließfächern. Oder in einem heimischen Tresor. Von großen Scheinen ist abzuraten. 100-Euro-Noten werden teilweise nicht mal mehr an Tankstellen akzeptiert, und der 500-Euro-Schein soll eventuell abgeschafft werden. Bunkern Sie also kleine Scheine zu 5, 10, 20 und 50 Euro. Wenn möglich, sollte man sich mit Banknoten bevorraten, die den deutschen Ländercode X tragen – für den Fall, dass es doch zu einem »Nordeuro« kommt oder ein Land aus dem Euro austritt. Dies muss nicht passieren, es ist aber möglich. Und Vorsicht ist die Mutter der Porzellankiste. Bei der neuen Generation Euroscheine, die gerade eingeführt wird, stehen auf deutschen Scheinen die Buchstaben R, W und X vor den Seriennummern.[46]

Bei Bankschließungen ist der Zugriff ebenfalls limitiert. In Argentinien und Zypern dauerte es zirka zwei Wochen, in denen man keinen vollen Zugriff auf sein Konto und sein Schließfach hatte. Wenn man sich mit Bargeld für ein bis drei Monate versorgt, ist man weiter als 99 Prozent der Bevölkerung.

Fremdwährungen machen relativ wenig Sinn. Interessanterweise vertrauen Anleger vor allem auf Währungen, die indirekt mit Rohstoffreserven gedeckt zu sein scheinen. So entwickelten sich die Währungen der rohstoffreichen Länder Australien, Kanada und Norwegen positiv. Aber letztendlich sind alle – auch der vermeintlich sichere Schweizer Franken – doch nur ungedecktes Papiergeld. Falls das Weltfinanzsystem zusammenkracht, wird *keine* der bestehenden Währungen mehr Akzeptanz finden. Sie werden *alle* massiv an Wert verlieren oder sogar ganz wertlos werden. Oder glauben Sie, dass die Schweiz ein Hort der Stabilität bleiben kann, wenn der Euro kollabiert? Dass gar der chinesische Renminbi stabil bleibt, wenn die USA ihre Auslandsschulden nicht mehr bedienen können?

All das ist letztlich auch der Grund, warum wir nur zu begrenzten Bargeldvorräten raten, mit denen Sie im Fall des Falles einige Wochen überbrücken können. Langfristig sicher ist Ihr Geld nur in Sachwerten angelegt.

Vermögenssicherung durch Sachwerte

Geld und Vermögen sind selbstredend nicht das Gleiche. Mit einem Hektar Wald oder einem Windrad können Sie schlecht im Supermarkt einkaufen. Eine Markenuhr müssten Sie mit enormen Verlusten versetzen, wenn Sie unbedingt Milch brauchen. Wann immer Geld in der Geschichte wertlos geworden ist – im Alltag wurde es meist sehr schnell durch halbwegs preiswerte und haltbare Güter ersetzt, die benutzt oder verbraucht werden *können*, die aber nicht jederzeit und von jedermann unbedingt benötigt werden. Anfang der 1970er-Jahre gab es in Italien einen akuten Mangel an Kleingeld. Am Kiosk und im Lebensmittelladen bekamen Kunden deshalb Bonbons oder Telefonmarken als Wechselgeld.[47] Jeder erinnert sich, zumindest aus Erzählungen, an die Zigarettenwährung der Nachkriegszeit. Vom Kugelschreiber bis zum Cognac eignet sich nahezu alles als Tauschwährung. Aber Sie würden wohl kaum Ersparnisse im Wert von 10 000 Euro in Form von Tabak oder Branntwein bunkern.

Wir werden im Folgenden untersuchen, was alles im strengen Sinne des Wortes als wertbeständiger Sachwert gelten darf. Das umfasst eine weit größere Palette an Gütern, als Sie jetzt gerade womöglich denken. Auf der anderen Seite werden wir Ihre Sachwert-Vorstellungen dafür auch ziemlich zerlegen. Grundsätzlich aber gilt: Mit einem Sachwert ist man relativ unabhängig. Sachwerte haben einen unmittelbaren, direkten, für jedermann sofort erkennbaren Nutzen. **Sachwerte können zwar im Wert schwanken, aber sie können nicht völlig wertlos werden, es sei denn, sie werden physisch zerstört.** Ihre relativ hohe Wertbeständigkeit wurde in den letzten Jahrhunderten immer wieder bewiesen. Man muss sich nur Familien anschauen, die es über sehr viele Generationen geschafft haben, ihren Reichtum zu bewahren. In was haben diese Familien vorwiegend investiert? Vor allem in Sachwerte! Finanzielle Rücklagen in Form von Sachwerten stärken die Unabhängigkeit, man bleibt handlungsfähig, und man kann sich teilweise vor politischen Eingriffen und vor Inflation schützen. Der Schwabe sagt nicht umsonst: »Sach bleibt Sach!«

Wie auch immer Sie Ihr Geld anlegen: **Investieren Sie nur in Produkte, die Sie verstehen. Die Sie anfassen können. Und die für Sie zu jeder Zeit verfügbar sind.** Sie würden sich ja auch kein Handy oder keinen Laptop kaufen, die Sie selbst nach gründlicher Lektüre des Handbuchs nicht bedienen können. Und Sie würden Ihr Auto wohl auch kaum in einer Londoner Garage parken. Leider tun Millionen von Menschen genau das, wenn es um ihr Vermögen geht: Sie investieren in Finanzprodukte, die sie nicht verstehen – und sie parken ihr Geld am anderen Ende der Welt.

Werden Sie also ein mündiger und gut informierter Investor. Wenn Sie nicht wenigstens in groben Zügen wissen, wie eine Photovoltaik-Anlage funktioniert, ob sich – und wenn ja, in welchem Zeitraum – so eine Anlage im Vergleich mit anderen Techniken der Stromerzeugung rechnet: Finger weg! Wenn Sie Toulouse-Lautrec für einen Stadtteil von Toulouse halten, sollten Sie nicht anfangen, französische Malerei zu sammeln. Und wenn Sie einen Asbach Uralt nicht von einem Laphroaig unterscheiden können, ist Single Malt auch nicht das Richtige für Sie. Wohlgemerkt: Sie müssen kein geübter Holzfäller sein, um in ein Waldstück zu investieren. Aber Sie sollten ungefähr wissen, wie der Markt für Nutzholz funktioniert.

Manche Leser mögen jetzt denken: »Diese Probleme möchte ich haben.« Möglicherweise besitzen Sie nämlich kein »Vermögen«. Ihr Dispo ist eher in den Miesen, auf dem Sparbuch liegen bloß ein paar Hundert Euro, Ihr Auto ist laut »Schwacke« nur noch Schrott, und Ihr Weinkeller besteht einzig aus drei Flaschen Brunello di Montalcino von Aldi? In diesem Fall sollten Sie ganz schnell anfangen, sich über einen zumindest bescheidenen Vermögensaufbau Gedanken zu machen! Sicher, wenn nächste Woche der Crash kommt, werden Sie da nicht sehr viel weiter sein als jetzt. Aber wer sagt, dass er nächste Woche kommt? Wer sagt, dass Sie von Ihrem Einkommen keinen Cent sparen können? Und wer sagt, dass Ihre Wohnung von vorne bis hinten nur mit völlig wertlosem Krempel vollgestopft ist?

Überlegen Sie einfach mal umgekehrt: Wie wäre es, wenn Sie 50 oder 75 Prozent Ihres Ersparten verlieren würden? Ja, auch von derzeit vielleicht nicht vorhandenen Ersparnissen! Oder wenn Sie ab morgen nur noch die Hälfte verdienen? Wenn sich aber parallel die Preise verdoppeln würden? Dann sehen Sie, dass sich nicht nur die reiche Oberschicht, sondern jeder ernsthaft Gedanken über sein Vermögen machen sollte. Und jeder sich darauf vorbereiten sollte, wenn Papiergeld und Papierwerte in Schall und Rauch aufgehen.

Zu Zeiten der Großen Depression in den USA beruhte das amerikanische Währungssystem noch auf dem Goldstandard. Ein Drittel der Währung war durch Barren oder Münzen mit einem fest definierten Anteil an Feingold gedeckt – und dadurch geschützt. Trotz allem verloren die Aktienmärkte zirka 90 Prozent an Wert. Heute haben wir keinen Goldstandard mehr. Unser Geld ist allein noch durch Vertrauen gedeckt. Ein jeder kann sich selber ausmalen, wie groß der Verlust dieses Mal sein wird, wenn es zum Kollaps kommt. Durch den Staatsbankrott in Argentinien 2001 haben die Menschen ungefähr 70 Prozent von dem verloren, was sie besaßen. In Deutschland lagen die Verluste nach der Währungsreform von 1948 zwischen 81 und 93,5 Prozent.[48]

	Letzter Kurs in RM	Erster Kurs in DM	Veränderung in %
Aktien (offizielle Kurse)	161,78	30,53	-81,13
Aktien (Schwarzmarktkurse)	305,68	30,53	-90,01
Öffentliche Anleihen	154,25	12,25	-92,06
Pfandbriefe	95,92	7,96	-91,70
Industrieanleihen	105,27	7,39	-92,98
Gold pro kg	3600	3600	+/-0
Lebensversicherung	100	6,50	-93,50
Bargeld	100	10,00	-90,00

Die Zahlen sprechen für sich und zeigen ein weiteres Mal, dass man mit Papierwerten schlechter fährt als mit Sachwerten. Mit Gold konnte man sein Vermögen effektiv schützen. Immobilien, Wiesen, Ackerland und Wald haben zwar ebenfalls an Wert verloren, aber sie wurden bei Weitem nicht so massiv entwertet wie Papierwerte.

Trotz allem muss man auch bei Sachwerten differenzieren und genau hinschauen. Das Allheilmittel oder die Standardformel für alle gibt es nicht. Jeder hat eine andere Vision, andere individuelle Ansprüche, eine andere Lebenssituation und andere Erwartungen betreffs möglicher Krisenszenarien. Jeder benötigt daher eine für sich persönlich maßgeschneiderte Lösung. Des Weiteren ist es, wie schon gesagt, wichtig, sein Vermögen auf möglichst viele Standbeine zu verteilen. Umso stabiler wird sein Fundament. Und umso resistenter wird es in der Krise gegen den Angriff der Inflations-Killerviren sein. Werfen wir also im Folgenden einen Blick auf die möglichen Alternativen.

Immobilien

Ironischerweise hat ausgerechnet die geplatzte Immobilienblase in den USA in Deutschland zu einem regelrechten Boom bei Immobilien geführt. Auch die Krise in Spanien wird hierzulande mehr als Haushaltskrise des spanischen Staates wahrgenommen. Dabei hatte Spanien vor der Krise weniger Staatsschulden als wir. Erst die »Rettung« all jener Banken, die sich im völlig überhitzten spanischen Bausektor verspekuliert hatten, hat den Madrider Haushalt in die tiefroten Zahlen gejagt. Und erst das Platzen der iberischen Immobilienblase offenbarte, wie sehr sich die Provinzen des Landes mit sinnlosen öffentlichen Bauprojekten verhoben hatten. Hinzu kommt, dass in Großstädten wie Berlin oder München der Immobilienmarkt ebenfalls längst Überhitzungssymptome zeigt, zumindest in den begehrtesten Wohn- und Geschäftslagen. Denn dort wird unter anderem auch viel ausländisches Geld in luxussanierten Objekten geparkt.

Gleichwohl sind die Deutschen unverdrossen davon überzeugt, dass eine Immobilie der beste Schutz vor Vermögensverlusten sei. Wir sind da deutlich skeptischer. Eine Immobilie sehen wir nur noch bedingt als sinnvollen Sachwert. Das »Betongold« ist nämlich mit einigen Gefahren verbunden, die man nicht außer Acht lassen darf.

Risiko Nummer eins: Schulden. Nur eine abbezahlte Immobilie gehört einem wirklich. Unzählige Menschen in Spanien, Irland, Griechenland oder den USA, die ihr Haus oder ihre Wohnung auf **Kredit** gekauft und dann verloren haben, können davon ein sehr trauriges Liedchen singen. Solange Ihr Haus oder Ihre Wohnung nicht abbezahlt sind, geraten Sie in der Krise – und erst recht nach dem Crash – in die **Schuldenfalle.** Ganz übel sind Sie dran, wenn Sie die Immobilie nicht selbst nutzen, sondern vermietet haben. Jegliche Garantie, solvente Mieter zu haben oder zu finden, ist dann hinfällig. Als Geldanlage sind Immobilien – vor allem in »angesagten« Lagen – heute reine Spekulationsobjekte. Im Krisenfall heißt das: Sie verlieren dramatisch an Wert.

Risiko Nummer zwei: die Steuer. Nichts ist leichter zu besteuern als eine Immobilie! Wie der Name schon sagt: Eine Immobilie ist unbeweglich. Man kann sie weder verstecken noch im Garten vergraben oder über die Grenze tragen. Aus diesem Grund werden Immobilienbesitzer immer gerne zuerst zur Kasse gebeten.

Gravierende Beispiele dafür, wie der Staat nach lukrativen Finanzierungsmöglichkeiten zum Stopfen seiner Schuldenkrater gerade bei Immobilien sucht, sehen wir aktuell bei unseren Freunden in Italien und Griechenland. In Italien wurde 2012 die Immobiliensteuer »IMU« wieder eingeführt, nachdem sie von Berlusconi 2008 ausgesetzt worden war. Auf immensen Druck der Öffentlichkeit wurde sie zwar im August 2013 erneut abgeschafft und muss seit dem 1. Januar 2014 nicht mehr bezahlt werden. Allerdings hat die italienische Regierung schon angekündigt, dass die dadurch entstandenen Ausfälle von 4 Milliarden Euro pro Jahr durch Kürzungen bei öffentlichen Ausgaben und mit Steuererhöhungen kompensiert werden.[49] Wie gewonnen, so zerronnen.

In Griechenland wird seit 2011 jährlich eine Immobilien-Sonderabgabe erhoben. Diese betrug zunächst zwischen 0,50 Euro und 10 Euro pro Quadratmeter, abhängig von der Lage und dem Stromverbrauch. Im Durchschnitt waren mehr als 4 Euro pro Quadratmeter fällig. Da die Finanzämter des Landes alles andere als effizient sind, wird diese Steuer einfach über die Stromrechnung eingezogen. Wenn man die Steuer nicht bezahlen kann, dann hat man im Notfall auch keinen Strom mehr. Und da die eigene Immobilie für die allermeisten Griechen die letzte Zuflucht ist, kann auch fast niemand dieser Abgabe entgehen. Athens Politiker versicherten daher dem darbenden Volk, dass es sie nur so lange geben werde, bis die Krise überstanden sei. Seit dem 1. Januar 2014 hat man aus Verzweiflung über die katastrophale Haushaltslage das Ganze stattdessen auf die Spitze getrieben. Eine neue Einheitliche Immobiliensteuer (EFA) ersetzt die Sonderabgabe. Dies bedeutet nichts anderes, als dass eine Immobiliensteuer dauerhaft etabliert wird und die Griechen ein weiteres Mal von ihren Politikern angelogen worden sind. Von Wohnungen und Einfamilienhäusern über unbebaute Grundstücke, ja sogar Parkplätze bis hin zu Acker- und Weideflächen oder Hühnerfarmen wird nun jeder private Quadratmeter Griechenlands besteuert. Seit Januar 2014 fallen sogar Steuern für Immobilien an, die in den vergangenen Jahren leer standen, also keinen elektrischen Strom verbraucht haben. Von der bisherigen Immobilien-Sonderabgabe waren diese befreit.[50]

Sie denken, dass uns so etwas in Deutschland nicht passieren kann? Sie irren sich! Auch der deutsche Staat hat seine Bürger mit derlei Zwangsabgaben schon kräftig zur Kasse gebeten. Im 20. Jahrhundert wurde das Grundbuch zweimal herangezogen, und es wurden Zwangshypotheken zu Lasten der Immobilienbesitzer eingetragen. So gab es in Deutschland von 1924 bis 1943 eine Hauszinssteuer und von 1952 an das Gesetz über den Lastenausgleich. Beim Lastenausgleich wurde die Belastung auf 30 Jahre zu 1,67 Prozent pro Jahr gestreckt.[51] Rechenbeispiel: Wenn ein Haus am Stichtag mit 200 000 DM bewertet wurde, musste man davon 50 Prozent an den Staat abführen, hatte also eine jährliche Rate von 3 333 DM zu überweisen.

So etwas kann jederzeit wieder passieren. Aus diesem Grund sollten Immobilienbesitzer immer einen monetären Puffer haben, um diesen im Notfall einzusetzen. Oder sie sollten alternativ zur Miete wohnen. **Die Besteuerung von Immobilien ist weltweit ein beliebtes Finanzierungsmittel der Staaten.** Die Grunderwerbssteuer wurde in vielen Bundesländern schon drastisch erhöht – in Hessen und Baden-Württemberg beispielsweise von 3,5 auf 5 Prozent; ebenso viel bezahlt man in Bremen und Niedersachen. In Schleswig Holstein darf man mit 6,5 Prozent den Höchstsatz berappen, und in Berlin sind es auch schon 6 Prozent. Nur in Bayern und Sachsen kommt man mit 3,5 Prozent derzeit noch halbwegs preiswert davon.[52]

Risiko Nummer drei: Wertverlust. Anders als Bargeld oder reine Papierwerte können Häuser und Wohnungen niemals völlig wertlos werden. Wenn Ihre Immobilie abbezahlt ist und Sie selbst darin wohnen, dann haben Sie in Krisenzeiten zudem ein sicheres Dach über dem Kopf. Eine ganz andere Frage ist es allerdings, ob Sie den Wert der Immobilie im Notfall auch realisieren können. Und da sind die Aussichten im Krisenfall weit schlechter, als Sie vielleicht glauben. An erster Stelle ist fraglich, ob es nach einem Crash überhaupt liquide Käufer gibt. Zum zweiten kann es Ihnen gut passieren, dass Sie die Immobilie dereinst völlig überteuert erworben haben. Vor allem innerstädtische Wohnungen könnten Ihnen so im Krisenfall satte Wertverluste bescheren. Um von fragwürdigen Nachwende-Investments in der ehemaligen DDR zu schweigen. Drittens müssen Sie den beinahe schon sprichwörtlichen demographischen Wandel einkalkulieren: Deutschlands Bevölkerung schrumpft und überaltert. Und das heißt auch, dass der Bedarf an Wohnraum sinken wird. Je abgelegener Ihr Häuschen liegt und je älter es ist, umso mehr wird dessen Wert dahinschmelzen, desto kleiner ist die Chance, einen Käufer zu finden. Viertens, auch das unterschätzen viele Eigentümer, nagt die Zeit an jeder Immobilie. Damit meinen wir nicht nur, dass manche den Malermeister eher selten anrufen. Die Instandhaltungsaufwendungen vieler Hausbesitzer oder auch Eigentümer-Gemeinschaften sind viel zu gering! Anders gesagt: Der Investitionsstau bei Deutschlands Privatimmobilien steht dem bei der öffentlichen Infrastruktur wohl kaum nach. Gerade viele Gebäude, die zwischen den 1950er- und den 1970er-Jahren errichtet wurden, dürften heute dem Zustand der Ruine näher sein als dem einer steinernen Wertanlage.[53]

Risiko Nummer vier: Auslandsimmobilien. Gerade ein Investment in Ferienimmobilien außerhalb Deutschlands sollten Sie ab sofort schwer überdenken. In vielen Ländern Südeuropas haben sich die vermeintlich guten Investments zu einem absoluten Desaster entwickelt. Es besteht die Gefahr, dass besonders in Spanien, Griechenland, Portugal und Italien, aber auch in Frankreich, Besitzer von Ferienwohnungen und Ferienhäusern durch Abgaben und Steuern zur Kasse gebeten werden. Der Kreativität der klammen Staaten sind bei diesem Thema keine Grenzen gesetzt. Gerade für den spanischen Staat ist es nur allzu verführerisch, Besitzer von Ferienimmobilien zu schröpfen: Dort sind besonders viele Ferienhäuser und Wohnungen in ausländischer Hand. Ausländer dürfen bekanntlich nicht wählen und stellen somit für die dortigen Politiker keine direkte Gefahr dar. Im Gegenteil: In so mancher Urlaubsgegend sind die vermeintlich Schönen und Reichen aus dem Norden besonders unbeliebt, sie mal so richtig abzukassieren ist dementsprechend populär bei Einheimischen.

Besonders »clevere« Investoren haben weiland ihre iberische Ferienimmobilie nicht direkt gekauft, sondern über eine spanische Sociedad Limitada, eine Gesellschaftsform, die mit der deutschen GmbH vergleichbar ist. Solchen Schlauköpfen droht jetzt in Deutschland ein teures Nachspiel. Ursprünglich hatte diese Konstruktion den Zweck, eine Immobilie »anonym« zu erwerben. Im Klartext: nicht selten mit unversteuertem Geld. Zweitens wollte man die spanische Transaktionssteuer auf Immobilien umgehen, indem nicht das Grundstück, sondern lediglich die Anteile an der Gesellschaft veräußert wurden. Dafür konnten, drittens, die Gesellschafter der Sociedad Limitada, die ja die Eigentümerin der Immobilie ist, in dieser unentgeltlich wohnen. Im Juni 2013 hat der Bundesfinanzhof die Fiesta beendet und klargestellt, dass die unentgeltliche Nutzung einer Ferienimmobilie als verdeckte Gewinnausschüttung in Form einer verhinderten Vermögensmehrung zu behandeln sei.[54] Das Besteuerungsrecht dafür liege im Übrigen beim deutschen Staat.[55]

Das scheinbar nebensächliche Beispiel enthält eine Lehre, die weit über den konkreten Fall hinausweist: Der deutsche, aber auch jeder andere Staat, könnte Erstimmobilien verschonen, alle anderen jedoch besteuern. Unter diesem Aspekt erscheint der deutsche Zensus für Immobilienbesitzer aus dem Jahre 2011 in einem ganz neuen Licht. Hier mussten diese detailliert über ihr Eigentum Auskunft geben. Seitdem könnte Herr Schäuble jederzeit eine Besteuerungsformel ins System einpflegen – und schon wurden die Rechnungen an alle Immobilienbesitzer auf die Post gehen.

Fazit: Für uns ist eine Immobilie kein Investment! Nur sehr wenigen gelingt es, langfristig Rendite zu erwirtschaften. Außerdem sind fundierte Kenntnisse sowohl kaufmännischer, technischer als auch rechtlicher Art notwendig. Meistens sind Immobilien mit viel Aufwand, Stress und immer wieder auch Ärger verbunden. Ferner wurden Immobilienbesitzer in der Vergangenheit in Deutschland, wie erwähnt, schon zweimal vom Staat zur Kasse gebeten – und das kann auch ein drittes Mal passieren.

Bei den aktuell inflationär gestiegenen Preisen, vor allem in den Ballungszentren wie Hamburg, München, Frankfurt, Berlin, Stuttgart, Düsseldorf, Wien, Salzburg, Zürich oder Basel, in denen sich Normalverdiener schon lange kein adäquates Eigenheim mehr leisten können, drängt sich der Erwerb einer Immobilie nicht mehr auf. Im Gegenteil: Es sollte eher ein Verkauf in Betracht gezogen werden. Alte Immobilienfüchse sagen nicht zu Unrecht: »So viel Geld bekommt man nie wieder.« Eventuell könnten die Preise noch weiter steigen. Aber nur realisierte Gewinne sind wirkliche Gewinne!

Wann immer es um Vermögenssicherung – und das heißt vor allem: Risikominimierung! – geht, lautet das Zauberwort »Diversifikation«. Einzig beim Thema Immobilien wird dieser Rat von den meisten Menschen über Bord geworfen. Niemals sollte man mehr als 30 Prozent seines Gesamtvermögens in eine Anlageklasse investieren. Doch leider investieren die meisten Bürger 50, 80 oder 100 Prozent in ihr Eigenheim. Mehr noch: Viele verschulden sich dafür, teilweise bis zum Sankt Nimmerleinstag. Sie investieren also 150 Prozent und mehr ihres Vermögens bzw. eines erhofften zukünftigen Einkommens in Immobilien. Das ist so, als würden Sie beim Pokern sämtliche Chips auf ein Pärchen mit Kreuz-Zwei setzen.

Millionen von Immobilien in Deutschland sind kreditfinanziert, viele davon Spitz auf Knopf. Da darf nichts schiefgehen. Wenn es zu einer Rezession kommt oder die Zinsen stark ansteigen, stehen etliche Immobilienbesitzer vor existenziellen Problemen. Ein jeder kann sich ausmalen, in welche Richtung sich die Immobilienpreise entwickeln, wenn Tausende oder gar Hunderttausende Immobilien auf den Markt geworfen werden, aber die Nachfrage aufgrund von wirtschaftlicher Schwäche und Arbeitslosigkeit parallel sinkt.

> *Viele Menschen, die auf einem Wohlstandshügel wohnen, geben nur ungern zu, dass sie in Wahrheit auf einem Schuldenberg sitzen.*
> Horst Rehmann (*1943), deutscher Publizist, Maler, Schriftsteller und Kinderbuchautor[56]

Noch einmal: Gegen eine selbstgenutzte und schuldenfreie Immobilie ist nichts einzuwenden. Doch sollte man sich darüber im Klaren sein, dass man immer wieder Geld in deren Erhalt investiert – und im Notfall mit Zwangsabgaben rechnen muss.

Aktien

Aktien sind Anteilsscheine an Unternehmen. Unternehmen besitzen Grundstücke, Fabrik-, Lager- oder Verwaltungsgebäude, Fahrzeuge,

Industrieunternehmen zudem Maschinen und Anlagen, ein Warenlager, eventuell Patente und Markenrechte, dazu noch einen ganzen Haufen mehr oder minder wertvollen Krempel. So gesehen sind Aktien nach klassischer Definition Sachwerte. Aktien zu halten war eigentlich einmal eine gute Idee.

Doch die heutigen Aktienmärkte sind irrational überbewertet. Seitdem die Notenbanken weltweit die Zinsen auf historische Rekordtiefs gesenkt haben, kennen die Aktienkurse nur noch eine Richtung – gen Himmel. Im März 2015 toppte der deutsche Aktienindex erstmals in seiner Geschichte die 12 000-Punkte-Marke. Zinsen nahe null, wir wiederholen das gerne in jedem Kapitel, produzieren Geldschwemmen. Und dieses Geld landet zunächst mal nicht in der Realwirtschaft. Würden die Bürger Amerikas, Europas oder Japans größere Teile der Fantastillionen von Fed, EZB und Bank of Japan als Löhne und Gehälter kassieren und folglich überwiegend für Waren und Dienstleistungen ausgeben, wir hätten längst dreistellige Inflationsraten. Stattdessen vagabundiert das viele billige Geld auf der Suche nach lukrativen Anlagemöglichkeiten um die Welt. Dadurch wurden auch die Aktienindizes inflationär aufgeblasen. Nach kurzen Verschnaufpausen 2000/2001 und 2008/2009 frisst Gier längst wieder Hirn. Dax, Dow Jones und Nikkei haben sich seit ihren Tiefständen 2009 verdoppelt bzw. sogar verdreifacht.

Im Dezember 2014 verkündigte die US-Notenbank, dass der Leitzins noch für beträchtliche Zeit nahe null bliebe.[57] Dax und Dow erreichten im Winter 2015 Allzeithochs. Die Fed kauft pro Monat für insgesamt 55 Milliarden Dollar Staatsanleihen und Immobilienpapiere auf, um die Märkte zu stabilisieren. Dadurch hat sich ihre Bilanzsumme auf schwindelerregende 4,6 Billionen Dollar hochgeschraubt, seit 2008 also mehr als vervierfacht.[58] Im folgenden Chart kann man sehr schön sehen, wie die Geldspritzen der Fed (hell) den US-Aktienmarkt (dunkel) 2009 vor dem Komplettkollaps gerettet und dann peu à peu nach oben gehievt haben.

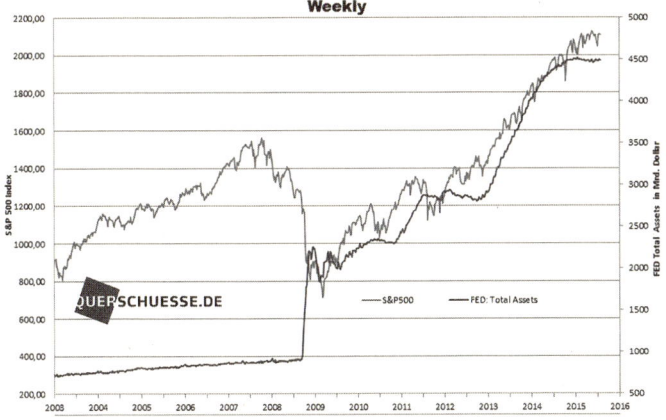

USA: S&P 500 Index and Federal Reserve's Total Assets
Weekly

Mit viel Botox kann man/frau ebenso über viele Jahre die Haut straff halten. Wirklich schöner werden die zur Maske erstarrenden Gesichter dabei nicht. Und irgendwann stürzt die Plastikfassade ein. Dann geht es den Betroffenen wie Oscar Wildes Dorian Gray. Jahrelang altert dessen betörend schönes Jugendporträt an seiner statt. Am Ende muss Dorian in eine entstellte Fratze blicken. Er begeht Selbstmord – und das Gemälde erstrahlt in alter Schönheit, während er, sterbend, zu dem lasterhaften Greis wird, der er in Wahrheit längst war.

In Europa sehen wir das gleiche Spiel. Die Bank of England, die Schweizer Nationalbank (SNB), aber auch die EZB haben ihre Bilanzen irrsinnig aufgeblasen und sich mit risikoreichen Staatsanleihen und fremden Währungen vollgesaugt, um die Märkte sowie ihre eigenen Währungen zu stützen. Derlei drastische Eingriffe sind nicht gerade vertrauenerweckend und zeugen schon gar nicht von einem gesunden Markt. Ganz im Gegenteil.

Entgegen allen »positiven« Nachrichten, entgegen allen Aussagen führender Politiker, dass der Euro das Schlimmste hinter sich habe, sieht sich die EZB gezwungen, weiter verzweifelt an der Zinsschraube zu drehen. Leider lässt sich ein Leitzins von 0,25 Prozent aber nur noch um einen weiteren Schritt senken – auf null[59]. Das hat die Bank of Japan in den letzten zwanzig Jahren oft genug versucht – und das Land doch nicht aus der deflationären Abwärtsspirale herausbekommen.

Die Aktie ist bei diesem mit verschenktem Geld finanzierten Wettrennen mehr oder weniger zum reinen Papierwert degradiert worden. Ein Symptom dafür ist, dass Aktien heutzutage nur noch virtuell gehalten werden. Versuchen Sie mal, sich eine Aktie physisch ausliefern zu lassen. Viel Spaß! Die sich dahinter verbergende Krankheit heißt: Spekulation. Eine Analyse des Finanzinformationsdienstes Reuters kommt zu dem vernichtenden Urteil, dass sich die Finanzmärkte weltweit, angeführt durch die Wall Street, zu einem »unkontrollierten Pyramidenspiel« entwickelt hätten, in dem das »unbegrenzte Jonglieren mit Kundengeldern« erlaubt sei.[60] Schneeballsysteme und Kettenbriefe ohne Ende! Jeder weiß, dass die irgendwann kollabieren.

Noch etwas kommt beim Thema Aktien hinzu: Für Normalverdiener sind sie als Anlageinstrument kaum geeignet. Denn für eine Investition in Einzelwerte fehlt ihnen schlicht das Geld. Oder sie können nur in sehr wenige Unternehmen investieren. Das aber bedeutet: **Normalverdiener können bei Aktien ihr Risiko nicht wirklich streuen.** Viel größer ist dafür die Gefahr, auf einzelne, vermeintlich unschlagbare Unternehmen zu wetten. Oder gar auf windige »brandheiße Tipps« hereinzufallen. Davor warnt Sie sogar Ihr Bankberater! Der allerdings hat einen leicht durchschaubaren Hintergedanken: Er möchte für Sie die Risikostreuung übernehmen. Natürlich nicht persönlich. Sondern indem er Ihnen Aktienfonds, Dachfonds oder Indexzertifikate seines Hauses andreht. Da, so versichert er, könnten Sie überall dabei sein, wo der Rubel Ihrer Meinung nach rollt. Nur absolute Blue Chips? Dividendenpapiere? Technologiewerte? Der türkische Markt? Minen? Ein »Nachhaltigkeits-Fond«? Bitte schön, haben wir alles da! Der Großteil der Kleinanleger freilich hat mit Fonds schon in der Vergangenheit unterm Strich meist kein Geld verdient. Oder nur mickrige Renditen erwirtschaftet. Wie fast immer hat auch hier die Bank gewonnen – dank ihrer breiten Gebührenpalette.

Im Übrigen ist die Aktie kein Instrument, um sein Vermögen effektiv vor dem Zugriff des Staates zu schützen. Wertpapiere sind registriert und hinterlegt. Sie können jederzeit besteuert oder enteignet werden. Nur zu gerne werden auch Aktionäre abkassiert oder im Notfall sogar enteignet.

Fazit: Die Aktienmärkte verdanken ihre Rekordhöhen einzig und allein den ständig ratternden Gelddruckmaschinen der Zentralbanken. Egal wie lange diese Reise ins monetäre Nirwana noch dauert – mit Fundamentaldaten sind die Kurse längst nicht mehr zu begründen. Sollten die Notenbanken ihre Zinsen irgendwann auch nur leicht erhöhen und die Stützungsmaßnahmen beenden, ist ein jähes Ende der Börsenparty vorprogrammiert.

Normalerweise wird das sogenannte Kurs-Gewinn-Verhältnis (KGV) einer Aktie als Verhältnis des aktuellen Börsenkurses zu den erwarteten Gewinnen des betreffenden Unternehmens im laufenden oder auch im folgenden Geschäftsjahr berechnet. Und da dürfen sich Anleger derzeit anhören, die KGV seien historisch eher niedrig bis normal. Der Wirtschaftsnobelpreisträger Robert Shiller aber hat den »Shiller-KGV« entwickelt.[61] Er berechnet seinen Indikator auf Basis der durchschnittlichen Unternehmensgewinne der letzten *zehn Jahre.* So kann er Schwankungen ausgleichen und einen repräsentativeren Richtwert erhalten. **Laut »Shiller-KGV« ist der Aktienmarkt im Frühjahr 2014 allerdings um 70 Prozent überbewertet!**[62] Dieser »irrationale Überschwang«[63] muss zwangsläufig irgendwann korrigiert werden. Der DAX mag noch auf 15 000, 20 000 oder von uns aus auch auf 50 000 Punkte gehievt werden, bis er die maximale Fallhöhe erreicht hat. Am Ende werden die Aktienmärkte massiv nach unten korrigiert. Bitte anschnallen!

Gefährliche Sachwerte

Wenn Ihnen jemand etwas anbietet, was zu gut ist,
um wahr zu sein, dann ist es vielleicht auch nicht wahr.

Elke König, Chefin der Bundesanstalt für Finanzdienstleistungsaufsicht[64]

Sachwerte sind schwer in Mode, und wie immer zieht das auch schwarze Schafe an. Skrupellose und kriminelle Firmen ködern Anleger mit verlockenden Renditeversprechen in »sichere« Sachwerte. Bei den beiden solariumgebräunten Partylöwen von »S&K« haben Anleger 100 Millionen Euro mit Immobilienfonds verloren, bei »Infinus« waren es 400 Millionen Euro, im Falle der Schiffs- und Immobilienfonds von »Wölbern Invest« sage und schreibe 620 Millionen Euro. Zumindest bei »S&K« sind die Anlegergelder tatsächlich in Sachwerte investiert worden. Zwar nicht für die Kunden, aber für die beiden Gründer der Firma: Es wurde ein kompletter Fuhrpark mit Luxuskarossen und Motorrädern angeschafft, darunter Porsche, Lamborghini, Ferrari, Audi R8, Bentley, BMW 7 und Aston Martin, dazu Uhren von Rolex, Hublot und Glashütte. Ferner wurden buchstäblich Säcke voll Geld sowie fünfstellige Beträge in Fremdwährungen und Goldbarren vorgefunden. Aber auch ein Hundetherapiebecken für Aqua-Jogging im Wert von 20 000 Euro sowie dutzende Aktenvernichter wurden beschlagnahmt.[65]

Seit Jahren wird ausdrücklich von *Finanztest, Focus, Börse Online, WirtschaftsWoche* und dem *Handelsblatt* vor dem grauen Kapitalmarkt und unseriösen Anbietern gewarnt. Vor allem auch im Bereich der nachhaltigen Ökoinvestments mit sehr optimistischen Renditeversprechen in Teakholz, Wald, Palmöl oder sonstigen Anlagen als vermeintlich sichere Sachwerte.[66]

Sicherlich haben sie schon die eine oder andere schicke Werbung, teure Hochglanzbroschüre oder blinkende Bannerwerbung im Internet gesehen, die einem bombastische Renditen weit über der Inflationsrate verspricht. Von 6,8 über 12 bis hin zu 25 Prozent und mehr ist alles dabei – und das noch über Jahre hinweg. Das klingt alles immer wie der Traum eines jeden Anlegers.

Wie schon erwähnt, kann keiner in die Zukunft blicken. Daher ist jedes garantierte Renditeversprechen von x Prozent über x Jahre hinweg entweder naiv, Bauernfängerei oder kriminell. Es kann immer Unvorhersehbares passieren. Ihr Öko-Wald kann von einer Naturkatastrophe dahingerafft werden. Ein »todsicheres«, gar noch von Subventionen oder Steuerprivilegien begünstigtes Anlagemodell lässt sich mit dem Federstrich einer Gesetzesänderung zum Geld-grab verwandeln. Das »Traumland für Investoren« kann durch Rezession, Bürgerkrieg oder andere Krisen über Nacht zum Alptraum werden. Und da haben wir über bewussten Betrug, Blendwerk oder unternehmerische Unfähigkeit noch gar nicht gesprochen.

Prokon soll an dieser Stelle nur eine von vielen deutlichen Warnungen sein. Man könnte auch Conergy, Q-Cells, Solar Millenium, Windreich, Sunways, Solarhybrid, Inventux und viele mehr nennen. Auch der ehemalige Highflyer SolarWorld, der auf dem Zenit des Erfolges voller Übermut Opel für eine Milliarde Euro übernehmen wollte und nun seit geraumer Zeit ums Überleben kämpft, soll hier erwähnt werden. Der Aktienkurs von SolarWorld hat seit seinem Hoch über 90 Prozent verloren und dümpelt nun als Pennystock in der Börsenlandschaft herum.[67]

All diese Firmen haben sich das moderne grüne Kleid des Umweltschutzes angezogen, waren mächtig en vogue, omipräsent – vor allem mit teurer Werbung in den Medien – und haben allesamt ein gutes Gewissen mitverkauft.

Prokon war auch so ein Überflieger. Es schien, als hätte der Windparkbetreiber den Wind für alle Ewigkeit im Rücken. Der Konzern sammelte 1,4 Milliarden Euro an Kundengeldern ein. Nun ist der Lack ab. Alle Kritiker der letzten Jahre haben recht behalten: Prokons Renditeversprechen waren Schall und Rauch. Ein Unternehmen, das 50 Prozent seiner Gelder für massives Marketing ausgibt und ständig die Werbetrommel rühren muss, um neue Kunden zu bekommen, ist offensichtlich nichts anderes als ein Schneeballsystem. Bei Prokon stehen die Räder nun still, und die Anleger haben einen Großteil ihres Geldes verloren.[68]

Ebenso bekannt für ihr aggressives Marketing ist die Life Forestry AG aus der Schweiz. Hier werden bis zu 12 Prozent Rendite mit Teakholzplantagen in Mittelamerika versprochen.[69] Hier sagen wir: Vorsicht vor Firmen aus der Schweiz, die vor allem in Deutschland massiv auf Kundenfang gehen. Versuchen Sie bei Unstimmigkeiten mal, einen Rechtsstreit jenseits der deutschen Grenzen zu finanzieren. Bedenken Sie zudem immer, dass der Kunde im Endeffekt auch alle teuren Werbekampagnen bezahlt. Je mehr in die Neukundengewinnung investiert wird, desto geringer fällt Ihre Rendite aus.

Aufschlussreich ist auch, dass die ShareWood AG und die Life Forestry AG gegründet wurden, als die Prime Forestry Group AG von den Schweizer Behörden per Verordnung geschlossen wurde. Die Firma war purer Betrug, ihre Anleger mussten einen Komplettverlust in Millionenhöhe erleiden. Ob es hier einen Zusammenhang gibt, ist nicht klar. Allerdings gibt es personelle Auffälligkeiten zwischen den Firmen. Dr. Diego Perez war Vizepräsident der Prime Forestry Panama. Heute ist er Direktor der Life Forestry Costa Rica S.A. Der ehemalige Finanzvorstand der Prime Forestry ist nun bei der Sharewood AG tätig.[70] Dies kann natürlich purer Zufall sein. Peter Mattil, ein Fachanwalt für Kapitalanlagerecht, geht davon aus, dass nur zwei von tausend Anbietern seriös agieren. Er empfiehlt, genau wie wir, exakt zu prüfen, wer hinter dem Angebot steckt, wie die Referenzprojekte gelaufen sind, wo die Gesellschaft ihren Hauptsitz hat und ob man die Bilanzen und das Zahlenwerk einsehen kann.[71]

Sollte ein angepriesenes Geschäftsmodell wirklich so unvorstellbar lukrativ und dazu auch noch absolut sicher und mit Sachwerten abgesichert sein – warum gehen die Firmeninhaber dann nicht zur Bank und leihen sich das Geld dort zu den gegenwärtig sehr niedrigen Zinsen? Mit der unerschöpflichen Menge positiver Argumente und den Aussichten auf saftige Renditen sollte es doch kein Problem geben, wesentlich günstiger an Geld zu kommen, oder?

Allein die zwielichtigen und teilweise kriminellen Betreiber solcher Firmen anzugehen, wäre allerdings einseitig und oberflächlich. Auch hier gehören immer zwei dazu. Diese Firmen gibt es nur, weil es auch Interessenten dafür gibt. Die Gier der Anleger, denen bei zweistelligen Renditen das Wasser im Mund zusammenläuft, wurde hier zwar skrupellos ausgenutzt. Aber in puncto Gier sind Kunde und Firma eben doch siamesische Zwillinge. Das Ergebnis ist immer das Gleiche.

Unsere generelle Warnung: Seien Sie auf der Hut, wenn Ihnen gegenwärtig 5, 6 oder mehr Prozent Rendite garantiert werden.

Dies ist in Zeiten einer Niedrigzinsphase fast ausnahmslos unseriös – oder mit erheblichen Risiken verbunden.

Vergleichsweise sinnvoll war da das Angebot eines deutschen Bierbrauers. Im Rahmen einer Werbekampagne konnte man mit dem Kauf einer Kiste Bier einen Quadratmeter Regenwald kaufen, der dann unter Naturschutz gestellt wurde. Hier konnte man Gutes tun – und hatte einen Sachwert griffbereit im Haus. Prost!

Gold und Silber

We have gold because we cannot trust governments.
Herbert Hoover (1874-1964), 31. Präsident der USA[72]

Die Liste der Vorteile der beiden genannten Edelmetalle zur Vermögenssicherung ist beachtlich und spricht für sich. Gold und Silber begleiten die Menschheit seit über 5000 Jahren als stabiler Sachwert. Beide Metalle waren, sieht man von den periodischen »Münzverschlechterungen« ab, schon immer verlässliche Zahlungsmittel. Ihr Vorkommen ist durch die Natur limitiert, sie sind unzerstörbar, wertbeständig, schützen vor Inflation, sind weltweit anerkannt, hochliquide und beliebig teilbar. Beide Metalle haben Börsencrashs, Wirtschaftskrisen, Währungsreformen, Staatsbankrotte und Diktaturen schadlos überstanden. Mit Edelmetallen hat man einen Wertanker. In Form von Gold und Silber kann man sein Vermögen schützen und sein Geld aus dem Bankenkreislauf herausnehmen. Einziger »Nachteil« von Edelmetallen: Es gibt keine Zinsen. Nach allem, was wir bisher geschrieben haben, wird es Sie nicht erstaunen, dass wir das Wort »Nachteil« in Anführungszeichen gesetzt haben.

Nur eines sollte man als Anleger bedenken: Auch mit Gold und Silber wird in Krisenzeiten spekuliert, auch hier gibt es folglich Preisblasen. Die entpuppen sich aber oft als weniger dramatisch, als sie in Wahrheit sind. Zwar schwankt auch die – historisch über Jahrhunderte mit etwa 1:15 relativ stabile – sogenannte Gold-Silber-Ratio.[73] Doch auch im 20. Jahrhundert lag sie, von Ausreißern abgesehen, meist zwischen 20 und 40. Erst mit Beginn des großen Börsenzirkus Mitte der 1980er-Jahre ging die Tendenz leicht nach oben, wurde das Gold also im Verhältnis zum Silber teurer. Verglichen mit den Preisschwankungen in Papierwährungen sind das aber Peanuts. Und wenn, dann ist es das als Industriemetall wichtigere Silber, das konjunkturellen Schwankungen unterliegt, nicht so sehr das Gold.

Momentan besteht in Deutschland und in Österreich noch die Möglichkeit, vollkommen legal für bis zu 15 000 Euro pro Person anonym, ohne Angabe von persönlichen Daten, Edelmetalle im sogenannten Tafelgeschäft (Bargeschäfte gegen Ware am Schalter) zu erwerben. Wenn man die Edelmetalle über eine Bank bezieht oder online im Internet kauft, ist diese Transaktion registriert und nicht mehr anonym – was aber dringend zu empfehlen ist.

Abhängig vom Betrag muss man entscheiden, in welcher Form – Münzen oder Barren – man in Edelmetalle investiert und wie man sie gewichtet. Das ist eine persönliche Entscheidung. Die goldene Mitte – 50 Prozent in Gold und 50 Prozent in Silber – ist sicherlich nicht verkehrt. Silber ist seit dem 01.01.2014 mit 19 Prozent Mehrwertsteuer belastet. Gold hingegen ist von der Mehrwertsteuer befreit. Auf beide Metalle wird auch keine Abgeltungssteuer fällig, und nach 12 Monaten Haltedauer sind auch erzielte Gewinne steuerfrei.

In jedem Fall gilt die Grundregel jeder Vermögensanlage: Diversifikation. Folglich stecken Sie natürlich auch nicht Ihre gesamten Rücklagen in Gold und Silber. Ebenso wenig sollten Sie »alles auf einmal« kaufen. Ganz gleich, wie viel Geld Sie in Edelmetalle investieren wollen: Kaufen Sie diese immer in drei oder mehr Tranchen. So können Sie in gewissem Umfang auf Preisschwankungen reagieren – und erhalten am Ende einen guten Durchschnittspreis.

Erwerben sollte man nur anerkannte Qualitätsware, keine ominösen Prägungen aus exotischen Ländern oder von dubiosen Herstellern oder Händlern, nur um damit ein paar Euro zu sparen. Dies kann einen teuer zu stehen kommen, wenn sich herausstellt, dass man einer Fälschung aufgesessen ist. Das Risiko kann vermeiden, wer bei anerkannten Händlern wie Degussa, Goldkanzlei oder Pro

Aurum Qualitätsware mit einem Feingewicht von 999/1000 gekauft. Beispiele für seriöse Anbieter sind die von der London Bullion Market Association (LBMA) zertifizierten Hersteller wie z.B. Umicore, Degussa oder Hereaus.[74]

Je größer die Einheit, desto günstiger der Preis pro Gramm. Aber es macht natürlich wenig Sinn, sein gesamtes Vermögen in einen Goldbarren mit einem Kilo Gewicht oder in einen 31-Kilo-Silberbarren zu investieren. Das nimmt Ihnen nur Flexibilität. Und versuchen Sie mal, in Krisenzeiten damit einkaufen zu gehen. Ein gutes Preis-Leistungs-Verhältnis erhält man mit Goldbarren zu 100 Gramm oder einer Unze (zirka 31,15 Gramm). Bei Goldmünzen sind der südafrikanische Krügerrand und der kanadische Maple Leaf klassische, uneingeschränkt empfehlenswerte Kandidaten. Die österreichische Münze gibt seit 1989 den »Wiener Philharmoniker« in Gold und Silber aus. Auch den Maple Leaf gibt es in Silber.

Bei Sammlermünzen kommen neben dem Edelmetallgehalt auch andere Faktoren wie Seltenheit oder Abnutzung zum Tragen. Sie müssen sich da also auskennen. Generell lassen Sie bitte die Finger von Medaillen aller Art! Im Gegensatz zu Münzen sind sie keine kurrenten Zahlungsmittel. Und eine Garantie gegen Qualitätsmängel oder gar Fälschungen gibt es auch nicht. Wann immer also bei einem Shoppingsender so etwas angeboten wird: umschalten!

Kurz zum Thema Schmuck: Hier zahlen Sie einen Großteil des Preises für die Arbeit des Juweliers sowie künstlerische bzw. kulturhistorische Aspekte. Der reine Materialpreis ist stets wesentlich geringer. Wenn es hart auf hart kommt, gibt Ihnen niemand auch nur einen Cent für Art déco oder einen bestimmten Designernamen. Ohne vertiefte Sachkenntnis ist das Risiko von Fehlkäufen zudem viel zu groß. Auch echter Schmuck ist ergo eher Mode, keine Geldanlage.

Die Frage der richtigen Lagerung sollte nicht vernachlässigt werden. Ein Schließfach ist schön und gut. Was aber, wenn die Bank geschlossen hat, so wie in Zypern? Oder wenn es andere Verwerfungen gibt? Dann hat man zwar den Schlüssel zum Schließfach, aber nicht für die Bank! Etwas anderes ist es mit automatisierten Schließfachanlagen, zu denen Sie rund um die Uhr Zugang haben. Übrigens müssen Sie nicht fürchten, dass im Falle eines Bankenkrachs auch der Inhalt Ihres Schließfachs der Insolvenzmasse des Instituts zugeschlagen wird. Hier ist Ihre Bank tatsächlich nur Dienstleister. Der Inhalt der Safes geht sie nichts an, und sie hat auch keinerlei Zugriff darauf.

Ein eigener Safe ist für ein paar Münzen oder Kleinbarren wohl eher Unsinn. Zumal gilt das für die vergrößerten Kaffeekassen aus dem Baumarkt, die jeder Dieb unterm Arm aus dem Haus tragen kann. Ein Tresor muss schon mit dem Mauerwerk verbunden sein, sonst taugt er nichts. Wenn Sie Freunde mit Tresor haben … Na ja, Sie wissen, wo die Freundschaft endet. Da Gold und Silber weitgehend unempfindlich gegen Umwelteinflüsse sind, können auch – kein Witz – Tiefkühlfächer oder Gartenverstecke zu Depots taugen.

Eine Lagerung im Ausland – ob im Zollfreilager oder Banksafe – halten wir für unsinnig und nicht empfehlenswert. Bewahren Sie Ihre Schätze in Ihrer Nähe auf, damit Sie im Notfall auch darauf zugreifen können und nicht erst Hunderte Kilometer fahren müssen. Außerdem ist nie sicher, ob man in extremen Situationen solche Werte noch aus- bzw. einführen darf. Die Schweiz beispielsweise war sich bisher in Krisen immer selbst am nächsten und könnte durchaus die Grenzen schließen, wenn es opportun erscheint.

Ein Wort zum Schluss noch zu anderen Edelmetallen wie **Platin oder Palladium**. Diese können eventuell als Beimischung dienen. Aber sie hatten nie eine Geldfunktion. Und ihr Preis ist teils massiv konjunkturabhängig, da sie eher selten als Vermögenswerte gehalten werden. Vornehmlich werden sie in der Industrie, Platin in begrenztem Umfang auch für Schmuck benötigt. Korrekt bewerten können die »Exotenmetalle« auch nur wenige. Salopp gesagt: Gehen Sie in einer Notlage mal mit Palladium ins Pfandhaus.

Völlig abzuraten ist Privatanlegern von den sogenannten **»seltenen Erden«**, von denen man in letzter Zeit öfter hört oder liest. Das sind die chemischen Elemente der dritten Nebengruppe des Periodensystems, ferner das Actinium sowie die Lanthanoide. Alles klar? Eben. Diese Metalle finden vor allem in vielen modernen technischen Geräten wie Handys Anwendung. Nicht dazu gehört übrigens das vor allem für Werkzeugstähle benötigte Element Wolfram, ein weiteres Spekulationsmetall der heutigen Warenterminbörsen. Wir erwähnen das, damit Sie sehen: Das alles ist nur was für Zocker – oder für Spezialisten aus den Einkaufsabteilungen der Hightech-Industrie. Die Preise all dieser Güter sind extrem vom Wirtschaftszyklus abhängig. Und mit Dysprosium oder Yttrium stehen Sie beim Pfandleiher oder im Supermarkt erst recht im Regen.

Fazit: In unsicheren Zeiten wie diesen ist der physische Besitz der beiden klassischen »Geldmetalle« Gold und Silber essentiell als Lebensversicherung für Ihr Vermögen gegen Krisen, wirtschaftliche und gesellschaftliche Verwerfungen sowie Inflation. Damit verfügt man über zwei altbewährte und global akzeptierte Sachwerte zur Vermögenssicherung. Zusätzlich kann man sich mit Silber vor einem möglichen Goldverbot, welches in der Vergangenheit zum Beispiel in den USA, Russland und China praktiziert wurde, schützen. Aufgrund des niedrigeren Kaufpreises von Silbermünzen ist Silber im Notfall zudem besser als Gold zur Deckung des täglichen Bedarfs an Lebensmitteln und Gebrauchsgütern geeignet.

Are diamonds investors best friends?

Bei keiner Wertanlage ist die Wertkonzentration größer als bei einem Diamanten, dem »König der Edelsteine«. Da passt der Gegenwert eines Rolls Royce, einer Yacht oder sogar einer Villa ohne Probleme in eine Streichholzschachtel oder in die Brusttasche. Diamanten waren immer schon eine ideale Fluchtwährung, da sie platzsparend und relativ unauffällig transportiert werden können. Eine Million US-Dollar in Einkarätern höchster Qualität wiegen gerade mal 28 Gramm. Der gleiche Gegenwert in Gold brächte über 30 Kilo auf die Waage, in Silber weit über eine Tonne. Der Diamantenpreis hat sich in den letzten zehn Jahren durchaus positiv entwickelt: Der Wertzuwachs von Steinen ab 1 Karat aufwärts liegt signifikant über der Inflationsrate.[75]

Auch wenn im Herbst 2013 der **Diamant »Pink Star« in Genf für sagenhafte 62 Millionen Euro versteigert wurde,** benötigen Sie kein Riesenvermögen, um sich Diamanten zuzulegen.[76] Ein Drittelkaräter kostet je nach Qualität zwischen 700 und 1200 Euro, ein Halbkaräter ist schon für 2100 bis 3600 Euro zu haben, Einkaräter liegen zwischen 8000 und 20 000 Euro, Zweikaräter zwischen 30 000 und 88 000 Euro.

Gleichwohl ist Vorsicht angezeigt: In der Zwischenzeit gibt es künstlich hergestellte Diamanten, bei denen selbst Experten Schwierigkeiten haben, diese auf Echtheit zu überprüfen. Deshalb gilt hier die gleiche Grundregel wie für andere Geldanlagen: Kaufen Sie nur Sachen, mit denen Sie sich auskennen. Sie würden ja auch keine teuren Antiquitäten erwerben, wenn Sie Empire für ein Computerspiel halten. Und erst recht würden Sie ein Tischchen aus der napoleonischen Epoche nicht in einer grenznahen Dorfscheune oder im Internet kaufen.

Wenn, dann führt Ihr Weg Sie zu einem seriösen Händler, der seinen Laden nicht erst vor zwei Monaten oder in einem schäbigen Hinterhof eröffnet hat. Vor allem ist es beim Erwerb von Diamanten wichtig, auf anerkannte Zertifikate zu achten.[77] So ein Zertifikat – auch Expertise oder Graduierungsbefund genannt – ist nur so viel wert wie das ausstellende Institut. Laut *Die Welt* gehören zu den ersten einschlägigen Adressen der Hoge Raad voor Diamant (HRD), das International Gemological Institute (IGI) und das Gemological Institute of America (GIA). Von zumindest nationaler Bedeutung sind das Diamant Prüflabor (DPL) im Edelsteinzentrum Idar-Oberstein, das Gemmologische Labor Galia in Bergisch Gladbach, die Österreichische Gemmologische Gesellschaft, das Schweizerische Gemmologische Institut sowie Gübelin Gem Lab in Luzern.

Jedes seriöse Zertifikat ist nummeriert. Von IGI, GIA und HRD wird diese Nummer seit einigen Jahren in die Rundiste (die Kante, welche die obere Hälfte des Diamanten von der unteren trennt) eingraviert. Folglich empfiehlt sich eine Prüfung sowohl des Steins als auch des Zertifikats.

Ein Zertifikat muss die folgenden »4C-Fragen« beantworten:

Colour (Farbe), Clarity (Reinheit), Carat (Gewicht in Karat: 1 Karat = 0,2 Gramm) und Cut (Schliff). Daneben enthalten Diamant-Zertifikate noch identitätssichernde Daten wie Abmessungen und Proportionen des Steins, damit der Käufer sicher sein kann, dass sich die Expertise auch wirklich auf den betreffenden Edelstein bezieht.[78]

Absolute No-Gos beim Diamantenkauf sind synthetische Steine, in Plastik-Chips **oder andere Materialien eingeschweißte Diamanten, Telefonverkauf sowie Zertifikate oder Expertisen** von privaten Anbietern. Letztere Einschränkung »kann sogar auf seriöse nationale Institute zutreffen, die außerhalb des jeweiligen Landes über keine Marktgeltung verfügen.«[79] Schließlich sollte es sich von selbst verstehen, dass man Diamanten nicht unbekannten Dritten ohne erkennbare Reputation überlässt – sei es zur Schmuckverarbeitung, zur Wertschätzung oder zu einer nochmaligen Graduierung. Die Gefahr, dass der eigene, echte Diamant gegen ein Duplikat ausgetauscht wird, ist einfach zu groß.

Erwerb, Besitz und Verkauf von Diamanten unterliegen keiner behördlichen Meldepflicht. Die Edelsteine sind somit anonym handelbar. In Deutschland fallen für Diamanten 19 Prozent Mehrwertsteuer an. Einkünfte aus privaten Veräußerungsgeschäften müssen grundsätzlich versteuert werden. Nach § 23 Einkommensteuergesetz sind sie aber nur dann der Steuer unterworfen, wenn zwischen Anschaffung und Veräußerung weniger als ein Jahr vergangen ist. Nach zwölf Monaten sind daher auch Gewinne aus Diamantengeschäften **steuerfrei.**[80]

Fazit: Wir sind gegenüber dieser Anlageform skeptisch. Man benötigt fundierte Kenntnisse, und in Krisensituationen kann es schwierig werden, Käufer für Diamanten zu finden. Nicht unbedingt, siehe oben, wegen der Beträge, um die es dabei geht. Aber erstens ist die Qualität eines Diamanten für Laien äußerst schwer zu beurteilen. Zweitens sind der Aufschlag beim Kauf und der Abschlag beim Verkauf für Endkunden sehr hoch. Gewinnmargen von 10 bis 12 Prozent beim Kauf, zusätzliche Abschläge von 5 bis 7 Prozent bei Rücknahme oder Ankauf sind bei Diamantenhändlern durchaus üblich. Hinzu kommt die Mehrwertsteuer, die beim Rückkauf vom

Händler nicht wieder erstattet wird. Schöben Sie also einen Diamanten sofort wieder über den Tresen des Verkäufers zurück, so würden Sie allein aufgrund von Steuer- und Händlerabschlägen einen Verlust von über 30 Prozent machen.[81] Bis der Markt diesen ausgleicht, brauchen Sie folglich sehr viel Geduld. Als Spekulationsobjekt sind Diamanten ohnehin völlig ungeeignet.

Erneuerbare Energien – Wind, Wasser, Solar

Die »Energiewende« – sie ist ohne Zweifel eines der zentralen politischen Streitthemen unserer Tage. Und sie wird das auf absehbare Zeit bleiben. Aber dies ist kein Buch über Energie- und Umweltpolitik. Wir haben zu diesem Thema sehr wohl persönliche Meinungen, aber wir sind hier normale politisch interessierte Bürger, keine Experten. Und nur wenig in der aktuellen Diskussion ist weitgehend unstrittig. Sicher ist, dass unsere fossilen Energieträger Erdöl, Erdgas und Kohle endlich sind. Doch wie lange die Menschheit noch auf sie wird zugreifen können, wie lange dies zu vertretbaren Kosten möglich ist und wie weit wir bei der Förderung fossiler Ressourcen – Stichwort Fracking – die Umwelt belasten dürfen, all das ist unter Experten, Politikern und Bürgern schon mehr oder weniger umstritten.

Nicht ganz so umstritten ist, dass es für die Verbrennung von Öl, Gas und Kohle ökologische Grenzen gibt. Pflanzen binden im Prozess der Photosynthese Kohlendioxid (CO_2). Fossile Rohstoffe sind Abbauprodukte abgestorbener Pflanzen, Algen und Kleinstlebewesen, für deren Bildung die Natur, alles in allem gerechnet, rund 400 Millionen Jahre gebraucht hat. Erst seit gut 200 Jahren nutzen wir diese Ressourcen in industriellem Maßstab. Selbst wenn wir das noch weitere 200 Jahre tun, setzen wir also über Jahrmillionen gebundenes CO_2 im Grunde während der Dauer eines Wimpernschlags der Erdgeschichte in die Atmosphäre frei. Dass das nicht wirklich gut gehen kann, bestreiten nur radikale Leugner des Klimawandels. Ja, die gibt es. Ebenso sehen wir die friedliche

Nutzung der Atomenergie kritisch. Da gehören wir, was ja auch mal ganz schön sein kann, zu einer erdrückenden Dreiviertel-Mehrheit der Bundesbürger. All das zusammengenommen, gibt es unserer Meinung nach keine Alternativen zu einem mittel- bis langfristigen Umstieg auf erneuerbare Energiequellen.

Eine ganz andere Frage ist es, ob Investitionen in die Erzeugung alternativer Energien ein Beitrag zur persönlichen Vermögenssicherung sein können. Hier muss die Kurzantwort lauten: Ja, aber …

Um mit dem scheinbar Einfachsten zu beginnen: Sie könnten sich als **Aktionär** an Unternehmen beteiligen, die sich auf diesem Felde betätigen. Sei es, dass sie Solaranlagen herstellen, Windparks bauen oder auf sonst eine Weise an der Entwicklung und der kommerziellen Verwertung nachhaltiger Stromerzeugung beteiligt sind. Sogar große Energiekonzerne wandeln sich hier – wenn auch in absolutem Schneckentempo – ja allmählich vom Saulus zum Paulus. Doch wir müssen hier weder über konkrete Firmen noch über bestimmte Technologien urteilen. Denn am Ende müssten Sie immer **Aktien, Unternehmensanleihen** oder andere börslich oder außerbörslich gehandelte **Finanzpapiere** kaufen.

Daher gilt an dieser Stelle erst einmal, was wir weiter oben über Aktien & Co. gesagt haben: **Als Instrumente echter Vermögenssicherung taugen sie nicht mehr.** Dieser Rat fällt im Bereich erneuerbarer Energien insofern noch schärfer aus, als wir in den letzten Jahren sehen konnten, wie viel spekulative Luft in entsprechenden Papieren steckte. Gerade deutsche Solarfirmen haben inzwischen reihenweise pleite gemacht. Ihre Geschäftsmodelle basierten wohl allzu sehr auf der staatlichen Solarförderung; auf den harten internationalen Wettbewerb in einem Bereich, der technisch längst keine Raketenwissenschaft mehr ist, waren sie unzureichend vorbereitet; und über die Klugheit mancher Unternehmer in dieser Branche kann man sicher auch länger diskutieren. Jüngst lässt der – längst noch nicht abgewendete – Konkurs des Windparkbetreibers Prokon rund 75 000 Kleinanleger um ihre Einlagen zittern. In diesem Fall handelt es sich um sogenannte Genussscheine. Mit ihnen erwirbt man das Anrecht auf einen Gewinnanteil, aber kein Stimmrecht in der

Gesellschaft. Zudem ist ein Totalverlust möglich. Auch hier müssen wir weder das Anlagemodell im Allgemeinen noch das Management des Unternehmens im Besonderen bewerten, um ganz klar sagen zu können: Die Risiken sind gewaltig! Was immer so ein Investment ist, mit Vermögenssicherung hat es nichts zu tun.

Kommen wir zur zweiten Möglichkeit, in erneuerbare Energien zu investieren. **Sie könnten sich selbst eine Solaranlage zulegen.** Die sind mittlerweile sogar schon bei allen möglichen Shopping-Portalen im Internet erhältlich. Und ja, Sie könnten sich auch **ein eigenes Windrad in den Garten stellen.** Für die Stromversorgung eines Einfamilienhauses gibt es Anlagen mit bis zu 5 Kilowatt Leistung, ein entsprechender Mast ist bis zu 20 Meter hoch. Aufdach-Anlagen leisten maximal 1 Kilowatt. All das könnten Sie, in entsprechend größerem Maßstab, auch als Mitglied einer Eigentümergemeinschaft eines Mehrfamilienhauses in der Stadt machen. Ihre Überlegungen sollten sich in allen Fällen auf den Aspekt autonomer Stromgewinnung konzentrieren. Die Förderung von Solaranlagen gemäß Erneuerbare-Energien-Gesetz (EEG) wurde bereits gewaltig zurückgefahren, und diese Entwicklung wird sich fortsetzen. Nach der neuen EEG-Novelle, die im August 2014 in Kraft trat, gelten geringere Einspeisevergütungen. Derzeit wird ins Netz eingespeister Strom mit Beträgen zwischen 8,79 und 12,75 Cent pro Kilowattstunde (kWh) vergütet, je nach Leistung und dem Zeitpunkt der Inbetriebnahme.[82] Für Strom aus Windkraftanlagen beträgt die Grundvergütung derzeit 4,87 Cent/kWh, in den ersten fünf Jahren nach der Inbetriebnahme sind es 8,93 Cent/kWh.[83] Wenn wir also über privat errichtete kleinere Anlagen reden, macht jeder Strompreis-Vergleichsrechner binnen zwei Minuten deutlich, dass man seinen Strom selbst verbrauchen und nur Überschüsse ins Netz einspeisen sollte. Oder demnächst auch über die Anschaffung einer Speicheranlage nachdenken.

Jetzt fragen Sie natürlich, ob das Investitionen sind. Antwort: Klar! **Sie investieren hier Geld in Anlagen zur Produktion eines unverzichtbaren Konsumgutes – Strom. Also quasi in eine Fabrik, die Mutter aller Kapitalanlagen.** Und indem Sie das tun, vermeiden Sie künftige Konsumausgaben für Fremdstrom, bei Installation einer solarthermischen Anlage eventuell auch noch für Heizöl, Erdgas oder Warmwasser. Das energieautarke Eigenheim ist technisch machbar. In einem Mehrfamilienhaus ist das schon etwas komplizierter, aber auch möglich.

Unter dem Gesichtspunkt Vermögenssicherung kommt allerdings erschwerend hinzu, dass derlei Anlagen, genau wie etwa eine Zentralheizung, Gemeinschaftseigentum sind. Eingeschlossen alle Möglichkeiten, sich da mit den lieben Miteigentümern zu streiten. Und natürlich eingeschlossen das Risiko, dass Ihr Anteil am Öko-Investment komplett am Wert und an der Verkäuflichkeit ihrer Eigentumswohnung hängt. Letzteres gilt auch für Ihr Häuschen im Grünen mit eigenem Windmast oder mit Solardach.

Schließlich gelten auch bei privaten Investitionen in Solar, Wind oder Wasser – vielleicht wohnen Sie ja an einem Fluss und haben Lust, mit dem Bauamt und ein paar anderen Behörden über eine Wassermühle zu verhandeln – die Grundregeln für alle Investitionen: **gute Sachkenntnis, Beratung beim ausgewiesenen Fachmann – und schuldenfreie Finanzierung**. Wenn das Haus bezahlt ist, seine Energieversorgung aber am Zins- oder gar am Hypothekentropf hängt, betreiben Sie keine Vermögenssicherung! Sie spielen Vabanque. Warum das wohl so heißt?

Die dritte Möglichkeit ist eine **Beteiligung an einem Regionalprojekt**, etwa einem Bürgerwindpark oder einer Freiflächen-Solaranlage. Hier werden Sie Mitunternehmer bzw. Teilhaber einer Gesellschaft. Binsenweisheit: Das ist, wie jedes unternehmerische Engagement, mit Chancen wie mit Risiken verbunden. Wie bei jedem Bauprojekt kann es etwa Baumängel, Terminprobleme oder ungeplante Mehrkosten geben. Und wie in jedem Unternehmen kann es zu allerlei Streitereien zwischen den Gesellschaftern kommen. Aber Sie investieren in Ihrer Region in einen sinnvollen Sachwert, Sie müssen Ihren Strom nicht mehr bei anderen kommerziellen Anbietern kaufen, Sie leisten einen Beitrag zum Umwelt- und Klimaschutz – und Sie haben Ihr Vermögen dinglich greifbar gesichert. Wir sind persönlich große Befürworter des **Regionalitätsprinzips**. Daraus folgt zugleich die Empfehlung, dass die räumliche Distanz zu Ihrem Investment nicht allzu zu groß sein sollte. Ein nicht zu unterschätzender Vorteil regionaler Investments ist, dass man jederzeit vorbeifahren kann, um nach dem Rechten zu schauen. Heißt: Ob die Anlage wirklich steht, wo sie stehen soll, ob der Bau im Plan liegt, ob sie funktioniert etc.

Vor allem bei kleineren Windparks hat sich mittlerweile das Modell der Bürgergenossenschaft etabliert. Diese werden in den meisten Fällen entweder in der Rechtsform einer eingetragenen Genossenschaft (eG) oder in der einer GmbH & Co. KG geführt. Wenn Sie sich hier nicht persönlich von einem einschlägig qualifizierten Wirtschaftsanwalt beraten lassen, dann wird zumindest ein Jurist die Gründung einer solchen Gesellschaft als Ganzes begleiten. Wichtig: In den Verträgen sollte die Anlagesumme jedes einzelnen Gesellschafters einzeln dinglich abgesichert sein. Ob Ihnen dann ein ganzes Windrad im Bürgerpark oder nur die Solarpaneele 87 und 88 gehören, hängt natürlich von Ihrer Anlagesumme ab. Wird dagegen Windrad D pauschal zur Besicherung der Einlagen mehrerer Gesellschafter vergeben, kann es bei Schäden (etwa durch Unwetter oder bauliche Mängel), bei unerwarteten Mehrkosten, erst recht natürlich bei einem möglichen Konkurs der Gesellschaft, zu hässlichen Streitereien zwischen den Eigentümern kommen.

Wald, Acker und Wiesen

Nicht nur Millionäre und Adelige können sich Land leisten. Eine Streuobstwiese oder ein kleines Waldstück ist schon für wenig Geld zu haben. Der Vorteil von einem Investment in Land liegt klar auf der Hand: Man besitzt einen Sachwert, der auch noch Nutzen stiftet. Hier wachsen als Sachwertrendite Holz oder Lebensmittel heran. Allein, weil täglich fruchtbare Böden verschwinden und die Bodenversiegelung in Deutschland immer noch zunimmt, kann ein Investment in Land, sei es Wald, Wiese oder Ackerland, langfristig gesehen sinnvoll sein. Wenn die Spritpreise in Zukunft deutlich anziehen, werden wir es uns vielleicht nicht mehr leisten können, unsere Nahrungsmittel aus der ganzen Welt einfliegen oder herbei-schiffen zu lassen. Ferner wird in vielen Ländern, welche uns mit Lebensmitteln versorgen, ein unvorstellbarer Raubbau an der Natur betrieben. Es ist nur eine Frage der Zeit, bis in diesen Ländern das letzte Grundwasser abgepumpt und das Agrarland mit Pestiziden verseucht ist. Daher ist es unbedingt überlegenswert, in Deutschland in Grund und Boden zu investieren.

Wenn man autark von Heizöl und Strom heizen möchte, bie-tet sich ein Kaminofen an. Wer dann noch stolzer Besitzer eines Waldes ist, hat die Wertschöpfungskette abgedeckt und ist relativ unabhängig von Heizöl und Gas. Sollte zum Beispiel Herr Putin uns mal den Gashahn abdrehen, dann hätte man es immer noch schön kuschelig warm in seinen vier Wänden. Ein Investment in Land sollte man als Wertspeicher ansehen. Es ist nicht erforderlich, die Flächen selbst zu bewirtschaften oder selbst die Bäume mit der Axt zu fällen. Man kann die Flächen verpachten oder durch externe Dienstleister bewirtschaften lassen. Ziel eines Investments in Land ist der Kapitalerhalt.

Aus diesem Grund ist zu beachten, dass die Verpachtung von Wald, Ackerland oder Obstwiesen nur mit einer minimalen Ren-dite, in der Regel weniger als 1 Prozent, verbunden ist. Sehr über den Daumen gerechnet, da die Preise regional unterschiedlich sind, zudem von Zustand, Baumbestand, Erschließung und ande-ren Faktoren abhängen: Wenn Sie 20 000 Euro in einen Hektar Wald investieren, dann haben Sie pro Jahr einen Geldertrag von 200 Euro, dazu noch Brennholz für den ganzen Winter. Das meinen wir mit »Wertspeicher« – Ihr Vermögen steckt in etwas, was immer gebraucht werden wird, was folglich auch niemals wertlos werden kann. Die Rendite – sozusagen der »Geldspeicher« – ist dagegen absolute Nebensache.

Auch Landbesitz hat natürlich ein paar Nachteile. Erstens: Im-mobilität, ergo auch keine hohe Liquidität. Ihr Flurstück ist da-her bestimmt nicht der erste Verkaufskandidat, wenn Sie Bargeld brauchen. Zweitens: die Gefahr einer Besteuerung oder sogar einer Zwangsenteignung durch den Staat; Entschädigung ist im letzteren

Fall ungewiss und wird eher unter Marktpreis liegen. Drittens: das Risiko von Unwetterschäden oder Schädlingsbefall.

Wer sich für eine Kapitalanlage in Land entscheidet, kauft dieses wenn möglich in seiner Region und ohne Einschaltung eines Maklers. Die Durchschnittspreise sowie die zum Verkauf stehenden Flächen kann man bei den lokalen Forst- und Landratsämtern erfragen. Ein Wertgutachten ist absolut empfehlenswert. Um das Risiko auf mehrere Schultern zu verteilen, kann man in direkte Beteiligungen investieren oder sich mit anderen Interessenten zusammenschließen, die als Eigentümergemeinschaft einen Wald oder Ackerfläche kaufen. Jeder Investor wird im Grundbuch festgehalten. Wald und Acker werden in aller Regel verpachtet oder extern bewirtschaftet. Es sei denn, Sie möchten tatsächlich Bauer oder Förster werden.

Gegen ein Investment im Ausland sprechen die Entfernung und die mangelnden Kontrollmöglichkeiten. Will man sich trotzdem im Ausland Grund und Boden zulegen, dann sollten nur Regionen mit politisch stabilen Verhältnissen in Erwägung gezogen werden.

Eine Anmerkung zum Abschluss: Wenn immer mehr Bürger in Ackerland oder Streuobstwiesen investieren, dann werden die Preise steigen. Für viele Landwirte wird Grund und Boden dann möglicherweise unerschwinglich. Andererseits ist der »run« auf Ackerland, in Deutschland wie auch weltweit, nicht mehr aufzuhalten. Vor allem institutionelle Anleger investieren verstärkt in Ackerland. In den 1960er-Jahren gab es in Deutschland noch 1,25 Millionen Bauernhöfe. 2012 waren es noch 287 500. Anfang der 1990er-Jahre wurden knapp 124 000 Hektar von kleinen Bauernhöfen bewirtschaftet, im Jahr 2007 nur noch 20 000 Hektar. Die Fläche im Besitz von Großbetrieben hat sich dagegen im gleichen Zeitraum von 9,2 Millionen auf 12,6 Millionen Hektar vergrößert.[84] Seit 1990 erwarb eine ganze Reihe von Großinvestoren aus den alten Bundesländern Grund und Boden im Osten – die JLW Holding zum Beispiel 17 000 Hektar, die Südzucker AG knapp 10 000 Hektar, der Möbelkonzern Steinhoff mindestens 7000 und die Rethmann-Gruppe 6000 Hektar. Das entspricht zusammengenommen ungefähr der Fläche des Bundeslandes Bremen.[85] Wenn Sie also landwirtschaftliche Flächen erwerben: Werden Sie ein fairer Verpächter. Fördern Sie besser kleine oder mittlere Landwirte. Denken Sie ruhig auch über Möglichkeiten einer ökologischen Bewirtschaftung nach. Spucken Sie den Großinvestoren mit ihren industriellen Monokulturen in die Suppe!

Direkte Beteiligungen und Naturalanlagen – P2P

Was wir schon bei Bürgerwindparks & Co. gesagt haben, gilt allgemein: Wir sind große Anhänger von direkten Beteiligungen auf Basis des Regionalitätsprinzips. Global denken, lokal anlegen! Warum sollten Anleger ihr Geld weltweit in ethisch wie ökonomisch fragwürdige Papierwerte stecken, wenn sie ihr Geld ebenso gut dort wirken lassen könnten, wo sie leben und arbeiten. Damit stärken sie die heimische Wirtschaft und schaffen Arbeitsplätze in der direkten Umgebung. Es gibt etliche gute und lokale Firmen, die Geld benötigen. Mit einer direkten Beteiligung werden mehrere Fliegen mit einer Klappe geschlagen. Die Bank bleibt außen vor, das Unternehmen bekommt zinsgünstiger ein Darlehen, der Anleger eine Verzinsung über der Inflation – oder Naturalien bzw. einen anderen Sachwert als Gegenleistung.

Idealerweise lässt sich der Kreditgeber seine Ansprüche per Vertrag durch Sachwerte absichern. Wenn dieser Markt, der noch in den Kinderschuhen steckt, weiter wächst, wird sich die ungesunde Abhängigkeit der Unternehmen von den Banken lockern. Umgekehrt werden die Banken gezwungen umzudenken und wieder ihren eigentlichen Daseinszweck in den Mittelpunkt ihres Handelns zu stellen: die Realwirtschaft mit Geld zu versorgen.

Die Palette möglicher Investments ist breit: Sie können in einen Bauernhof, eine Imkerei oder einen Weinberg investieren. Auch Handwerksbetriebe wie beispielsweise Sägewerke, Mühlen, Schreinereien, Bäckereien, Installateurbetriebe, Käsereien, Mostbetriebe oder Schnapsbrennereien können gute Erträge bringen. Schauen Sie sich nur mal in Deutschlands Szenevierteln um: Die »Manufaktur«

ist absolut in! Und auch nicht alle »Kreativunternehmen« und Start-ups warten bloß auf Beteiligungen großer angelsächsischer Risiko-finanzierer. Doch was auch immer Sie eventuell ins Auge fassen: Behalten Sie die Grundregel unternehmerischer Investitionen im Kopf und im Herzen. Legen Sie Ihr Geld nur in Firmen an, von deren Geschäft bzw. Produkt oder Dienstleistung Sie auch etwas verstehen.

Beispiel Bauernhof: Der Bauer benötigt eine Maschine und müsste bei der Bank 7 Prozent Kreditzinsen zahlen. Der private Geldgeber bekommt aktuell 0,25 Prozent auf seinem Konto. Wenn sich beide Parteien auf 3 Prozent einigen, haben alle einen schönen Vorteil. Der Bauer spart 4 Prozent und ist nicht der Bank verpflichtet. Der Geldgeber wiederum bekommt eine Verzinsung deutlich über der offiziellen Inflation. Statt in bar könnte der Bauer seine Zinsen auch in Form von Naturalien begleichen. Ein direktes Investment in einen Bauernhof, abgesichert mit Land oder einer Maschine, bietet nicht nur Sicherheit und ein gutes Gefühl, es stärkt die lokale Land-wirtschaft und ist auch eine Art der Krisenvorsorge. Falls es mal zu Engpässen in der Lebensmittelversorgung oder zu anderen schwe-ren Krisen kommen sollte, wird der Bauer, der Ihren fairen Kredit erhalten hat, sicher lieber Sie direkt beliefern als den Kreditberater seiner Hausbank.

Ein weiteres schönes Beispiel für eine Naturalanlage ist die »Tier-aktie«. Man erwirbt hier z.B. für 200 Euro eine Bienen-, Kuh- oder Schafsaktie – und erhält dafür als Gegenleistung Fleisch, Fett, Wolle, Honig oder Milchprodukte im Wert von 200 oder 250 Euro.[86]

Eine weitere Alternative, um selbst zur fairen Mini-Bank zu wer-den: Beim sogenannten »**peer to peer (P2P) lending**« werden Kredite direkt von Privatpersonen an Privatpersonen vergeben – ohne dass eine Bank involviert ist. Hier gilt das Gleiche wie bei den oben ge-nannten Geschäften: Kreditnehmer wie Kreditgeber haben einen Zinsvorteil. Auch hier ist Vertrauen gut, ein kurzer schriftlicher Vertrag aber besser.

Crowdfunding

Mit dieser Art der Massen- bzw. Schwarmfinanzierung werden Produkte und Ideen auf verschiedenen Plattformen im Internet, also im Prinzip weltweit, einem großen Publikum vorgestellt. Ziel ist es, von möglichst vielen Menschen Eigenkapital einzusammeln, zumeist als stille Beteiligung. Die Gelder sind grundsätzlich zweckgebunden. Sie investieren genau in das, was draufsteht.

Bei dieser spannenden Form des Investments erhält man als Gegenleistung einen Sachwert, eine Leistung oder bestimmte Rechte zugesichert. Dies kann die Beteiligung an den Gewinnen eines Cafés in der eigenen Stadt sein, eine handgenähte Jeans oder beliebige andere Handwerksprodukte, die Förderung eines Kunst-, Musik- oder Filmprojekts bzw. die Beteiligung an dessen Erlösen – es ist wirklich alles dabei. Die Projekte werden erst realisiert, wenn eine vorab festgelegte Mindestsumme erreicht wird. Gelingt das nicht, muss man auch nichts einzahlen, und das Projekt wird schlicht nicht gestartet. Ziel der Massenfinanzierung ist es, möglichst viele Geldgeber zu erreichen, die sich mit kleinen Summen beteiligen. Jedes Projekt hat unterschiedliche Beteiligungsstufen, sodass für jeden Geldbeutel etwas dabei ist. Die Beteiligungssumme kann bei 1 Euro als Spende beginnen und bis zu höheren vierstelligen Beträgen reichen.

Die Grenze zur »klassischen« Unternehmensbeteiligung ist am oberen Ende der Skala durchaus fließend, je nach Projekt kann auch eine Dosis Risikokapital enthalten sein. Ob man kreative und innovative Ideen fördert oder heiße Luft in Tüten kauft, bleibt zu gewissen Graden eine Frage der persönlichen Einschätzung. Klar ist: Start-Ups können auch scheitern. Und wo »heiße« Ideen kursieren, kreuzen leider immer auch Blender auf. Doch bisherige Erfahrungen mit Crowdfunding stützen eher die Theorie, dass mit dem Schwarm der Investoren Schwarmintelligenz verbunden ist. Der Vorteil für die Projektstarter ist, dass sie keinen Zins- und Zahlungsdruck haben. Sie »zahlen« mit dem zurück, was sie tatsächlich produzieren. Das prominenteste Beispiel für Crowdfunding 2013/2014 war der Film

»Stromberg«. Er wurde mit 1 Million Euro aus Crowdfunding finanziert – innerhalb einer Woche!

Die bekanntesten Plattformen für Crowdfunding in Deutschland sind Startnext und Seedmatch. Die internationalen Platzhirsche heißen Kickstarter und Indiegogo. Hier haben Projekte schon mehr als 10 Millionen Dollar eingesammelt. Im Jahr 2014 wurden alleine bei Kickstarter 520 Millionen Dollar von 3,3 Millionen Menschen auf allen fünf Kontinenten in 22 000 Projekte investiert.

Kleine Anekdote am Rande: Das vermutlich bekanntestes Produkt von Schwarmfinanzierung ist die New Yorker Freiheitsstatue. An sich ein Geschenk der französischen Republik an die USA anlässlich des Sieges der Nordstaaten über die Sklaven haltenden Südstaaten im Amerikanischen Bürgerkrieg, trat beim Bau 1885 denn doch eine Finanzierungslücke von 102 000 Dollar auf – damals eine astronomische Summe. Darauf trat Joseph Pulitzer in seiner Zeitung »The World« erfolgreich eine Finanzierungskampagne los. Über 120 000 Menschen brachten die fehlende Summe zusammen und ermöglichten so den Bau des New Yorker Wahrzeichens.[87]

Whisky – das flüssige Gold Schottlands

Zu viel von allem ist schlecht, aber zu viel von gutem Whisky ist wahrlich nicht genug.
Mark Twain, amerikanischer Schriftsteller

Whisky bedeutet übersetzt »Wasser des Lebens« – und erfreut sich weltweit hohen Ansehens und steigender Beliebtheit. Eine Anlage in schottischen Single Malt Whisky ist im Gegensatz zu vielen Papierwerten oder beispielsweise auch Wein ein ungemein pflegeleichtes, unkompliziertes und noch relativ unbekanntes Investment. Das Wissen über Whisky kann man sich entweder selbst aneignen oder über Experten einkaufen. Gleichwohl: Als strikter Abstinenzler sind Sie vielleicht nicht der optimale Kandidat für diese Anlageklasse, oder vielleicht erst recht. Und wenn Sie bisher nur Scotch aus dem Supermarkt kennen, sollten Sie sich zumindest ein wenig fortbilden.

Ab 50 Euro darf man eine Flasche hochwertigen Single Malt Whisky sein Eigen nennen. Preislich gibt es nach oben natürlich kaum Grenzen, wobei die Wertsteigerung einer Flasche, die im Einkauf 300 oder 500 Euro kostet, bereits limitiert ist. Nichtsdestotrotz können auch solche Flaschen an Wert hinzugewinnen. Investmentpakete mit einem Kapital ab 500 Euro sind in jedem Fall eine schöne Beimischung und eine weitere Säule zur Vermögenssicherung.

Single Malt bedeutet, dass der edle Tropfen aus einer einzigen Brennerei stammt – also keine Mischung aus verschiedenen Destillerien ist und gemälzte Gerste verwendet wird. Wichtig ist die richtige Auswahl der Flaschen sowie die richtige Lagerung. Man sollte nur Whisky von Orginalabfüllern kaufen. Welche das sind, verrät Ihnen der örtliche Händler Ihres Vertrauens. Oder ein gutes Whisky-Buch.

Das Angebot der Top-Produzenten ist meist limitiert. Solange die Flasche ungeöffnet ist und richtig – d.h. stehend, dunkel, trocken und bei stabilen Temperaturen zwischen 8 und 16 Grad Celsius – gelagert wird, steht einer Wertsteigerung nichts entgegen. Jede Flasche, die auf der Welt geöffnet wird, steigert den Wert einer verschlossenen Flasche. Schließlich: Aufgrund seines hohen Alkoholgehalts altert Whisky, einmal auf Flaschen gezogen, nicht mehr. Somit steht einem langfristigen Investment nichts entgegen. In Krisensituationen war Alkohol fast immer eine kurrente Ersatzwährung. Falls Sie dann doch mal eine Flasche öffnen: *Slàinte mhath! – Gute Gesundheit!*

Virtuelles Geld –
Bitcoin und andere Kryptowährungen

Der enorme Anstieg der virtuellen Währung Bitcoin im Winter 2013 hat uns immer mehr Anfragen zu dem Thema beschert. Wir raten zur absoluten Vorsicht und sehen in den digitalen Währungen alles andere als stabile Standbeine zur Vermögenssicherung. Aber schauen wir uns mal die Sachverhalte genauer an.

Die Befürworter vergleichen Bitcoin und andere Kryptowährungen (Litecoin, Vertcoin, Dogecoin, Ripple, Nextcoin etc.) gerne mit Gold. Wie Gold, so seien auch die digitalen Währungen limitiert. Die bekannteste digitale Währung, Bitcoin, ist auf 21 Millionen Währungseinheiten limitiert, von denen bisher die Hälfte im Umlauf sind; der letzte Bitcoin wird erst im Jahr 2140 geschürft werden können.[88] Ein weiteres Argument ist, dass die Währungen – unabhängig von Noten- und Geschäftsbanken – privat durch mathematisch hochkomplexe Rechenvorgänge von Computern dezentral »geschürft« und verwaltet werden.[89] Des Weiteren funktioniere, im Gegensatz zum Schuldgeldsystem von Dollar, Euro & Co., das faire, digitale Geld auf Guthabenbasis. Es benötige daher keine neuen Schulden, und niemand verdiene an Kreditzinsen. Als weitere Vorteile neben der Notenbankunabhängigkeit werden die geringen Kosten sowie die Übertragbarkeit von Guthaben innerhalb weniger Sekunden genannt. Zudem seien Bitcoins fälschungssicher und weltweit konvertierbar. Aktuell gibt es mehr als 3000 Akzeptanzstellen, die Bitcoins akzeptieren – vom Pizzaservice bis hin zum milliardenschweren Onlinehändler »overstock.com«. Die deutsche Bundesregierung hat im August 2013 Bitcoins steuerlich und rechtlich anerkannt. Der Gründer des ersten Internetbrowsers Netscape, Marc Andreesen, stellt den Bitcoin auf eine Stufe mit der Entwicklung des PC und des Internets.[90]

Kommen wir zu den schwerwiegenden Nachteilen und dem Knockout-Kriterium Nummer eins: Auch wenn die Kryptowährungen limitiert sind, werden sie wie unser jetziges Geld aus dem Nichts geschaffen. Sie sind somit reines sogenanntes Fiatgeld ohne einen dahinterstehenden intrinsischen Wert. **Ihr Wert basiert auf Vertrauen – und auf einem funktionierenden Internet.**

Durch den Erfolg und die extreme Wertsteigerung von Bitcoin schießen jeden Tag neue »Klone« (Kopien) aus dem Boden. In der Zwischenzeit gibt es mehr als 150 virtuelle Währungen. Der Verdacht liegt mehr als nahe, dass sich hier der eine oder andere eine goldene digitale Nase verdienen möchte. Die virtuellen Parallelwährungen sind eine extrem heiße Wette mit enorm hektischen Kursausschlägen. So interessant die Idee eines »crowd money« sein mag – ein wertsicheres Investment sind sie auf keinen Fall. Es gab zudem schon mehrere digitale Raubüberfälle, bei denen die Besitzer von Bitcoins und anderen digitalen Währungen »virtuell« bestohlen worden sind – nur dass leider am Ende doch »echtes« Geld weg ist. Zudem hat ein »Bug« den Bitcoin-Kurs im Februar 2014 innerhalb weniger Tage um **mehr als 50 Prozent abstürzen** lassen. Daraufhin war eine Auszahlung auf einigen Börsenplattformen für virtuelle Währungen tagelang nicht möglich. Es waren 650 000 Bitcoins im Volumen von 280 Milliarden Euro bei Mt. Gox, einer der größten Bitcoinbörsen der Welt, verschwunden. Die Gläubiger konnten zwar ihre Ansprüche inzwischen geltend machen, ob und in welchem Umfang diese auch bedient werden, ist offen.[91] Nicht zu unterschätzen ist auch die Gefahr eines Verbots, da Bitcoin & Co. einigen Staaten und Notenbanken verständlicherweise ein Dorn im Auge sind. Vielleicht setzt sich eine digitale Währung durch, vielleicht aber auch nicht. Die Nachteile überwiegen ganz klar! Digitale Währungen sind äußerst spekulativ. Sie könnten also auch Lotto spielen oder ins Casino gehen.

Sammlungen

Sammeln ist ein Hobby, manchmal eine Leidenschaft, der bis zum eigenen Ruin gefolgt wird. Eine werthaltige Vermögenssicherung ist eine Sammlung jedoch so gut wie nie. Denn in einer Krise wird nicht der Liebhaberwert der Objekte bezahlt, sondern immer nur der tatsächliche Materialwert. Zudem braucht es neben der nötigen fachlichen Expertise auch das Quäntchen Glück, dass ausgerechnet Künstler A oder die Uhr R im Trend liegt und massive Wertsteigerungen verzeichnen kann. Auch das ist Lotto. Es ist daher unter dem Aspekt der Vermögenssicherung unter anderem abzuraten von:

• Kunst (Gemälde, Skulpturen, »Objekte«, Installationen etc.)
• Oldtimern/Youngtimern

- Uhren
- Porzellan aller Art
- Briefmarken und Sammlermünzen

Es gibt sicher tausend gute Gründe, eine Sammlung zu behalten, etwa Liebe zur Sache, familiäre Tradition oder emotionale Bindungen. Wenn wir aber über Vermögenssicherung sprechen, dann muss unser Rat derzeit eher lauten: verkaufen! Denn das wäre angesichts der teils völlig übertriebenen Preisentwicklungen auf vielen Sammlermärkten derzeit das perfekte antizyklische Verhalten.

> *Mit 90 Prozent aller Menschen nicht übereinzustimmen,*
> *ist eines der wichtigsten Anzeichen für geistige Gesundheit.*
> Oscar Wilde

8. Der Crash ist die Lösung –
The Big Bang Theory

I am prepared for the worst, but hope for the best.
Benjamin Disraeli, Englischer Premierminister

Das globale Finanzsystem hat seit 2008 etliche Nahtod-Erfahrungen gemacht. Und jedes Mal wurde es mit extrem kostspieligen Notmaßnahmen ins Leben zurückgeholt. **Weltweit sind die globalen Kreditschulden inzwischen auf stolze 200 Billionen Dollar gestiegen.**[1] Zum Vergleich: Ende 2007 betrugen die aufgelaufenen Schulden der Staaten und der Privatwirtschaft noch 107 Billionen Dollar.

Alle Rettungsaktionen von Politik, Notenbanken und Finanzbranche haben jedoch nicht die Ursachen des Problems bekämpft. Es wurde lediglich auf Zeit gespielt. Doch indem man Probleme in die Zukunft verschiebt, werden sie bekanntlich nicht kleiner,

sondern größer. Die Gründe, warum Politik und Geldindustrie am Status quo festhalten, mögen psychologisch noch einigermaßen nachvollziehbar sein. Ökonomisch zeugen sie jedoch von Ignoranz, fehlendem Mut – oder Unbelehrbarkeit. Wie der sprichwörtliche Vogel Strauß glaubt man, dass die Probleme verschwinden, wenn man den Kopf in den Sand – in diesem Fall aus Billionen von Dollars, Euro und Yen – steckt.

Das lässt nur einen Schluss zu: Der Warnschuss von 2008 war offensichtlich nicht laut genug. Wie anders ist es zu erklären, dass seit dem Platzen der Internet-Blase 2000 permanent der Teufel mit dem Beelzebub ausgetrieben wird? Dass die Folgen einer unkontrollierten Geldschwemme auf den internationalen Finanzmärkten mit noch mehr Geld bekämpft werden? Dass stets von Schuldenabbau geredet wird, die weltweiten Schuldenberge aber in geradezu astronomische Dimensionen wachsen? Und dass sie dabei bloß verschoben werden – weg von ihren Verursachern, hin zu Steuerzahlern und Sparern? Dass dabei die Macht der Banken und ihr finanzielles Erpressungs-potential immer weiter wachsen, statt dass sie endlich wieder in die Schranken ihrer realwirtschaftlichen Funktion gewiesen werden?

Als die Investmentbank Lehman Brothers 2008 pleiteging und das Finanzsystem fast implodieren ließ, hatte die damalige Nummer vier der Branche eine Bilanzsumme von 600 Milliarden Dollar. Die Deutsche Bank hatte 2015 eine Bilanzsumme von gut 1,7 Billionen Euro, JPMorgan Chase von knapp 2,2 Billionen Euro.[2] Die Frage, wohin das alles noch führen soll, ist weit weniger naiv, als sie klingt.

Eines der schwierigsten Dinge dieser Welt ist es, zuzugeben, dass man Unrecht hat.
Benjamin Disraeli, englischer Premierminister[3]

Wenn die Waage das erste Mal mehr als 100 Kilo anzeigt, dann ist der Entschluss, sich gesünder zu ernähren und mehr Sport zu treiben, vielleicht zum Einstieg eine Diät zu machen oder eine Woche Heil-fasten einzulegen, vernünftig und durchführbar. Wenn der Hausarzt etwas von »beginnender Adipositas« murmelt, sind schon radikalere Maßnahmen angezeigt. Sobald die vier Zentner in Sichtweite kommen, helfen aber nur noch harte chirurgische Eingriffe. Denn entweder stirbt der Betroffene früher oder später an Herzversagen, oder seine Gelenke und Knochen machen nicht mehr mit. Wären unsere größten Banken übergewichtige Menschen, sie müssten wohl eine Tonne wiegen.

Bei der nächsten Krise ist eine nochmalige Stabilisierung des Finanzsystems so gut wie ausgeschlossen. Die aufgestauten Risiken sind einfach zu groß, als dass da noch was zu »retten« wäre. Schon jetzt haben etliche »Krisenstaaten« mit epochalen Wirtschaftseinbrüchen, mit Rekordarbeitslosigkeit, maroden Banken und verheerender Staatsverschuldung zu kämpfen. Viel mehr, als den Bürgern auch noch das Wasser abzudrehen und das Atmen zu besteuern, bliebe ihnen dann nicht.

Wir haben zu Beginn gezeigt, warum unser heutiges Finanzsystem eine mathematisch begrenzte Lebensdauer hat. Sein finaler Kollaps kann lediglich verzögert werden. Darum sagen wir: **Der Crash ist die Lösung.** Er ist sinnvoller als jeder scheinbar schonende Aufschub. Wir sollten besser heute als morgen den »Stecker« ziehen und den Kollaps des Finanzsystems wenigstens kontrolliert herbeiführen. Der zügellose Turbokapitalismus ist am Ende. Es erfordert Mut und Weitsicht, um freiwillig eine radikale Trendumkehr herbeizuführen. Doch alles andere wäre Selbstmord auf Raten – aus Angst vor dem Tode.

Hauptfaktoren und Brandbeschleuniger der Krise

Fassen wir noch einmal kurz zusammen, welche Würmer im System stecken:

- Wir wirtschaften mit einem **Papier- und Schuldgeldsystem ohne jegliche Deckung.** Weder Gold und Silber, noch die Menge der Waren und Dienstleistungen, noch strikte finanzpolitische Regeln limitieren heute die »Produktion« von Geld und Kredit.

- Die Zentralbanken als Garanten des Geldwertes wurden bei Lichte besehen längst entmachtet. Nicht sie, sondern die **Geschäftsbanken** schöpfen heute fast alles »frische« Geld. Sie betreiben **Giralgeldschöpfung aus dem »Nichts«.** Wie sie das machen? Für Kredite, die sie vergeben, müssen Europas Banken **seit Januar 2012 lediglich 1 Prozent Mindestreserve bei der EZB als Sicherheit hinterlegen.**[4] Das bedeutet, dass eine Geschäftsbank **aus einem Euro per Knopfdruck 100 Euro machen** – und dann gegen Zins und Zinseszins verleihen kann. Jedem Banker schlägt hier vor Entzücken das Herz höher. **Er verleiht Geld, das es vor seinem Mausklick gar nicht gab – und kassiert dafür auch noch eine Gebühr – den Zins. Genial!** Wann immer wir vor Publikum erklären, wie Geld heutzutage »gemacht« wird, wollen es die Leute zuerst nicht glauben. Und in der Tat hat es ja was von achtem Weltwunder, aus dem »Nichts« reich werden zu können. Dabei ist es aus Sicht der Bank auch noch völlig wurst, ob sie das Geld einem klammen Privatkunden, einem prosperierenden Unternehmen oder einem Pleitestaat pumpt. **Am Ende wachsen mit dem selbst geschöpften Giralgeld auch die Schulden der anderen.**

- All diese ungedeckten Schecks kursieren mit **Zins und Zinseszins.** Der Zinseszins aber ist das Musterbeispiel exponentiellen Wachstums. Das klingt zunächst nach einer tollen Nachricht für alle Gläubiger. Dann wie eine sehr schlimme Nachricht für die Schuldner. Am Ende lässt der Kollaps des Systems freilich beide auf ihren Titeln sitzen. Nur haben die Gläubiger bis dahin dank Zinsen prächtig gelebt. Die Schulden wird man dafür nach dem Crash leider weniger stark entwerten wie Guthaben – so wie es in der Vergangenheit bereits unzählige Male geschehen ist.

- Unser Finanz- und Wirtschaftssystem erzwingt permanentes **exponentielles Wachstum.** Es gibt Prozesse in der Natur, deren Verlauf sich einer Exponentialfunktion zumindest annähert (radioaktiver Zerfall, Populationswachstum von Mikroorganismen).

In jedem denkbaren Wirtschaftssystem sind aber alle realen Grundgrößen begrenzt (Arbeit, Ressourcen, Bedürfnisse, Produktionskapazitäten, Transportmöglichkeiten). Exponentielles Wachstum von Geld und Kapital kann diese »Grenzen des Wachstums« letztlich nicht aushebeln. Wächst die Geldmenge daher exponentiell, produziert sie entweder Inflation. Oder gigantische Spekulationsblasen anstelle sinnvoller Investitionen.

■ Was man gemeinhin »**Globalisierung**« nennt, bedeutet im Kern eine völlige und **weltweite Deregulierung der Märkte**. Damit entfällt die wesentliche Grundbedingung aller marktwirtschaftlichen Ordnungspolitik: verlässliche und vor allem *allgemein verbindliche* gesetzliche, wirtschaftspolitische und monetäre Rahmenbedingungen für alle Teilnehmer am Wettbewerb. Auf der anderen Seite wächst aufgrund der zahllosen – für den Normalbürger oft undurchschaubaren – Abhängigkeiten in der Weltwirtschaft das Risiko unkontrollierbarer Kettenreaktionen immens.

■ Die »Globalisierung« hat Industrieproduktion und Dienstleistungen rund um den gesamten Erdball in eine riesige Anzahl kleinster Einheiten zerlegt. Jedes Konsumprodukt und jede noch so kleine Komponente eines Produkts wird da hergestellt, wo es am preisgünstigsten ist. Programmierer einer Software arbeiten über die ganze Welt verteilt. Wenn Sie eine Hotline mit Münchner Vorwahl anrufen, dann sitzt der Mensch am anderen Ende der Leitung vermutlich in Dublin oder Bangalore. Und wenn Sie einen Apfel essen, dann kommt er meist nicht aus dem Alten Land oder vom Bodensee, sondern aus Chile, Südafrika oder Neuseeland. Eine Folge dieser **globalen Aufspaltung fast aller Wertschöpfungs- und Konsumketten** ist – von ökologischem Raubbau und maßloser Energievergeudung auf den Transportwegen einmal abgesehen – eine **immense Ausweitung der Geldflüsse**. Endlose **Zahlungsketten**, kaum noch zählbare **Kreditabhängigkeiten**, dazu die permanente Notwendigkeit der

Risikoabsicherung vermehren schon in der viel beschworenen Realwirtschaft die Menge kursierenden Geldes enorm. Versicherungen und **Termingeschäfte** aller Art bilden zudem ein monetäres Zwischenreich. Optionsscheine und Futures waren ursprünglich nur die kleinen Geschwister des guten alten Warenterminkontrakts – eines Instruments zur Absicherung gegen unvorhersehbare Risiken wie Ernteausfälle. Finanzmathematisch ausgebuffte Zocker haben daraus in den letzten zwanzig Jahren eine nicht mehr beherrschbare Monsterwelle aus »Derivaten« aufgebaut. Der weltweite Derivatemarkt beläuft sich derzeit auf rund 710 Billionen Dollar. Damit ist die Derivateblase 20 Prozent größer als im Jahr 2008.[5] Papiere, mit denen man auf die »Zukunft« von nahezu allem wetten kann – von der Frage, ob die Siemens-Aktie am 31.3.2019 mit 50 oder 150 Euro schließen wird, (fast) bis hin zur Wahrscheinlichkeit, mit der an diesem Tag im Büro von Goldman Sachs-Chef Lloyd Blankfein ein neuer Teppichboden verlegt wird. **So wird die Börse buchstäblich zum Casino.**

■ Deregulierung macht Märkte, anders als die Ideologie verheißt, nicht etwa effizient und transparent. Das schiere Gegenteil ist der Fall. Ohne verbindliche Rahmenbedingungen kann irgendwann jeder machen, was er will. Damit **beseitigt die Deregulierung** zugleich **das Grundprinzip freier und privater Verfügung über Kapital: den Zusammenhang von Risiko und Haftung.** Risiken darf nur eingehen, wer bereit ist, für die Folgen geradezustehen. Wer Kapital investiert, muss mögliche Verluste selbst tragen. Und wer sich mit seinem Unternehmen am Markt nicht behaupten kann, geht pleite. Risiken auf andere, vor allem auf die Allgemeinheit abzuwälzen, ist das schiere Gegenteil von Marktwirtschaft. Gewinne zu privatisieren, Verluste aber zu sozialisieren, das ist kein Kapitalismus, das ist Feudalismus pur. Denn da wurde der Zehnte unter allen Umständen eingetrieben, egal wie die Ernte ausgefallen war.

- Verschärft wird die Krise darüber hinaus durch folgende Brand-beschleuniger: eine **falsche, viel zu expansive Notenbankpolitik;** einen kaum noch kontrollierten **Lobbyismus;** und eine überaus **ungesunde Nähe zwischen Politik und Finanzindustrie.** Letztere ist nicht schwer zu erklären: Die Politik braucht die Banken als Abnehmer ihrer Schuldenpapiere. Und die Banken leben nicht nur prächtig von der kommerziellen Finanzierung öffentlicher Aufgaben, sie halten damit zugleich alle Daumenschrauben für Staatenlenker in der Hand. Menschliches Versagen in Form von **Gier, Maßlosigkeit und Überheblichkeit** in der Bankenbranche besorgt dann bloß noch den Rest. Denn für jede Ungeheuerlichkeit, die das System aus Geldschwemme, Spekulation und politischem Erpressungspotential ermöglicht, findet sich binnen Minuten ein Schuft, der sie ausführt.

- Das Resultat ist die **Selbstabschaffung der freien Marktwirtschaft!**

Die Welt hat genug für jedermanns Bedürfnisse,
aber nicht für jedermanns Gier.
Mahatma Gandhi

Unser Finanzsystem funktioniert so lange, wie die Schuldner ihre Zinsen zahlen können. Das aber können immer weniger von ihnen – seien es Länder, Städte, Kommunen, Unternehmen oder Privatpersonen. Unser Finanzsystem forciert die Umverteilung von fleißig nach reich. Bereits heute besitzen die 85 reichsten Menschen des Planeten ebenso viel wie die gesamte ärmere Hälfte der Weltbevölkerung zusammen.[6] Sind die Schuldner komplett ausgepresst und hat sich das gesamte Kapital bei einigen wenigen angesammelt, ist das Spiel aus. Selbst diejenigen, die klug genug waren, sich nicht zu verschulden, werden über Inflation, Steuererhöhungen, Sonderabgaben, Zwangsanleihen oder offene Enteignung – wie im März 2013 in Zypern – zur Kasse gebeten werden. Sollten alle Stricke reißen, folgen als finale Maßnahmen Geldentwertung und Währungsreform.

Allzu gerne wird ja dem bösen Kapitalismus die Schuld an unseren gegenwärtigen Problemen gegeben. Wir sollten uns jedoch fragen, ob man unser gegenwärtiges Wirtschaftssystem überhaupt noch als »Kapitalismus« und als »freie Marktwirtschaft« bezeichnen kann. Die Minimaldefinition von »Kapitalismus« umfasst ja zwei Bedingungen. Erstens sind Eigentum an den Produktionsmitteln und Verfügungsrecht über Kapitalverwendung grundsätzlich privat. Zweitens plant jeder für sich. Gesamtgesellschaftliche Regulierung erfolgt als Preisbildung über Angebot und Nachfrage. Das – und nichts anderes – ist »der Markt«.

Wenn heute die Rede davon ist, was »die Märkte erwarten«, dann sind bloß die Finanzmärkte gemeint. Die regulieren allerdings keine realwirtschaftlichen Waren-, Leistungs- und Geldströme, ja, sie bilden sie heute nicht einmal mehr angemessen ab. Sie regulieren nur noch ihre spekulativen Eigeninteressen.

Wenn eine Regierung hinsichtlich des Geldes von den Banken abhängt, dann kontrollieren diese und nicht die Führer der Regierung die Situation, da die Hand, die gibt, immer über der Hand steht, die nimmt.

Napoleon Bonaparte[7]

Ist es dann aber noch »Kapitalismus«, wenn einerseits Unternehmen, die aufgrund eigener Fehler am Markt scheitern (Beispiel: Schlecker), konsequenterweise pleitegehen – und andererseits Unternehmen, die sich verspekuliert haben (Beispiel: WestLB, Hypo Real Estate und Konsorten) oder aus anderen Gründen nicht wettbewerbsfähig sind (Beispiel: Commerzbank), mit Steuergeldern am Leben erhalten werden?

Haben wir noch eine »freie Marktwirtschaft«, wenn Staaten, Notenbanken und andere Organisationen ständig massiv in den Markt eingreifen und Unternehmen zeitweise verstaatlichen?

Wie man unsere heutige Wirtschaftsordnung auch immer nennen möchte, die Bezeichnung »Kapitalismus« wird ihr unseres Erachtens nicht mehr gerecht. Eher leben wir in einem seltsamen Mischsystem aus Etatismus, Interventionismus und Turbokapitalismus – alles mit einem kräftigen Schuss Planwirtschaft. Dieses System entspricht auch nicht dem, was wir im Studium lernen. Nicht das Kapital ist es, dem heute alle bis zum Exzess huldigen. Unsere Götter heißen »Kredit« und »Konsum«. Und ihr Kult ist ein Tanz auf dem Vulkan der Schulden.

Wir alle sind freilich Teil dieses Systems! Wir alle möchten immer mehr, immer weiter, immer schneller, immer komfortabler, immer besser. Jeder würde lieber sein Geld für sich »arbeiten lassen« und saftige Renditen einstreichen, statt selbst hart zu arbeiten. Die Banken tragen daher keinesfalls die Alleinschuld. Sie sind lediglich ein Spiegelbild unserer Gesellschaft. Nur wenn auch wir selbst bereit sind, Gier und Bequemlichkeit zu zügeln, können wir unseren Teil zum dringend nötigen Wandel beitragen. Und nur dann wird sich auch wirklich was ändern.

Leider lernen die Menschen nur selten aus der Geschichte. Sogar aus ihrer eigenen Erfahrung lernen sie nur unwillig. Am ehesten lernen wir aus Fehlern, Leiden und Katastrophen. Erst wenn der Leidensdruck hoch genug ist, scheinen wir bereit zu sein, nachhaltig etwas zu verändern. Daraus ergibt sich auch, dass es in der Geschichte der Zivilisation vor allem Krisen waren, die die Menschheit vorangebracht haben. Auch deshalb ist der Crash die Lösung. Der Zusammenbruch unseres völlig überdehnten und falsch konstruierten Finanzsystems ist damit genau das, was der Ökonom Joseph Schumpeter einst den »Prozess der schöpferischen Zerstörung«[8] nannte. Dass das Bessere stets des Guten Feind ist – kein System hat diese Volksweisheit mehr zu seiner Geschäftsgrundlage gemacht, als der viel gescholtene Kapitalismus. Wir befürchten jedoch, dass auch dieses Mal das notwendige Umdenken nicht freiwillig stattfinden, sondern durch ein katastrophales Ereignis erzwungen wird.

Eine Katastrophe, die man kommen sieht, ist keine Katastrophe mehr, sondern nur noch ein Problem, das gelöst werden muss.
Unbekannt

Erste Schritte zu einem nachhaltigen Wirtschafts- und Finanzsystem

Wir haben versucht, die Fehler der Vergangenheit zu beschreiben – und zu analysieren, wie und warum sie unser Wirtschafts- und Finanzsystem an den Rand des Crashs geführt haben. Wollen wir diese Fehler in Zukunft vermeiden, dann benötigen wir nach dem unvermeidlichen finalen Kollaps Alternativen. Hat die Gesellschaft diese nicht parat, werden uns die jetzigen Eliten ihr gescheitertes System – versehen mit einem neuen Anstrich und unter neuem Namen – abermals als ökonomischer Weisheit letzten Schluss verkaufen. Wir maßen uns nicht an, hier einen perfekten Masterplan aus dem Ärmel zu schütteln, durch den sich alle Probleme in Luft auflösen. Auch in der Wirtschaft der Zukunft wird es Knappheiten und Risiken geben. Milch und Honig fließen nur im Paradies. Gleichwohl möchten wir wenigstens andeuten, dass es viele konstruktive Ansätze und gut begründbare Alternativen zu unserem jetzigen System gibt.

Unkontrollierte Geldschöpfung verhindern

Ein Hauptproblem unseres Finanzsystems ist die nahezu unkontrollierte **Giralgeldschöpfung aus dem Nichts.** Die Notenbanken haben de facto nur noch begrenzte Möglichkeiten, die Geldmenge zu steuern. Vor allem mit dem »Einsammeln« der zu faktischen Nullzinsen produzierten Ströme von Dollars, Euros, Yen und Pfund Sterling wird es im Ernstfall schwierig. Allein schon deshalb, weil nicht recht zu erkennen ist, wer all die Staatspapiere in ihren Beständen übernehmen, geschweige denn tilgen soll, wenn Fed, EZB & Co. meinen, den Hahn zudrehen zu müssen. **In Wahrheit hätten die »Währungshüter« niemals ins Geschäft mit Staatsschulden einsteigen dürfen!**

Warum die gegenwärtige Politik der Notenbanken verhängnisvoll ist, haben wir in diesem Buch ausführlich dargelegt. Dahinter lauert freilich auch die Frage, ob unser *Notenbankensystem* überhaupt noch funktioniert. Konkret: Ob die Notenbanken wirklich noch so unabhängig sind, wie es in Sonntagsreden immer beschworen wird. Oder ob sie nicht längst im Würgegriff des Bankensektors stecken. Ist es wirklich nur Zufall, wenn an der Spitze (EZB) oder in den Vorständen vieler westlicher Zentralbanken ehemalige Topleute von Goldman Sachs and Friends sitzen? Und warum sind die Notenbanken in vielen Ländern, beispielsweise in den USA, in Italien oder in der Schweiz in privatem Besitz?[9]

Wir sind überzeugt, **dass wir neben den drei klassischen Gewalten Legislative, Exekutive und Judikative eine echte** – keine sprichwörtliche wie die Medien – **vierte Gewalt brauchen: eine öffentlich-rechtliche, strikt unabhängige, transparente, direkt oder indirekt gewählte »Monetative«.** Wir kommen darauf beim Thema Vollgeld zurück.

Das Vordringlichste ist jedoch, dass die **Giralgeldschöpfung durch private Banken verboten**, in einem ersten Schritt zumindest stark beschränkt wird. Aus einem Euro Mindestreserve bei der EZB 100 Euro verzinsten Kredit machen zu dürfen, darf nicht länger möglich sein. **Die Mindestreservesätze müssen sofort und drastisch erhöht werden.** Die Aktion »Geldhahn zu!« (http://geldhahn-zu.de/) fordert sogar ein völliges Verbot privater Geldschöpfung und schlägt dazu eine Anpassung von § 3 Nr. 3 Kreditwesengesetz (KWG) vor.

Banken viel strenger regulieren

Erste und derzeit wichtigste Maßnahme: Die **Eigenkapitalquote von Banken muss massiv erhöht werden.** Jürgen Fitschen, seines Zeichens einer der beiden Vorstandssprecher der Deutschen Bank und zugleich Präsident des Bankenverbandes, hat zuletzt am 13. März 2014 in einem länglichen Interview vorgerechnet, seit 2007 sei »das Eigenkapital im Deutschen Bankensektor um mehr als 100 Milliarden Euro gestiegen«.[10] Wow, das sind ja fast 17 Milliarden pro Jahr! Wir sind echt stolz auf euch, Jungs! Dass die kumulierte Bilanzsumme allein der zehn größten deutschen Banken 2012 bei über 5 *Billionen* Euro lag[11], erwähnt der Herr Präsident lieber nicht. Stattdessen orakelt er über »Konsequenzen für die Realwirtschaft.«

Kredite würden »knapper, zahlreiche Bankdienstleistungen (...) insgesamt teurer«.

Ein normales Unternehmen mit einer Eigenkapitalquote von weniger als 30 Prozent würde von seiner Hausbank schwerlich als kreditwürdig eingestuft. Es ist nicht einzusehen, warum das ausgerechnet bei Unternehmen, die Geld »herstellen« und damit handeln, anders sein sollte.

Die zweite Maßnahme, die keinen Aufschub duldet, ist eine drastische **Schrumpfkur für Banken.** Wohl verkleinern sich viele Institute derzeit schon freiwillig, etwa, indem sie Finanztransaktionen auf eigene Rechnung, den sogenannten Eigenhandel, stark zurückfahren oder sogar einstellen. Ein ziemlicher Batzen geht allerdings auch auf die Auslagerung fauler Kredite in Bad Banks und andere Schattengesellschaften. Doch das reicht nicht! **Banken müssen, wie jedes Unternehmen, pleitegehen können!** Nur so kann in Zukunft verhindert werden, dass sie ihre Gewinne privatisieren, ihre Verluste aber sozialisieren. »Too big to fail« und »Systemrelevanz« dürfen nie wieder Argumente sein, um Sparern und Steuerzahlern in die Tasche zu greifen. Daher muss gesetzlich geregelt werden, **dass Banken nur noch eine Bilanzsumme haben** dürfen, **die es möglich und gesamtwirtschaftlich unriskant macht, sie pleitegehen zu lassen,** wenn sie sich verspekuliert hat.

Drittens ist die **Einführung bzw. Wiedereinführung eines Trennbankensystems mehr als zu überdenken.** Risiken oder gar Verluste im riskanten bis hoch riskanten Investmentbanking dürfen keinesfalls über das normale Einlagengeschäft refinanziert werden. Das Geld der Sparer muss vom Geld der Zocker zu hundert Prozent abgeschottet sein. Wenn eine Bank meint, sie müsse vom Girokonto bis zum Hedgefonds alles anbieten, dann muss sie dies zumindest in rechtlich und operativ komplett getrennten Geschäftsbereichen tun. Das verhindert, wie wir in den USA gesehen haben, keine Lehman-Pleite und keinen Subprime-Krediteinbruch. Aber es würde zumindest sicherstellen, dass angesichts zahlreicher Verflechtungen auf den internationalen Finanzmärkten nicht gleich ganze Volkswirtschaften zittern müssen, wenn in einer Spekulantenbude das Licht ausgeht.

Ebenso brauchen wir für Geschäftsbanken und Investmentbanken streng getrennte Aufsichtsinstitutionen.

Viertens müssen Bankern und Börsenhändlern ein paar Dinge schlicht **verboten** werden: vornehmlich **Eigenhandel** und **Leerverkäufe**. Außerdem braucht es einen knallharten **Finanz-TÜV:** Der Bundesanstalt für Finanzdienstleistungsaufsicht (BaFin) müssten **alle Finanzprodukte vom Rentenfonds bis zum vertracktesten Terminkontrakt einzeln zur Genehmigung vorgelegt werden.** Bewertet die BaFin ein Produkt als zu riskant, als intransparent oder befürchtet sie unkontrollierbare Hebelwirkungen, darf sie es in Deutschland nicht zum Handel zulassen.

Fünftens würde die **Einführung einer Finanztransaktionssteuer** die Spekulation wesentlich eindämmen. Vor allem dem völlig realitätsfernen, rein spekulativen, computergestützten Hochfrequenzhandel könnte damit ein Riegel vorgeschoben werden.

Sechstens: Ob Stahlwerk oder Investmentbank – die Erfahrungen der letzten beiden Jahrzehnte haben schlagend bewiesen, dass »erfolgsabhängige Gehaltsbestandteile« bei Spitzenmanagern ein Unternehmen nicht erfolgreicher machen, sondern es langfristig eher ruinieren. Denn sie verführen die Top-Angestellten exakt zu dem, was ein risikobewusster Unternehmer, der eigenes Geld in seine Firma steckt, nie tun würde: nachhaltiges Wachstum kurzfristigen Gewinnen zu opfern. Und wenn der Laden vor die Wand fährt, nicht etwa in die Pleite marschieren zu müssen, sondern sich kurz vorher mit einer fetten Abfindung aus dem Staub zu machen. Damit das Denken in Quartals- und Jahreszahlen endlich aufhört, **müssen Boni, Erfolgsprovisionen und Abfindungen für Topmanager zumindest gedeckelt, wenn nicht abgeschafft werden.** Wenn es sie schon geben soll, dann dürften sie erst nach langen Fristen von fünf, zehn oder mehr Jahren ausbezahlt oder sollten verrentet werden. Bei nachgewiesenem Fehlverhalten zum Schaden des Unternehmens muss es zudem möglich sein, **Sonderzahlungen zurückzufordern.** Selbiges gilt für Aktienoptionen. Auch die machen Manager nämlich nicht zu Unternehmern, sondern bloß zu Spekulanten in eigener Sache.

Wer Risiken eingeht, muss haften

Risiko und Haftung gehören in einer Marktwirtschaft zwingend zusammen. Momentan ist es aber so, dass Entscheidungsträger weder in der Politik, noch in der Finanzbranche oder bei Großunternehmen die Folgen ihres Handelns persönlich tragen müssen. Sofern es **Managerhaftung** gibt, ist diese viel zu vage definiert – und wird zudem über entsprechende Versicherungen auch noch auf Eigentümer, Aktionäre und Kunden abgewälzt. So wie jeder Unternehmer und jede Privatperson für Fehlentscheidungen und übertriebene Risiken haften muss, so sollte auch jeder Manager und jeder Politiker für seine Fehler persönlich haften müssen. Wir sind felsenfest überzeugt, dass exzessive Spekulationen, riskante, fragwürdige Entscheidungen, Vetternwirtschaft und auch Steuergeldverschwendung größtenteils von ganz alleine verschwinden würden, wenn die Verantwortlichen mit Haus und Hof dafür geradestehen müssten. Solange die Protagonisten keinerlei Strafen befürchten müssen, sondern selbst absolute Nieten in Nadelstreifen mit Boni, Aktienpaketen und Abfindungen verwöhnt werden, wird sich nichts ändern. **Risiko und Haftung gehören zusammen** wie Tag und Nacht. Banken, Unternehmen, Politik und Verwaltung brauchen klar definierte Haftungskaskaden: Wer ist wofür in welchem Umfang verantwortlich und kann dementsprechend persönlich zur Rechenschaft gezogen werden? Hart gesagt: Wer Mist baut, wird zur Kasse gebeten. Erst wenn ein komplett gerupfter Versager oder Betrüger sich im letzten Dreiteiler bei der Arbeitsagentur anstellen muss, wird die Kaste der Entscheidungsträger erkennen, was die Stunde geschlagen hat.

Lobbys offenlegen und kontrollieren

Lobbyismus hat tausend Gesichter. Vom vertraulichen Hintergrundgespräch bei Häppchen und Wein über halb- oder nichtöffentliche Anhörungen in Parlamentsausschüssen und Kommissionen bis hin zu von der Industrie gesponserten Anwälten, die sich in Ministerien ihre Gesetze, Verordnungen und Ausführungsbestimmungen selbst passend schreiben, sind beim Thema Interessenvertretung der Fantasie keine Grenzen gesetzt. Um nicht falsch verstanden zu werden:

Demokratie ist *auch* Ausgleich unterschiedlichster Interessen. Von daher ist es legitim, dass sich Vertreter dieser Interessen bei Parlamenten, Ministerien oder Behörden Gehör verschaffen. Es ist nicht einmal etwas dagegen einzuwenden, dass nicht jedes gesprochene Wort schon fünf Minuten später über den Sender geht. Aber **im Ergebnis muss Interessenvertretung vollständig transparent sein:** Wer hat wann mit wem über was gesprochen? Welche Forderungen wurden erhoben, welche Vorschläge gemacht, welche Absprachen getroffen, welche Ansinnen berücksichtigt? In Gesetzgebungsverfahren müsste quasi hinter jedem Satz eines Entwurfstextes stehen, wer ihn da warum hat reinschreiben lassen. Lobbyisten bei Parlamenten und Ministerien müssten sich, quasi wie Botschafter ihrer »Länder«, offiziell akkreditieren. **Ebenso müssen Spenden im Umfeld der Politik bis auf den letzten Cent offengelegt werden. Vergünstigungen, Privilegien und Nettigkeiten aller Art müssen verboten werden.** Es kann nicht sein, dass einfache Mitarbeiter in privaten Unternehmen nicht mal zu Weihnachten von Kunden ein Geschenk annehmen dürfen, das teurer als 3 oder 5 Euro ist, während im Berliner Regierungsviertel oder in Brüssel Politiker und Beamte grundsätzlich kein Geld dabeihaben, wenn sie mit potentiellen Bittstellern essen gehen. **Ohne strenge Kontrollen untergräbt Lobbyismus die Demokratie.**

Klüngel, Günstlingswirtschaft und übermäßige Vertraulichkeit herrscht auch auf Deutschlands Chefetagen selbst. Die Macht über die Konzerne des Landes liegt in den Händen viel zu weniger Manager und Verbandsvertreter. So ist etwa eine scharfe Begrenzung der Anzahl von Aufsichtsratsposten, die eine Person übernehmen darf, unumgänglich. Ebenso muss gesetzlich garantiert sein, dass ein Aufsichtsrat oder dessen Unternehmen keine Eigeninteressen im kontrollierten Unternehmen hat. Und schließlich sollte auch dem allseits beliebten Wechsel von Exvorständen in die Aufsichtsräte ihrer Arbeitgeber endlich ein Riegel vorgeschoben werden.

Um die Unbestechlichkeit und Unabhängigkeit von Politikern zu bewahren und die Gefahr von Klüngel und Korruption zu verhindern, sind absolute Transparenz und lange Sperrfristen für den Wechsel von der Politik in die Wirtschaft erforderlich.

Verschwendung von Steuergeld verhindern

Wo Steuerhinterziehung – zu Recht – hart bestraft wird, da **darf die Verschwendung von Steuergeld kein Kavaliersdelikt sein** – oder unter Mottos wie »Irren ist menschlich«, »Wo gearbeitet wird, passieren Fehler« verbucht werden. Wer das Geld der Bürger ausgibt, es gar mit vollen Händen sinnlos zum Fester hinauswirft, der muss bei Missmanagement und offensichtlichem Fehlverhalten zur Rechenschaft gezogen werden können. Schließlich sind wir alle Aktionäre der »Deutschland AG«! In diesem Sinne schließen wir uns folgenden Forderungen des Bundes der Steuerzahler (BdSt) an:

- Die Veruntreuung von Haushaltsmitteln muss wirkungsvoll bestraft werden.

- Vorgeschriebene Ausschreibungen zu unterlassen muss als Ordnungswidrigkeit geahndet werden.

- Die Haushaltskontrolle muss durch neue, erweiterte Mitteilungspflichten gestärkt werden.

- In jedem Ministerium, in jeder nachgeordneten Behörde muss es einen unabhängigen Haushaltsschutzbeauftragten geben.[12]

Steuersystem vereinfachen und gerechter machen

Mehr als die Hälfte aller steuerrechtlichen Bestimmungen der Welt sind in einer einzigen Sprache verfasst: Deutsch. Wir haben das mit weitem Abstand komplizierteste und undurchdringlichste Steuersystem der Welt – eine Leistung, um die wir freilich nirgendwo auf der Erde beneidet werden. Um die Steuergerechtigkeit in unserem Land wieder herzustellen, ist eine **Vereinfachung des Steuersystems** unverzichtbar. Es kann nicht sein, dass sich nur Menschen mit Geld teure und damit erstklassige Steuerberater leisten können, die dann dafür sorgen, dass sie kaum Steuern zahlen müssen, während Normalverdiener nicht mal mehr beim Kilometergeld schummeln können.

In keinem Euroland sind die Vermögen so ungleich verteilt wie in Deutschland.[13] Aus diesem Grunde ist eine höhere Besteuerung von leistungslosen Vermögenseinkommen erforderlich. Während Normalverdienern oft mehr als die Hälfte ihres Bruttoeinkommens in Form von Steuern und Sozialabgaben entzogen wird, rechnen sich Vermögende und reiche Vermieter künstlich arm, reine Couponschneider kommen gar mit einer »Abgeltungssteuer« von 25 Prozent davon. Was genau wird da eigentlich »abgegolten«?

Machen wir uns nichts vor: Nicht vor jedes Steuerparadies der Erde können die Götter einen Erzengel mit Flammenschwert stellen. Geschweige, dass sich sämtliche fiskalischen Gärten Eden je schließen lassen. Sehr wohl lässt sich dagegen die Attraktivität von Umzügen in Steueroasen verringern. Auch **Vermögenseinkommen müssen schlicht komplett in dem Land versteuert werden, in dem sie erwirtschaftet wurden.** Nicht dort, wo Vermögende sie vereinnahmen und verprassen. **Werden beispielsweise Gewinne aus Immobilien in Deutschland erwirtschaftet, so müssen diese in Deutschland voll versteuert werden – und nicht zu den teils lächerlichen Sätzen am Wohnort des Besitzers.**

Marshallplan für Krisenstaaten

Getilgt werden können die weltweiten Schuldenberge nie. Statt sie wie eine offene Wunde ewig mitzuschleppen, wäre es daher an der Zeit, einen Großteil im umgangssprachlichen wie im buchhalterischen Sinne abzuschreiben. Da vor allem die Krisenländer kein nachhaltiges Wirtschaftsmodell haben, ergo niemals in der Lage sein werden, ihre Schulden zu begleichen, brauchen sie als Erstes einen Schuldenerlass in großem Stil. So ein Ende mit Schrecken wäre letztlich auch für die Gläubiger besser als der jetzige Schrecken ohne Ende. Anschließend müssen wir den aus dem Würgegriff ihrer Schulden Befreiten helfen, dass ihre Wirtschaft wieder wettbewerbsfähig wird und sie die grassierende Arbeitslosigkeit in ihren Ländern in den Griff bekommen. Hier herrscht nicht nur Perspektivlosigkeit für eine ganze Generation, es tickt auch eine gewaltige Zeitbombe: Millionen junger Menschen, die seit Jahren keiner Arbeit nachgehen, die ergo auch nichts in die Rentenkassen einzahlen konnten, ganz zu schweigen davon, dass sie privat etwas hätten ansparen können, türmen sich über die Jahre und Jahrzehnte zu einer gigantischen Welle von Altersarmut auf, deren Ausmaße wir uns gar nicht ausmalen können. Allein deshalb brauchen die Staaten Südeuropas einen neuen, einmaligen Marshallplan, ein Wiederaufbauprogramm, wie es auch Deutschland nach dem Zweiten Weltkrieg aus Not und Trümmern herausgeholfen hat.

Abschied von den Weltwährungen

Mit der Globalisierung von Industrie, Dienstleistung und Handel ist eine zügellose Globalisierung der Finanzmärkte einhergegangen. Kreditgeschäfte, verschiedene Formen der Risikoabsicherung und ständige Währungsspekulation übersteigen die realwirtschaftlichen Geldflüsse heute um ein Vielfaches. Das verfehlte, allein politisch motivierte Experiment Euro hat schlagend bewiesen, dass eine Währung für 18 Volkswirtschaften mit völlig verschiedener Wirtschaftsstruktur sowie mit ganz unterschiedlichen ökonomischen Rahmendaten nicht funktioniert. Eine **Rückkehr zu nationalen Währungen mit freien Wechselkursen,** eventuell auch Wechselkursen, die nur innerhalb vereinbarter Bandbreiten schwanken dürfen, scheint uns daher unabdingbar zu sein. Das ist übrigens ausdrücklich ein Bekenntnis *für* Europa. Auch das Bretton-Woods-System fixer Wechselkurse, wie es zwischen 1945 und 1971 bestand, ist nicht am Welthandel gescheitert, sondern daran, dass es Volkswirtschaften unterschiedlicher Leistungsfähigkeit in das Korsett einer Währung, des US-Dollar, zu zwängen versuchte. Um den Devisenhandel der reinen Spekulation zu entziehen, muss er allerdings reguliert werden. Währungspolitik ist eben dies: Politik – eine hoheitliche Aufgabe des Staates. Weshalb Devisenhandel über die Zentralbanken, die Weltbank oder andere öffentlich-rechtliche Institutionen abgewickelt werden muss, nicht über die Börsen.

Finanzieren im Hier und Jetzt

Jedes Finanzsystem mit Zins und insbesondere Zinseszins erfordert exponentielles Wachstum. Uns ist völlig klar, dass ein modernes, hochgradig arbeitsteiliges Wirtschaftssystem ohne Kredit, folglich auch ohne die Risikoprämie des Zinses, unmöglich funktionieren kann. **Jede Art von Zinsverbot ist daher völlig utopisch.** Als einzige Weltreligion hält der Islam bis heute formell am Zinsverbot fest, das lange auch im Christentum und im Judentum galt. Aber das ist, bei allem Respekt, eine optische Täuschung. Was bei uns Zins heißt, wird im islamischen Kreditsystem nur anders genannt, etwa indem es als eine Form der Gewinnbeteiligung betrachtet wird. Worüber es sich allerdings nachzudenken lohnt ist die Frage, wie man die exponentielle Logik des Zinseszinses begrenzen kann.

Kernpunkt jeder Überlegung: Sie wirkt auf der Zeitachse. Je länger Kredite oder eine Kette von Krediten laufen, desto dramatischer stranguliert die Zinsschraube die Gläubiger. Das wirkt volkswirtschaftlich vor allem dann desaströs, wenn große Summen von Schulden und Renditeerwartungen in eine relativ ferne Zukunft verlagert werden. Und genau das geschieht in unserem Wirtschafts- und Finanzsystem in drei zentralen Bereichen: durch Staatsverschuldung, in allen Formen einer anlagegestützten Altersvorsorge und bei der Bildung enormer privater Vermögen. Nicht dass die beitragsfinanzierte Rente, wie wir sie in Deutschland haben, ohne Probleme funktionieren würde. Aber ein Bärenanteil des weltweit kursierenden Anlagekapitals steckt in rendite-, ergo zinsbasierten Systemen der Alterssicherung (Stichwort: Pensionsfonds). Diese wiederum investieren das meiste Geld in Staatsanleihen. Staatsschulden sind ebenfalls nichts anderes als weit in die Zukunft hinein verzinste Ausgaben in der Gegenwart. Was an privaten Riesenvermögen nicht in direkt wirksamen unternehmerischen Investitionen steckt, wandert ebenfalls in unproduktive Zukunftsspekulationen.

All das verkennt eine im Grunde ganz einfache Tatsache: **Wir alle leben von den Dienstleistungen und Waren, von dem gesellschaftlichen Wohlstand, den wir in der Gegenwart produzieren. Künftiges Geld oder »Vermögen« ist wertlos, wenn ihm kein realer**

Wohlstand entspricht. Sehr dramatisch könnte man daher formulieren: Der Krieg gegen den Zinseszins wird nicht in kleinen Scharmützeln um Sparbuch, Konsumkredit oder kurz- bis mittelfristigen Liquiditätsspritzen für Unternehmen gewonnen, sondern im **Kampf gegen uferlose Staatsverschuldung, eine nur vermeintlich »private« Altersvorsorge – und sinnlose Renditespekulation.**

Gedecktes Geld

Ungedeckte Papier- und Schuldgeldsysteme haben sich im Laufe der Geschichte nie wirklich halten können. Dass der über einhundert Jahre bewährte Goldstandard ausgerechnet mit Ausbruch des Ersten Weltkriegs fiel, sollte uns zu denken geben. Wann immer Regierungen oder gesellschaftliche Machteliten Geld für eigentlich unfinanzierbare Ausgaben brauchen, und der Krieg ist die Mutter aller Wertvernichtung, dann versuchen sie, dieses an sich nicht vorhandene Geld aus dem Nichts zu schöpfen. Die **Rückkehr zu einem von realen Werten gedeckten Geldsystem** sollte daher unserer Meinung nach überlegt werden. Ob dabei Golddeckung, Deckung durch andere begrenzte Rohstoffe, ein Vollgeldsystem oder eine striktere Bindung der Geldmenge an die realwirtschaftliche Leistung einer Volkswirtschaft der richtige Weg ist, muss man sehen. Auf die Themen Goldstandard und Vollgeld kommen wir gleich noch ausführlich zurück.

Bewusst konsumieren und investieren

Am Ende dürfen wir uns aber auch alle an die eigene Nase fassen. Als Konsumenten, Sparer und Anleger sind wir mit in der Verantwortung. Unterschätzen Sie daher niemals die Macht Ihres mächtigsten Wahlscheins – Ihres Geldes!

Kaufen Sie bewusst ein. Achten Sie mehr auf Qualität statt auf Quantität. Geben Sie regionalen Produkten und dem örtlichen Handwerk den Vorzug vor Billigwaren vom anderen Ende der Welt (Regionalitätsprinzip). Lassen Sie sich vor allem nicht zum Lagerhaus von Discountern und Versendern machen. Kaufen Sie nur, was Sie gerade wirklich brauchen. Weltweit werden jährlich bis zu zwei

Milliarden Tonnen Lebensmittel weggeworfen – das ist ungefähr die Hälfte der gesamten Produktion. Dieser »Abfall« würde reichen, um drei Milliarden Menschen zu ernähren.[14] In Deutschland landen Jahr für Jahr 11 Millionen Tonnen Lebensmittel im Wert von zirka 25 Milliarden Euro auf dem Müll – weggeworfen von der Lebensmittelherstellung bis zum Privathaushalt.

Thema Schulden und Zinsen: Überlegen Sie sich doch genauso wie ein Unternehmer, ob Sie einen Kredit aufnehmen wollen – oder ob Sie sich nur noch Dinge kaufen, die Sie sich von ihrem laufenden Einkommen auch leisten können.

Ebenso können Sie als Bankkunde frei entscheiden

- bei welcher Bank Sie Ihr Konto führen,

- wo und in welchen Finanzprodukten Sie Ihr Geld anlegen,

- ob das zum Beispiel unbedingt bei einer großen Geschäftsbank sein muss oder nicht doch bei einer kleinen Genossenschaftsbank oder einer Ökobank,

- ob Sie überhaupt Geld – und wenn ja, wie viel – auf Ihrem Konto lassen wollen.

- Führen Sie Ihr Konto bei einer Bank, die Moral und ethische Grundsätze auf ihre Fahne geschrieben hat, investieren Sie in Dinge, die Sie ethisch vertreten können.

Grundsätzliche Alternativen zu unserem Finanzsystem

Unser alltägliches Verständnis davon, was Geld ist, beruht auf einer scheinbar simplen Tatsache und auf einem hartnäckigen Missverständnis. Die scheinbar simple Tatsache: Wir alle brauchen Geld. Der Widerspruch: Wir halten Geld für etwas, dessen Funktion im Grunde leicht zu verstehen sei. Geld ist das, womit man bezahlt.

Punkt. Dabei ist Geld, so eine berühmte Formulierung von Karl Marx, »ein sehr vertracktes Ding (…), voll metaphysischer Spitzfindigkeiten und theologischer Mucken«[15]. Der Versuch, Geld zu verstehen, spielt folglich ungefähr in der gleichen Liga wie die Suche nach dem Sinn des Lebens oder die Deutung der göttlichen Ratschlüsse.

Alle brauchen Geld – aber das war nicht immer so

Fangen wir mit der scheinbar simplen Tatsache an: Abgesehen von Gemüse im (Schreber-)Garten oder Hobbyartikeln wie handbemalte Seidenschals können wir nichts von dem, was wir täglich benötigen, selbst herstellen. Viele sind in der Lage, ihre Wohnung selbst zu streichen oder einen Umzug in Eigenregie durchzuführen. Aber jeder braucht irgendwann einen Elektriker oder den Klempner. Und wenn wir uns den Kopf nicht rasieren oder auf Haarschneider aus dem Shopping-Fernsehen schwören, müssen wir auch zum Frisör gehen. Miete, Telefon, Versicherungen, Lebensmittel, eine Autoreparatur oder einen schönen Kinoabend – all das gibt es nur gegen Cash.

Warum das nur *scheinbar* simpel ist? Nun, einfach deshalb, weil wir gerne vergessen, dass es nicht immer so war. Noch bis zur Wende vom 19. zum 20. Jahrhundert lebten die meisten Menschen auf dem Lande und versorgten sich überwiegend selbst. Fast alle heute alltäglichen Gebrauchsgüter und Dienstleistungen gab es überhaupt noch nicht. Tausch und Geld spielten daher, überspitzt gesagt, für sehr viele Menschen eher noch eine Nebenrolle. Was zudem zur Folge hatte, dass auch »die Wirtschaft« entwickelter Länder im Vergleich zu heute mit relativ »wenig« Geld auskam. Wieder sehr verkürzt gesagt: mit einer meist durch Gold gedeckten Währung für Industrie, Großhandel und Staatsfinanzen, mit Silber- und Kupfermünzen für den alltäglichen Kramhandel.

Es ist erst fünf oder sechs Generationen her, dass Menschen Geld *ausschließlich* in der Form gedruckter Geldscheine und als Münzen ohne großen Materialwert, sogenannte Scheidemünzen, kannten. Erst Ende der 1950er-Jahre verschwand die heute nur noch sprichwörtliche Lohntüte aus dem Alltag von Arbeitern und Angestellten, und es dauerte eine ziemliche Weile, bis auch der Letzte seine Miete und sonstige laufende Kosten nicht mehr bar bezahlte, sondern via Girokonto überwies. Kreditkarten waren noch bis weit in die 1980er-Jahre ein Erkennungszeichen der Besserverdienenden. Und erst Anfang der 1990er-Jahre begann, zunächst langsam, der Siegeszug des Electronic Cash. Heute ist es selbst beim Discounter normal, einen Einkauf von 7,69 Euro per Debitkarte zu bezahlen.

Das Geld ist nicht allein zum Tauschen da

Nun kommen wir zu dem anfangs erwähnten Missverständnis. Es ist ja wahr: Im Alltag der allermeisten Menschen funktioniert Geld eher simpel. Geld ist das, was Sie für Ihre Arbeit – so Sie eine haben – als Lohn bekommen. Oder was jene Leute Ihnen überweisen, denen Sie zuvor eine Rechnung schicken durften. Oder was Sie als »Transfereinkommen« erhalten – Taschengeld, »Haushaltsgeld« (altmodisch), Papis Scheck, die Überweisung von der örtlichen Arbeitsagentur. Auf der anderen Seite ist Geld einfach das, womit man alles bezahlen muss.

Nur selten, darunter eben auch in Zeiten täglicher Nachrichten von der Finanz- und Schuldenkrisen-Front, haben Normalbürger aber Anlass, sich genauer zu fragen, was Geld ist. Nicht, wo es herkommen und wofür man es ausgeben soll. Sondern wie Geld eigentlich *funktioniert*. Preisbildung. Angebot und Nachfrage. Geldmenge. Leitzinsen. Inflation. Devisenmärkte. Derivate. Solche Sachen. Da wird es dann aber so kompliziert, dass viele gleich wieder wegschalten. Oder sich mit simplen Erklärungen zufriedengeben. Wie etwa der, man müsse nur gierigen Bankern, selbstsüchtigen Politikern, bösen Steuerhinterziehern oder »Sozialschmarotzern« gehörig die Ohren langziehen, dann würde das mit den vielen Schulden schon wieder werden.

Jeder Student der Volks- wie der Betriebswirtschaft lernt im ersten Semester, was Geld ist. Genauer, welche Funktionen es hat. Da hat sich in den Lehrbüchern seit 1875 nicht viel getan. In jenem Jahr veröffentlichte der englische Ökonom und Philosoph William Stanley Jevons (1835-1882) sein Buch *Money and the mechanism of ex-*

change (deutsch: *Geld und Geldverkehr*). Darin erklärte er, dass Geld im Wesentlichen drei Funktionen habe. Jevons' Ausführungen sind ausführlicher und akademischer als die folgenden, aber im Kern meint er dies:

- Geld ist ein **Zahlungsmittel.** Man erwirbt damit Waren, Dienstleistungen oder Nutzungsrechte. Oder man macht bzw. tilgt damit Schulden.

- Geld ist ein **Wertaufbewahrungsmittel.** Statt es auszugeben, kann man es auch sparen.

- Geld ist **Wertmaßstab und Recheneinheit.** Ich muss die Hose nicht kaufen, um zu wissen, was sie aktuell kostet bzw. was sie »wert ist«. Ich kann einen Plan machen, wie ich ein verfügbares Budget ausgeben möchte. Und ich kann einen Schreck bekommen, wenn ich lese, wie viel Schulden die Bundesrepublik Deutschland hat.

Danach dürfen die meisten Wirtschaftsstudenten das Thema Geldtheorie dann aber auch schon wieder abhaken. Die Betriebswirte wenden sich den vielfältigen Methoden des Geldverdienens, vor allem aber denen des Geldsparens im unternehmerischen Alltag zu. Und die Volkswirte verlegen sich auf hochgradig komplizierte mathematische Modelle, um gesamtwirtschaftliche Geldflüsse zu analysieren. Im Hinterkopf haben sie dabei kaum mehr als wir alle: dass Geld das Zeug zum Bezahlen, Sparen und kaufmännischen Rechnen ist. Statt »bezahlen« verwenden sie die vornehmer klingenden Fremdwörter »konsumieren« und »investieren«, das Sparen nennen auch sie »sparen«, und beim Rechnen, na ja, da vertun sie sich auch nicht viel seltener als wir alle. Ansonsten streiten sie sich darüber, was in einer Volkswirtschaft das Wichtigste sei – ausgabefreudige Konsumenten, umsichtig investierende Unternehmen oder emsige Sparer. Alle drei haben unter den Ökonomen erklärte Fans.

Für esoterischere Überlegungen zum Thema Geld bleibt da keine Zeit. Sie können jeden beliebigen Wirtschaftsprofessor fragen, wozu das Geld einst erfunden worden sei. Meist werden sie eine mehr oder weniger gewundene Darlegung des Begriffs »Tausch« zu hören bekommen. Erst hätten die Menschen Ziegen gegen Weizen getauscht, dann Muscheln oder anderes Zeug zum Handeln verwendet – und schließlich Münzen erfunden. Untersuchungen zum sakralen Ursprung des Geldes, wie sie etwa der deutsche Altertumswissenschaftler Bernhard Laum (1884-1974) angestellt hat[16], gar tiefgründige Theorien über »Kapitalismus als Religion«[17], so etwas halten sie bestenfalls für geistreichen Schnickschnack.

Nur wenige von ihnen werden zugeben, dass sie nach Feierabend ihre Nase in die heimlichen Klassiker »Ökonomie und Gesellschaft« und »The Great Transformation«[18] gesteckt haben. Der ungarisch-österreichische, später in Amerika lebende und lehrende Wirtschaftshistoriker Karl Polanyi (1886-1964) hat darin akribisch nachgewiesen, dass Geld gerade *nicht* zum Tauschen erfunden wurde – schlicht, weil Märkte im ökonomischen Sinne sich erst viel später bei den Athenern herausgebildet haben. Frühes Geld, so Polanyi, war immer »Spezialgeld«. Simpel gesagt: Man benutzte dies für Brautgeldzahlungen, jenes für Sühneleistungen, etwas Drittes für Frühformen des Kredits und wieder etwas anderes für Tribute an fremde Herrscher. Kein Mensch wäre auf die Idee gekommen, das alles mit einem Sammelbegriff wie »Geld« zu benennen. Und das Letzte, wofür man etwas wie »Geld« benutzt hätte, war der alltägliche Austausch von Gebrauchsgütern. Nicht mal das größte Handelsvolk der frühen Antike, die Phönizier, kannte das Geld. Ihr Handel wurde mittels eines hochbürokratischen Listensystems abgewickelt, für das sich nicht-phönizische Kaufleute wie Diplomaten akkreditieren mussten.

Wenn das schon die Volkswirte tun, ist es also kein Wunder, wenn auch Otto Normalbezahler und die schwäbische Hausfrau Geld letztlich bloß als Tauschmittel betrachten – und alles, was darüber hinaus geht, rätselhaft bis verdächtig finden. Gerade dass man noch das Sparen in seiner einfachsten Variante zulässt. Und sich dabei auch das Sparbuch wie ein Sparschwein vorstellt: etwas, wo man physisches Geld reinsteckt, um es aufzubewahren. OK, bei der Bank bekommt man dafür Zinsen. Aber im Gegenzug verlieren die Spargroschen ja auch an Wert. Wegen dieser komischen »Inflation«.

Münzverschlechterung und die ersten Papiergeld-Kräche

Jeder weiß, dass es sie gibt, aber auf Anhieb kann wohl kaum jemand genauer erklären, woher sie kommt. Irgendwie soll es daran liegen, dass es »zu viel« Geld gebe – vom alltäglichen Standpunkt aus gesehen eine reichlich seltsame Vorstellung. Und doch ist es so.

Die ersten Inflationen der Geschichte sind allerdings nicht entstanden, weil es plötzlich zu viel Geld gab, sondern weil das Geld in einem sehr buchstäblichen Sinne immer weniger wert war. Münzen aus Gold und Silber nutzen sich im Gebrauch relativ schnell ab. Schon früh kamen klamme Herrscher auf die Idee, diesen Prozess ein bisschen zu beschleunigen. Sie ließen beim Gießen und Prägen von Gold- und Silbermünzen billigere Metalle wie Kupfer, Zinn oder Blei beimischen. Diese »Münzverschlechterung« blieb auf Dauer nicht verborgen. Ergo wuchs das Misstrauen gegenüber dem Geld, die Preise stiegen entsprechend. Der nächste oder übernächste Herrscher musste dann mit einer Münzreform und einem neuen »Münzfuß« – dem gesetzlich definierten Edelmetallgehalt seiner Geldstücke – wieder Ordnung schaffen. Bis das Spiel von neuem begann.

Die erste schwere Papiergeld-Inflation ist legendär. 1715 hatte der Spanische Erbfolgekrieg die französische Krone ruiniert. Der schottische Ökonom und Glücksritter John Law erhielt daraufhin vom französischen Regenten Philippe von Orléans die Lizenz zur Gründung einer privaten Notenbank. Laws damals ebenso revolutionäre wie kühne Idee: Nicht nur Gold und Silber, auch der erhebliche Grundbesitz der Krone sollte – in Form von Staatsanleihen – zur Kreditdeckung herangezogen werden. 1717 gründete Law die Mississippi-Kompanie, die sich der Ausbeutung der angeblich sagenhaften Reichtümer Louisianas widmen sollte. Seit 1718 firmierte sein Kreditinstitut dann als *Banque Royale*, was natürlich enorm vertrauenerweckend klang. 1719 bekam Law auch noch die Rechte an der königlichen Münze. Wir lassen die Details weg: Sowohl die Aktien von Laws Gesellschaften als auch das Papiergeld seiner vermeintlich königlichen Bank gingen durch die Decke. Im November 1719 platzte die Blase, drei Monate später war auch die *Banque Royale* pleite. Einen ähnlich bleibenden Eindruck vom Wert des Papiergelds hinterließen 1791 ff. die Assignaten der französischen Revolutionsregierung unter Robespierre. Dass die – freilich eng begrenzte – Nutzung von Papiergeld in England und den Niederlanden ganz gut funktioniert hatte, verblasste gegenüber diesen Desastern.

Der Goldstandard

Die Napoleonischen Kriege waren ebenso wenig wie die Französische Revolution dazu angetan, die europäischen Staatsfinanzen und die kommerzielle Geldverfassung des Kontinents zu stabilisieren. Es gehört daher zu den seltsamen Ironien der Geschichte, dass ausgerechnet die politische Restaurationszeit, die mit dem Wiener Kongress 1814/15 begann, Europa einhundert Jahre lang halbwegs stabile Währungen auf Basis des Goldstandards bescherte. Scherzvögel könnten auf die Idee kommen, dass Inflationsgefahren am besten mit Zensur, Gesinnungsschnüffelei und politischer Repression zu begegnen sei.

Die einfachste Form eines Metallstandards ist natürlich die Ausgabe physischer Gold- und Silbermünzen. Dies war allerdings schon mit den im Vergleich zu heute noch recht bescheidenen Waren- und Geldströmen des 19. Jahrhunderts nicht mehr praktikabel. Die Praxis frühneuzeitlicher Kaufleute, ihr Gold bei Depotbanken zu lagern und mit entsprechenden Wert- und Kreditbriefen Handel zu treiben, wurde daher verallgemeinert und technisch standardisiert. Das Ergebnis war die gedruckte Banknote, wie wir sie im Prinzip noch heute kennen. Der Trick des klassischen Goldstandards: Die Notenbanken, die keineswegs immer und überall staatlich waren und sind, durften mehr Geld in Form von Noten ausgeben, als sie in Form von physischem Gold tatsächlich besaßen. Sie garantierten nur jedem, dass ihre Noten jederzeit in Gold eingetauscht werden *können*. »The

United States of America Will Pay to the Bearer on Demand« – das war, zusammen mit der Zahl von Dollars, bis in die 1960er-Jahre auf den staatlichen Banknoten der USA (nicht auf denen der Fed!) zu lesen. Die Geldmenge konnte also nur so lange und in dem Maße die Goldmenge übersteigen, wie die Leute dem Einlösungsversprechen vertrauten, dieses aber nicht ständig auf die Probe stellten.

Mit Ausbruch des Ersten Weltkriegs brach das bewährte System zusammen. Zwar wurde der Goldstandard von den meisten Notenbanken in den Zwanzigerjahren formell wieder eingeführt. Aber die wirtschaftlichen Ungleichgewichte zwischen den kontinentaleuropäischen Staaten, England und vor allem den USA waren zu groß, als dass das System noch reibungslos hätte funktionieren können. 1933, auf dem Höhepunkt der Großen Depression, schafften die USA den Goldstandard faktisch ab.

1944 vereinbarten 44 Staaten in Bretton Woods im US-Bundesstaat New Hampshire, ihre Währungen – innerhalb definierter Bandbreiten – an den US-Dollar als Ankerwährung zu binden. 1949 trat auch die Bundesrepublik diesem Abkommen bei. Jetzt galt der Goldstandard nur noch indirekt: Die Fed war nämlich gegenüber anderen Zentralbanken verpflichtet, Dollar zu einem festen Kurs von 35 Dollar pro Feinunze gegen Gold einzutauschen. Somit waren alle wichtigen Währungen der Welt – freilich nur über einen willkürlich von der US-Regierung festgesetzten Kurs – mit Gold gedeckt. Scheinbar. Am 15. August 1971 hob der damalige US-Präsident Nixon die nominale Goldbindung des Dollar auf. Damit war das ohnehin schon ächzende »System von Bretton Woods«, die letzte Version des Goldstandards, am Ende. Überlebt haben nur zwei Kinder dieses Systems: die Weltbank und der Internationale Währungsfonds.

Es würde hier viel zu weit führen, die Gründe für das Ende des klassischen Goldstandards zu diskutieren. Doch im Prinzip und sehr vereinfacht betrachtet, konnte das System nicht mehr mit dem wachsenden Welthandel Schritt halten. Die Goldbestände der Fed garantierten schlicht nicht genügend Liquidität. Erhöhten Bretton-Woods-Staaten aus wirtschafts- oder finanzpolitischen Gründen ihre Geldmenge, mussten sie nämlich entsprechend auch ihre Dollarreserven erhöhen. Ziemlich bald waren daher viel mehr Dollars in der Welt, als die USA je gegen Gold hätten eintauschen können. Die gegenüber Amerika notorisch misstrauischen Franzosen haben das 1969 sogar mal versucht – natürlich vergeblich.

Die historisch bedeutende Rolle des Goldstandards kann nicht darüber hinwegtäuschen, dass in unserer gegenwärtigen Weltwirtschaft kein System physisch-metallischer Gelddeckung funktionieren kann. Wiederum sehr simpel gesagt: Je mehr Produktion und je mehr Handel, desto mehr Teilnehmer am System. Und desto mehr Zahlungsvorgänge. Bis ein Auto zum Preis von 25 000 Euro in Ihrer Garage steht, haben für dessen Produktion so viele Komponenten so oft den Besitzer gewechselt, dass die 25 000 Euro vermutlich mehrere Hundert Mal um den Globus zirkuliert sind. Größtenteils nicht zur Bezahlung von Schrauben, Kabeln und Blechen, sondern in Form von Krediten, Kreditbesicherungen und Geschäften zur Preis- und Währungsabsicherung. Zusammen mit der bei Klein- und Mittelklassewagen mageren Rendite kommen am Ende in der Summe zwar wieder 25 000 Euro raus. Aber mit einem entsprechenden Kuvert hätten Sie bis dahin höchstens das Lenkrad um die Welt bewegt.

Fazit: Globaler Handel mit Goldstandard funktioniert nicht. Nicht umsonst war das Goldene Zeitalter des Goldstandards, das 19. Jahrhundert, zugleich das Jahrhundert der »Nationalökonomie«. Einzelne, dazu noch vergleichsweise autarke Volkswirtschaften können mit physisch gedecktem Geld »arbeiten«. Auf »mittlere Reichweite« ist die Parität zwischen Geldströmen einerseits, Waren- und Dienstleistungsströmen andererseits – und damit wiederum die Geldmenge – hinreichend steuerbar. Das aber heißt: Erst wenn wir unsere T-Shirts nicht mehr in Bangladesch kaufen, wenn wir Erdbeeren und Spargel im Dezember nicht mehr für ein Bürgerrecht halten, erst recht, wenn eine globale Just-in-time-Produktion aufgrund drastisch steigender Transportkosten nicht mehr finanzierbar ist, könnte die Idee eine begrenzte Renaissance erleben.

Seit dem Ende des Systems von Bretton Woods wuchs die Menge des um die Welt strömenden Geldes in zuvor nie gesehene Dimensionen.

Eine rapide steigende Zahl von Volkswirtschaften wurde in ein immer feinmaschigeres globales Netz von Produktion, Dienstleistung, Handel und Kreditwesen eingespannt. Und in den Knoten dieses Netzes hat sich eine von allen lokalen Rücksichten völlig befreite Finanzspekulation festgesetzt. Derzeit liegt dieses zutiefst ungerechte System im Sterben. Wir benötigen ohne Frage ein neues, gerechtes Geldsystem, das allen Menschen dient und nicht dazu führt, dass die Fleißigen immer ärmer und die Reichen immer reicher werden. Neben einer Rückkehr zu – wie auch immer im Detail konstruierten – Formen substantieller, physischer Gelddeckung gibt es heute eine Reihe sehr durchdachter und breit diskutierter Alternativen zum bestehenden Giralgeld-System. Zwei davon wollen wir abschließend knapp darlegen: die Idee des Vollgeldes und das Konzept regionaler Tauschwährungen.

Vielleicht müssen wir uns ja einfach wieder von der Idee lösen, es müsse für alle wirtschaftlichen Vorgänge ein und dasselbe »Geld« geben. Das ist im Verlaufe der Geschichte fast nie so gewesen. Und es muss daher schon gar nicht für alle Ewigkeit so bleiben.

Vollgeld

Für den folgenden Gastbeitrag zum Thema Vollgeld bedanken wir uns ganz herzlich bei Prof. Dr. Mark Joób. Er forscht am Institut für Wirtschaftsethik der Universität St. Gallen, lehrt an der Wirtschaftswissenschaftlichen Fakultät der Westungarischen Universität und ist Vorstandsmitglied des Schweizer Vereins Monetäre Modernisierung.

Ziel des Vollgeldkonzepts ist die Wiederherstellung des staatlichen Geldmonopols zum Wohl der Allgemeinheit. Allein Zentralbanken sollen die Befugnis haben, neues Geld in Umlauf zu bringen. Den Geschäftsbanken soll dies verboten werden. Damit könnte das Geldsystem dem Profitstreben privater Finanzakteure entzogen und in den Dienst am demokratisch definierten Gemeinwohl gestellt werden. Ohne tiefgreifende Geldreform ist es nicht möglich, unsere Wirtschaft wieder auf Stabilität, Nachhaltigkeit und soziale Gerechtigkeit auszurichten.

Heute haben Zentralbanken wie beispielsweise die Europäische Zentralbank oder die Schweizerische Nationalbank, was den Geldkreislauf im Publikum betrifft, nur bei der Emission von Münzen und Banknoten ein Monopol. Wegen der zunehmenden Verlagerung des Zahlungsverkehrs in elektronische Netzwerke werden Münzen und Banknoten jedoch immer mehr durch elektronisches Buchgeld ersetzt. **Derzeit besteht rund 90 Prozent des zirkulierenden Geldes aus diesem durch private Geschäftsbanken bei der Kreditvergabe geschaffenen Buchgeld (Giralgeld).** Die bestehende Regelung der Geldemission ist also durch die technische Entwicklung überholt worden. Die Kontrolle über die Geldversorgung der Gesellschaft ist den Zentralbanken immer mehr entglitten und in die Hände privater Geschäftsbanken gefallen.

Mit der Ausweitung des staatlichen Geldmonopols auf das elektronische Buchgeld würde die Währungssouveränität der Zentralbank wiederhergestellt. Das staatliche Geldmonopol ist eine zentrale Voraussetzung jeder Demokratie, denn das Geldsystem stellt in modernen Gesellschaften eine Infrastruktur von herausragender Bedeutung dar, und die Schaffung finanzieller Ressourcen durch Geldemission gehört zu den wichtigsten gesellschaftlichen Steuerungsinstrumenten. Keine Gesellschaft kann deshalb demokratisch gesteuert werden, wenn ihr Geldsystem nicht demokratisch gesteuert wird.

Im Vollgeldsystem soll die Zentralbank deshalb zur vierten, monetären Staatsgewalt neben Legislative, Exekutive und Judikative ausgebaut werden, zu einer Monetative, die die volle Kontrolle über die Geldversorgung der Gesellschaft hat. Sowohl das Bargeld als auch das elektronische Buchgeld würden ausschließlich durch die Monetative geschaffen. Sie wäre der demokratischen Aufsicht unterstellt und müsste genauso transparent walten wie andere Staatsorgane. Um die Geldemission in Schranken zu halten und parteipolitischer Einflussnahme zu entziehen, **wäre die Monetative per Gesetz dazu verpflichtet, die Geldmenge nach dem Wirtschaftswachstum auszurichten.** So würde sowohl eine Deflation als auch eine Inflation der Konsumgüter- und Vermögenspreise vermieden. Zugleich hätte die Zentralbank die Befugnis, den Außenwert der Währung auf dem internationalen Finanzmarkt inflationsneutral zu steuern.

Auf diese Weise könnte der extrem schwankenden Geldemission der Geschäftsbanken ein Ende gesetzt werden. Geschäftsbanken steuern mit ihrer Kreditvergabe die Geldmenge, weil sie Kredite in Form von neu geschaffenem Buchgeld vergeben, das bei der Tilgung der Kredite wieder aus dem System verschwindet. In Zeiten hohen Wirtschaftswachstums vergeben die Banken freizügig Kredite, um vom Aufschwung zu profitieren. In Zeiten wirtschaftlicher Stagnation oder Rezession agieren sie dagegen bei der Kreditvergabe sehr restriktiv, um ihre Risiken zu reduzieren. **Auf diese Weise schaffen Geschäftsbanken bei Aufschwung zu viel und bei Abschwung zu wenig Geld.** Damit verstärken sie die Schwankungen im Wirtschaftszyklus.

Diese Schwankungen gehen regelmäßig mit der Bildung von Spekulationsblasen an den Immobilien- und Finanzmärkten einher, die früher oder später platzen und der Gesellschaft sowie dem Bankensektor selbst große Schäden zufügen. Ein starkes Indiz für die von der Geldemission der Geschäftsbanken ausgehende Instabilität ist der Umstand, **dass zwischen 1970 und 2010 in Mitgliedstaaten des Internationalen Währungsfonds' insgesamt 425 Finanzkrisen registriert wurden.**[19]

Ein weiteres Problem besteht darin, dass im heutigen Geldsystem zwei getrennte Geldkreisläufe nebeneinander existieren. Es gibt einen Geldkreislauf für das Publikum, d.h. für die Kunden der Geschäftsbanken, wo Bargeld oder elektronisches Buchgeld verwendet wird. Parallel dazu gibt es einen zweiten Geldkreislauf für die Geschäftsbanken und die Zentralbank, wo Reserven verbucht werden. Denn das von den Geschäftsbanken geschaffene Buchgeld muss zu einem bestimmten Anteil durch Reserven bei der Zentralbank gedeckt sein. Im Vollgeldsystem würde diese Doppelspurigkeit beseitigt.

Leider wurde der obligatorische Reserveanteil am Buchgeld seit Langem kontinuierlich gesenkt, sodass er heute praktisch gar keine Rolle mehr spielt. Im Euroraum liegt er derzeit bei einem

Prozent. Das ist hochgefährlich. Denn **das durch die Geschäftsbanken geschaffene Buchgeld ist in Wirklichkeit kein gesetzliches Zahlungsmittel, sondern lediglich ein Zahlungsversprechen der Geschäftsbanken** – genauer: das Versprechen, ihren Kunden auf Wunsch ein gesetzliches Zahlungsmittel, d.h. Bargeld, zu liefern. Deshalb ist Buchgeld heute lediglich virtuelles Geld und mit einem Verlustrisiko behaftet. **Die Kunden haben nämlich weit mehr Geld auf ihren Konten bei den Geschäftsbanken, als diese ihnen in bar auszahlen können.** Das stellt im Normalfall kein Problem dar, denn der Zahlungsverkehr wird größtenteils in elektronischem Buchgeld abgewickelt. Aber in Krisenzeiten kann es durchaus vorkommen, dass die Geschäftsbanken ihr Versprechen nicht einhalten können und die Kunden trotz der bestehenden Einlagensicherungssysteme einen Teil ihrer Bankeinlagen verlieren – wie zuletzt in Zypern geschehen.

Im Vollgeldsystem dagegen gäbe es nur einen einzigen Geldkreislauf, in dem ausschließlich von der Monetative emittiertes gesetzliches Zahlungsmittel zirkulieren würde. **Den Geschäftsbanken wäre es verboten, virtuelles Buchgeld zu schaffen.** Das von der Monetative geschaffene Geld wäre sicher – unabhängig davon, ob es sich in Form von Bargeld oder elektronischem Buchgeld in Umlauf befindet. Reserven wären überflüssig, denn die Einlagen der Bankkunden, die sie nicht als Investition den Banken ausleihen wollen, würden vollwertiges, sicheres Geld verkörpern, eben: Vollgeld.

Die Geschäftsbanken würden diese Einlagen lediglich als Treuhändler verwalten, sie aber ohne Einverständnis der Kunden nicht für andere Zwecke – wie z.B. Spekulation – verwenden dürfen. **Die Vollgeldkonten würden somit im Besitz der Bankkunden bleiben und wären nicht Teil der Bankenbilanz.** In dieser Situation müssten nie wieder Banken mit Staatsgeldern gestützt werden, um den Zahlungsverkehr zu sichern, denn die nicht investierten Bankeinlagen wären alle vollständig vorhanden. Zugleich hätten die Bankkunden weiterhin die Möglichkeit, ihr Geld den Banken als Investition anzuvertrauen, und würden für das damit verbundene Risiko mit einer entsprechenden Rendite entschädigt.

Auf diese Weise würde bei den Geschäftsbanken eine **Entflech-tung von Geld und Kredit** vollzogen und eine von ihrer Kreditver-gabe unabhängige Steuerung der Geldmenge ermöglicht. Für die Geldemission wäre allein die Monetative zuständig, während die Geschäftsbanken nur aus ihrem eigenen und aus dem ihnen von ihren Kunden ausgeliehenen Geld Kredite vergeben könnten.

Eine weitere wichtige Innovation des Vollgeldsystems besteht darin, dass das durch die Monetative neu geschaffene Geld in die Staatskasse eingezahlt und durch Ausgaben der öffentlichen Hand in Umlauf gebracht werden soll. **Das neu geschaffene Geld würde dem Staat schuldfrei zur Verfügung gestellt und durch die Staatskasse als Einnahme verbucht.** So würde es das Instrument der Staats-anleihe ersetzen und Staatsschulden verringern. Dadurch würde die Trennung von Geld und Kredit auch bei der Geldemission durch die Monetative vollzogen, was weitreichende positive Auswirkungen auf die Gesellschaft hätte.

Ein zentrales Problem des heutigen Geldsystems ist näm-lich, dass Geld sowohl von Geschäfts- als auch Zentralbanken grundsätzlich als Schuld in Umlauf gelangt. Folglich kann eine angemessene Geldversorgung der Wirtschaft nur gewährleistet werden, wenn sich private und staatliche Akteure verschulden. **Eine Erhöhung der Geldmenge bedeutet im bestehenden System immer zugleich eine Erhöhung der Verschuldung, was früher oder später zur Überschuldung einiger Akteure führt.** So ist die aktuelle Staats-schuldenkrise das Ergebnis davon, dass die Schulden in den letzten Jahrzehnten systematisch auf die öffentliche Hand abgewälzt worden sind, während die Geschäftsbanken aufgrund ihrer Möglichkeit, fast unbegrenzt Buchgeld zu schaffen, enorme Extraprofite erzielt haben. **Weil Geld heute eine Schuld verkörpert, müssen auf die gesamte zirkulierende Geldmenge Zinsen gezahlt werden, was zu einer Umverteilung von Wohlstand nach oben, von der Allgemeinheit zu einer kleinen Finanzelite führt.**

Im Vollgeldsystem hingegen würde die Geldemission auch da-durch dem Gemeinwohl dienen, dass dem Staat ein beachtlicher Gewinn aus der Geldemission zufiele – in der Fachsprache Seigniorage genannt. Bei einem Wirtschaftswachstum von 2 Prozent würde dieser fortlaufend anfallende Gewinn im Euroraum rund 100 Milliarden Euro und in der Schweiz rund 10 Milliarden Schweizer Franken *pro Jahr* betragen.[20] Zudem könnten die Staaten am Stichtag der Umstellung vom heutigen Geldsystem auf das Vollgeldsystem sehr hohe einmalige Einnahmen verbuchen. An diesem Tag würde nämlich das in Form von Krediten geschaffene Buchgeld der Geschäftsbanken zu vollwertigem, gesetzlichem Zahlungsmittel umgewandelt, zu Vollgeld also, das nun nicht mehr den Geschäftsbanken, sondern dem Staat geschuldet wird. Die durch die Geschäftsbanken vergebenen Kredite würden zu Krediten der öffentlichen Hand an die Geschäftsbanken und ihre Kunden. Wenn diese Kredite innerhalb einer bestimmten Frist gegen Staatsanleihen getauscht würden, könnten in Deutschland rund zwei Drittel und in Österreich rund 80 Prozent der Staatsschulden getilgt werden; in der Schweiz würden die Kredite der öffentlichen Hand sogar das Doppelte der derzeitigen Staatsschulden betragen.[21] Staatsschulden könnten also ohne drastische Sparmaßnahmen radikal gesenkt werden.

Zugleich könnte das durch die Monetative kontinuierlich neu geschaffene Geld von der öffentlichen Hand zur Finanzierung gemeinwohldienlicher Zwecke verwendet werden. Damit würde die Erstverwendung von neuem Geld dem Profitstreben der Geschäftsbanken entzogen und der demokratischen Kontrolle unterstellt. Der kollektive Handlungsspielraum der Gesellschaft würde wesentlich erweitert.

Es lässt sich also zusammenfassend festhalten, dass die Einführung des Vollgeldsystems in hohem Maß dazu beitragen würde, die Demokratie und den Sozialstaat zu stärken, die Real- sowie die Finanzwirtschaft zu stabilisieren, die Sicherheit der Bankeinlagen zu gewährleisten und die soziale Gerechtigkeit zu befördern. Darüber hinaus ist die Umstellung auf Vollgeld unumgänglich, wenn die zerstörerische Wachstumsdynamik des bestehenden Wirtschaftssystems gebändigt und eine ökologisch nachhaltige Entwicklung der Gesellschaft ermöglicht werden soll. Denn das schuldlos in Umlauf gebrachte Vollgeld würde die Wirtschaft von der schweren Zinslast weitgehend befreien, die sie heute dazu zwingt, ihre Produktivität und ihre Einnahmen ohne Rücksicht auf die Knappheit der vorhandenen Naturressourcen ständig zu steigern.

Prof. Dr. Mark Joób

Regionalwährungen

Für den folgenden Gastbeitrag bedanken wir uns ganz herzlich bei Christian Gelleri, einem der Mitgründer der erfolgreichsten deutschen Regionalwährung, dem »Chiemgauer«.

In wohlhabenden Ländern wie Deutschland oder Regionen wie dem Chiemgau kommen Komplementärwährungen hauptsächlich zum Einsatz, um die regionale Wirtschaft zu stärken und um die kulturellen Aufgaben zu fördern. Diese sogenannten **Regionalwährungen** sind 2002 in Bremen und im Chiemgau entstanden und fanden nicht nur zahlreiche Nachahmer in ganz Deutschland, sondern auch in Frankreich, England, USA und anderen Regionen. Anstatt auf zentrale Problemlösungen zu warten, setzen die Macher von Regionalwährungen auf das eigenverantwortliche Tun in den Regionen. Wenn Chiemgauer, Sterntaler, Berkshares oder Brixton Pound statt Euro, Dollar oder Pfund ausgegeben werden, dann soll damit ein Zeichen für die regionale Identität, für kurze Transportwege und gegen einen spekulativen Umgang mit Geld gesetzt werden. Wie das funktioniert, soll am Beispiel der größten deutschen Regionalwährung, dem Chiemgauer, demonstriert werden.

Chiemgauer werden 1 zu 1 bei einer Ausgabestelle getauscht. Für 20 Euro erhält man 20 Chiemgauer. In den Geschäften zahlt man wie mit Euro-Bargeld. Wo Chiemgauer akzeptiert werden, erfährt man über das Akzeptanzstellenverzeichnis, das über 600 Einträge enthält. Wechselgeld geben die Unternehmer in Chiemgauer heraus. Cent-Beträge werden in Euro-Cent bezahlt.

Der Unternehmer bzw. Händler überlegt sich nun, was er mit den Chiemgauer-Einnahmen macht. Gibt es betriebliche Ausgaben, die mit dem Chiemgauer getätigt werden können? Auch Privatentnahmen und sogar die Bezahlung von Mitarbeitern ist möglich. So entsteht ein regionaler Wirtschaftskreislauf, bei dem jeder zuerst seine Chiemgauer ausgibt, bevor er Euro verwendet. Regionale Lieferanten werden bevorzugt, zum Beispiel regionaler Apfelsaft, Bier und Mineralwasser aus der Region. Wenn ein Unternehmen mehr Chiemgauer einnimmt, als es ausgeben kann, kann es diese in Euro zurückwechseln. Dabei entsteht eine Wechselgebühr in Höhe von 5 Prozent. Für 20 Chiemgauer erhält der Unternehmer also 19 Euro.

Der verbleibende Euro fließt an den Betreiber der Regionalwährung, der wiederum 40 Cent für die Betriebskosten des Systems verwendet – und 60 Cent an Vereine in der Region abgibt. Die Vereine erhalten den Betrag in Chiemgauer, damit sie diese wieder in der Region ausgeben. Wie viel ein Verein erhält, dürfen die Verbraucher bereits beim Tauschen in Chiemgauer bestimmen. Dadurch erhöht sich die Motivation, möglichst viele Euro in Chiemgauer zu tauschen. Es gibt Verbraucher, die pro Jahr 10 000 Euro tauschen und dadurch eine Begünstigung von 300 Chiemgauer auslösen. Wenn sich mehrere Verbraucher für ein Projekt zusammentun, kommen schon mal mehrere Tausend Chiemgauer zusammen, ohne dass der Verein einen großen Aufwand damit hat. Besonders interessant für Vereine ist, dass es sich nicht um einen Einmaleffekt handelt, sondern die Chiemgauer-Spenden kontinuierlich Jahr für Jahr fließen.

Der Chiemgauer wurde 2003 eingeführt. Anfangs machten nur 30 Verbraucher und 30 Akzeptanzstellen mit. Jahr für Jahr ist der Chiemgauer gewachsen und hat nun über 3 700 Mitglieder, davon über 600 Akzeptanzstellen, die 2013 über 7 Millionen Chiemgauer umgesetzt haben. Über eine halbe Million Chiemgauer sind im Umlauf.

Es gibt Regionalwährungen, die den Verbrauchern einen Bonus beim Tausch auszahlen. Beim Berkshare bekommt man für 100 Dollar 105 Berkshares. Die Berkshare-Unternehmer sparen sich dadurch individuelle Rabattsysteme, die oft sehr aufwendig sind und wenig Wirkung haben. Beim Chiemgauer wird komplett auf das Thema Rabatt verzichtet und das Thema Schenkgeld für regionale Vereine in den Vordergrund gestellt. So entwickelt jede Region ihre eigenen Besonderheiten. Wichtig ist dabei die Professionalität im Betrieb.

Viele Tauschringe und Regionalwährungen sind wieder eingegangen, bevor sie die kritische Masse erreicht haben. Wichtig für den Erfolg waren Entwicklungen wie das elektronische Bezahlen. So werden heute bereits zwei Drittel der Chiemgauer-Umsätze bargeldlos abgewickelt. Einen zusätzlichen Schub brachte die Vernetzung mit anderen Sozialtechniken wie den Mikrokrediten. So gibt es beim Chiemgauer zinsfreie Kredite in Regionalgeld, die Kleinunternehmern Investitionen von bis zu 20 000 Euro ermöglichen.

Das Chiemgauer-Netzwerk hat sogar eine Art »Sparkasse« – die Rechenzentrale des Chiemgauer bei der Sozialgenossenschaft REGIOS. Doch unsere Regionalwährung kann man nur zinsfrei sparen. An sich wird die Hortung von Chiemgauern nämlich »bestraft«. Wer Chiemgauer aufbewahrt, zahlt pro Quartal 2 Prozent Negativzinsen. Das heißt: 10 Chiemgauer haben nach drei Monaten nur noch einen Gegenwert von 9,80 Euro. Dieses Kernelement namens »Schwundgeld« sorgt dafür, dass der Chiemgauer permanent in der Region zirkuliert – und dadurch die lokale Wirtschaft in Schwung hält. Statistisch läuft ein Chiemgauer tatsächlich mehr als dreimal so schnell um wie ein Euro.

Und auch Spekulieren ist mit ihm nicht möglich – es gibt schlicht keine »Chiemgauer-Hedgefonds« und auch keine »Chiemgauer-Börse«. Daher bleibt nur: ausgeben, investieren, zinsfrei sparen oder verschenken für einen guten Zweck. Damit erfüllt das Chiemgauer-Geld genau die Funktionen, die für die Gemeinschaft sinnvoll und notwendig sind. Die Chiemgauer-Gemeinschaft hält dagegen das Horten von und das Spekulieren mit Geld für überflüssig. Diese ideelle Motivation verbindet die Chiemgauer-Währung mit allen anderen Regional- und Komplementärwährungen.

Was sagen Volkswirte zu Komplementärwährungen? Unstrittig ist zunächst, dass sie überall dort Sinn machen, wo staatliche Währungen nicht funktionieren. In Deutschland wurden nach dem Zweiten Weltkrieg Zigaretten als »Komplementärwährung« zur wertlosen Reichsmark eingesetzt. In Argentinien druckten 2002 nach dem Zusammenbruch der Landeswährung Peso kleine Tauschringe »Creditos« im großen Umfang. Die Not im Land konnte dadurch

abgemildert werden, wie eine Studie der Universität Harvard nachgewiesen hat.[22] Die Deutsche Bundesbank kommt in einem Gutachten zu dem Schluss, dass der Euro so gut funktioniere, dass es keiner
Komplementärwährung bedürfe.[23] Einen Erklärungsansatz, warum
es allein in Deutschland Hunderte Komplementärwährungen gibt,
viele davon sehr erfolgreich, sucht man im Gutachten der Bundesbank vergeblich. Immerhin befürchtet das Gutachten nicht, dass
Regionalwährungen Inflationsgefahren heraufbeschwören; auch
dann nicht, wenn sie in deutlich größerem Umfang umliefen. Vor-
sichtshalber werden die umlaufenden Geldmengen immer wieder bei
den Regionalwährungs-Initiativen abgefragt. Für das Geld-Archiv
der Deutschen Bundesbank wurden Original-Serien verschiedener
Regionalwährungen geordnet. In der freien Wirtschaft würde man
das wohl »Marktbeobachtung« nennen.

Der beim Chiemgauer eingebaute Negativzins wurde im Bundes-
bankgutachten noch sehr kritisch gesehen, doch stößt genau dieses
Element neuerdings sogar in Notenbankkreisen auf zunehmendes
Interesse.[24] Diese höchst erstaunliche Wandlung erklärt sich aus dem
Umstand, dass in immer mehr Regionen Europas die Geldweitergabe
stagniert. Die Notenbank stellt zwar Euro bereit, doch die Banken
trauen sich nicht, die Euro über Kredite in Umlauf zu bringen. Weil
die Wirtschaft schlecht läuft, kommt die Kreditvergabe nahezu zum
Erliegen. Weil Unternehmer zu wenig Kredite erhalten, stagniert
die Wirtschaft. Ein Teufelskreis, der durch Gebühren auf Geld
durchbrochen werden könnte. Ein weiterer Vorteil von Komplementärwährungen wäre also, dass im Kleinen neue Formen der Geldpolitik wie z. B. Negativzinsen erprobt werden könnten. Erst wenn
die Methoden ausgereift sind, würden diese auf eine größere Ebene
übertragen. Das wäre vermutlich besser, als ohne jede Vorerfahrung
ein monetäres Großexperiment mit über 300 Millionen Menschen
zu starten. Denn nichts anderes ist der Euro.

Christian Gelleri

Die Krise als Chance – Oder: Warum die Krise ein radikales Umdenken erfordert

In unseren Ausführungen klang es immer wieder an, dass wir es heute keineswegs nur mit einer Finanz- und Wirtschaftskrise zu tun haben. Sondern vielmehr mit einer umfassenden Systemkrise, die neben den wirtschaftlichen und finanzpolitischen ganz grundsätzlich auch gesellschaftliche, moralische und menschliche Faktoren betrifft. Besser gesagt: Es spricht vieles dafür, dass die moralische Krise unserer Gesellschaft nicht eine Folge des wirtschaftlichen Crashs ist, sondern dass auch der Niedergang der Moral die Krise möglich machte.

Wenn wir diese Krise bewältigen wollen, bedarf es daher nicht nur einer Reform des Wirtschafts- und Finanzsystems, sondern eines tiefgreifenden Struktur- und Gesellschaftswandels. Der wiederum nur durch radikales Umdenken machbar ist, wenn wir nicht – nach nur oberflächlichen, kosmetischen Korrekturen – immer wieder in ähnliche Krisen schlittern wollen.

Es mag für ein Finanzbuch seltsam klingen, aber wir kommen an dieser Stelle am Ende unserer Überlegungen nicht umhin, über Immaterielles zu reden. Über **Moral und Werte**. Über **die Stützpfeiler unserer Gesellschaft**. Und über die grundsätzlichen Regeln unseres menschlichen Zusammenlebens, die alles andere als neu sind. Aber im Wahnsinn der sich immer schneller drehenden Beschleunigung der globalisierten Wirtschaft in Vergessenheit geraten sind.

Wir möchten im Folgenden daran erinnern, dass die Erkenntnisse und Lösungsvorschläge, die wir aufgezeigt haben, unvollständig und oberflächlich bleiben, wenn wir uns nicht zugleich wieder besinnen auf Regeln und Werte des menschlichen Zusammenlebens. Nur so können wir einen dauerhaften Wandel erreichen und eine Art von positivem Dominoeffekt erzielen. Unsere Gesellschaft braucht ein stabiles Fundament, das sich auf die folgenden Grundpfeiler stützt:

Bildung und Erziehung
Mündigkeit
Werte, Moral und Ethik
Demut und Dankbarkeit
Liebe und Vertrauen

Diese Pfeiler sind nicht isoliert voneinander zu denken und zu haben. Ohne Bildung und Erziehung wird keine Mündigkeit erreicht, ohne Liebe und Vertrauen ist eine sinnvolle Erziehung nicht denkbar, ohne Demut und Dankbarkeit dringt eine Gesellschaft nicht vor zu Werten, Moral und Ethik, und ohne Letztere sind wiederum keine nachhaltigen Konzepte für Bildung und Erziehung vorstellbar.

Die Keimzelle der Gesellschaft sollte wieder in die Familie (zurück) verlegt werden. Denn vor allem hier findet Erziehung statt, hier gründet das Urvertrauen, ohne das die spätere Mündigkeit niemals erreicht werden kann. Viel zu lange aber ist Erziehung »outgesourced« worden. Warum zeugen wir überhaupt noch Kinder, wenn die Erziehung und somit die Übermittlung von Werten hauptsächlich von Fremden oder den Medien übernommen wird und wir keine Zeit mehr für sie haben? Wenn sie denn überhaupt noch stattfindet, denn wir vermehren uns bekanntlich viel zu wenig, die Kinderzahl pro Frau liegt heute in Deutschland bei verheerend niedrigen 1,4. Die Familie muss wieder attraktiver werden. Was dafür getan werden muss, ist hinlänglich bekannt und kann hier nur stichpunktartig erwähnt werden. Natürlich benötigen wir progressive, flexible Arbeitszeitmodelle (4-Tage-Woche, 30-Stundenwoche, Zeitkonten etc.), höhere Löhne, Erhöhung der Steuerfreibeträge, die Reduzierung der Steuersätze für Familien und vieles mehr.

Ein weiteres zentrales Schlüsselproblem unserer Gesellschaft ist unser Umgang mit der Zeit. Nie zuvor waren wir effizienter, aber zu keiner Zeit waren die Klagen über zu wenig Zeit größer. Zeit ist zum absoluten Luxusgut geworden. Viele ältere Menschen, mit denen wir uns unterhalten haben, geben zu Protokoll: »Hätte ich doch weniger gearbeitet und somit weniger Zeit bei der Arbeit verbracht, auf

Geld verzichtet und mehr Zeit für mich und die Familie genommen.«
Sollte uns das nicht zu denken geben?

Wie wir dem Hamsterrad der falsch verstandenen Effizienz entkommen

Nur durch erstklassige und lückenlose Bildung können wir einen langfristigen Wandel erreichen. Wir sind hierzulande jedoch meilenweit entfernt von optimalen Bildungsmöglichkeiten. Wir brauchen einen massiv aufgestockten Bildungsetat. Wir benötigen kostenfreie Schulen und Universitäten und eine staatliche Grundsicherung für Studenten während ihrer Regelstudienzeit, damit studieren nicht ein Privileg für Kinder aus besseren Familien bleibt.

Durch Bildung und Erziehung werden Werte, Moral und Ethik vermittelt sowie eine selbstverständliche Demut und Dankbarkeit und der Respekt für das Leben und die Natur. Nur so kann ein natürliches, gesellschaftlich tief verankertes Aber gegen Gier und übertriebenen Egoismus wachsen.

Wem genug zu wenig ist, dem ist nichts genug.
Epikur

Wir kommen nicht umhin, an dieser Stelle die Sinnfrage zu stellen: Was ist der Sinn unseres Daseins neben Essen, Trinken, Schlafen und Reproduktion? Geht es darum, immer mehr materielle Reichtümer anzuhäufen? Wo hat uns der materielle Wohlstand hingeführt, und was bringt er uns? Wo stehen wir als Gesellschaft, wo bleibt der Zusammenhalt?

Es gibt ein schönes Sprichwort, das eine schlichte Antwort auf diese Fragen gibt: **»Das letzte Hemd hat keine Taschen«**. Nichts von dem, was wir an Geld, Aktien, Häusern etc. anhäufen, können wir letztlich mitnehmen – wir können aber durch unser Handeln Spuren hinterlassen. Wir leben heute mehr nebeneinanderher, statt miteinander. Das kann nicht so bleiben. Das darf nicht so bleiben, wenn wir künftig in einer menschwürdigen, besseren und vor allem auch krisenfesteren Gesellschaft leben wollen.

Wir alle sind Teil des Problems – wir alle sind Teil der Lösung!

Die Welt steht vor einer weiteren Rezession und gravierenden Veränderungen. Die Menschheit hat indes schon einige vergleichbare Krisen erlebt und überlebt. Deshalb sollten wir konstruktiv und positiv in die Zukunft blicken. Angst und Panik sind immer ein schlechter Ratgeber. In der jetzigen Lage sind weder Optimismus noch Pessimismus am Platz. **Jetzt bricht die Zeit des Realismus an!** Auch die Krise hat ihre zwei Seiten, eine destruktive und eine konstruktive. **Wir können diese Krise umwandeln in eine historische Chance für die Menschheit und für jeden einzelnen persönlich.**

Wir alle werden abgeben müssen, wir alle werden verlieren – auch an Wohlstand. Dafür werden wir die einmalige Möglichkeit haben, ein neues, faires und menschliches Geld- und Wirtschaftssystem zu etablieren. Es könnte ein goldenes Zeitalter für die Menschheit werden, wenn wir es schaffen, aus der Vergangenheit zu lernen und die Fehler des alten Systems auszumerzen. Wir alle können etwas bewegen und ändern. Denn wir haben mehr Macht, als uns bewusst ist.

Wir sind nicht nur das Volk, wir sind der Staat, wir sind das System. Wir können täglich entscheiden, in welche Richtung unser Geld wirkt. Kaufen wir von einem Unternehmen, das nachhaltig wirtschaftet und menschlich agiert, oder von einem ethisch und moralisch fragwürdig handelnden Konzern?

Ein gutes Beispiel sind die beiden Drogeriemarktketten DM und Schlecker. Das Schicksal von Schlecker hat der Kunde entschieden. Und zwar auch deshalb, weil immer wieder durchgesickert ist, mit welch rauen Methoden der Konzern seine Mitarbeitet behandelte. Der DM – Drogerie Markt dagegen fußt auf einer menschlichen Unternehmensphilosophie, legt Wert auf nachhaltige und teilweise biologisch erzeugte Produkte und sieht den Mitarbeiter und den Kunden im Fokus seines Handelns. Qualität, Zufriedenheit und Nachhaltigkeit stehen hier über der Gewinnmaximierung. Immer mehr Unternehmen arbeiten inzwischen erfolgreich nach dieser Devise.

Man kann es nur gebetsmühlenartig wiederholen: Das beste Investment überhaupt ist das in die Bildung und lebenslanges Lernen.

Das gilt auch für die Finanzen! Wenn wir durchschauen, wie das System funktioniert, können wir unser Vermögen schützen und aus der größten Krise noch eine Chance machen. **Nur mündige Bürger und Investoren können sich, ihre Umgebung und andere vor Raubzügen schützen.**

Wenn das jetzige Geld- und Finanzsystem kollabiert, wird es durch ein neues abgelöst, und man wird sich wie in den letzten Tausenden von Jahren wieder auf bewährte Werte zurückbesinnen. Auf der monetären Seite werden dies Sachwerte und ein gedecktes Geldsystem sein. Gesellschaftlich und moralisch werden wir uns besinnen auf ein neues Miteinander, auf Demut, Respekt, Zusammenhalt und: Genügsamkeit!

> *Geld hat bisher nie einen Menschen glücklich gemacht, noch wird es. Es gibt nichts in seiner Natur, das Glücklichsein hervorruft. Je mehr ein Mensch hat, je mehr will er. Anstatt ein Vakuum zu füllen, erzeugt es eins.*
> Benjamin Franklin, Gründervater der USA

Den Wandel dürfen wir nicht von der Politik erwarten. Unsere Parteien nennen sich christlich, sozial, liberal, grün, rot etc. Aber sie alle unterstützen und dienen weiterhin einem Geld- und Wirtschaftssystem, das weder christlich, noch sozial, liberal oder gar grün ist. Wenn wir nicht selbst aktiv werden, wird sich nichts zum Guten verändern. Dann wird es den überfälligen, notwendigen Wandel niemals geben und wir alle werden die Leidtragenden sein. Der Wandel muss von uns selbst ausgehen.

> *Was immer du tun kannst oder erträumst zu können, beginne es. Kühnheit besitzt Genie, Macht und magische Kraft. Beginne es jetzt!*
> Johann Wolfgang von Goethe (1749 – 1832), deutscher Dichter der Klassik, Naturwissenschaftler und Staatsmann

Danksagung

Matthias Weik

Ich möchte mich bei allen Personen bedanken, die es möglich gemacht haben, dass dieses Buch erschienen ist. Besonderer Dank gilt meinem langjährigen Freund und Co-Autor Marc Friedrich; meiner Familie und Freunden.

Marc Friedrich

Ich möchte mich bei allen bedanken, die es möglich gemacht haben, dass dieses Buch erschienen ist. Besonderer Dank gilt meinem langjährigen Freund und Co-Autor Matthias Weik. Ich danke von ganzem Herzen meiner Familie und meinen Freunden. Danke, dass ihr seid!

Beide Autoren danken dem Eichborn Verlag für das in uns gesetzte Vertrauen. Für wohlwollend kritische Hinweise und letzten stilistischen Feinschliff danken wir unseren Lektorinnen und Lektoren: Carmen Kölz im Eichborn Verlag sowie ihren freien MitstreiterInnen Dagmar Deuring, Enrik Lauer, Regine Müller und Gesine von Prittwitz.

Besonderer Dank an Steffen von querschuesse.de für seine absolut genialen Charts und seinen Blog, der seinesgleichen sucht.

Des Weiteren möchten wir uns bei einem großartigen Karikaturisten für seine passenden Illustrationen bedanken, die wir in diesem Buch abdrucken dürfen: Martin Erl, Ingolstadt (www.toonpool.com/artists/Erl_64)

Ferner danken wir Renate Lilge-Stodieck, Rilo, Mark Joób, Christian Gelleri, Thomas Brändle (www.thomas-braendle.ch), Marcel

Schneider, Jens B., Dirk M., Markus Koch, Lars S., Frank D., Susanne Kablitz, Dimitri Speck, Thomas Jacob, Felix Drewes, Dr. Markus Strauß, Iris, Dieter und Adrian, Gabi und Ulrich, Julia Jentsch sowie den Mädels von der kinderzimmerei.de aus Stuttgart und allen Bekannten, Freunden und Lesern für die Unterstützung.

Sie haben Fragen, Anregungen oder Kritik? Dann schreiben Sie uns: www.fw-vs.de

Anmerkungen

2. Warum die Krisenverursacher die Krisengewinner sind

1   Evangelisch.de; http://mobile.evangelisch.de/artikel/91008/das-jahr-2013-ausgewaehlten-zitaten; abgerufen am 1.1.2013

2   Bundesfinanzministerium; http://www.bundesfinanzministerium.de/Web/DE/Themen/Internationales_Finanzmarkt/Finanzmarktpolitik/Finanzmarktregulierung/Haftung/BaselIII/baselIII.html; abgerufen am 1.02.2014

3   http://www.die-linke.de/politik/themen/detail/browse/3/zurueck/axel-troost-die-kolumne/artikel/europaeische-bankenrettung-spd-politik-und-die-linke-alternative/; abgerufen am 16.06.2015

4   FAZ; http://www.faz.net/aktuell/wirtschaft/wirtschaftspolitik/gewinne-privatisieren-verluste-sozialisieren-wie-wir-lernten-die-banken-zu-hassen-12722023.html?printPagedArticle=true; abgerufen am 26.12.2013

5   Focus; http://www.focus.de/finanzen/altersvorsorge/schlechte-altersvorsorge-beratung-anleger-verlieren-jaehrlich-50-milliarden-euro_aid_888047.html; abgerufen am 7.01.2013

6   Handelsblatt; http://www.handelsblatt.com/finanzen/boerse-maerkte/anlagestrategie/geldanlage-anleger-misstrauen-bankberatern/8845452.html; abgerufen am 27.09.2013

7   Handelsblatt; http://www.handelsblatt.com/unternehmen/banken/zinsskandal-jeder-vierte-deutsche-haelt-banker-fuer-aeusserst-kriminell/6870464.html; abgerufen am 12.07.2012

8   Handelsblatt; http://www.handelsblatt.com/politik/international/kritik-der-bankenaufsicht-basel-iii-regeln-nur-unzureichend-umgesetzt/7204614.html;; abgerufen am 1.10.2012

9   NYT; http://dealbook.nytimes.com/2013/01/07/easing-of-rules-for-banks-acknowledges-reality/?_r=0; abgerufen am 07.01.2013

10 The Guardian; http://www.theguardian.com/business/blog/2011/oct/05/europe-bank-stress-tests-dexia; abgerufen am 5.10.2013

11 Reuters; http://de.reuters.com/article/topNews/idDEBEE79900E20111010 abgerufen am 10.10.2011

12 Statistiques; http://www.statistiques.public.lu/catalogue-publications/luxembourg-en-chiffres/luxemburg-zahlen.pdf; abgerufen am 12.10.2013

13 Bundesbank; http://www.bundesbank.de/Redaktion/DE/Standardartikel/Bundesbank/Wissenswert/aktuelles_2013_09_18_insolvenz_lehman.html; abgerufen am 18.09.2013

14 mm; Bankentagung; http://www.manager-magazin.de/unternehmen/banken/bankentagung-unicredit-chef-ghizzoni-und-ubs-chef-weber-optimistisch-a-920453.html; abgerufen am 5.09.2013

15 WiWo; http://www.wiwo.de/unternehmen/banken/zinswetten-verkauf-

italien-deutsche-bank-wegen-schweren-betrugs-verurteilt/7545574.html; abgerufen am 20.12.2012; Spiegel; http://www.spiegel.de/wirtschaft/unternehmen/deutsche-bank-buesst-fuer-zinswetten-deal-in-italien-a-873940. html; abgerufen am 19.12.2012; DW; www.dw.de/deutsche-bank-zahlt-milliardenstrafe/a 17314032, abgerufen am 1.03.2014, WiWo, http.//www. wiwo.de/unternehmen/banken/zinswetten-verkauf-italien-deutsche-bank-wegen-schweren-betrugs-verurteilt/7545574.html; abgerufen am 20.12.2012

16 Handelsblatt; http://www.handelsblatt.com/unternehmen/banken/finanz-skandale-das-sind-die-bankenflops-2013/9164056.html#image; abgerufen am 20.01.2014; mm; http://www.manager-magazin.de/unternehmen/banken/a-875685.html; abgerufen am 4.01.2013

17 Handelsblatt; http://www.handelsblatt.com/unternehmen/banken/us-energieaufsicht-deutsche-bank-zahlt-1-5-millionen-und-schweigt/7672442. html; abgerufen am 22.01.2013

18 mm; http://www.manager-magazin.de/unternehmen/banken/a-876190.html; abgerufen am 07.01.2013

19 Handelsblatt; http://www.handelsblatt.com/unternehmen/banken/finanz-skandale-das-sind-die-bankenflops-2013/9164056.html?slp=false&p=9&a=false#image; abgerufen am 27.12.2013

20 Handelsblatt; http://www.handelsblatt.com/unternehmen/banken/finanz-skandale-das-sind-die-bankenflops-2013/9164056.html?slp=false&p=9&a=false#image; abgerufen am 27.12.2013

21 SZ; http://www.sueddeutsche.de/wirtschaft/standard-chartered-britische-bank-zahlt-millionen-us-dollar-wegen-iran-geschaeften-1.1441488; abgerufen am 14.08.2012

22 Spiegel; http://www.spiegel.de/wirtschaft/unternehmen/standard-chartered-bank-hat-us-sanktionen-gegen-iran-umgangen-a-848724.html; abgerufen am 7.08.2012

23 Spiegel; http://www.spiegel.de/wirtschaft/unternehmen/standard-chartered-bank-hat-us-sanktionen-gegen-iran-umgangen-a-848724.html; abgerufen am 7.08.2012

24 Handelsblatt; http://www.handelsblatt.com/unternehmen/banken/hsbc-zahlt-rekordstrafe-grossbanken-bluten-wegen-geldwaesche-vorwuerfen/7503786.html; abgerufen am 11.12.2012

25 Handelsblatt; http://www.handelsblatt.com/unternehmen/banken/hsbc-zahlt-rekordstrafe-grossbanken-bluten-wegen-geldwaesche-vorwuerfen/7503786.html; abgerufen am 11.12.2012

26 Handelsblatt; http://www.handelsblatt.com/unternehmen/banken/hsbc-zahlt-rekordstrafe-grossbanken-bluten-wegen-geldwaesche-vorwuerfen/7503786.html; abgerufen am 11.12.2012

27 Handelsblatt; http://www.handelsblatt.com/unternehmen/banken/hsbc-zahlt-rekordstrafe-grossbanken-bluten-wegen-geldwaesche-vorwuerfen/7503786.html; abgerufen am 11.12.2012

28 Handelsblatt; HSBC zahlt Rekordstrafe; Großbanken bluten wegen Geldwäsche-Vorwürfen; abgerufen am 11.12.2012

29 DWN; http://deutsche-wirtschafts-nachrichten.de/2013/09/20/rekord-strafe-fuer-jpmorgan-keine-konsequenzen-fuer-banker/; abgerufen am 22.10.2013

mm; http://www.manager-magazin.de/unternehmen/banken/handelsskandal-j-p-morgan-muss-920-millionen-dollar-strafe-zahlen-a-923309.html; abgerufen am 19.09.2013
Handelsblatt; http://www.handelsblatt.com/unternehmen/banken/skandal-um-spekulationsverluste-jp-morgan-muss-920-millionen-dollar-strafe-zahlen/8817152.html; abgerufen am 19.09.2013
Tagesschau; http://www.tagesschau.de/wirtschaft/jpmorgan128.html; abgerufen am 19.09.2013
Reuters; http://de.reuters.com/article/companiesNews/idDEBEE98I03P20130919; Handelsblatt; JP Morgan hat bis zu sechs Milliarden Dollar verzockt; abgerufen am 28.06.2012

30 Handelsblatt; http://www.handelsblatt.com/unternehmen/banken/vergleich-jp-morgan-zahlt-fuer-strommarkt-manipulation/8569894.html; abgerufen am; 2.01.2014

31 WiWo; http://www.wiwo.de/unternehmen/banken/strompreis-manipulation-us-behoerde-ermittelt-gegen-jpmorgan/8566794.html; abgerufen am 2.01.2014

32 NYT; http://dealbook.nytimes.com/2013/05/02/jpmorgan-caught-in-swirl-of-regulatory-woes/?_r=0; abgerufen am 2.01.2014; SZ; http://www.sueddeutsche.de/wirtschaft/marktmanipulation-us-ermittler-werfen-jp-morgan-luegen-vor-1.1664207; abgerufen am 2.01.2014; WiWo; http://www.wiwo.de/unternehmen/banken/strompreis-manipulation-us-behoerde-ermittelt-gegen-jpmorgan/8566794.html; abgerufen am 2.01.2014M; Handelsblatt; http://www.handelsblatt.com/unternehmen/banken/vergleich-jp-morgan-zahlt-fuer-strommarkt-manipulation/8569894.html; abgerufen am 30.07.2013; SZ; http://www.sueddeutsche.de/wirtschaft/riskante-finanzwetten-der-us-grossbank-wal-von-london-kostet-jp-morgan-noch-mal-millionen-dollar-1.1775206; abgerufen am 2.01.2014; WiWo; http://www.wiwo.de/finanzen/geldanlage/wegen-handelsskandal-jp-morgan-zu-920-mio-dollar-verdonnert-/8817378.html abgerufen am 30.01.2014

33 mm; http://www.manager-magazin.de/finanzen/artikel/a-921347.html; abgerufen am30.01.2014
NYT; http://www.nytimes.com/2013/07/21/business/a-shuffle-of-aluminum-but-to-banks-pure-gold.html?_r=1&; abgerufen am 17.12.2014

34 FAZ; Franz Nestler; S.19; Die Lagerhäuser im Schatten; abgerufen am 2.1.2014; NZZ, http://www.nzz.ch/finanzen/uebersicht/boersen_und_maerkte/klage-gegen-goldman-wegen-metallgeschaeft-1.18128336; abgerufen am 30.01.2014; Walsroder Zeitung; http://www.wz-net.de/wz_23_110378480-1-_Goldman-Sachs-wird-wegen-Preistreiberei-bei-Alu-verklagt.html; abgerufen am 30.01.2014

35 Handelsblatt; http://www.handelsblatt.com/unternehmen/banken/finanzskandale-das-sind-die-bankenflops-2013/9164056.html?slp=false&p=6&a=false#image; abgerufen am 7.02.2014

36 Handelsblatt; http://www.handelsblatt.com/unternehmen/banken/einigung-mit-justizministerium-jp-morgan-zahlt-strafe-in-ungekannter-hoehe/8956844.html; abgerufen am 31.3.2014
Spiegel; http://www.spiegel.de/wirtschaft/unternehmen/jp-morgan-soll-

im-hypothekenstreit-13-milliarden-dollar-strafe-zahlen-a-928863.html; abgerufen am 31.3.2014

Handelsblatt; http://www.handelsblatt.com/unternehmen/handel-dienstleister/usa-boersenaufsicht-verhaengt-strafen-in-rekordhoehe/9233692.html; abgerufen am 30.01.2014

37   Wirtschaftsblatt; http://wirtschaftsblatt.at/home/nachrichten/international/1553568/JPMorganChef-erhaelt-trotz-Milliardenstrafe-mehr-Geld; abgerufen am 30.01.2014

38   Handelsblatt; http://www.spiegel.de/wirtschaft/unternehmen/bank-of-america-zahlt-milliarden-entschaedigung-a-950612.html; abgerufen am 30.01.2014

39   Handelsblatt; http://www.handelsblatt.com/unternehmen/banken/banken-morgan-stanley-legt-teuren-hypotheken-streit-bei/9433310.html; abgerufen am 30.01.2014

40   WiWo; http://www.wiwo.de/finanzen/geldanlage/hypothekengeschaeft-jpmorgan-zahlt-geschaedigten-investoren-4-5-mrd-dollar-/9085476.html; abgerufen am 30.01.2014

41   NTV; http://www.n-tv.de/wirtschaft/Der-Fall-Hypo-Alpe-Adria-article12323816.html; abgerufen am 16.01.2014

42   Focus; http://www.focus.de/finanzen/banken/us-hypothekenstreit-beigelegt-deutsche-bank-zahlt-1-4-milliarden-euro-nach-einigung-12_id_3497893.html; abgerufen am 20.01.2014
DWN; http://www.dw.de/deutsche-bank-zahlt-milliardenstrafe/a-17314032; abgerufen am 20.01.2014

43   SZ; http://www.sueddeutsche.de/wirtschaft/steuerhinterziehung-in-milliardenhoehe-dokumente-belasten-banken-schwer-1.1811471; abgerufen am 20.01.2014
Focus; http://www.focus.de/finanzen/banken/tid-34519/dubiose-steuerdeals-mit-aktien-banken-haben-fiskus-mehr-als-10-milliarden-euro-gestohlen_aid_1149941.html; abgerufen am 21.01.2014
Tagesschau; http://www.tagesschau.de/multimedia/video/video1349840.html; abgerufen am 21.01.2014

44   Spiegel; http://www.spiegel.de/wirtschaft/unternehmen/banken-sollen-deutschen-staat-um-milliarden-betrogen-haben-a-932026.html; abgerufen am 14.01.2014

45   Tagesschau; http://www.tagesschau.de/multimedia/video/video1349840.html; abgerufen am 14.01.2014

46   SZ; http://www.sueddeutsche.de/wirtschaft/dubiose-aktiengeschaefte-staatsbank-hsh-soll-staat-gepluendert-haben-1.1845408; abgerufen am 14.01.2014; SZ; http://www.sueddeutsche.de/wirtschaft/hsh-nordbank-chef-nonnenmacher-eine-landesskandalbank-steht-vor-gericht-1.1729211; abgerufen am 14.01.2014;Welt; http://www.welt.de/regionales/hamburg/article123186021/HSH-Nordbank-ein-Skandal-folgt-dem-naechsten.html abgerufen am 14.01.2014; NDR; http://www.ndr.de/regional/hshnordbank649.html; abgerufen am 14.01.2014; Handelsblatt; http://www.handelsblatt.com/unternehmen/banken/wegen-dividendenaffaere-die-moegliche-steuersuende-der-hsh-nordbank/9231108.html; abgerufen am 14.01.2014; Handelsblatt;

http://www.handelsblatt.com/unternehmen/banken/prozessauftakt-hsh-nordbank-dr-no-kaempft-mit-den-folgen-von-omega-55/8528990-2.html; abgerufen am 14.01.2014

47 SZ; http://www.sueddeutsche.de/wirtschaft/hsh-nordbank-chef-nonnen-macher-eine-landesskandalbank-steht-vor-gericht-1.1729211; abgerufen am 17.01.2014

48 SZ; http://www.sueddeutsche.de/wirtschaft/dubiose-aktiengeschaefte-staatsbank-hsh-soll-staat-gepluendert-haben-1.1845408; abgerufen am 17.01.2014

49 mm; http://www.manager-magazin.de/unternehmen/banken/libor-skandal-us-aufsicht-verklagt-jpmorgan-ubs-und-andere-banken-a-924163.html; abgerufen am 19.01.2014

50 ARD; http://www.daserste.de/information/wirtschaft-boerse/plusminus/sendung/ndr/2013/20130911-liborskandal-100.html abgerufen am 19.01.2014 Frontal21; Milliardenschaden durch Zinsmanipulation; abgerufen am 1.10.2012

51 FAZ; http://www.faz.net/aktuell/finanzen/anleihen-zinsen/libor-skandal-so-manipulieren-die-banken-den-libor-zins-12650985.html#Drucken; abgerufen am 19.01.2014

52 Welt; www.welt.de/finanzen/article108115495/Wer-stoppt-die-masslose-Gier-der-Banken.html; abgerufen am 07.07.12

53 Welt; http://www.welt.de/print/wams/finanzen/article108123426/Wer-stoppt-die-Gier-der-Banken.html; abgerufen am 19.01.2014

54 SZ; http://www.sueddeutsche.de/wirtschaft/banken-skandal-um-zinsma-nipulation-von-schafen-und-champagner-die-ubs-protokolle-1.1557486; abgerufen am 22.12.2012; FSA; http://www.fsa.gov.uk/static/pubs/final/ubs.pdf; abgerufen am 7.01.2014; finma http://www.finma.ch/d/aktuell/Documents/summary-report-ubs-libor-20121219-e.pdf; abgerufen am 7.01.2014; Commodity Futures Trading Commission; http://www.cftc.gov/ucm/groups/public/@newsroom/documents/file/misconductwrittencom-munication.pdf; ; abgerufen am 7.01.2014; http://www.justice.gov/iso/opa/resources/6942012121911725320624.pdf; abgerufen am 7.01.2014

55 SZ; http://www.sueddeutsche.de/wirtschaft/banken-skandal-um-zinsma-nipulation-von-schafen-und-champagner-die-ubs-protokolle-1.1557486; abgerufen am 9.01.2014

56 SZ; http://www.sueddeutsche.de/wirtschaft/banken-skandal-um-zinsma-nipulation-von-schafen-und-champagner-die-ubs-protokolle-1.1557486; abgerufen am 9.01.2014

57 Handelsblatt; http://www.handelsblatt.com/unternehmen/banken/libor-strafen-die-chats-die-millionen-kosten/9003518.html; abgerufen am 9.01.2014

58 SZ; http://www.sueddeutsche.de/wirtschaft/banken-skandal-um-zinsma-nipulation-von-schafen-und-champagner-die-ubs-protokolle-1.1557486; abgerufen am 9.01.2014

59 SZ; http://www.sueddeutsche.de/wirtschaft/nach-finanz-manipulationen-banken-verbieten-ihren-haendlern-das-chatten-1.1824906; abgerufen am 12.02.2014

60 Welt; www.welt.de/finanzen/article108115495/Wer-stoppt-die-masslose-Gier-der-Banken.html; abgerufen am 12.02.2014

61 Reuters; http://de.reuters.com/article/companiesNews/idDEBEE9B-G03J20131217; abgerufen am 12.02.2014

62 http://www.finanzen100.de/finanznachrichten/wirtschaft/g-7-gipfel-lehren-aus-libor-bundesregierung-will-verhaltenskodex-fuer-banker_H615652540_175598/; abgerufen am 16.06.2015

63 WSJ; http://www.wsj.de/article/SB10001424127887324081704578232690145109384.html?mg=reno64-wsjde; abgerufen am 12.01.2013
    SZ; http://www.sueddeutsche.de/wirtschaft/umstrittener-zinssatz-deutsche-bank-verdiente-millionen-mit-libor-wetten-1.1569382; abgerufen am 1.3.14

64 ARD; http://www.daserste.de/information/wirtschaft-boerse/plusminus/sendung/ndr/2013/20130911-liborskandal-100.html; abgerufen am 12.01.2014

65 SZ; http://www.sueddeutsche.de/wirtschaft/banken-skandal-um-zinsmanipulation-von-schafen-und-champagner-die-ubs-protokolle-1.1557486; abgerufen am 12.01.2014
    Department of Justice; http://www.justice.gov/iso/opa/ag/speeches/2012/ag-speech-121219.html; abgerufen am 7.01.2013

66 Spiegel; http://www.spiegel.de/wirtschaft/unternehmen/deutsche-bank-libor-skandal-wird-fuer-anshu-jain-zur-belastung-a-845518.html; abgerufen am 9.02.2014
    Spiegel; http://www.spiegel.de/wirtschaft/unternehmen/libor-skandal-barclays-manager-bekommt-abfindung-von-neun-millionen-a-846537.html; abgerufen am 9.02.2014
    Focus; http://www.focus.de/finanzen/banken/abfindung-statt-bonus-barclays-boss-erhaelt-goldenen-handschlag-_aid_779861.html; abgerufen am 9.02.2014

67 Handelszeitung; http://www.handelszeitung.ch/unternehmen/starbanker-rich-ricci-geht-rente; abgerufen am 9.02.2014

68 SZ; http://www.sueddeutsche.de/wirtschaft/banken-skandal-um-zinsmanipulation-von-schafen-und-champagner-die-ubs-protokolle-1.1557486; abgerufen am 9.02.2014

69 Bullioninvestor; http://www.bullion-investor.net/2012/07/barclays-bank-vorstand-tritt-nach-betruegereien-beim-libor-und-geldstrafe-von-360-mio-euro-zurueck/; abgerufen am 9.02.2014

70 FAZ; http://www.faz.net/aktuell/wirtschaft/wirtschaftspolitik/wegen-zinsmanipulation-eu-verhaengt-1-7-milliarden-euro-strafe-gegen-banken-12694063.html; abgerufen am 9.02.2014

71 www.tagesschau.de/wirtschaft/libor-eu100.html; abgerufen am 9.02.2014

72 http://www.spiegel.de/wirtschaft/unternehmen/libor-skandal-eu-verhaengt-milliardenstrafe-gegen-banken-a-937114.html; abgerufen am 16.06.2015

73 Handelsblatt; http://www.handelsblatt.com/unternehmen/banken/libor-skandal-eu-verhaengt-strafen-gegen-grossbanken/9166602.html; abgerufen am 9.02.2014; Tagesschau; http://www.tagesschau.de/wirtschaft/libor-eu100.html; abgerufen am 9.02.2014

74 FAZ; http://www.faz.net/aktuell/wirtschaft/unternehmen/nach-rekord-strafe-fuer-banken-aufseher-wittern-viele-weitere-finanzskandale-12695220.

html; abgerufen am 9.02.2014; Tagesschau; http://www.tagesschau.de/wirt-
schaft/bafin-goldpreis100.html; abgerufen am 9.02.2014; http://diepresse.
com/home/wirtschaft/international/1510876/Alles-rechtens-beim-Gold-
preis; abgerufen am 12.02.2014; http://boerse.ard.de/anlageformen/rohstoffe/
wurde-der-goldpreis-manipuliert100.html; abgerufen am 12.02.2014

75 Handelsblatt; http://www.handelsblatt.com/unternehmen/banken/libor-
skandal-jain-vertreter-haelt-sich-im-finanzausschuss-bedeckt/7449698.html;
abgerufen am 28.11.2012;
Welt; http://www.welt.de/finanzen/article111602456/Bundestag-nimmt-
Deutsche-Bank-ins-Kreuzverhoer.html; abgerufen am 28.11.2012

76 Spiegelhttp://www.spiegel.de/wirtschaft/unternehmen/libor-anhoerung-
im-bundestag-die-deutsche-bank-schweigt-und-siegt-a-869840.html; abgerufen am 28.11.2012; Reuters; http://de.reuters.com/article/companiesNews/
idDEBEE8AR05820121128; abgerufen am 28.11.2012, manager magazin;
http://www.manager-magazin.de/unternehmen/banken/a-869809.html;
abgerufen am 28.11.2012

77 Spiegel Online; http://www.spiegel.de/wirtschaft/soziales/der-deutschen-
bank-drohen-haertere-regeln-in-den-usa-a-898503.html; abgerufen am
07.05.2013

78 Deutschlandfunk; http://www.deutschlandfunk.de/der-libor-skandal-und-
die-deutsche-bank.769.de.html?dram:article_id=229206; abgerufen am
28.11.2012; Spiegel; http://www.spiegel.de/wirtschaft/unternehmen/libor-
anhoerung-im-bundestag-die-deutsche-bank-schweigt-und-siegt-a-869840.
html; abgerufen am 28.11.2012; FAZ; http://www.faz.net/aktuell/wirtschaft/
libor-manipulation-deutsche-bank-gibt-sich-in-bundestagsverhoer-wort-
karg-11974697.html; abgerufen am 28.11.2012; Handelsblatt; http://www.
handelsblatt.com/unternehmen/banken/libor-skandal-jain-vertreter-haelt-
sich-im-finanzausschuss-bedeckt/7449698.html; abgerufen am 28.11.2012;
NTV; http://www.n-tv.de/wirtschaft/Herr-Jain-kneift-article7834386.html;
abgerufen am 22.11.2012

79 DW Radio; Der Libor-Skandal und die Deutsche Bank; abgerufen am
28.11.2012

80 Focus; http://www.focus.de/finanzen/banken/tid-34388/keine-ruecksicht-
auf-moral-und-gesetze-zwielichtige-geschaefte-teure-prozesse-das-suen-
denregister-der-deutschen-bank_aid_1142683.html; abgerufen am 29.10.2013

81 FAZ; http://www.faz.net/aktuell/wirtschaft/unternehmen/nach-rekord-
strafe-fuer-banken-aufseher-wittern-viele-weitere-finanzskandale-12695220.
html; abgerufen am 04.12.2013

82 SZ; http://www.sueddeutsche.de/wirtschaft/kirch-prozess-interne-doku-
mente-belasten-deutsche-bank-schwer-1.1847809; abgerufen am 20.12.2013;
Tageschau; http://www.tagesschau.de/wirtschaft/deutschebank332.html;
abgerufen am 20.12.2013

83 FAZ; http://www.faz.net/aktuell/wirtschaft/einigung-kirch-vergleich-kostet-
deutsche-bank-925-millionen-euro-12811381.html; abgerufen am 20.02.2014

84 SWR; http://www.swr.de/swrinfo/banken-sollen-wechselkurs-manipu-
lieren/-/id=7612/did=12491566/nid=7612/whad4/index.html; abgerufen am
24.02.2014;

Welt; http://www.welt.de/finanzen/article119488199/Devisenhaendler-unter-Manipulationsverdacht.html; abgerufen am 28.08.2013; ZDF; Heute; http://www.heute.de/Wechselkurse-manipuliert-Gro%C3%9F banken-im-Visier-30941136.html; abgerufen am 24.02.2014; N24; http://www.n24.de/n24/Nachrichten/Wirtschaft/d/3936054/deutsche-bank-sperrt-chatrooms.html; abgerufen am 4.12.2013

85   Handelsblatt; Im Visier der Ermittler; abgerufen am 4.11.2013; The Guardian; http://www.theguardian.com/business/2013/nov/01/regulators-contact-banks-currency-manipulation; abgerufen am 1.11.2013

86   Focus; http://www.focus.de/finanzen/banken/tid-34388/keine-ruecksicht-auf-moral-und-gesetze-zwielichtige-geschaefte-teure-prozesse-das-suen-denregister-der-deutschen-bank_aid_1142683.html; abgerufen am 29.10.2013

87   http://www.n-tv.de/wirtschaft/Deutsche-Bank-suspendiert-Haendlerin-article12574211.html; abgerufen am 16.06.2015

88   Tagesschau; http://www.tagesschau.de/wirtschaft/emissionshandel150.html; abgerufen am 3.07.2013

89   Focus; http://www.focus.de/finanzen/banken/imageschaden-durch-razzia-in-der-zentrale-deutsche-bank-chef-fitschen-rechtfertigt-anruf-bei-bouffier_aid_895020.html; abgerufen am 10.01.2013

90   Zeit; http://www.zeit.de/wirtschaft/2012-12/deutsche-bank-umsatzsteuerbetrug; abgerufen am 13.12.2012
     SWR; http://www.swr.de/landesschau-aktuell/deutschland-welt/-/id=1884346/nid=1884346/did=12589052/1rnq90r/index.html; abgerufen am 7.01.2014

91   Handelsblatt; http://www.handelsblatt.com/finanzen/boerse-maerkte/an-leihen/cds-handel-deutsche-bank-wegen-manipulation-angeklagt/8174606.html; abgerufen am 07.05.2013

92   http://www.finanzen.net/nachricht/aktien/Deutsche-Bank-stutzt-Handel-mit-Kreditausfallversicherungen-4027258; abgerufen am 17.06.2015

93   Handelsblatt; http://www.handelsblatt.com/finanzen/boerse-maerkte/an-leihen/cds-handel-deutsche-bank-wegen-manipulation-angeklagt/8174606.html; abgerufen am 07.05.2013;
     NTV; http://www.n-tv.de/wirtschaft/Deutsche-Bank-wieder-angeklagt-article10603486.html; abgerufen am 7.05.2013

94   Handelsblatt; http://www.handelsblatt.com/finanzen/boerse-maerkte/an-leihen/cds-handel-deutsche-bank-wegen-manipulation-angeklagt/8174606.html; abgerufen am 07.05.2013

95   http://www.n-tv.de/wirtschaft/Half-Deutsche-Bank-bei-Steuerhinterzie-hung-article15285561.html, abgerufen am 17.06.2015

96   ZDF; http://www.zdf.de/ZDFmediathek/beitrag/video/1983324/Die-Milliarden-Zocker#/beitrag/video/1983324/Die-Milliarden-Zocker; abgerufen am 24.02.2014

97   mm; http://www.manager-magazin.de/unternehmen/banken/a-885800.html; abgerufen am 27.02.2013

98   mm; http://www.manager-magazin.de/unternehmen/banken/a-885800.html; abgerufen am 27.02.2013

99   Stern, http://www.stern.de/wirtschaft/news/bonus-zahlungen-steigen-

20-milliarden-dollar-fuer-wall-street-banker-1976740.html; abgerufen am 26.10.2013

100 http://de.statista.com/statistik/daten/studie/151182/umfrage/wall-street-bonuszahlungen-seit-1985/, abgerufen am 17.06.2015

101 Format; http://www.wiwo.de/politik/europa/zinswende-euro-rettung-hat-keine-chance/8789738.html; abgerufen am 29.09.2013

102 Spiegel; http://www.spiegel.de/wirtschaft/unternehmen/bank-of-america-und-citigroup-feiern-milliardengewinne-a-878219.html; abgerufen am 17.01.2013

103 Spiegel; http://www.spiegel.de/wirtschaft/unternehmen/bank-of-america-und-citigroup-feiern-milliardengewinne-a-878219.html; abgerufen am 17.01.2013

104 DWN; Danke, http://deutsche-wirtschafts-nachrichten.de/2013/01/20/danke-bernanke-goldman-chef-blankfein-erhaelt-19-millionen-dollar/; abgerufen am 20.01.2013

105 http://www.manager-magazin.de/unternehmen/banken/us-grossbanken-jpmorgan-bank-of-america-zahlen-deutlich-mehr-gehalt-a-944839.html.

106 http://www.welt.de/finanzen/article125876570/Neuer-Bonus-Wahnsinn-an-der-Wall-Street.html.

107 FAZ; http://www.faz.net/aktuell/wirtschaft/trotz-bonideckel-banken-schuetten-wieder-ueppige-gehaelter-aus-12779304.html; abgerufen am 1.0.14

108 Welt; http://www.welt.de/wirtschaft/article124746316/Grossbank-erhoeht-Boni-und-streicht-12-000-Stellen.html; abgerufen am 11.02.2014

109 FR; http://www.fr-online.de/commerzbank/commerzbank-boni-hoeher-als-der-gewinn,1473666,26194218.html; abgerufen am 14.02.2014; RP; http://www.rp-online.de/wirtschaft/commerzbank-martin-blessing-verzichtet-wegen-mini-gewinn-auf-bonus-aid-1.4034770; abgerufen am 14.02.2014

110 Handelsblatt; http://www.handelsblatt.com/politik/deutschland/beratungs-honorare-mitverursacher-der-krise-kassierten-millionen/7883886.html; abgerufen am 5.03.2013

111 Format; http://www.format.at/articles/1310/931/354070/wie-banken-banken-rettung-millionen-honorare…; abgerufen am 6.03.2013; Handelsblatt; http://www.handelsblatt.com/unternehmen/handel-dienst-leister/honorar-aus-rettungsfonds-kanzlei-erhielt-5-5-millionen-euro-fuer-beratung/7828100.html; abgerufen am 22.02.2013; Handelsblatt; www.handelsblatt.com/politik/deutschland/bankenregulierung-de-luxe-gruene-schalten-bundesrechnungshof-ein/7887284.html; abgerufen am 6.03.2013; Welt; http://www.welt.de/newsticker/news2/article114173500/Bericht-Bankenbranche-kassierte-fuer-Bankenrettung-Millionen-Honorare.html; abgerufen am 6.03.2013

112 Focus; http://www.focus.de/finanzen/boerse/finanzkrise/tid-33533/protokol-le-enthuellen-wie-ackermann-merkel-in-der-hre-rettungs-nacht-ueber-den-tisch-zog-es-tut-mir-sehr-leid-aber-so-geht-das-nicht_aid_1101457.html; abgerufen am 4.02.2014

113 Focus; Skandalbank HRE: Wie Ackermann Merkel in der Rettungsnacht über den Tisch zog; abgerufen am 16.09.2013

114 WiWo; http://www.dsgv.de/de/presse/pressemitteilungen/140320 PM Bi-lanzPK Bestandsentwicklung 26.html; abgerufen am 1.3.2014

115 http://www.focus.de/regional/stuttgart/banken-kundeneinlagen-der-spar-kassen-steigen-weniger-stark-als-in-vorjahren_id_3590306.html; abgerufen am 10.06.2015

116 WiWo; http://www.wiwo.de/unternehmen/banken/boom-der-vergangenen-jahre-ist-vorbei-jetzt-kaempfen-auch-sparkassen-ums-ueberleben/8090554.html; abgerufen am 17.01.2014

117 http://www.welt.de/finanzen/article131720321/Banken-verlangen-erstmals-untereinander-Strafzinsen.html; abgerufen am 18.06.2015

118 http://de.euribor-rates.eu/eonia.asp; abgerufen am 18.06.2015

119 Der Westen; http://www.derwesten.de/wirtschaft/stiftung-warentest-prangert-abzocke-bei-dispozinsen-an-id8337780.html; abgerufen am 17.01.2014

120 Der Westen; http://www.derwesten.de/wirtschaft/stiftung-warentest-pran-gert-abzocke-bei-dispozinsen-an-id8337780.html; abgerufen am 31.3.2014

121 Stern; http://www.stern.de/wirtschaft/geld/dispozinsen-der-banken-wie-uns-die-banken-melken-2052263.html; abgerufen am 17.01.2014

122 Handelsblatt; http://www.handelsblatt.com/finanzen/recht-steuern/anleger-und-verbraucherrecht/anlageberatung-die-sparkasse-als-finanzca-sino/6557788.html; abgerufen am 17.01.2014

123 Handelsblatt; http://www.handelsblatt.com/finanzen/recht-steuern/anleger-und-verbraucherrecht/anlageberatung-die-sparkasse-koeln-bonn-ist-sich-keiner-schuld-bewusst/6557788-2.html; abgerufen am 17.01.2014

124 Handelsblatt; Steinbrück-Debatte; Für diesen Sparkassen-Chef ist das Kanz-lergehalt ein Klacks; abgerufen am 2.01.2013

125 Handelsblatt; Steinbrück-Debatte; Für diesen Sparkassen-Chef ist das Kanz-lergehalt ein Klacks; abgerufen am 2.01.2013

126 Focus; http://www.focus.de/finanzen/banken/tid-33634/nrw-gesetz-deckt-auf-diese-sparkassen-bosse-verdienen-mehr-als-die-kanzlerin_aid_1106994.html; abgerufen am 17.01.2014

127 Handelsblatt; Steinbrück-Debatte; Für diesen Sparkassen-Chef ist das Kanz-lergehalt ein Klacks; abgerufen am 2.01.2013

128 WiWo; http://www.wiwo.de/unternehmen/banken/boom-der-vergangenen-jahre-ist-vorbei-jetzt-kaempfen-auch-sparkassen-ums-ueberleben/8090554.html; abgerufen am 17.01.2014

129 SZ; http://www.sz-online.de/nachrichten/sparkasse-ignoriert-urteile-und-zockt-kunden-weiter-ab-1724365.html; abgerufen am 17.01.2014

130 Leipziger Internetzeitung; http://www.l-iz.de/Wirtschaft/Verbraucher/2013/01/Sparkasse-Doebeln-Niederlage-im-Streit-um-P-Konten-45815.html; (Az.: 8 U 132/12); abgerufen am 17.01.2014

131 WiWo; http://www.wiwo.de/unternehmen/banken/boom-der-vergangenen-jahre-ist-vorbei-jetzt-kaempfen-auch-sparkassen-ums-ueberleben/8090554.html; abgerufen am 18.01.2014

132 http://www.faz.net/aktuell/finanzen/landgericht-ulm-sparkasse-darf-scala-vertraege-nicht-kuendigen-13391308.html; abgerufen am 4.06.2015

133 Handelsblatt; http://www.handelsblatt.com/finanzen/vorsorge-versiche-

rung/ratgeber-hintergrund/zinsen-sparkasse-ulm-kann-versprechen-nicht-einhalten/8860480.html; abgerufen am 18.01.2014

Focus; http://www.focus.de/finanzen/banken/tid-33814/bankirrtum-zu-ihren-gunsten-teurer-rechenfehler-ulmer-doof-banker-machen-sparer-reich_aid_1114122.html; abgerufen am 18.01.2014

http://www.schwaebische.de/region/biberach-ulm/ulm/stadtnachrichten-ulm_artikel,-Kunde-verklagt-Sparkasse-wegen-Scala-Sparvertrag-_arid,5489296.html; abgerufen am 18.01.2014

http://www.augsburger-allgemeine.de/neu-ulm/Anleitung-zur-Gegenwehr-id26463151.html; abgerufen am 18.01.2014

SWR; http://www.swr.de/zur-sache-baden-wuerttemberg/sparkasse-ulm/-/id=3477354/nid=3477354/did=11548646/ishbko/index.html; abgerufen am 18.01.2014

134 WiWo; http://www.wiwo.de/finanzen/steuern-recht/sparkassen-und-volksbanken-in-der-kritik-schlichtungsstellen-entscheiden-oft-gegen-bankkunden-seite-all/8732762-all.html; abgerufen am 18.01.2014

135 WiWo; http://www.wiwo.de/finanzen/steuern-recht/sparkassen-und-volksbanken-in-der-kritik-schlichtungsstellen-entscheiden-oft-gegen-bankkunden-seite-all/8732762-all.html; abgerufen am 17.01.2014

136 Handelsblatt; http://www.handelsblatt.com/finanzen/recht-steuern/anleger-und-verbraucherrecht/banken-kunden-gehen-bei-schlichtern-leer-aus/v_detail_tab_print/8746096.html; abgerufen am 17.01.2014

137 (Az. 2 C 25/11); http://www.handelsblatt.com/finanzen/recht-steuern/anleger-und-verbraucherrecht/banken-kunden-gehen-bei-schlichtern-leer-aus/v_detail_tab_print/8746096.html; abgerufen am 17.01.2014

138 Handelsblatt; http://www.handelsblatt.com/finanzen/recht-steuern/anleger-und-verbraucherrecht/banken-kunden-gehen-bei-schlichtern-leer-aus/v_detail_tab_print/8746096.html; abgerufen am 18.01.2014

139 http://www.wiwo.de/finanzen/steuern-recht/sparkassen-und-volksbanken-in-der-kritik-schlichtungsstellen-entscheiden-oft-gegen-bankkunden/8732762-all.html; abgerufen am 4.06.2015

140 Gabler Wirtschaftslexikon; http://wirtschaftslexikon.gabler.de/Definition/beteiligung.html; abgerufen am 18.01.2014

141 WiWo; http://www.wiwo.de/finanzen/geldanlage/geschlossene-fonds-beipackzettel-genuegen-nicht-seite-all/8237778-all.html; abgerufen am 18.01.2014; http://www.test.de/Zinsanlagen-Produktinformationen-oft-truegerisch-4571784-4571794/; abgerufen am 18.01.2014
MM; »Erhebliche Mängel«. Finanztest zerreißt Infoblätter; 21.05.2013; abgerufen am 18.01.2014; http://www.n-tv.de/ticker/Banken-informieren-Kunden-oft-schlecht-article10998146.html; abgerufen am17.01.2014; Handelsblatt; http://www.handelsblatt.com/finanzen/recht-steuern/anleger-und-verbraucherrecht/testergebnis-infoblaetter-zu-zinsanlagen-sind-oft-verwirrend/8503854.html; abgerufen am 18.01.2014; Zeit; http://www.zeit.de/news/2013-07/16/banken-warentest-infoblaetter-zu-zinsanlagen-oft-verwirrend-16175803; abgerufen am 18.01.2014; http://www.berlin.de/special/finanzen-und-recht/geldanlagen-und-kredite/3093440-2625158-geldanlage-aufklaerung-ueber-risiken-ist.html; abgerufen am 17.01.2014

142 http://www.zdf.de/ZDFmediathek/beitrag/video/1998578/Postbank-Kunden-dreist-abgezockt; abgerufen am 18.01.2014
NDR; http://www.ndr.de/regional/schleswig-holstein/postbank235.html; abgerufen am 17.01.2014

143 http://boersenlexikon.faz.net/geschlos.htm; abgerufen am 18.01.2014

144 Vertraucherzentrale; http://www.vzbv.de/cps/rde/xbcr/vzbv/Vermoegens-anlagen-Forderungspapier-vzbv-2013-05-21.pdf; abgerufen am 18.01.2014

145 Stern; http://www.stern.de/wirtschaft/news/stern-exklusiv-postbank-verraet-ihre-kunden-2060197.html; abgerufen am 17.01.2014

146 http://www.bundesbank.de/Redaktion/DE/Themen/2013/2013_11_11_dp_42_eigenhandel_banken.html; abgerufen am 17.01.2014
WiWo; http://www.wiwo.de/finanzen/boerse/gbureks-geld-geklimper-banken-jubeln-kunden-unbeliebte-aktien-unter/8773400.html; abgerufen am 17.01.2014

147 FAZ; http://www.faz.net/aktuell/finanzen/meine-finanzen/sparen-und-geld-anlegen/nachrichten/studie-banken-sollen-anlegern-aktien-angedreht-haben-12569354.html; abgerufen am 18.01.2014
Welt; http://www.welt.de/finanzen/article119913984/Wie-Banken-Kleinsparer-ganz-gezielt-schaedigen.html; abgerufen am 18.01.2014

148 WiWo; http://www.wiwo.de/finanzen/boerse/gbureks-geld-geklimper-banken-jubeln-kunden-unbeliebte-aktien-unter/8773400.html; abgerufen am 18.01.2014

149 FAZ; http://www.faz.net/aktuell/finanzen/meine-finanzen/sparen-und-geld-anlegen/nachrichten/studie-banken-sollen-anlegern-aktien-angedreht-haben-12569354.html; abgerufen am 18.01.2014; Focus; http://www.focus.de/finanzen/banken/tid-33470/zweifelhaftes-geschaeftsgebaren-banken-benutzen-kunden-depots-als-resterampe_aid_1098149.html; abgerufen am 18.01.2014; WiWo; http://www.wiwo.de/finanzen/boerse/gbureks-geld-geklimper-banken-jubeln-kunden-unbeliebte-aktien-unter/8773400.html; abgerufen am 18.01.2014;
SZ; http://www.sueddeutsche.de/geld/wertpapiere-banken-laden-unliebsame-aktien-bei-ihren-kunden-ab-1.1767774; abgerufen am 18.01.2014

150 aphorismen.de; http://www.aphorismen.de/suche?f_thema=Betrug&seite=13; abgerufen am 18.01.2014

3. Deutschland – Exportweltmeister mit Rekordschulden

1   Bundesregierung; http://www.bundesregierung.de/Content/DE/Regierungs-
    erklaerung/2014/2014-01-29-bt-merkel.html; abgerufen am 01.03.2014
2   Focus; http://www.focus.de/finanzen/steuern/thewes/thewes-rechnet-ab-
    jetzt-ist-es-raus-der-staat-zahlt-schulden-nie-zurueck_aid_1143741.html;
    abgerufen am 03.03.2014
3   https://www.destatis.de/DE/PresseService/Presse/Pressemitteilungen/
    2014/04/PD14_133_71135.html; abgerufen am 5.06.2015
4   https://www.destatis.de/DE/PresseService/Presse/Pressemitteilungen/
    2015/04/PD15_139_71135.html; abgerufen am 5.06.2015
5   http://www.sueddeutsche.de/wirtschaft/ausgeglichener-haushalt-schaeuble-
    schafft-schwarze-null-schon-1.2301509; abgerufen am 5.06.2015
6   http://de.statista.com/statistik/daten/studie/162986/umfrage/entwicklung-
    der-staatsverschuldung-in-deutschland/; abgerufen am 5.06.2015
7   Haushaltssteuerung; http://www.haushaltssteuerung.de/weblog-glaeubiger-
    der-staatsverschuldung-von-deutschland-im-ueberblick.html; abgerufen am
    10.03.2014
8   Du bist Deutschland; http://www.du-bist-deutschland.de/; abgerufen am
    05.03.2014
9   https://www.destatis.de/DE/ZahlenFakten/GesellschaftStaat/Oeffentli-
    cheFinanzenSteuern/OeffentlicheFinanzen/Schulden/Tabellen/Schulden_
    VJ.html; abgerufen am 5.06.2015
10 http://www.steuerzahler.de/Verschuldung/7688c8973i1p477/; abgerufen am
    5.06.2015
11 Evangelische Landeskirche Sachsen; http://www.evlks.de/landeskirche/
    landesbischof/20757.html; abgerufen am 02.03.2014
12 FAZ; http://www.faz.net/agenturmeldungen/unternehmensnachrichten/
    roundup-allianz-legt-nach-flutjahr-gewinnsprung-hin-dividende-steigt-
    12823347.html; abgerufen am 10.03.2014
13 http://de.statista.com/statistik/daten/studie/77707/umfrage/geldvermoegen-
    deutscher-haushalte-seit-2004/ abgerufen am 8.06.2015
14 http://www.finanzen100.de/finanznachrichten/wirtschaft/bank-stu-
    die-so-wirken-sich-die-niedrigen-zinsen-auf-unser-vermoegen-aus_
    H95184307_110583/ abgerufen am 8.06.2015
15 http://www.mdr.de/nachrichten/studie-vermoegen-reiche-deutschland100.
    html abgerufen am 8.06.2015
16 http://www.diw.de/de/diw_01.c.438772.de/vermoegen_in_deutschland_
    durchschnittlich_83_000_euro_fuer_jeden_aber_hoechst_ungleich_ver-
    teilt_nbsp.html; abgerufen am 5.06.2015
17 http://www.faz.net/aktuell/finanzen/meine-finanzen/sparen-und-geld-
    anlegen/nachrichten/es-gibt-mehr-milliardaere-als-jemals-zuvor-13158818.
    html; abgerufen am 5.06.2015
18 http://www.manager-magazin.de/finanzen/artikel/die-reichsten-deutschen-
    quandt-vor-aldi-clan-albrecht-und-heister-a-995604.html; abgerufen am
    18.06.2015

19 Spiegel; http://www.spiegel.de/wirtschaft/deutschlands-reiche-aldi-chef-und-quandt-clan-fuehren-ranking-an-a-926459.html; Wirtschaftswoche; http://www.wiwo.de/erfolg/unternehmerfamilien-das-sind-die-reichsten-deutschen/8895660.html; alle abgerufen am 10.03.2014

20 FAZ; http://www.faz.net/aktuell/wirtschaft/konjunktur/studie-des-diw-die-mittelschicht-schrumpft-1997710.html; abgerufen am 10.03.2014

21 SZ; http://www.sueddeutsche.de/geld/schuldneratlas-so-verschuldet-ist-deutschland-1.1811647; abgerufen am 10.03.2014

22 Spiegel; http://www.spiegel.de/wirtschaft/service/jeder-fuenfte-bundesbuerger-hat-zu-wenig-zum-sparen-a-929137.html; abgerufen am 10.03.2014

23 DGB; http://www.dgb-index-gute-arbeit.de/; Spiegel; http://www.spiegel.de/wirtschaft/service/rente-fast-jeder-zweite-deutsche-hat-angst-vor-altersarmut-a-927635.html; alle abgerufen am 10.03.2014

24 https://statistik.arbeitsagentur.de/Navigation/Statistik/Statistik-nach-Themen/Beschaeftigung/Beschaeftigung-Nav.html; abgerufen am 08.06.2015

25 Zeit; http://www.zeit.de/2013/33/arbeitsmarkt-jobwunder-leiharbeit-niedriglohn/seite-5; abgerufen am 10.03.2014

26 ebenda

27 ebenda; ARD; http://daserste.ndr.de/guentherjauch/aktuelle_sendung/wissenswertes257.html; Tagesschau; http://www.tagesschau.de/wirtschaft/niedriglohnsektor104.html; alle abgerufen am 10.03.2014

28 SZ; http://www.sueddeutsche.de/bildung/bayreuther-professor-geisselt-bologna-reform-wir-bilden-das-akademische-prekariat-aus-1.1325873; abgerufen am 10.03.2014

29 ZDF; http://www.heute.de/zahlreiche-selbstst%C3%A4ndige-arbeiten-fuer-weniger-als-850-euro-pro-Stunde-31356984.html; Welt; http://www.welt.de/wirtschaft/article123539040/Selbststaendige-sind-die-neuen-Niedrigloehner.html; FAZ; http://www.faz.net/aktuell/wirtschaft/wirtschaftspolitik/mindestlohn-debatte-viele-selbststaendige-verdienen-weniger-als-8-50-euro-je-stunde-12738165.html; Wirtschaftswoche; http://www.wiwo.de/politik/deutschland/unter-mindestlohn-niveau-selbststaendige-sind-die-neuen-niedrigloehner/9289718.html; alle abgerufen am 10.03.2014

30 Berliner Zeitung; http://www.berliner-zeitung.de/wirtschaft/altersarmut-immer-mehr-menschen-bekommen-sozialhilfe,10808230,24810858.html; abgerufen am 10.03.2014

31 Focus; http://www.focus.de/finanzen/karriere/tid-33145/1-6-millionen-sozialgeld-kinder-hartz-iv-kostete-deutschland-bereits-380-milliarden-euro_aid_1081727.html; abgerufen am 10.03.2014

32 Statista; http://de.statista.com/statistik/daten/studie/4275/umfrage/anteil-der-hartz-iv-empfaenger-an-der-deutschen-bevoelkerung/; abgerufen am 10.03.2014

33 http://www.handelsblatt.com/politik/deutschland/singles-besonders-betroffen-jeder-sechste-in-deutschland-ist-armutsgefaehrdet/10899372.html; abgerufen am 08.06.2015

34 http://www.stern.de/politik/deutschland/kinderarmut-in-deutschland-zahl-der-auf-hartz-iv-angewiesenen-kinder-steigt-2144681.html; abgerufen am 08.06.2015

35 http://de.statista.com/statistik/daten/studie/218386/umfrage/hartz-iv-kinder-in-bedarfsgemeinschaften-in-deutschland-nach-bundeslaendern/; abgerufen am 08.06.2015

36 DGB; www.dgb.de/themen/++co++1de3ee80-7c0c-11e2-87c2-00188b4dc422; abgerufen am 10.03.2014

37 Wall Street Journal; http://www.wsj.de/article/SB10001424127887323716304578480363303562782.html; abgerufen am 10.03.2014

38 http://www.spiegel.de/auto/aktuell/stau-2014-eine-million-kilometer-stillstand-a-1018274.html; abgerufen am 09.06.2015

39 Bundesverband öffentlicher Binnhäfen; http://www.binnenhaefen.de/fileadmin/user_upload/download_alteSeite/all/paellmann_kommission_abschlussbericht.pdf; abgerufen am 10.03.2014

40 NDR; http://www.ndr.de/regional/niedersachsen/bodewig103_page-1.html; abgerufen am 10.03.2014

41 AMS; http://www.auto-motor-und-sport.de/news/schlaglochreport-warum-unsere-strassen-verrotten-7175531.html; abgerufen am 10.03.2014

42 ebenda

43 ebenda

44 Die Welt; Das unfassbare deutsche Infrastruktur-Desaster; 12.05.2013

45 http://www.sueddeutsche.de/auto/marode-bruecken-befahren-verboten-1.2348878; abgerufen am 09.06.2015

46 Welt; http://www.welt.de/print/wams/sport/article116089772/Bodenlos.html; abgerufen am 10.03.2014

47 N24; http://www.n24.de/n24/Nachrichten/Wirtschaft/d/3882396/droht-der-bruecken-kollaps-bei-der-bahn-.html; abgerufen am 10.03.2014

48 Welt; http://www.welt.de/print/wams/sport/article116089772/Bodenlos.html; abgerufen am 10.03.2014

49 ebenda

50 http://www.zeit.de/mobilitaet/2014-04/infrastruktur-deutschland; abgerufen am 09.06.2015

51 http://www.welt.de/wirtschaft/article140800689/IWF-macht-Deutschland-neue-Schulden-schmackhaft.html; abgerufen am 09.06.2015

52 http://www.wiwo.de/erfolg/trends/vom-strassennetz-bis-zum-flughafen-diese-zehn-laender-haben-die-beste-infrastruktur/10653376.html; abgerufen am 09.06.2015

53 http://de.statista.com/statistik/daten/studie/36846/umfrage/anteil-der-wirtschaftsbereiche-am-bruttoinlandsprodukt/; abgerufen am 09.06.2015

54 http://de.statista.com/statistik/daten/studie/164626/umfrage/geldvermoegen-pro-kopf-2009/; abgerufen am 09.06.2015

55 https://www.allianz.com/v_1411376188000/media/economic_research/publications/specials/de/AGWR14d.pdf; abgerufen 9. Juni 2015.

56 http://wirtschaftsblatt.at/home/nachrichten/newsletter/3874069/Vermogensreport_Osterreich-rutscht-auf-Platz-17; abgerufen am 18.06.2015

57 Tagesanzeiger; http://www.tagesanzeiger.ch/wirtschaft/konjunktur/CS-widerspricht-umstrittener-EZBStudie/story/29588171; Credit Suisse; http://www.international-adviser.com/ia/media/Media/Credit-Suisse-Global-Wealth-Databook-2013.pdf; Credit Suisse; https://publications.credit-suisse.

com/tasks/render/file/?fileID=BCDB1364-A105-0560-1332EC9100FF5C83; alle abgerufen am 10.03.2014

58   Freie Ansichten; http://www.freie-ansichten.com/warum-sie-sofort-auf-den-konsum-von-massenmedien-verzichten-sollten/; abgerufen am 10.03.2014

59   http://de.statista.com/statistik/daten/studie/226630/umfrage/anteil des cu handels-am-deutschen-exporthandel/; abgerufen am 09.06.2015

60   Format Spanien: http://www.format.at/articles/1233/933/338517/spanien-jetzt-fussball-blase-liga-ruin; 15.08.2012

61   http://www.handelsblatt.com/sport/fussball/subventionierte-starensembles-staatskredit-fuer-spaniens-fussballwunder/6330572.html; abgerufen am 09.06.2015

62   http://www.spox.com/de/sport/fussball/international/spanien/1504/News/primera-division-real-madrid-fc-barcelona-schulden.html; abgerufen am 09.06.2015

63   Deutsche Bundesbank; http://www.bundesbank.de/Navigation/DE/Kern-geschaeftsfelder/Unbarer_Zahlungsverkehr/TARGET2/target2.html; abgerufen am 10.03.2014

64   SZ; http://www.sueddeutsche.de/wirtschaft/target-salden-der-bundesbank-brisante-milliarden-1.1300848; abgerufen am 10.03.2014

65   Deutsche Bundesbank: Die Entwicklung des TARGET2-Saldos der Bundesbank , Monatsbericht 63, März 2011, Nr. 3, S. 34–37; http://www.bundesbank.de/Redaktion/DE/Downloads/Veroeffentlichungen/Monats-berichte/2011/2011_03_monatsbericht.pdf?__blob=publicationFile

66   FAZ; http://www.faz.net/aktuell/sport/fussball/bundesliga/wechsel-zu-real-madrid-14-millionen-fuer-den-vfb-3-fuer-khedira-11009827.html; abgerufen am 10.03.2014

67   http://www.bundesbank.de/Navigation/DE/Aufgaben/Unbarer_Zahlungs-verkehr/TARGET2/target2.html; abgerufen am 10.06.2015

68   Bund der Steuerzahler Bayern; Deutsche Bundesbank; http://www.bundesbank.de/Redaktion/DE/Standardartikel/Kerngescha-eftsfelder/Unbarer_Zahlungsverkehr/target2_saldo.html; alle abgerufen am 10.03.2014

69   Wirtschaftswoche; http://www.wiwo.de/finanzen/vorsorge/negative-realzin-sen-wer-spart-verliert-mehr-als-er-glaubt/8261930.html; alle abgerufen am 10.03.2014

70   OECD; http://www.keepeek.com/Digital-Asset-Management/oecd/finance-and-investment/pensions-at-a-glance-2013_pension_glance-2013-en#page1; abgerufen am 10.03.2014

71   http://www.t-online.de/wirtschaft/altersvorsorge/id_74469642/rente-mit-63-und-ihre-folgen-eine-bestandsaufnahme.html; abgerufen am 26.06.2015

72   http://www.finanzen.de/news/16470/rente-mit-63-jedes-neunte-unterneh-men-hat-mitarbeiter-verloren; abgerufen am 26.06.2015

73   Destatis; https://www.destatis.de/DE/PresseService/Presse/Pressemittei-lungen/2014/02/PD14_058_623.html; abgerufen am 10.03.2014

74   Statista; http://de.statista.com/statistik/daten/studie/163577/umfrage/geleistete-arbeitsstunden-der-erwerbstaetigen-in-deutschland/; abgerufen am 10.03.2014

75 BDI; http://www.bdi.eu/download_content/BS_4_Strukturwandel.pdf; Seite 12 (Wert für 2011); abgerufen am 10.03.2014

76 http://www.n-tv.de/wirtschaft/Realloehne-in-Deutschland-wachsen-satt-article14783571.html; abgerufen am 10.06.2015

77 SZ online; «Stupid German money« ohne Ende?; 16.10.2013

78 FAZ online; Teuer für den Steuerzahler; 16.08.2013

79 boerse.ard; http://boerse.ard.de/anlagestrategie/branchen/bankenrettung-kostet-steuerzahler-milliarden100.html 17.10.2013

80 ebenda

81 Die Zeit; http://www.zeit.de/2013/40/rettung-hypo-real-estate; 27. 09. 2013

82 Die Presse online; »Europa schont die Bankengläubiger«; 16.10.2013

83 ebenda

84 http://www.welt.de/wirtschaft/article126996349/Aera-der-massiven-Bankenrettung-hat-jetzt-ein-Ende.html; abgerufen am 11.06.2015

4. Die EU – eine Fassadendemokratie

1   Zeit; http://www.zeit.de/politik/ausland/2012-11/friedensnobelpreis-eu-kritik-desmond-tutu; abgerufen am 06.03.2014

2   Europäisches Parlament; http://www.europarl.europa.eu/brussels/website/media/Lexikon/Pdf/Konvergenzkriterien.pdf; abgerufen am 06.03.2014

3   FAZ; http://www.faz.net/aktuell/wirtschaft/stabilitaetspakt-solbes-erwaegt-klage-wegen-defizitueberschreitung-1144292.html; abgerufen am 06.03.2014

4   Centrum für europäische Politik; http://www.cep.eu/eu-glossar/?title=No-Bail+Out; abgerufen am 06.03.2014

5   Wirtschaftswoche; http://www.wiwo.de/politik/deutschland/wolfgang-schaeuble-im-interview-keine-geheimen-plaene-fuer-die-zeit-nach-der-wahl-seite-all/8681184-all.html; abgerufen am 06.03.2014

6   http://www.dw.de/anleihek%C3%A4ufe-die-ezb-macht-ernst/a-18209901; abgerufen am 11.06.2015

7   Focus; http://www.focus.de/finanzen/news/attacke-von-wirtschaftsexper-ten-anleihekaeufe-der-ezb-sind-verbotene-staatsfinanzierung_aid_1098510.html; abgerufen am 06.03.2014,
     FAZ; http://www.seiten.faz-archiv.de/FAZ/20130912/fd2201309124013179.html; abgerufen am 06.03.2014

8   http://www.spiegel.de/wirtschaft/soziales/euro-rettung-eugh-erlaubt-ezb-staatsanleihen-kauf-a-1038965.html; abgerufen am 26.06.2015

9   Wirtschaftswoche; http://www.wiwo.de/politik/europa/otte-soros-regling-und-co-der-euro-war-ein-schlechter-deal/v_detail_tab_print/6658906.html; abgerufen am 06.03.2014

10   Focus; Schömann-Finck, 2012 http://www.focus.de/finanzen/news/staats-verschuldung/elf-fragen-zum-esm-macht-die-euro-rettung-deutschland-kaputt_aid_817432.html; abgerufen am 06.03.2014

11   Geolitico; http://www.geolitico.de/2013/12/27/2013-war-ein-jahr-des-rechtsbruchs/; abgerufen am 06.03.2014

12   DWN; http://deutsche-wirtschafts-nachrichten.de/2013/11/23/deutschland-und-die-eu-verfassungsbruch-am-laufenden-band/; abgerufen am 06.03.2014

13   Wirtschaftswoche; http://www.wiwo.de/politik/ausland/hilfsmilliarden-die-gier-des-internationalen-waehrungsfonds/6527604.html; abgerufen am 06.03.2014

14   FAZ; http://www.faz.net/aktuell/feuilleton/debatten/europas-zukunft/kurs-wechsel-fuer-europa-einspruch-gegen-die-fassadendemokratie-11842820.html

15   DWN; Niederländer driften ab: »EU wird eine Diktatur«; 14.03.2013

16   Spiegel; http://www.spiegel.de/politik/deutschland/euro-in-gefahr-wie-horst-dem-koehler-widerspricht-a-692086.html; abgerufen am 06.03.2014

17   Spiegel; http://www.spiegel.de/spiegel/print/d-80652382.html; abgerufen am 10.03.2014

18   FAZ; http://www.faz.net/aktuell/wirtschaft/euro-kommentar-hungersnot-in-euroland-11085002.html; abgerufen am 10.03.2014

19 Bundeszentrale für politische Bildung; http://www.bpb.de/nachschlagen/ zahlen-und-fakten/europa/70580/nettozahler-und-nettoempfaenger; abgerufen am 06.03.2014

20 Welt; Gehaltsvergleich; 4365 EU-Beamte verdienen mehr als die Kanzlerin; 3.02.2013

21 http://de.statista.com/statistik/daten/studie/38139/umfrage/nettozahler-und-nettoempfaengerlaender-in-der-eu/

22 Stern; http://www.stern.de/politik/deutschland/gehaelter-von-eu-beamten-schlaraffenland-mit-vollversorgung-1965293.html; Inge Gräßle; http:// www.inge-graessle.eu/tl_files/default/usercontent/Themen/Beamtenstatut/120806_PS_Tabelle%20Vergleich%20Bezuege%20EU%20DE.pdf; FAZ; http://www.faz.net/aktuell/wirtschaft/kommentar-mehr-brutto-mehr-netto-1579590.html; alle abgerufen am 10.03.2014

23 SZ; http://www.sueddeutsche.de/karriere/karriere-bei-der-eu-was-eu-beamte-verdienen-1.559921; abgerufen am 10.03.2014

24 Handelblatt; http://www.handelsblatt.com/politik/international/sparpaket-fuer-eu-beamte-weniger-geld-und-laenger-arbeiten/8424686.html; abgerufen am 10.03.2014

25 Handelsblatt; http://www.handelsblatt.com/politik/international/eu-beamtengehaelter-leben-wie-gott-in-bruessel/8499532.html; abgerufen am 10.03.2014

26 Focus; http://www.focus.de/politik/ausland/eu/mehr-als-bundestagsmitglied-europa-abgeordneter-kostet-1-2-millionen-euro-pro-jahr_aid_941737.html; abgerufen am 02.03.2014

27 Europäisches Parlament; http://www.europarl.europa.eu/parliament/expert/staticDisplay.do;jsessionid=617D4D4D6D3E30750F11E7B25B707BC2.node1?language=DE&id=39&pageRank=1; http://www.spiegel.de/politik/ausland/eu-parlamentarier-zamfirescu-europas-oberster-ja-sager-a-928978.html; abgerufen am 10.03.2014

28 Spiegel; http://www.spiegel.de/politik/ausland/eu-parlamentarier-zamfirescu-europas-oberster-ja-sager-a-928978.html; http://www.europarl.europa.eu/parliament/expert/staticDisplay.do;jsessionid=617D4D4D6D3E30750F11E7B25B707BC2.node1?language=DE&id=39&pageRank=1; alle abgerufen am 10.03.2014

29 Welt; http://www.welt.de/wirtschaft/article113330591/4365-EU-Beamte-verdienen-mehr-als-die-Kanzlerin.html; Focus; http://www.focus.de/finanzen/news/arbeitsmarkt/tid-31063/automatische-befoerderungen-zuschlaege-entschaedigungen-3500-euro-nettogehalt-fuer-newcomer-eu-beamte-fuerchten-um-ihre-privilegien-_aid_982754.html; alle abgerufen am 10.03.2014

30 Europäische Kommission; http://ec.europa.eu/civil_service/job/official/index_de.htm; Focus;

31 Eur-Lex; http://eur-lex.europa.eu/LexUriServ/LexUriServ.do?uri=CONSLEG:1962R0031:20110101:DE:PDF;

32 Focus; http://www.focus.de/politik/ausland/mehr-gehalt-als-angela-merkel-zulagen-wahn-extra-urlaub-luxus-pension-eu-beamte-sahnen-kraeftig-ab_aid_912480.html; abgerufen am 10.03.2014

33 Focus; http://www.focus.de/politik/ausland/mehr-gehalt-als-angela-merkel-zulagen-wahn-extra-urlaub-luxus-pension-eu-beamte-sahnen-kraeftig-ab_aid_912480.html; abgerufen am 10.03.2014

34 Handelsblatt; http://www.handelsblatt.com/politik/international/eu-beamtengehaelter-leben-wie-gott-in-bruessel/8499532.html; abgerufen am 10.03.2014

35 Heute.at; http://www.heute.at/news/politik/art23660,848932; abgerufen am 10.03.2014

36 Krone; http://www.krone.at/Welt/Van_Rompuy_sorgt_mit_Luxuspension_fuer_Empoerung-12.676_Euro_im_Monat-Story-375564; abgerufen am 10.03.2014

37 ECA; http://www.eca.europa.eu/Lists/ECADocuments/AR12/AR12_DE.pdf; abgerufen am 10.03.2014

38 City AM; http://www.cityam.com/blog/1377095853/hague-urges-eu-not-stop-humanitarian-aid-egypt; DWN; http://deutsche-wirtschafts-nach-richten.de/2013/08/21/eu-pumpt-weiter-europaeische-steuergelder-nach-aegypten/; alle abgerufen am 10.03.2014

39 Europäische Union; http://europa.eu/rapid/press-release_IP-12-1398_en.htm; DWN; http://deutsche-wirtschafts-nachrichten.de/2013/10/09/serbien-verbrennt-eu-steuergelder-und-steht-vor-dem-bankrott/; alle abge-rufen am 10.03.2014

40 DWN; http://deutsche-wirtschafts-nachrichten.de/2013/02/01/auf-geheiss-von-bruessel-ezb-finanziert-serbische-zentralbank/; abgerufen am 10.03.2014

41 Germany Tade & Invest; http://www.gtai.de/GTAI/Navigation/DE/Trade/projekte-ausschreibungen,did=784412.html; ECA; http://www.eca.europa.eu/Lists/ECADocuments/SR13_14/SR13_14_EN.pdf; DWN; http://deutsche-wirtschafts-nachrichten.de/2013/12/11/bruessel-bezahlt-gehaelter-fuer-palaestinensische-beamte-die-keine-arbeit-haben/; alle abgerufen am 10.03.2014

42 ECA; http://www.eca.europa.eu/Lists/ECADocuments/SR13_09/SR13_09_EN.pdf;
DWN; http://deutsche-wirtschafts-nachrichten.de/2013/10/03/eine-milliarde-euro-an-europaeischen-steuergeldern-im-kongo-versickert/; alle abgerufen am 10.03.2014

43 ebenda

44 Euobserver; http://euobserver.com/regions/121578; abgerufen am 10.03.2014

45 Telegraph; http://www.telegraph.co.uk/news/worldnews/europe/italy/9376202/Italy-repays-307-million-to-EU-after-road-project-mafia-corruption-exposed.html; abgerufen am 10.03.2014

46 DWN; http://deutsche-wirtschafts-nachrichten.de/2013/10/09/eu-leitete-europaeische-steuergelder-an-die-italienische-mafia/; Tagesschau; http://www.tagesschau.de/wirtschaft/olaf-jahresbericht100.html; alle abgerufen am 10.03.2014

47 Spiegel; http://www.spiegel.de/politik/ausland/eu-behoerde-olaf-ignoriert-berichte-ueber-veruntreuung-in-athen-a-928562.html; abgerufen am 06.03.2014

48 Times of Malta; http://www.timesofmalta.com/articles/view/20130528/local/dalligate-epp-spokesman-again-calls-for-kessler-s-suspension.471620; abgerufen am 06.03.2014

49 DWN; http://deutsche-wirtschafts-nachrichten.de/2013/09/29/der-langsame-tod-der-demokratie-in-europa/; abgerufen am 10.03.2014

50 (Bouwen, 2004)

51 LobbyControl; https://www.lobbycontrol.de/2013/11/studie-zeigt-erneut-dominanz-von-unternehmen-in-eu-expertengruppen/; abgerufen am 10.03.2014

52 –Tagesspiegel; http://www.tagesspiegel.de/politik/bankenlobby-die-ohnmaechtigen-im-europaparlament/1885936.html; abgerufen am 10.03.2014

53 N-TV; http://www.n-tv.de/politik/EU-Abgeordneter-packt-aus-article10412311.html; Stern; http://www.stern.de/politik/deutschland/lobbyreport-2013-ohrfeigen-fuer-die-kanzlerin-2029764.html; alle abgerufen am 10.03.2014

54 Mancur Olson, Die Logik des kollektiven Handelns: Kollektivgüter und die Theorie der Gruppen. 5. Aufl. Mohr Siebeck, Tübingen 2004.

55 –LobbyControl; https://www.lobbycontrol.de/schwerpunkt/lobbyismus-in-der-eu/;
Zeit; http://www.zeit.de/wirtschaft/2013-07/griechenland-sparen-krise; alle abgerufen am 06.03.2014

56 DGB; http://www.dgb.de/themen/++co++1f24a7e8-dca2-11e2-8e98-00188b4dc422; abgerufen am 06.03.2014

57 Brück, L., (2013). Water, a multi-billion-euro business;//www.futurelabeurope.eu/blog/water-a-multi-billion-euro-business/; abgerufen am 10.03.2014

58 Universität Barcelona; http://www.ub.edu/gim/articles%20web/2008/4_belwarner_RCR.pdf; abgerufen am 06.03.2014

59 ARD-Monitor, 2012 - http://www.youtube.com/watch?v=Xq4ncp-iNNA; abgerufen am 06.03.2014

60 http://deutsche-wirtschafts-nachrichten.de/2014/02/05/merkel-sendet-beruechtigten-industrie-lobbyisten-in-eu-rechnungshof/

61 https://www.abgeordnetenwatch.de/blog/2014-02-04/hochbezahlter-wirtschaftsanwalt-und-europaabgeordneter-soll-deutschland-am-eu

5. Globale Krisenmotoren: USA, China, Japan

1   https://www.ubs.com/global/de/about_ubs/media/switzerland/releases/
    news-display-media-switzerland.html/de/2015/05/26/pwc.html; abgerufen
    am 22.06.2015

2   http://www.google.de/imgres?imgurl=https%3A%2F%2Fpravdatvcom.
    files.wordpress.com%2F2014%2F09%2Flebensmittelmarken21.jpg
    &imgrefurl=http%3A%2F%2Fwww.pravda-tv.com%2F2014%2F09%2Fusa-
    46496-millionen-bezieher-von-lebensmittelmarken%2F&h=470&w=640&t
    bnid=9er-ap11Kqu9XM%3A&zoom=1&docid=oYF1fKIbfvQJEM&ei=pm
    x1Vf33D8H6sAHD0YCoBA&tbm=isch&iact=rc&uact=3&dur=8035&pag
    e=1&start=0&ndsp=19&ved=0CCEQrQMwAA; abgerufen am 22.06.2015

3   https://www.iiss.org/en/about%20us/press%20room/press%20releases/
    press%20releases/archive/2015-4fe9/february-0592/military-balance-
    2015-press-statement-40a1; abgerufen am 22.06.2015

4   Zero Hedge; http://www.zerohedge.com/news/2013-11-08/united-states-
    has-more-people-jail-high-school-teachers-and-engineers; SZ; http://www.
    sueddeutsche.de/politik/reichtum-der-us-abgeordneten-millionaerstreffen-
    im-kongress-1.1859761; ORF; http://orf.at/stories/2220785/; SZ; http://
    www.sueddeutsche.de/wirtschaft/oeffentliche-kuendigung-bei-aol-sie-sind-
    gefeuert-raus-1.1744488; Deutsche Mittelstands Nachrichten; http://www.
    deutsche-mittelstands-nachrichten.de/2013/12/57449; alle abgerufen am
    4.03.2014

5   http://www.usdebtclock.org/; abgerufen am 22.06.2015

6   http://de.statista.com/statistik/daten/studie/1975/umfrage/staatsverschul-
    dung-der-usa/; abgerufen am 22.06.2015

7   Focus; http://www.focus.de/finanzen/news/tid-33839/haushaltsstreit-in-
    den-usa-schuldenpraesident-obama-die-usa-stehen-schlechter-da-als-
    griechenland_aid_1116626.html; Format; http://www.format.at/artic-
    les/1340/931/367162/usa-haushaltsnotstand; abgerufen am 4.03.2014; Welt;
    http://www.welt.de/wirtschaft/article120866300/Es-gibt-kein-Leben-nach-
    einem-US-Zahlungsausfall.html; Focus; http://www.focus.de/finanzen/
    news/geschlossene-behoerden-shutdown-kostet-usa-300-millionen-dollar-
    pro-tag_aid_1120239.html; alle abgerufen am 4.03.2014;

8   ARD; http://boerse.ard.de/boersenwissen/boersenwissen-fuer-fortgeschrit-
    tene/die-fed-hueterin-des-dollar-100.html; SZ; http://www.sueddeutsche.de/
    wirtschaft/jahre-us-notenbank-fed-kind-der-panik-1.1849985; alle abgerufen
    am 4.03.2014

9   Handelsblatt; http://www.handelsblatt.com/finanzen/boerse-maerkte/
    boerse-inside/warren-buffet-die-fed-ist-der-groesste-hedgefonds-der-
    geschichte/8823160.html; abgerufen am 4.03.2014

10 https://research.stlouisfed.org/fred2/series/WALCL; abgerufen am
    22.06.2015

11 Zero Hedge; http://www.zerohedge.com/news/2014-01-19/what-1592-days-
    central-planning-looks; ARD; http://boerse.ard.de/boersenwissen/boer-
    sengeschichte-n/fed-wie-die-entenjagd-zur-blaupause-wurde100.html; alle
    abgerufen am 4.03.2014

12   Welt; http://www.welt.de/finanzen/geldanlage/article120198885/Einstieg-in-Zinssozialismus-bedroht-die-Sparer.html; abgerufen am 5.03.2014

13   ²United States Government Accountability Office; http://www.gao.gov/new.items/d11696.pdf; S. 52, S.131; abgerufen am 26.12.2013

14   http://www.fns.usda.gov/sites/default/files/pd/annual.xls; abgerufen am 22.06.2015

15   http://www.foodbanknyc.org/files//dmfile/FastFacts_Currentasof06-01-152.pdf ; abgerufen am 22.06.2015

16   U.S. Department of Treasury; http://www.treasury.gov/resource-center/international/ESF/Pages/esf-index.aspx; abgerufen am 28.12.2013

17   Thomas Jefferson to John Taylor, 28 Mai 1816; Monticello; http://www.monticello.org/site/jefferson/private-banks-quotation#_note-0; abgerufen am 12.03.2014

18   http://www.querschuesse.de/usa-margin-debt-bei-507153-mrd-dollar/; abgerufen am 22.06.2015

19   http://www.heise.de/tp/artikel/41/41778/1.html; abgerufen am 22.06.2015

20   Handelsblatt; http://www.handelsblatt.com/finanzen/vorsorge-versicherung/ratgeber-hintergrund/studienkredite-us-studenten-haben-eine-billion-dollar-schulden-seite-all/8338192-all.html; Yahoo! Finanzen; http://de.finance.yahoo.com/nachrichten/nickel-future-hoher-preisanstieg-112420810.html; ORF; www.oe1.orf.at/artikel/364273; alle abgerufen am 12.03.2014

21   Querschuesse.de; http://www.querschuesse.de/usa-die-untersten-90-mit-realen-einkommen-wie-1965/; abgerufen am 12.03.2014

22   http://www.fns.usda.gov/sites/default/files/pd/annual.xls; abgerufen am 22.06.2015

23   USAToday; http://www.usatoday.com/story/money/markets/2014/03/04/radio-shack-to-close-stores/6007317/; WICS; http://www.wics.com/news/top-stories/stories/vid_15994.shtml; CNNmoney; http://money.cnn.com/2014/03/07/news/companies/retail-store-closings/index.html?iid=HP_River; alle abgerufen am 12.03.2014;

24   http://www.zeit.de/wirtschaft/2014-10/federal-reserve-usa-notenbank; abgerufen am 22.06.2015

25   Spiegel; http://www.spiegel.de/wirtschaft/soziales/us-haushaltsstreit-die-groessten-glaeubiger-der-usa-im-ueberblick-a-928124.html; abgerufen am 12.03.2014

26   http://www.tradingeconomics.com/china/balance-of-trade; abgerufen am 22.06.2015

27   http://www.sueddeutsche.de/politik/offshore-leaks-chinas-elite-hortet-geld-in-steueroasen-1.1868433; abgerufen am 22.06.2015

28   Tagesanzeiger; http://www.tagesanzeiger.ch/wirtschaft/unternehmen-und-konjunktur/VW-faehrt-dank-China-einen-Absatzrekord-ein/story/27996572?dossier_id=2270; Welt; http://www.welt.de/wirtschaft/article123733062/Mercedes-verkauft-so-viele-Autos-wie-nie-zuvor.html; beide abgerufen am 11.03.2014

29   http://www.welt.de/motor/news/article138254056/Pkw-Markt-in-China.html; abgerufen am 22.06.2015

30 Handelsblatt; http://www.handelsblatt.com/unternehmen/industrie/absatz-in-gefahr-die-grenzen-des-chinesischen-auto-booms/9308584.html; Handelsblatt; http://www.handelsblatt.com/politik/international/karibik-briefkastenfirmen-chinas-elite-schafft-vermoegen-in-steueroasen/9366782.html; Spiegel; http://www.spiegel.de/politik/ausland/offshore-leaks-berichte-china-reagiert-mit-zensur-in-medien-a-944827.html; alle abgerufen am 12.03.2014

31 http://www.welt.de/wirtschaft/article138137749/China-fuerchtet-den-erdrutschartigen-Abschwung.html; abgerufen am 17.06.2015

32 Welt; http://www.welt.de/wall-street-journal/article119943427/China-steht-vor-einem-Zeitalter-der-Zombie-Banken.html; abgerufen am 12.03.2014

33 Welt; www.welt.de/wall-street-journal/article125544642/Loest-umgefallener-Sack-Reis-neue-Finanzkrise-aus.html; abgerufen am 7.03.2014

34 Reuters; http://www.reuters.com/article/2014/03/11/china-copper-financing-idUSL3N0M83M320140311; NZZ; http://www.nzz.ch/finanzen/uebersicht/finanzportal/solarfirma-verdunkelt-chinas-bondmarkt-1.18256969; alle abgerufen am 12.03.2014

35 FAZ; http://www.faz.net/aktuell/finanzen/geldmangel-in-china-waechst-die-angst-vor-einem-bankencrash-12725278.html; abgerufen am 12.03.2014

36 Bloomberg; http://www.bloomberg.com/news/2014-02-14/china-banks-bad-loans-rise-to-highest-since-financial-crisis.html; abgerufen am 12.03.2014

37 http://www.welt.de/wirtschaft/article138137749/China-fuerchtet-den-erdrutschartigen-Abschwung.html; abgerufen am 17.06.2015

38 NTV; http://mobil.n-tv.de/wirtschaft/Warum-die-naechste-Finanzkrise-aus-China-kommt-article11341146.html; abgerufen am 11.02.2014; NTV; http://www.n-tv.de/wirtschaft/Chinas-Kommunen-tricksen-Finanzminister-aus-article10942891.html; abgerufen am 11.02.2014

39 FAZ; http://www.faz.net/aktuell/finanzen/anleihen-zinsen/grauer-kapitalmarkt-zweifel-an-der-stabilitaet-von-chinas-schattenbanken-12773906.html; 1.3.14

40 Epoch Times; http://www.epochtimes.de/Immobilienblase-in-China-68-Millionen-leerstehende-Wohnungen-a1110830.html; N24; http://www.n24.de/n24/Wissen/Mensch-Natur/d/4056130/anting-die--die-deutsche-geisterstadt-.html; FAZ; http://www.faz.net/aktuell/finanzen/devisen-rohstoffe/hauspreise-ziehen-weiter-an-in-chinas-immobilienblase-stroemt-neue-luft-12580011.html; alle abgerufen am 12.03.2014

41 http://www.epochtimes.de/China-Immobilienmarkt-geht-in-die-Knie-a1150139.html, abgerufen am 23.06.2015

42 http://www.daserste.de/information/politik-weltgeschehen/weltspiegel/sendung/swr/2014/china-immobilien-geisterstaedte-100.html; abgerufen 23.06.2015

43 http://www.gtai.de/GTAI/Navigation/DE/Trade/maerkte,did=987720.html?view=renderPdf; abgerufen 23.06.2015

44 http://www.godmode-trader.de/artikel/japan-weist-im-jahr-2014-ein-rekorddefizit-in-der-handelsbilanz-auf,4087942; abgerufen 23.06.2015

45 http://www.wiwo.de/politik/ausland/griechenland-usa-japan-die-groessten-pleitestaaten-der-welt/7306656.html?slp=false&p=15&a=false#image; abgerufen 17.06.2015

46 http://de.global-rates.com/zinssatze/zentralbanken/zentralbank-japan/boj-zinssatz.aspx ;abgerufen 23.06.2015

47 http://de.investing.com/rates-bonds/japan-10-year-bond-yield;abgerufen 23.06.2015

48 Deutsche Welle; http://www.dw.de/rekord-handelsbilanzdefizit-f%C3%BCr-japan/a-17389398; Handelsblatt; http://www.handelsblatt.com/politik/international/wirtschaft-japans-fuenf-grosse-probleme/7044140.html?slp=false&p=2&a=false#image; alle abgerufen am 12.03.2014

49 http://www.japanmarkt.de/2015/06/09/wirtschaft/japans-auslandsvermoegen-auf-rekordhoehe/; abgerufen 24.06.2015

50 http://www.internetwertpapiere.at/eBusiness/services/resources/media/647280936710128623-647294095684634020_647295667374230752-839378193168292742-1-30-NA.pdf; abgerufen 24.06.2015

51 Spiegel; http://www.spiegel.de/thema/fukushima/; abgerufen am 12.03.2014

52 Frankfurter Rundschau; http://www.fr-online.de/japans-katastrophe/akw-fukushima-geldloch-fukushima,8118568,25810794.html; Stern; http://www.stern.de/panorama/atomruine-fukushima-300-tonnen-verseuchtes-wasser-fliessen-taeglich-ins-meer-2048190.html; alle abgerufen am 12.03.2014

6. Enteignung, Zwangsabgaben und Inflation

1   SZ; http://www.sueddeutsche.de/politik/benedikt-xvi-im-bundestag-die-papstrede-im-original-1.1148009-2; Wikiquote; http://de.wikiquote.org/wiki/Augustinus_von_Hippo; alle abgerufen am 13.01.2014

2   IMF; http://www.imf.org/external/pubs/ft/fm/2013/02/pdf/fm1302.pdf, S. 49; abgerufen am 15.12.2013

3   Bundesbank; http://www.bundesbank.de/Redaktion/DE/Downloads/Veroeffentlichungen/Monatsberichte/2014/2014_01_monatsbericht.pdf?__blob=publicationFile; abgerufen am 17.02.2014

4   IMF; http://www.imf.org/external/pubs/ft/wp/2013/wp13266.pdf; abgerufen am 05.01.2014

5   Welt; http://www.welt.de/finanzen/article112468144/Euro-Staaten-be-schliessen-Enteignungsklausel.html; abgerufen am 14.01.2014

6   Spiegel; http://www.spiegel.de/wirtschaft/unternehmen/regierung-sieht-lebensversicherungen-vor-grossen-problemen-a-919917.html; abgerufen am 12.09.2013

7   http://www.gdv.de/zahlen-fakten/lebensversicherung/kapitalanlagen/; abgerufen am 24.06.2015

8   http://www.bds-online.info/2014/02/01/lebensversicherer-in-not-von-nun-an-gehts-bergab/; abgerufen am 24.06.2015

9   http://deutsche-wirtschafts-nachrichten.de/2014/12/06/lebensversiche-rungen-das-ende-des-traums-von-der-sicheren-geldanlage/; abgerufen am 24.06.2015

10 Reuters; http://www.reuters.com/article/2014/02/12/us-eu-banks-savings-idUSBREA1B1ZI20140212; ORF; http://www.orf.at//stories/2218110/; alle abgerufen am 13.02.2014

11 http://deutsche-wirtschafts-nachrichten.de/2014/12/06/lebensversiche-rungen-das-ende-des-traums-von-der-sicheren-geldanlage/ ;abgerufen am 24.06.2015

12 http://deutsche-wirtschafts-nachrichten.de/2014/02/17/italien-erhebt-20-prozent-steuer-auf-bankueberweisungen/; abgerufen am 24.06.2015

13 BCG; http://www.bcg.com/documents/file87307.pdf; abgerufen am 12.01.2014

14 Lobbypedia; https://lobbypedia.de/wiki/Levin_Holle; abgerufen am 16.01.2014

15 Bundesfinanzministerium; http://www.bundesfinanzministerium.de/Content/DE/Downloads/Ministerium/organigramm.pdf?__blob=publication File&v=3; abgerufen am 1.03.2014

16 Bund der Steuerzahler http://www.steuerzahler.de/Schwarzbuch/1227b475/; abgerufen am 1.03.2014

17 http://blogs.faz.net/fazit/2015/04/27/ein-geschaeftsmodell-fast-mit-gewinn-garantie-5736/; abgerufen am 24.06.2015

18 http://www.nzz.ch/wirtschaft/vor-dem-entscheid-der-ezb-1.18466354; abgerufen am 24.06.2015

19 http://www.handelsblatt.com/politik/konjunktur/ex-ezb-chefvolkswirt-

juergen-stark-debatte-um-deflationsgefahren-voellig-ueberzogen/11256954.
html; abgerufen am 24.06.2015

20 http://www.finanzen.net/nachricht/aktien/UPDATE-EuGH-erklaert-OMT-Programm-der-EZB-fuer-rechtmaessig-4386788; abgerufen am 24.06.2015

21 https://www.ecb.europa.eu/ecb/orga/capital/html/index.de.html;abgerufen am 24.06. 2015

22 http://www.faz.net/aktuell/wirtschaft/wirtschaftspolitik/bundesbank-chef-weidmann-sieht-ezb-eingeschraenkt-13372564.html;abgerufen am 24.06.2015

23 FAZ; http://www.faz.net/aktuell/finanzen/anleihen-zinsen/schuldenkrise-schlechterer-glaeubigerstatus-der-ezb-laesst-zinsen-sinken-11864774.html; abgerufen am 07.03.2014

24 Investorwissen24; Schwarzer Schwan-Theorie; abgerufen am 9.08.2013 http://www.investorwissen24.de/boersenlexikon/sch/news/schwarzer-schwan-theorie/; abgerufen 1.02.2013

25 Investor Verlag; http://www.investor-verlag.de/kapitalschutz/hommage-fuer-jaques-rueff/107008732/; abgerufen 7.02.2013

26 https://www.destatis.de/DE/PresseService/Presse/Pressemitteilungen/2015/03/PD15_115_611.html ;abgerufen am 25.06.2015

27 Statista.com; http://de.statista.com/themen/112/inflation/; abgerufen am 22.09.2011

28 EZB; Was ist Inflation; http://www.ecb.int/ecb/educational/hicp/html/index.de.html; abgerufen am 9.08.2013

29 ebenda

30 https://www.destatis.de/DE/Publikationen/Thematisch/Preise/Verbraucherpreise/VerbraucherpreiseMEPDF/VerbraucherpreiseME2170700152054.pdf?__blob=publicationFile ; abgerufen am 25.06.2015

31 http://www.welt.de/themen/lebensmittelpreise/ ; abgerufen am 25.06.2015

32 http://strom-report.de/strompreise/#strompreisentwicklung ; abgerufen am 25.06.2015

33 http://de.statista.com/statistik/daten/studie/348105/umfrage/deutsche-grossstaedte-mit-hoechsten-mietpreisanstiegen-prognose/ ; abgerufen am 25.06.2015

34 EZB; Was ist Inflation; http://www.ecb.int/ecb/educational/hicp/html/index.de.html; GEA; http://www.gea.de/nachrichten/wirtschaft/lebensmittel+sind+knackpunkt.3521308.htm; alle abgerufen am 9.08.2013

35 Handelsblatt; http://www.handelsblatt.com/panorama/zahl-des-tages-preis-explosion-bei-lebensmitteln/7409332.html#image; abgerufen am 5.03.2013;

36 EZB; Was ist Inflation; http://www.ecb.int/ecb/educational/hicp/html/index.de.html; abgerufen am 9.08.2013

37 Focus; http://www.focus.de/finanzen/news/tourismus-ein-viertel-der-haushalte-kann-sich-keine-urlaubsreise-leisten_aid_1069355.html; 12.08.2013

38 EZB; Was ist Inflation; http://www.ecb.int/ecb/educational/hicp/html/index.de.html; abgerufen am 9.08.2013

39 N24; http://www.n24.de/n24/Nachrichten/Wirtschaft/d/3304472/inflation-frisst-renten-und-loehne-auf.html; abgerufen am 7.08.2013

40   ebenda

41   https://www.bundestag.de/dokumente/textarchiv/2014/49595183_kw08_de_
     diaeten/215806; abgerufen am 25.06.2015

42   http://www.glaeserner-abgeordneter.de/infotour/diaeten; abgerufen am
     25.06.2015

43   Bundestag; http://www.bundestag.de/service/glossar/D/diaeten.html;
     Spiegel; http://www.spiegel.de/politik/deutschland/bundestag-beschliesst-
     diaetenerhoehung-fuer-abgeordnete-a-954834.html; abgerufen am 1.03.2014

44   KAS; http://www.kas.de/wf/doc/kas_23931-544-1-30.pdf?110902100421;
     abgerufen am 06.03.2014

45   Finanzlexikon.de; http://www.finanz-lexikon.de/hyperinflation_3014.html;
     abgerufen am 9.08.2013

46   Deutschlandfunk; http://www.deutschlandradio.de/audio-archiv.260.de.ht
     ml?station=1&amp%3Bbroadcast=196848&amp%3Bdatum=20130601&am
     p%3Bplaytime=1370087529&amp%3Bfileid=28b1525a&amp%3Bsendung=1
     96848&amp%3Bbeitrag=2128645&amp%3B=1;
     DWN; http://deutsche-wirtschafts-nachrichten.de/2013/02/05/hyper-
     inflation-in-argentinien-regierung-friert-preise-ein-panikkaeufe-erwartet/;
     alle abgerufen am 5.03.2013

47   Keynes; The Economic Consequences of the Peace (1919), Chapter VI, pg.
     235-236 (eigene Übersetzung).

7. Wie schütze ich mein Vermögen?

1   aphorismen.de; http://www.aphorismen.de/zitat/11324; abgerufen am 14.12.2013

2   50 Jahre Währungsreform. 1948 und die wirtschaftspolitischen Folgen; Bernd Sprenger http://www.kas.de/upload/ACDP/HPM/HPM_05_98/ HPM_05_98_9.pdf; abgerufen am 14.12.2013

3   Bundesanzeiger; http://www.bgbl.de/Xaver/start.xav?startbk=Bundesanzeiger_BGBl&jumpTo=bgbl113s0710.pdf#__Bundesanzeiger_BGBl__ %2 F%2F* [%40attr_id%3D%27bgbl113s0710.pdf%27]__1389774267561; http:// www.akademie.de/wissen/pfaendungstabelle; abgerufen am 14.12.2013; Akademie.de; http://www.akademie.de/wissen/pfaendungstabelle; abgerufen am ; http://dejure.org/gesetze/ZPO/850c.html; abgerufen am 31.3.2014

4   gutzitiert.de; http://www.gutzitiert.de/zitat_autor_benjamin_franklin_thema_borgen_zitat_5509.html; abgerufen am 31.3.2014

5   Anne Goldgar: Tulipmania. Money, Honor, and Knowledge in the Dutch Golden Age. The University of Chicago Press, Chicago, London 2007, S. 199

6   Manager magazin; http://www.manager-magazin.de/unternehmen/it/ kauf-von-whatsapp-laesst-old-economy-zittern-a-954611.html; abgerufen am 8.03.2014

7   Finanzen.net; http://www.finanzen.net/aktien/ThyssenKrupp-Aktie; abgerufen am 8.03.2014

8   Fast Company; http://www.fastcompany.com/most-innovative-companies/2014/aglocal; abgerufen am 08.03.2014

9   Welt; http://www.welt.de/print/wams/finanzen/article109407780/Wie-Sie-sich-richtig-versichern.html; abgerufen am 22.12.2013

10 WirtschaftsWoche; http://www.wiwo.de/finanzen/vorsorge/oeffentliche-versicherer-sparkassen-ueberdenken-lebensversicherungsgeschaeft/8095232. html; abgerufen am 16.01.2014

11 Gabler Wirtschaftslexikon; http://wirtschaftslexikon.gabler.de/Definition/ lebensversicherung.html; abgerufen am 22.12.2013

12 Focus;http://www.focus.de/finanzen/versicherungen/lebensversicherung/ tid-30986/210-milliarden-euro-verlust-der-niedrige-leitzins-schroepft-die-altervorsorge_aid_979308.html; abgerufen am 17.12.2013

13 Focus;http://www.focus.de/finanzen/versicherungen/lebensversicherung/ tid-31399/horrende-einbussen-fuer-kunden-tausende-euro-in-gefahr-lebensversicherer-streichen-kunden-den-schluss-bonus_aid_997227.html; abgerufen am 17.12.2013

14 Welt; http://www.welt.de/finanzen/versicherungen/article122426566/ Bei-Lebensversicherungen-geht-es-an-die-Substanz.html; abgerufen am 11.1.2014

15 SZ; http://www.sueddeutsche.de/geld/schuldenschnitt-anleger-organisieren-sich-gegen-griechenland-1.1488376; abgerufen am 31.3.2014

16 Versicherungsgesetze.de; http://www.versicherungsgesetze.de/versicherungsaufsichtsgesetz-vag/vag-05-beaufsichtigung-089-zahlungsverbot-herabsetzung-von-leistungen.htm; abgerufen am 18.01.2014

17 Versicherungsgesetze.de; http://www.versicherungsgesetze.de/versiche-rungsvertragsgesetz-vvg/vvg-2-versicherungszweige-5-lebensversiche-rung-163-praemien-und-leistungsaenderung.htm; Versicherungsgesetze. de; http://www.versicherungsgesetze.de/versicherungsvertragsgesetz-vvg/ vvg-2-versicherungszweige-5-lebensversicherung=164=bedingungsanpassung. htm; abgerufen am 18.01.2014

18 aphorismen.de; http://www.aphorismen.de/suche?text=lebensversicherung& seite=2; abgerufen am 22.12.2014

19 Handelsblatt; http://www.handelsblatt.com/finanzen/vorsorge-versiche-rung/nachrichten/altersvorsorge-raus-aus-der-lebensversicherung-so-gehts/6694772.html; abgerufen am 18.01.2014

20 Manager magazin; http://www.manager-magazin.de/finanzen/versiche-rungen/rueckkaufswert-gekuendigter-lebensversicherungen-bgh-entschei-dung-a-921721.html; abgerufen am 14.01.2014; Verbraucherzentrale Ham-burg; http://www.vzhh.de/versicherungen/259467/jetzt-fliesst-das-geld.aspx; abgerufen am 14.01.2014

21 Handelsblatt; http://www.handelsblatt.com/finanzen/vorsorge-versiche-rung/nachrichten/interview-mit-beatrix-hueller-ich-versichere-mich-nur-minimal/7491318.html; abgerufen am 12.01.2014

22 Handelsblatt; http://www.handelsblatt.com/downloads/7563572/6/Alters-vorsorge; abgerufen am 04.01.2014

23 Welt; http://www.welt.de/finanzen/verbraucher/article115334451/Fin-ger-weg-von-staatlich-gefoerderten-Pflege-Policen.html abgerufen am 18.01.2014; Verbraucherportal Baden-Württemberg; http://www.verbrau-cherportal-bw.de/servlet/PB/menu/1330688_l1/index.html; abgerufen am 18.01.2014

24 Spiegel; http://www.spiegel.de/wirtschaft/service/verbraucherschuetzer-warnen-vor-bausparvertraegen-a-918480.html; abgerufen am 12.01.2014

25 Handelsblatt; http://www.handelsblatt.com/finanzen/immobilien/nachrich-ten/bausparkassen-eine-branche-am-pranger/7540808.html; abgerufen am 01.01.2014

26 Focus; http://www.focus.de/finanzen/news/unternehmen/lustreise-bei-bausparkasse-wuestenrot-munteres-treiben-auf-den-hotelfluren_aid_693235. html; abgerufen am 05.01.2014

27 Handelsblatt; http://www.handelsblatt.com/finanzen/vorsorge-versi-cherung/ratgeber-hintergrund/bausparkassen-und-banken-wuestenrot-schmeisst-15-000-kunden-raus/8786646.html; abgerufen am 22.12.2013

28 Spiegel; http://www.spiegel.de/wirtschaft/service/verbraucherschuetzer-warnen-vor-bausparvertraegen-a-918480.html; abgerufen am 12.01.2014

29 Focus;http://www.focus.de/finanzen/versicherungen/neue-website-des-versicherungsunternehmens-ergo-veroeffentlicht-liste-mit-sex-reisen-auf-internetseite_aid_829865.html; abgerufen am 12.01.2014; Handelsblatt; Handelsblatt; http://www.handelsblatt.com/unternehmen/versicherun-gen/sex-reise-nach-budapest-gerichte-streiten-um-ergo-schmuddelpro-zess/7877482.html; abgerufen am 12.01.2014; WirtschaftsWoche; http:// www.wiwo.de/unternehmen/versicherer/revisionsbericht-hinweise-auf-be-stechlichkeit-von-ergo-mitarbeitern/7586688.html; abgerufen am 12.01.2014;

FAZ; http://www.faz.net/aktuell/finanzen/meine-finanzen/versichern-und-schuetzen/nachrichten/provisionen-die-mogelei-der-versicherer-12564326. html; abgerufen am 12.01.2014

30 Handelsblatt; http://www.handelsblatt.com/finanzen/immobilien/nachrichten/bausparberatung-das-ist-der-gipfel-der-verlogenheit/7536904.html; abgerufen am 13.01.2014

31 Handelsblatt; http://www.handelsblatt.com/finanzen/immobilien/nachrichten/bausparkassen-eine-branche-am-pranger/7540808.html; ARD; http://daserste.ndr.de/panorama/aktuell/awd151.html ; alle abgerufen am 13.01.2014

32 Zeit; http://www.zeit.de/wirtschaft/unternehmen/2011-03/awd-berichte-fehlberatung; abgerufen am 11.03.2014

33 Womit handeln Banken? Eine Untersuchung zur Risikoverarbeitung in der Wirtschaft. Frankfurt am Main 1991, S. 17 und 13.

34 Die Welt; http://www.welt.de/print/die_welt/wirtschaft/article122877535/Bei-Bankenpleiten-muessen-kuenftig-Glaeubiger-haften.html; abgerufen am 16.01.2014

35 Die Welt; http://www.welt.de/wirtschaft/article122793523/Anteilseigner-sollen-ab-2016-fuer-Banken-haften.html; abgerufen am 12.12.2013; Focus; http://www.focus.de/finanzen/banken/tid-31064/brisanter-plan-der-europaeischen-union-angriff-auf-ihr-konto-bei-bankenpleiten-sollen-sparer-haften_aid_982756.html; abgerufen am 18.01.2014

36 Gesetze im Internet http://www.gesetze-im-internet.de/bgb/__488.html; abgerufen am 16.01.2014

37 Amtsblatt der Europäischen Union; http://new.eur-lex.europa.eu/legal-content/DE/TXT/PDF/?uri=OJ:C:2013:216:FULL&from=EN; abgerufen am 14.10.2013; Europäische Kommission; Pressemitteilung; http://europa.eu/rapid/press-release_IP-13-672_de.html; abgerufen am 14.10.2013

38 Amtsblatt der Europäischen Union; http://new.eur-lex.europa.eu/legal-content/DE/TXT/PDF/?uri=OJ:C:2013:216:FULL&from=EN; abgerufen am 14.10.2013; Welt; http://www.welt.de/finanzen/geldanlage/article114523933/Sind-die-Ersparnisse-der-Deutschen-jetzt-noch-sicher.html; abgerufen am 16.01.2014

39 FAZ; http://www.faz.net/aktuell/wirtschaft/sicherung-von-spareinlagen-immer-mehr-staatsgarantien-in-europa-1711705.html; abgerufen am 15.12.2013
Welt; http://www.welt.de/finanzen/article120495750/Warum-wir-nicht-auf-Merkels-Garantie-wetten-sollten.html; abgerufen am 15.12.2013

40 Spiegel; http://www.spiegel.de/wirtschaft/letzte-waffen-der-ezb-negativzinsen-finanzspritzen-anleihekaeufe-a-937273.html; abgerufen am 16.02.2014

41 http://www.faz.net/aktuell/finanzen/meine-finanzen/geld-ausgeben/nachrichten/oekonom-rogoff-will-bargeld-abschaffen-13274912.html; abgerufen am 12.06.2015

42 http://www.focus.de/finanzen/banken/von-bofinger-bis-rogoff-zu-viele-illegale-deals-deswegen-wollen-experten-bargeld-abschaffen_id_4721148. html; abgerufen am 12.06.2015

43 Cross Border Business Lawers; http://www.cbbl-lawyers.de/spanien-verbot-

von-bargeldgeschaeften-ab-19.-november-2012/rechtsnews/282; abgerufen am 15.12.2013

44   FAZ; http://www.faz.net/aktuell/wirtschaft/griechen-horten-bargeld-im-schnitt-5000-euro-unter-der-matratze-11636624.html; abgerufen am 1.2.2013; 3Sat;http://www.3sat.de/page/?source=/boerse/magazin/160629/index.html; abgerufen am 16.01.2014; DWN; http://deutsche-wirtschafts-nachrichten.de/2013/05/01/angst-vor-enteignung-die-deutschen-fliehen-ins-bargeld/comment-page-3/; abgerufen am 16.01.2014

45   Bundesbank; http://www.bundesbank.de/Navigation/DE/Aufgaben/Geld-politik/Mindestreserven/mindestreserven.html; abgerufen am 1.03.2014

46   Europäische Zentralbank; http://www.ecb.europa.eu/euro/banknotes/html/index.de.html; abgerufen am 13.01.2014

47   Spiegel; http://www.spiegel.de/spiegel/print/d-43019829.html; abgerufen am 13.01.2014

48   Der Betrieb; http://www.der-betrieb.de/60jahre/library/pdf/gesetzes-chro-nik/01_1948-1956.pdf; abgerufen am 13.01.2014; besema.de; http://www.besema.de/Waehrungsreform1948-Umrechnungstabelle.pdf; abgerufen am 22.02.2014

49   Spiegel; http://www.spiegel.de/wirtschaft/soziales/italien-schafft-umstrit-tene-immobiliensteuer-imu-ab-a-919169.html; abgerufen am 13.01.2014

50   Kathimerini.gr; http://www.kathimerini.gr/4dcgi/_w_articles_kathremote_1_25/10/2013_ 524785; abgerufen am 25.12.2013

51   Wikipedia; http://de.wikipedia.org/wiki/Lastenausgleichsgesetz; abgerufen am 12.12.2013

52   Immobilien Zeitung; http://www.immobilien-zeitung.de/1000009660/jetzt-doch-hessen-hebt-grunderwerbsteuer-auf-5; abgerufen am 12.12.2013; Bild; http://www.bild.de/geld/wirtschaft/steuererhoehungen/laender-drehen-an-der-steuerschraube-33989932.bild.html; abgerufen am 22.01.2014

53   Welt; http://www.welt.de/finanzen/immobilien/article13801452/Jedes-achte-Haus-ist-ein-Fall-fuer-den-Abriss.html; abgerufen am 14.01.2014

54   Az: I R 109/10

55   Bundesfinanzhof; http://juris.bundesfinanzhof.de/cgi-bin/rechtsprechung/document.py?Gericht=bfh&Art=en&nr=28635; abgerufen am 14.01.2014; Focus; http://www.focus.de/finanzen/news/gastkolumnen/steinpichler/boeses-urlaubserwachen-ehrlichkeit-waehrt-am-laengsten-und-kann-teuer-werden_id_3543633.html; abgerufen am 14.01.2014; Handelsblatt; http://www.handelsblatt.com/finanzen/immobilien/nachrichten/ferienimmobi-lien-finanzhof-stoppt-mallorca-steuertrick/8879202.html; abgerufen am 14.01.2014; NTV; http://www.n-tv.de/ratgeber/Bundesfinanzhof-macht-Steuersparmodell-teuer-article11479451.html; abgerufen am 14.01.2014

56   aphorismen.de; http://www.aphorismen.de/suche?f_thema=Schulden&-seite=9; abgerufen am 14.01.2014

57   http://www.spiegel.de/wirtschaft/unternehmen/fed-zinspolitik-us-noten-bank-verspricht-vorerst-weiter-billiggeld-a-1009152.html; abgerufen am 19.06.2015

58   FAZ http://www.faz.net/agenturmeldungen/adhoc/roundup-fed-bilanz-steigt-auf-rekordwert-von-mehr-als-4-billionen-dollar-12720047.html;

abgerufen am 1.03.2014; querschuesse. de; http://www.querschuesse.de/fed-bilanzsumme-erstmals-uber-4000-mrd-dollar/; abgerufen am 12.01.2014

59 Tagesschau; http://www.tagesschau.de/wirtschaft/ezb-leitzins102.html; abgerufen am 13.01.2014

60 Heise; http://www.heise.de/tp/artikel/36/36049/1.html; abgerufen am 06.01.2014

61 Robert Shiller: Märkte für Menschen. So schaffen wir ein besseres Finanzsystem. Frankfurt am Main/New York 2012.

62 investorwissen24; http://www.investorwissen24.de/boersenlexikon/s/news/shiller-kgv/; abgerufen am 23.12.2013

63 Robert Shiller: Irrationaler Überschwang, Warum eine lange Baisse an der Börse unvermeidlich ist. Frankfurt am Main/New York 2000.

64 Welt; http://www.welt.de/finanzen/geldanlage/article123994808/Das-gefaehrliche-Spiel-mit-Gutmenschen-Investments.html?config=print; abgerufen am 21.01.2014

65 WirtschaftsWoche; http://www.wiwo.de/finanzen/steuern-recht/provisionskarussell-anlagebetrug-rund-um-infinus-wird-zu-einem-mega-skandal/9069294.html; abgerufen am 22.01.2014

66 Stiftung Warentest; http://www.test.de/Holzinvestment-Kein-sicheres-Wachstum-4104852-0/; abgerufen am 22.01.2014
WirtschaftsWoche; http://www.wiwo.de/finanzen/geldanlage/kollaps-droht-retten-sie-jetzt-ihr-geld-aus-dem-grauen-markt/9346244.html; abgerufen am 22.01.2014
Focus; http://www.focus.de/finanzen/banken/risiken-nicht-transparent-wie-nachhaltig-gruene-geldanlage-wirklich-ist_id_3436999.html ; abgerufen am 21.01.2014

67 finanzen.net; http://www.finanzen.net/aktien/SolarWorld-Aktie; abgerufen am 22.01.2014

68 Manager Magazin; http://www.manager-magazin.de/finanzen/alternative-geldanlage/prokon-neues-schreiben-an-die-anleger-a-944050.html; abgerufen am 22.01.2014;
FAZ; http://www.faz.net/aktuell/finanzen/ueberlebenskampf-es-wird-eng-um-prokon-12757719.html; abgerufen am 22.01.2014;
SZ; http://www.sueddeutsche.de/wirtschaft/von-insolvenz-bedrohte-windkraftfirma-anlegerschuetzer-werfen-prokon-erpressung-vor-1.1860794; abgerufen am 22.01.2014;
WirtschaftsWoche; http://www.wiwo.de/finanzen/geldanlage/grauer-markt-windkraft-prokon-schuettet-viel-aus-verdient-aber-weniger/7685806-8. html; abgerufen am 22.01.2014

69 Handelsblatt; http://www.handelsblatt.com/finanzen/boerse-maerkte/anlagestrategie/zwoelf-prozent-und-mehr-teakholz-investment-aus-der-schweiz/6301548-3.html; http://www.portfolio-international.de/newsdetails/article/nachrechnen-bevor-die-axt-faellt.html; alle abgerufen am 22.01.2014;

70 Forest Finance; http://www.forestfinance.de/ueber-uns/andere-ueber-uns/presse/bericht-in-euro-am-sonntag/; Geldanlage Report; http://www.geldanlage-report.de/archiv/GAR-Update-230213.html; alle abgerufen am 12.03.2014

71 Handelsblatt; http://www.handelsblatt.com/finanzen/boerse-maerkte/anlagestrategie/interview-wer-glauben-will-sollte-lieber-in-die-kirche-gehen/6299268.html; abgerufen am 19.01.2014

72 Wikipedia; http://en.wikipedia.org/wiki/Business_Plot; abgerufen am 13.01.2011

73 Wikipedia; http://de.wikipedia.org/wiki/Silberpreis#Gold-Silber-Preisverh.C3.A4ltnis; abgerufen am 17.02.2014

74 The London Bullion Market Association; http://www.lbma.org.uk/pages/?page_id=89#L; abgerufen am 13.01.2014

75 Diamondax; http://www.diamondax.com/vermoegenssicherung/preisentwicklung; abgerufen am 13.01.2014; diamantwerte.de; http://www.diamantwerte.de/diamanten-preise-haben-sich-seit-1960-verzehnfacht/diamanten/503/; abgerufen am 13.01.2014; Goldseiten.de; http://www.goldseiten.de/wissen/basiswissen/edelsteine/diamanten.php; abgerufen am 13.01.2014

76 Manager Magazin; http://www.manager-magazin.de/finanzen/alternativegeldanlage/diamanten-kaufen-pink-star-und-andere-edle-steine-als-geldanlage-a-932947.html; abgerufen am 13.01.2014

77 diamantwerte.de; http://www.diamantwerte.de/synthetische-diamanten-gefahr-fur-branche-und-anleger/diamanten/477/; abgerufen am 13.01.2014; Welt; http://www.welt.de/wirtschaft/article120305588/Kuenstliche-Diamanten-setzen-Juweliere-unter-Druck.html; abgerufen am 13.01.2014

78 Welt; http://www.welt.de/finanzen/geldanlage/article10215177/So-kaufen-Sie-teure-Diamanten-richtig-ein.html; abgerufen am 13.01.2014

79 Diamondax; http://www.diamondax.com/vermoegenssicherung/wovon_abzuraten_ist; abgerufen am 13.01.2014

80 ebenda

81 Manager Magazin; http://www.manager-magazin.de/finanzen/alternativegeldanlage/diamanten-kaufen-pink-star-und-andere-edle-steine-als-geldanlage-a-932947-3.html; abgerufen am 13.01.2014

82 http://www.solaranlagen-portal.com/blog/neue-einspeiseverguetungen-fuer-pv-anlagen-nach-eeg-2014-3/; abgerufen am 13.06.2015

83 http://www.vernunftkraft.de/verlangerte-anfangsvergutung/; abgerufen am 13.06.2015

84 Zeit; http://www.zeit.de/wirtschaft/2013-04/landkonzentration-landgrabbing-europa; abgerufen am 17.02.2014;
Welt; http://www.welt.de/wirtschaft/article123223728/Erbitterter-Kampf-um-ostdeutsches-Ackerland.html; abgerufen am 17.02.2014;
LVZ; http://www.lvz-online.de/nachrichten/mitteldeutschland/kampf-ums-ackerland-investoren-machen-bauern-in-ostdeutschland-konkurrenz/r-mitteldeutschland-a-220161.html; abgerufen am 27.12.2013;
ZDF http://www.zdf.de/planet-e/Poker-um-deutsche-%C3%84cker-30422122.html; abgerufen 27.12.2013;
Tagesspiegel http://www.tagesspiegel.de/politik/landgrabbing-in-deutschland-kaufen-spekulanten-den-osten-auf/8621948.html; abgerufen am 27.12.2013;
NWZ; http://www.nwzonline.de/friesland/wirtschaft/ackerland-wird-immer-knapper_a_3,1,91539330.html; abgerufen am 27.12.2013;

Standard http://derstandard.at/1379291619726/China-kauft-in-Ukraine-riesige-Flaechen-Ackerland; abgerufen am 27.12.2013

85 Deutschlandfunk; http://www.deutschlandfunk.de/renditeobjekt-acker-land.724.de.html?dram:article_id=244778; abgerufen am 27.12.2013

86 FAZ; http://www.faz.net/aktuell/finanzen/aktien/rippchen-als-rendite-der-trend-geht-zur-schaf-aktie-12719085.html; abgerufen am 22.01.2014

87 Handelsblatt; http://www.handelsblatt.com/technologie/das-technologie-update/startup-der-woche/elektro-hubschrauber-nachfrage-aus-brasilien-ist-riesig/9304808-2.html; abgerufen am 15.01.2014;
    Bibliotheksforum Bayern; http://www.bibliotheksforum-bayern.de/fileadmin/archiv/2013-1/PDF-Einzelbeitr%C3%A4ge/BFB_0113_10_Munique.pdf; abgerufen am 15.01.2014
    Startnext; http://www.startnext.de/; abgerufen am 15.01.2014
    Spiegel; http://www.spiegel.de/karriere/berufsleben/crowdfunding-die-chefs-das-sind-wir-alle-a-899870.html; abgerufen am 15.01.2014
    crowdfunding.de; http://www.crowdfunding.de/plattformen/; abgerufen am 15.01.2014;
    FAZ; http://www.faz.net/aktuell/finanzen/crowdfunding-der-schwarm-kommt-in-bewegung-12278017.html#overlay_1_2278168Id; abgerufen am 13.01.2014;
    Seedmatch; https://www.seedmatch.de/start?gclid=CMLi1dPshLwCFchY3 godojcANw; abgerufen am 13.01.2014;
    indiegogo; http://www.indiegogo.com/?locale=de; abgerufen am 13.01.2014

88 SZ; http://www.sueddeutsche.de/wirtschaft/digitale-waehrung-bitcoin-kollektiv-geschuerft-1.1863332; abgerufen am 15.01.2014

89 SZ; http://www.sueddeutsche.de/wirtschaft/digitale-waehrung-bitcoin-kollektiv-geschuerft-1.1863332; abgerufen am 15.01.2014

90 New York Times; http://dealbook.nytimes.com/2014/01/21/why-bitcoin-matters/?_php=true&_type=blogs&_php=true&_type=blogs&_r=1&; abgerufen am 22.01.2014

91 http://www.heise.de/newsticker/meldung/Bitcoin-Boerse-Glaeubiger-von-Mt-Gox-koennen-Ansprueche-geltend-machen-2617011.html; abgerufen am 14.06.2015

8. Der Crash ist die Lösung

1   http://www.spiegel.de/wirtschaft/soziales/schulden-der-welt-mckinsey-studie-belegt-deutlichen-anstieg-a-1016749.html; abgerufen am 14.06.2015

2   Finanzen.net; http://www.finanzen.net/bilanz_guv/Deutsche_Bank; http://www.finanzen.net/bilanz_guv/JPMorgan; abgerufen am 29.08.2015

3   Aphorismen.de; http://www.aphorismen.de/zitat/155448; abgerufen am 08.03.2014

4   Bundesbank; http://www.bundesbank.de/Navigation/DE/Aufgaben/Geld-politik/Mindestreserven/mindestreserven.html; abgerufen am 08.03.2014

5   http://info.kopp-verlag.de/hintergruende/wirtschaft-und-finanzen/michael-snyder/derivateblase-so-gross-wie-noch-nie.html; abgerufen am 14.06.2015

6   Focus; http://www.focus.de/finanzen/news/drastische-ungleichheit-die-reichsten-85-menschen-der-welt_id_3556445.html; abgerufen am 08.03.2014

7   Ethik-Banken.de; http://www.ethik-banken.de/banken/umweltbank/; abgerufen am 02.02.2014

8   Joseph Schumpeter, Kapitalismus, Sozialismus und Demokratie (engl. 1942), Stuttgart 1993, S. 136

9   FAZ, Zentralbanken als Aktiengesellschaften; vom 23. November 2013, S. 14

10 ZEIT, »Niemand war vorbereitet«, DIE ZEIT No. 12/2014, S. 27

11 Die Welt, http://www.welt.de/wirtschaft/article118680325/Das-sind-die-finanzstaerksten-Banken-in-Deutschland.html

12 BdSt; http://www.steuerzahler.de/files/53551/Verschwendung_ahnden_2013_2.pdf

13 Deutsches Institut für Wirtschaftforschung (DIW), http://www.diw.de/documents/publikationen/73/diw_01.c.438708.de/14-9.pdf; DER SPIEGEL, http://www.spiegel.de/wirtschaft/soziales/vermoegen-in-deutschland-ungleicher-verteilt-als-im-rest-der-eurozone-a-955701.html

14 SZ; http://www.sueddeutsche.de/panorama/studie-zur-lebensmittelindust-rie-die-haelfte-aller-nahrungsmittel-landet-im-muell-1.1569461; abgerufen am 01.03.2014

15 Karl Marx, Das Kapital, Bd. 1, in: Karl Marx, Friedrich Engels, Werke (MEW), hrsg. vom Institut für Marxismus-Leninismus beim ZK der SED, Berlin (Ost) 1962, Bd. 21, S. 85

16 Bernhard Laum, Heiliges Geld. Eine historische Untersuchung über den sakralen Ursprung des Geldes (1924), Berlin 2006.

17 Dirk Baecker (Hrsg.), Kapitalismus als Religion, Berlin 2002.

18 Karl Polanyi, Ökonomie und Gesellschaft, Frankfurt am Main 1979; ders., The Great Transformation. Politische und ökonomische Ursprünge von Gesellschaften und Wirtschaftssystemen, Frankfurt am Main 1973.

19 Vgl. Lietaer, Bernard et al. (2012): Money and Sustainability. The Missing Link. Axminster: Triarchy Press, S. 51

20 Diese Angaben basieren auf den entsprechenden Daten aus dem Jahr 2011 nach: Joseph Huber (2013): Monetäre Modernisierung. Zur Zukunft der Geldordnung: Vollgeld und Monetative. Marburg: Metropolis Verlag, S. 170.

21 Vgl. ebendort, S. 176.

22 Colacelli, Marina / Blackburn, David: Secondary Currency – An Empirical
    Analysis, 2006.
23 Rösl, Gerhard: Regionalwährungen in Deutschland – Lokale Konkurrenz
    für den Euro?, 2006, Frankfurt/Main. Bundesbank; http://www.bundes-
    bank.de/download/volkswirtschaft/dkp/2006/200643dkp.pdf; abgerufen am
    08.03.2014
24 Coeuré, Benoît: Central banks and the challenges of the zero lower bound,
    Rede am 19.2.2012 in Chicago, EZB; http://www.ecb.europa.eu/press/key/
    date/2012/html/sp120219.en.html; abgerufen am 12.12.2013

Register

Finanzwirtschaft ist die Kunst, Fleißige immer ärmer und Reiche immer reicher zu machen

Matthias Weik / Marc Friedrich
DER GRÖSSTE RAUBZUG
DER GESCHICHTE
Warum die Fleißigen
immer ärmer und die
Reichen immer reicher
werden
Überarbeitete und
aktualisierte
Taschenbuchausgabe
384 Seiten
mit zahlreichen
Abbildungen

Vor unseren Augen findet der größte Raubzug der Geschichte statt, und wir alle sind seine Opfer. Die Reichen in unserer Gesellschaft werden immer reicher, während alle anderen immer ärmer werden. Die Übeltäter - Banken und Versicherungen - werden geschützt, gedeckt und von den Politikern und Notenbankchefs weltweit unterstützt. Dieses Buch zeigt, wie die Finanzindustrie funktioniert und wie sie Risiken und Schulden auf uns Bürger abwälzt. Sorgen Sie dafür, dass Sie nicht zu den Verlierern gehören!

Überarbeitete und aktualisierte Taschenbuchausgabe des SPIEGEL-Bestsellers

Bastei Lübbe